John R. Gillis
Geschichte der Jugend

D1933853

John R. Gillis

Geschichte der Jugend

Tradition und Wandel im Verhältnis der Altersgruppen und Generationen in Europa von der zweiten Hälfte des 18. Jahrhunderts bis zur Gegenwart

Aus dem Amerikanischen übertragen und herausgegeben von Ulrich Herrmann und Lutz Roth

Beltz Verlag
Weinheim und Basel
1980

Titel des Originals:
John R. Gillis, Youth and History. Tradition and Change
in European Age Relations 1770 - Present
© 1974 Academic Press Inc., New York

John R. Gillis lehrt am Livingston College Rutgers,
The State University New Brunswick, New Jersey

CIP-Kurztitelaufnahme der Deutschen Bibliothek

Gillis, John R.:
Geschichte der Jugend: Tradition u. Wandel im Verhältnis d. Altersgruppen
u. Generationen in Europa von d. 2. Hälfte d. 18. Jh. bis zur Gegenwart /
John R. Gillis. Aus d. Amerikan. übertr. u. hrsg. von Ulrich Herrmann u.
Lutz Roth. - Weinheim, Basel: Beltz, 1980
Einheitssacht.: Youth and history <dt.>
ISBN 3 407 83023 8

Alle Rechte, insbesondere das Recht der Vervielfältigung und Verbreitung
sowie der Übersetzung, vorbehalten. Kein Teil des Werkes darf in irgendeiner Form (durch Photokopie, Mikrofilm oder ein anderes Verfahren)
ohne schriftliche Genehmigung des Verlages reproduziert oder unter
Verwendung elektronischer Systeme verarbeitet, vervielfältigt oder verbreitet werden.

© 1980 Beltz Verlag - Weinheim und Basel
Buchgestaltung: Eckard Warminski, Frankfurt am Main
Umschlagbild: Honoré Daumier, Der Aufruhr (1848)
Gesamtherstellung: Beltz Offsetdruck, 6944 Hemsbach über Weinheim
Printed in Germany

ISBN 3 407 83023 8

Inhaltsverzeichnis

Vorwort

I.

Daß jeder Mensch auf seinem Lebensweg vom Kind zum Erwachsenen eine Phase durchläuft, die wir als »die Jugend« oder »das Jugendalter« bezeichnen, ist für unseren Kulturkreis so selbstverständlich, daß die Frage, ob das eigentlich immer so war oder sich für alle Heranwachsenden in ähnlicher Weise vollzog, in Erstaunen versetzen könnte. Dabei lehrt schon ein flüchtiger Blick auf die junge Generation heute, daß dies ganz und gar nicht so ist: Jugendzeit bedeutet für den einen, nach frühem Schulabgang schon im Berufsleben stehen zu müssen, während der andere noch Schüler oder Student ist; während der eine den Militär- oder Ersatzdienst absolviert, sucht der andere vielleicht verzweifelt nach einem Ausbildungs- oder Arbeitsplatz, und ein dritter geht unbeschwert von Zukunftssorgen seinen Interessen und Neigungen nach. Mädchen und junge Frauen werden im Vergleich mit ihren männlichen Altersgenossen im Bildungs- und Berufssystem noch immer benachteiligt; finanzielle Unabhängigkeit vom Elternhaus, Freizügigkeit und Selbstverantwortlichkeit in der Alltags- und Freizeitgestaltung differieren unter den Jugendlichen ganz erheblich, ebenso ihr politisches Engagement, ihr Protest- und Anpassungsverhalten. Die Zugehörigkeit zu einer bestimmten sozialen Gruppe und Schicht, die wirtschaftliche, politische und kulturelle Lage einer Gesellschaft im ganzen – dies und vieles andre mehr bedingt, daß jener Lebensabschnitt »die Jugend« ganz unterschiedliche Gestalt bekommt, unterschiedlich erlebt wird, zu unterschiedlichen Verhaltensweisen der Jugendlichen führt, nämlich in direkter Abhängigkeit von der Organisation des Schulbesuchs und der beruflichen Arbeit, der Freizeitgestaltung, von den Möglichkeiten der eigenen Familiengründung, den Beteiligungsformen am geselligen und politischen Leben, abhängig von den Erwartungen der Erwachsenen an die junge Generation. Von der Entstehung und den Veränderungen dieser Lebens- und Verhaltensformen der Jugend in der europäischen Neuzeit handelt das vorliegende Buch.

II.

Die Geschichte der Jugend wurde üblicherweise aus der Sicht der *Erwachsenen* geschrieben. Sie zeichnete nach, was Eltern und Erzieher, Lehrer und Vertreter der öffentlichen Meinung von den jungen Leuten erwarteten, was sie als das »richtige« Verhalten forderten, welche Begründungen geliefert und welche Institutionen geschaffen wurden, um auf die Jugendlichen Einfluß zu nehmen, ihre Persönlichkeit und ihren Lebensweg zu gestalten oder zu korrigieren, kurzum: welche Vorkehrungen getroffen wurden, um die junge Generation darauf festzulegen, die künftige gesellschaftliche und kulturelle Entwicklung nach den Vorstellungen der Erwachse-

nen zu gestalten. Diese Absicht liegt bis heute öffentlicher Jugendpolitik zugrunde und wohl auch der Vorstellung vom »Generationenvertrag«, den es sicherzustellen gelte.
Gillis hat in seinem Buch eine entgegengesetzte Perspektive zur Geltung zu bringen gesucht, die er in der These zusammenfaßt: »*Jugend macht ihre eigene Geschichte*«. Sein Interesse gilt nicht den Bemühungen *um* und *für* die Jugend, sondern jenen Lebensbereichen, die die Jugendlichen *selbst* gestaltet haben, jenen Verhaltensweisen, die für eine *eigenständige* Jugendkultur kennzeichnend sind, sein Interesse gilt jenen Traditionen, die die Jugendlichen *unter sich* aufbauen und in denen sie *ihre* Bräuche, Verhaltensmuster, Moden und Leitgedanken weitergeben. Dabei zeigt sich, wie weit das Eigenleben der Jugendlichen von pädagogischen Programmen und Institutionen entfernt sein kann, sich davon distanzieren kann und wie es von Zeit zu Zeit zur vorherrschenden Kultur der Erwachsenen in entschiedenen Widerspruch tritt. So läßt sich dies Buch auch lesen als Lehrstück für das Abschiednehmen von pädagogischen Illusionen – von der Illusion nämlich, als seien Eltern und Lehrer, Ausbilder und Vorgesetzte *tatsächlich* in der Lage, auf das Selbstverständnis und das Handeln der Jugendlichen einen nachhaltig bestimmenden Einfluß zu nehmen. Alle geschichtliche Erfahrung spricht dagegen.
An diese geschichtliche Erfahrung muß gerade auch in einer Zeit verstärkter Jugendhilfepolitik erinnert werden, und die Ergebnisse der historischen Jugendforschung bei Gillis haben für das Verständnis gegenwärtiger Jugendprobleme nichts von ihrer Aktualität eingebüßt, auch wenn die amerikanische Erstveröffentlichung schon eine Reihe von Jahren zurückliegt. Denn nach wie vor wird bei uns in der Bundesrepublik eine Jugendpolitik betrieben, in der zwar ständig von Jugend und Jugendlichen die Rede ist, in der sich am Ende aber doch nur die Projektionen der Erwachsenen wiederfinden: Das neue Jugendhilfegesetz ist seit mehr als zehn Jahren nicht verabschiedet. Den Falken, der SDAJ und so mancher Jugendzentrumsinitiative werden Mittel aus dem Bundes- oder Landesjugendplan streitig gemacht, weil man bei ihnen ein »abweichendes« Demokratieverständnis feststellen zu müssen glaubt. Vorstandsmitglieder von Jugendvereinen und Stadträte setzen Jugendgruppenleiter und Sozialarbeiter ein und kommen dabei meistens aber gar nicht auf den Gedanken, die Vereinsjugend oder die Jugendhausbesucher vorher nach deren Wünschen und Vorschlägen zu befragen; natürlich sind sie im Zweifelsfall jederzeit fest davon überzeugt, sie handelten ganz »im Interesse der Betroffenen«.
Betroffen sind Jugendliche aber vor allem über das Ausmaß von Bevormundung, daß sie im Elternhaus und in der Schule, am Arbeitsplatz und in den Einrichtungen für die Jugend erfahren müssen. Hiergegen regte sich schon am Beginn unseres Jahrhunderts der Protest der Jugendlichen, bezeichnenderweise in der Erinnerung an den Aufbruch der Jugend in den preußischen Befreiungskriegen am Anfang des 19. Jahrhunderts. In einem Aufruf aus dem Jahre 1913 zu einem Treffen der Freideutschen Jugend auf dem Hohen Meißner lesen wir: »Die deutsche Jugend steht an einem entscheidenden Wendepunkt. Die Jugend, bisher nur ein Anhängsel der älteren Generation, aus dem öffentlichen Leben ausgeschaltet und auf eine passive Rolle angewiesen, beginnt sich

auf sich selbst zu besinnen. Sie versucht, unabhängig von den Geboten der Konvention sich selbst ihr Leben zu gestalten. Sie strebt nach einer Lebensführung, die jugendlichem Wesen entspricht, die es ihr aber zugleich auch ermöglicht, sich selbst und ihr Tun ernst zu nehmen und sich als einen besonderen Faktor in die allgemeine Kulturarbeit einzugliedern.« Welche Geschichte gescheiterter Selbstverwirklichung, versagter Mit- und Selbstverantwortung ist seitdem abgelaufen, wenn im Jahre 1975 das folgende Manifest an ein Jugendhaus im Fränkischen angeschlagen werden konnte:

»An die Herrschenden
Wir haben
Diese alten Mauern mit neuem Leben erfüllt,
Die Jugend hat sich einen Sinn gegeben.
Ihr habt nichts verstanden,
Euch in Geschwätz und Phrasen gehüllt,
Ihr verweigert uns menschliches Leben.
Drum werden wir
Gewisse Mauern niederreißen,
Bevor von selbst zusammenstürzend
Sie uns erschlagen.
Sieben Tage Jugendhaus waren
Sieben Tage Leben!«

III.

Die Herausgeber haben sich bei der Übertragung aus dem Amerikanischen sprachliche Freiheiten erlaubt, die der Lesbarkeit des Buchs zugute kommen sollen; denn es soll auch möglichst viele Jugendarbeiter und an Jugendfragen Interessierte auch außerhalb der Hochschulen erreichen, nicht zuletzt Eltern und Politiker. Deshalb wurden auch gelegentlich Rückübersetzungen von deutschsprachigen Originaltexten vorgenommen, weil im Rahmen eines solchen »Lesebuchs« die Text-»Philologie« zur Diskussion der Thesen und Ergebnisse der Arbeit von Gillis nichts austrägt und deren Begründung nicht mindern kann. – Dem an der Sozialgeschichte der Kindheit, Jugend und Familie interessierten Forscher wird auch ohne ausdrückliche Hinweise deutlich sein, wo neuere Forschungen der letzten Jahre Ergänzungen möglich und nötig machen. Die Anmerkungen und Literaturnachweise sowie das Nachwort des Autors zur deutschen hier vorliegenden Ausgabe sollen helfen, künftige Arbeiten an den hier erreichten Stand der Forschung anzuschließen. – Für den deutschen Leser mag es überraschend sein, wie summarisch Gillis die Jugendbewegung und die Jugendfragen betreffende Gesetzgebung in Deutschland unmittelbar vor und nach dem Ersten Weltkrieg abhandelt. Darin ist aber weniger ein Versäumnis von Gillis zu sehen als vielmehr eine Aufforderung an die Forschung in Deutschland, sich unter seinen Gesichtspunkten der empirisch-historischen Jugendforschung endlich zuzuwenden (vgl. neuerdings Ulrich Aufmuth: Die deutsche Wandervogelbewegung unter soziologischem Aspekt. Göttingen 1979).

Die dem Buch beigegebenen Abbildungen wurden nicht aus der Originalausgabe übernommen, sondern neu zusammengestellt; Herrn Bender vom Beltz-Verlag sei für seine Mithilfe dabei herzlich gedankt. Dank gebührt auch der Deutschen Forschungsgemeinschaft, die durch die Förderung der Historischen Jugendforschung am Institut für Erziehungswissenschaft I der Universität Tübingen mit dazu beigetragen haben, daß wir uns neben unseren Forschungsvorhaben der Herausgabe der vorliegenden »Geschichte der Jugend« zuwenden konnten.

Tübingen, im Januar 1980

Ulrich Herrmann
Lutz Roth

Einleitung

In diesem Buch wird die These vertreten: *Jugend macht ihre eigene Geschichte.* Eine Geschichte, die zwar mit der der Familie, der Schule und anderer Institutionen der Erwachsenen, mit denen sie gewöhnlich in Zusammenhang gebracht wird, verflochten ist, von der man sie aber analytisch durchaus trennen kann. Seit über achtzig Jahren, seitdem man in Europa und Amerika Kinderforschung betreibt, ist Jugend Untersuchungsgegenstand von Psychologen, Soziologen und jüngst auch von Historikern. Dabei hat sich aber bis heute die Forschung weniger damit befaßt, wie die *Jugend selbst* auf den sozialen Wandel reagiert, vielmehr hat sie sich um Bildungs-, Straf- und Wohlfahrtseinrichtungen gekümmert und sie so dargestellt, als seien sie die eigentlich bewegenden Kräfte im Umformungsprozeß der Jugend[1]. Welche Rolle die Jugend *selbst* beim Hervorbringen jener sozialen und kulturellen Formen spielt, die wir dem Teil des Lebenszyklus' zuordnen, der sich zwischen Kindheit und Erwachsensein erstreckt, bleibt ungeklärt. Das gleiche gilt für das »jugendeigene Brauchtum«, *David Matzas* Begriff für diejenigen Verhaltensmuster und Denkformen, die dieser Altersgruppe über lange Zeiträume hin ihr Gepräge gegeben haben und welche gerade die Geschichtlichkeit der Jugend und ihrer Wertsysteme verdeutlichen. »Brauchtum« ist ein besonders geeigneter Begriff, eben weil er daran erinnert, daß jede Darlegung von jugendlichem Verhalten zu einem bestimmten Zeitpunkt nicht nur soziale und wirtschaftliche Strukturen mitbeachten muß, sondern ebenso – als unabhängige Variable mit eigener Dynamik – jene Erfahrungs- und Erlebnisformen, die nur innerhalb dieser Altersgruppe gemacht und überliefert werden können[2].

Die Tatsache, daß vieles vom jugendeigenen Brauchtum, das wir als der Gegenwart zugehörig betrachten – studentischer Radikalismus, Boheme, Bandenwesen, Jugendkriminalität – wenigstens zweihundert Jahre zurückverfolgt werden kann, reizt den Historiker, Fragen sowohl der Kontinuität als auch des Wandels im Jugendleben nachzugehen. Außerdem motiviert die Möglichkeit, den Ursachen verschiedener Lebensformen und Wertvorstellungen nachzuspüren und den Versuch zu wagen, deren Aufkommen und Verschwinden mit Hilfe demographischer und ökonomischer Begriffe zu erklären, zu solchen Studien. Wer die Herkunft modernen Jugendbrauchtums klären will, der muß die Geschichte der Altersgruppe vor dem Hintergrund weiterreichender sozialer Strukturen und Normen studieren. Diese nämlich formen die Situationen, mit denen sich junge Leute auf ihrem Weg zum Erwachsensein auseinandersetzen, und ebenso wie jene sich wandeln, ändert sich auch das Brauchtum, das die Jugend hervorbringt und in ihrem eigenen Interesse aufrechterhält. Erwartungen der Eltern, wirtschaftliche Voraussetzungen, Ausbildungs- und Freizeitbedingungen – all das wirkt richtungweisend, wenn die Jugend ihren Kurs auf der Karte des sozialen, wirtschaftlichen und kulturellen Lebens absteckt.

Wie die Geschichte der letzten zweihundert Jahre anschaulich zeigt, haben in erster Linie demographische und ökonomische Verhältnisse die historischen Phasen

geformt, welche das Jugendbrauchtum seit dem 18. Jahrhundert durchlaufen hat. Die Sterbe- und Geburtenraten haben sich geändert, die Bedingungen der Industrialisierung und Urbanisierung haben sich gewandelt, und in diesem Wandel sahen sich junge Menschen mit immer wieder neuen Situationen konfrontiert, die dann auf die Dauer und Eigenart jenes Teils des Lebenszyklus' einwirkten, der von der Kindheit zum Erwachsensein führt. Da dieselben Faktoren gleichzeitig auch auf die Empfindungen und Reaktionen der *Erwachsenen* gewirkt haben, verhandeln wir hier eine Geschichte, die sich auf zwei verschiedenen Ebenen bewegt. Auf der einen Seite stehen die Erwartungen der Erwachsenen, die festgelegt haben, was zu Hause, in der Schule oder am Arbeitsplatz jugendgemäßes Verhalten sein sollte. Auf der anderen Seite stehen die Gruppen der Jugendlichen selber, deren Verhalten, gestützt auf ihre eigenständige Überlieferung, aus Verhaltensmustern und Normen hervorgeht, die sich das eine Mal mit dem der Erwachsenen fast deckt, das andere Mal aber im Gegensatz dazu steht.
Soll die Geschichte der Jugend geschrieben werden, so muß sie sich besonders jene Berührungspunkte vornehmen, an denen die Erwartungen der Jüngeren und die der Älteren in einer dynamischen Wechselbeziehung stehen. Die Aufgabe kompliziert sich dadurch, daß zu jedem historischen Zeitpunkt auch die demographischen und ökonomischen Verhältnisse unterschiedlicher Klassen und Standesgruppierungen sehr verschieden waren. Unterschiede im Lebenszyklus sowohl innerhalb als auch zwischen den größeren sozialen Gruppierungen haben wesentlich zum Wandel der Generationen in Europa seit dem 18. Jahrhundert beigetragen. Das zweite und dritte Kapitel befassen sich mit dem Auftauchen zwei getrennter Zweige des Jugendbrauchtums, dem der Arbeiterklasse und dem der Mittelschicht. Das vierte Kapitel zeichnet den Konflikt zwischen diesen beiden Ausformungen von Brauchtum nach, wie er sich in einer schulischen und einer außerschulischen Richtung zu Beginn des 20. Jahrhunderts ausprägte.
Sozialgeschichte läßt sich nicht von der Institutionengeschichte abtrennen, dennoch darf letztere das Vorhandensein jener autonomen Brauchtumsformen der Jugend nicht aus dem Blickfeld drängen, wo sie sozialen Schichten, Volksgruppen oder lokalen Besonderheiten zuzurechnen sind. Eine rein funktionalistische Vorgehensweise sollte ebenfalls vermieden werden, weil sie das Bewußtsein, das die Altersgruppe von der Verknüpfung mit der *eigenen* Vergangenheit hat, übergeht und damit eine gehörige Unterschätzung jener historischen Quellen nach sich ziehen würde, aus denen moralische und soziale Autorität entspringt, die, ganz abgesehen von elterlichen Sanktionen, das jugendliche Verhalten formt. Der Jugend ihre eigene Geschichte wiederzugeben, ist nicht nur deshalb eine schwierige Aufgabe, weil wir es mit verschiedenen Ebenen historischer Realität zu tun haben – des Individuums, der Gruppe, der Gesellschaft –, sondern weil jede der Hauptphasen in der Geschichte der Jugend von 1770 an eine eigene Brauchtumsschicht angelagert hat, die bis in die Gegenwart hinein nachwirkt[3]. Der Historiker muß ganz ähnlich wie ein Archäologe vorgehen, wenn er versucht, die verschiedenen Verhaltensschichten aufzudecken und jede auf ihren historischen Ursprung zurückzuführen. Außerdem muß er sich des

Instrumentariums der Demographen und der Soziologen bedienen, wenn er erklären will, wie die sich wandelnden gesellschaftlichen Verhältnisse bewirken konnten, daß sich das Brauchtum nach und nach veränderte. Schließlich ist keine dieser Methoden für sich genommen ausreichend, wenn nicht die Selbstwahrnehmungen und Empfindungen derer, um die es eigentlich geht, bei den historischen Forschungen an erster Stelle stehen: *die der Jugendlichen selbst.* Denn wie wichtig der historische Kontext auch sein mag, es ist doch das *Bewußtsein* der Jugendlichen, teilweise durch die überlieferten Erfahrungen der voraufgegangenen Altersgenossen geprägt, das die Richtung des Wandels bestimmt hat.

Selbstverständlich erfordert jede Geschichtsschreibung einer weitgehend anonymen Gruppe wie der Jugend Methoden, die von den üblichen abweichen. Weil es wichtig war, die Stimmen und Gesichter der Jugendlichen ebenso wie die der Erwachsenen festzuhalten, die in ihrem Namen zu reden behaupten, habe ich mich dazu entschlossen, auf zwei Ebenen zu arbeiten – der nationalen und der lokalen –, um die ganze Breite der Gesellschaft zu erfassen. Zwei Universitätsstädte ähnlichen Charakters, Oxford und Göttingen, waren die Orte eingehender Forschungen während der Jahre 1969/1970. Dazu kamen allgemeinere Studien über England und Deutschland mit dem Ziel, übergreifende Tendenzen der kulturellen Entwicklung in beiden Ländern herauszuarbeiten. Den Ergebnissen, die ich in diesem Buch darlege, sieht man an, daß ich mehr englisches Material benutzt habe – schon weil die demographischen und wirtschaftsgeschichtlichen Quellen, aus denen ich geschöpft habe, dort reichlicher fließen als in Deutschland. Die Geschichte der deutschen Jugend, vor allem der Mittelschichtjugend, unterscheidet sich in wichtigen Zügen von der in England; insgesamt aber unterstützen die Ähnlichkeiten in Ablauf und Abfolge der Jugendgruppierungen und -kulturen in den beiden Ländern die Ansicht, daß die Geschichte der Jugend in Europa überall der breiten Spur gefolgt ist, welche die ökonomische und demographische Modernisierung vorgezeichnet hat.

»Modernisierung«, wie wir den Begriff hier verwenden, darf nicht mit »Fortschritt« gleichgesetzt werden. Ich benutze ihn hier nur als den passenden Oberbegriff für die Hauptrichtung sozialen Wandels, der um die Mitte des 18. Jahrhunderts einsetzte und innerhalb dessen die Geschichte der Jugend einen integrierten Bestandteil ausmacht. Die Hauptwendepunkte in der Geschichte der Jugend fielen mit den wichtigen ökonomischen und demographischen Umformungen der vergangenen zweihundert Jahre zusammen, Umformungen, die jede wichtige gesellschaftliche Institution, auch die Familie, nachhaltig beeinflußt haben. Ich habe hier von den Früchten der Arbeit der Demographen zu profitieren versucht, um durch meine eigenen Forschungen ergänzt die Bedingungen nachzuzeichnen, unter denen Kinder zur Welt gekommen und als Teil der Familie behandelt worden sind, und um zu zeigen, wie sie mit den sozialen und wirtschaftlichen Verhältnissen zurechtgekommen sind, die ihnen die Geburt in einer bestimmten sozialen Klasse oder Schicht auferlegt hatte. Die Bedingungen, unter denen die Jungen aufwuchsen, waren den Verhältnissen entsprechend äußerst verschieden, die sich z.B. aus der Familiengröße und der Klassenzugehörigkeit ergaben. Je dichter die Geschichte der Jugend mit sowohl ökonomischen als auch demographischen Fakten durchwoben ist, um so konkreter und verständlicher wird sie.

Ich habe hier auch herauszufinden versucht, wie sich die Wechselwirkung zwischen Jugendbrauchtum und politischer Geschichte in den letzten zweihundert Jahren manifestiert hat. Denn immer, wenn sich die Sozialgeschichte allzuweit von der herkömmlichen Art der narrativen Historie entfernt, läuft sie Gefahr, ihren Ansatz und ihre Bedeutung zu verlieren. Ich hatte dabei nicht die Absicht, ein weiteres Feld für Spezialforschung aufzutun, vielmehr wollte ich die Unteilbarkeit des historischen Prozesses demonstrieren. Meine Leser werden den Erfolg dieser Anstrengung daran zu messen haben, inwieweit der in diesem Buch abgehandelte Stoff zum Verständnis ihrer eigenen Forschungsfelder etwas beitragen kann. Ich hoffe, daß Sozialwissenschaftler Einsicht in die Ursprünge und Entwicklung einer Altersgruppe gewinnen, über deren gegenwärtige Strukturen und Funktionen sie verhältnismäßig gut Bescheid wissen, deren historische Dynamik sie aber bislang fast ganz vernachlässigt haben[4]. Was meine Historikerkollegen anlangt, so biete ich meine Zugriffsweise hier als einen möglichen Ausgangspunkt für Forschungen auf den Gebieten anderer Altersgruppen an, einschließlich der Menschen im mittleren und höheren Lebensalter, deren Geschichte bis heute ebenso dunkel ist wie die der Jüngeren. Da sich diese Studie schließlich vor allem mit dem Brauchtum der männlichen Jugend befaßt, ist es offensichtlich, daß die Erforschung des Brauchtums der weiblichen Jugend bisher noch unerledigt blieb.

Die Recherchen zur vorliegenden Arbeit, die in Oxford und Göttingen während des akademischen Jahres 1969/1970 abgeschlossen wurden, hat der *Rollins Bicentennial Preceptorship Fund of Princeton University* ermöglicht. Besonders danke ich den Fellows von *St. Antony College* und ihrem Dekan, *Theodore Zeldin;* sie haben mir die Monate in Oxford so angenehm gemacht. Die gleiche Gastfreundschaft erwiesen mir die Mitarbeiter der *Bodleian Library* und der Bücherei der Stadt Oxford. Besondere Erlaubnis, unveröffentlichte Quellen zu benutzen, erteilten mir großzügigerweise der Rechtsdezernent, das Amt für Bildung und Erziehung und der Archivar der Stadt Oxford. Das *Nuffield College* machte mir die *G. D. H. Cole*-Akte zugänglich, und ich habe tatkräftige Hilfe von den Mitarbeitern erhalten, die in den Archiven verschiedener privater Organisationen tätig sind, so Mr. *George Springall* und Mr. *W. R. Willis* von den Scouts, Mr. *DelNevo* vom Y. M. C. A. und Dr. *Willis Bund,* Dekan des *Balliol College.* Mr. *Thomas Dunn* erlaubte mir, die Tagebücher der *St. Barnabas Schule* zu benutzen, während Mr. *F. S. Green* in dankenswerter Weise mir seine Erinnerungen an seine Karriere in der Jugendarbeit von Oxford mitteilte, indem er mich mit unveröffentlichtem Material aus seinem Besitz versorgte.

Die Angestellten vom Göttinger Stadtarchiv waren nicht weniger hilfreich als ihre Kollegen in Oxford; und Dr. *Hans Wolf,* der Direktor des *Wandervogel-Archivs* auf Burg Ludwigstein, half mir mit ganzer Kraft. Frau *Luebbecke von Reckerhausen* gestaltete meinen Aufenthalt im Leinetal angenehm und ertragreich.

Es tut mir leid, daß ich nicht all jene erwähnen kann, die das eine oder andere Mal meinen holprigen sozialhistorischen Ausführungen zugehört haben. Auf jeden Fall

möchte ich meinen besonderen Dank *Charles Tilly* aussprechen, sowie *Joseph Kett, Edward Shorter, James McLachlan, Dorothy Ross, John E. Talbott, Peter Stearns* und *Richard Andrews.* Ich stehe in der Schuld der Mitglieder des Instituts für Neuere Geschichte von der *Princeton University,* der *Rutgers University* und des *David Seminars,* wo in Lehrveranstaltungen während der letzten drei Jahre Teile dieser Arbeit diskutiert wurden. Die Teilnehmer der Tagung »Geschichte der Jugend«, die im April 1971 abgehalten wurde, haben ebenso ihre konstruktive Kritik beigesteuert wie die Mitglieder der sozialhistorischen Arbeitsgruppe von *Rutgers.*
Nicht zuletzt möchte ich den Studenten des *Livingston College* danken, die mir Toleranz und Verständnis entgegenbrachten, als ich dieses Buch in Vorlesungen und Seminaren mit ihnen entwickelte. Ich hoffe, daß sie etwas von sich selbst auf diesen Seiten wiederfinden werden.

Erstes Kapitel
»Wie eine Familie und eine Brüderschaft« – Jugend im vorindustriellen Europa

Mit dem Maßstab der naturwissenschaftlichen präzisierten Begriffe unserer Tage gemessen, erscheint der Sprachgebrauch in vorindustrieller Zeit, wo es um die Bezeichnung für die Lebensalter geht, als hoffnungslos verschwommen. Noch im 18. Jahrhundert bezeichnete das französische *»garçon«* und das deutsche »Knabe« Jungen, die sechs und genauso gut dreißig oder vierzig Jahre alt sein konnten. Zu einem gewissen Teil ist dieses Durcheinander darauf zurückzuführen, daß diese Begriffe zugleich auch einen Status oder eine Funktion bezeichneten, *»garçon«* bedeutete sowohl »Diener« als auch »Junge«. Bis auf den heutigen Tag sind in *»boy«* und *»lad«* Spuren von der ursprünglichen Doppelbedeutung erhalten geblieben; und bei irischen Bauern ist es noch immer üblich, unverheiratete besitzlose Männer ungeachtet ihres Alters *»boy«* zu nennen, weil dies in einer Gesellschaft, in der Heirat und Erbe mit die wichtigsten sozialen Grenzen markieren, ihren geringen Status bezeichnet. Dasselbe gilt für die Südstaaten von Amerika, wo der niedrige Status der Schwarzen meist noch dadurch hervorgehoben wird, daß man sie *»boys«* oder *»girls«* nennt, ganz gleich, wie alt sie wirklich sind[1].

Aus dem, was die Sprache hier verrät, hat *Philippe Ariès* geschlossen, daß das vorindustrielle Europa zwischen Kindheit und anderen Stadien des Lebens vor dem Erwachsensein keine Unterscheidung kannte. Es bleibt, sagt er, »die Grenze zwischen ›Kindheit‹ und ›Adoleszenz‹ auf der einen Seite und der Kategorie ›Jugend‹ auf der anderen weiter verschwommen. Man besaß keine Vorstellung von dem, was wir Adoleszenz nennen, und es sollte noch lange dauern, bis eine solche sich ausprägte«[2]. Aufgrund seiner Feststellung, daß die lateinischen Bezeichnungen *»puer«* (Kind) und *»adolescens«* bis ins 18. Jahrhundert austauschbar waren, und aufgrund des Arguments, daß Jugend genau ineins fällt mit dem, was wir heute den Lebensabschnitt des »jungen Erwachsenen« nennen, schließt *Ariès,* daß die Europäer damals keine Zwischenspanne kannten, die der heutigen Auffassung des Jugendalters entsprechen würde. »Man wäre niemals auf die Idee gekommen, zwischen Kindheit und Pubertät eine Grenze zu ziehen. Die Kindheitsvorstellung war mit der Vorstellung von Abhängigkeit verbunden: die Wörter *›fils‹* (Söhne), *›valets‹* (Burschen), *›garçons‹* (Knaben) gehören zugleich dem Vokabular der feudalen oder herrschaftlichen Abhängigkeitsverhältnisse an. Aus der Kindheit trat man nur heraus, indem man aus der Abhängigkeit oder doch wenigstens aus den niedrigsten Abhängigkeitsverhältnissen heraustrat«[3].

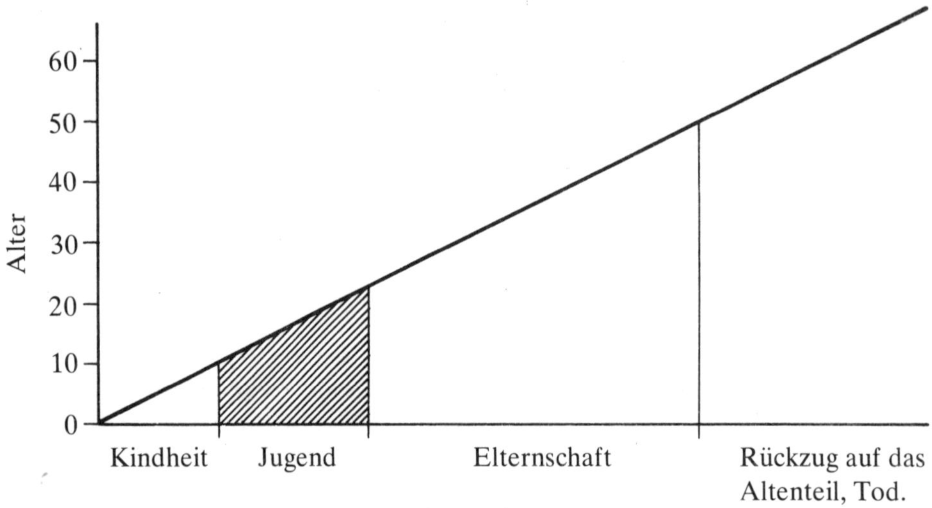

Graphik 1: Lebensphasen in der vorindustriellen Gesellschaft

In eben diesen Abstufungen von Abhängigkeit aber erkannte und institutionalisierte die vorindustrielle Gesellschaft einen Abschnitt im Leben, der sich sowohl von der Kindheit als auch vom Erwachsensein unterschied. Was man gemeinhin als »Jugend« bezeichnete, war eine lange Zeit des Übergangs, die sich von dem Punkt, an welchem das noch recht junge Kind in gewisser Weise von seiner Familie unabhängig wurde, meist mit sieben oder acht Jahren, bis zu dem Punkt gänzlicher Unabhängigkeit erstreckte, bis zur Hochzeit also, gewöhnlich Mitte oder Ende Zwanzig. So unklar die Grenzen der Jugend waren, weil anders als in der Gegenwartsgesellschaft allgemeine Alterseinteilungen fehlten, so relativ klar war ihre Stellung in der Gesellschaft. In einem wie es uns scheinen mag recht zarten Alter lösten Kinder sich von ihren Familien und lebten in anderen Haushalten. Mit Vierzehn mochte dann die überwiegende Mehrheit im Status der Halbabhängigkeit leben, entweder als Diener in Haushalten, als Lehrlinge in den Häusern ihrer Meister oder als Studenten, getrennt von ihren Familien. Gerade diese Trennung von der Familie gab der vorindustriellen Jugend ihre eigentümliche Struktur und Bedeutung, wie sie in einem idealtypischen Lebenslauf dargestellt werden kann (Graphik 1).

Hier finden wir also einen Lebensabschnitt, der sehr stark von allem abweicht, was wir heute unter »Jugendlichkeit« oder »Jugend« verstehen. Er war nicht nur weiter ausgedehnt und ganz anders sowohl auf die Kindheit als auch auf das Erwachsensein bezogen, sondern er unterschied sich auch notwendig von modernen Jugendkulturen durch das Brauchtum, welches die lange und oft schwierige Übergangszeit von der Kindheit zum Erwachsensein hervorbrachte. Jugend, wie sie sowohl von jenen, die gerade durch diesen Lebensabschnitt hindurchgingen, als auch von den Erwachsenen erfahren wurde, muß deshalb in ihren eigenen Begriffen verstanden und im Kontext der spezifischen ökonomischen und demographischen Bedingungen, die vor der Mitte des 18. Jahrhunderts geherrscht haben, gesehen werden.

1. Jugend als Lebensphase

Die Beweise dafür, daß Jugend ein eigener Lebensabschnitt ist, mit einer eigenen Geschichte und einer eigenen Überlieferung, stammen aus unterschiedlichen Quellen, aus literarischen und ikonographischen, aus ökonomischen und demographischen. Das allgemeine Brauchtum überliefert Kenntnisse von den populären Vorstellungen von Alterstufen, die sich aus der literarischen Überlieferung nicht so ohne weiteres ergeben; und auch das Verhalten bei festlichen Anlässen und am Feierabend belegt eine differenzierte Alterstufenstruktur. Zu den Festen, z.B. an Neujahr oder Ostern, sah man Jungen und Mädchen beim Spiel oder bei der Darbietung von Stücken und Tänzen, die eigens ihrer Altersgruppe vorbehalten waren. In England ließ man bei ländlichen Sportfesten junge unverheiratete Männer gegen die älteren Verheirateten antreten und unterstrich damit sowohl den Alters- als auch den Statusunterschied. Gewisse festliche Anlässe wurden als sozusagen jugendeigener Besitz betrachtet, so in Oxford am 5. November die *»Guy Fawkes Night«*, wo auf die zeremonielle Verbrennung des Guy gewöhnlich ein heftiger Streit zwischen Stadtbewohnern und Studenten entbrannte, bei dem die Jugend die Möglichkeit hatte, sich auszutoben. Auch bei den meisten regelmäßigen Prozessio-

Das Feuerspringen

nen, den geistlichen wie den weltlichen, konnte man die Gruppen einzelner Altersstufen deutlich unterscheiden. An Festtagen zu tanzen, zu singen und sich zu verkleiden, liefert Beweis genug für eine Trennung nach Altersgruppen, die *Ariès* zwar nicht übersehen hat, die er aber eher als Überbleibsel einer früheren heidnischen Zeit interpretierte, als ein Brauchtum, das im 17. und 18. Jahrhundert seine Funktion und Bedeutung bereits eingebüßt habe[4]. Aus den Arbeiten von *Natalie Davis* und anderen wissen wir heute jedoch, daß die vorgezeichnete Rolle, die die Jungen und Mädchen bei festlichen Anlässen spielten, nur *eine* von vielen Formen eines festgelegten Systems von Altersgruppen war, wie es sie in vielen Teilen des vorindustriellen Europa gab. Außerdem hatten diese Gruppen eine verblüffende Ähnlichkeit mit den verschiedensten Korporationen und Zunftgruppen und wurden durch deren Aktivitäten ergänzt. Studenten, Gesellen aus den größeren Gewerbezweigen und Rekruten der Armee, Novizen des Klerus oder neu in die Bürokratie Eintretende: alle hatten ihre eigenen Organisationen und Überlieferungen, die sie einerseits von den Kindern, andererseits von den verheirateten Erwachsenen unterschieden.

Die Eigenart und Zusammensetzung der ländlichen und städtischen Jugendvereinigungen war sehr unterschiedlich, und es gab kein einheitliches Eintrittsalter, nicht einmal bei Schulen und Universitäten. Das heißt: Den Stempel allgemeiner Altersgruppeneinteilungen, wie ihn die *Schule* unserer Gesellschaft aufdrückt, gab es im vorindustriellen Europa nicht. Dennoch existierte in jener Gesellschaft eine Anschauung vom »richtigen« Alter, in welchem man die Halbabhängigkeit der Jugendzeit zu betreten und zu verlassen hatte. In Deutschland galt z. B. die kirchliche Konfirmation als eine Art Initiationsritus für den Eintritt in die Jugend – gewöhnlich war man um die vierzehn Jahre alt –; damit trat man dann in der städtischen Gesellschaft im weitesten Sinne in einen Lehrlingsstand ein, und auf dem Land wurde man in die Gruppierung der Jugendlichen des Dorfes aufgenommen, die meist »Brüderschaft« hieß[5]. Am Ende der Jugend setzte die Erwartung, daß der junge Mann Ende Zwanzig heiraten und in das Erbe eintreten würde, das andere festverankerte Ideal. Vorzeitiges Betreten des Heiratsmarktes zog unweigerlich öffentliche Mißbilligung nach sich, während der Umstand, über ein bestimmtes Alter hinaus noch unverheiratet zu sein, aus Mädchen »alte Jungfern« und aus Jungen »ewige Junggesellen« machte[6].

Ich muß darauf hinweisen, daß wir es hier mit volkstümlichen Begriffen zu tun haben, die eher vorschreibend als beschreibend waren. Das Leben selbst dachte man sich meist als etwas Symmetrisches, von der Geburt zum Tod als einen Zyklus, innerhalb dessen die Blüte des Lebens mit den ersten Ehejahren erreicht war. Im Florenz des 15. Jahrhunderts war ein Mann in seinen besten Jahren, in seiner »*gioventute*«, zwischen Ende Zwanzig und Fünfunddreißig. Hier haben wir es aber mit einer Gesellschaftsordnung zu tun, in der der Mann später heiratete, als es sonst in der vorindustriellen Zeit üblich war; gewöhnlich war für Männer Ende Zwanzig und für Frauen Mitte Zwanzig mit der Heirat der Höhepunkt des Lebenszyklus' erreicht[7]. Kindheit und Jugend wurden meist als untergeordnete Stadien des Lebens betrachtet und führten, ohne dies je in Frage zu stellen, zu einer Vorrangstellung der jungen Verheirateten[8]. Dies konnte fast nicht anders sein in einer Gesellschaft, in der die Hälfte der geborenen Kinder das zwanzigste Lebensjahr nicht erreichte. Die vorherrschenden Anschauungen waren die der Überlebenden; sie blickten mit Erleichterung auf die Zeit zurück, in der sie jene gefährlichen frühen Phasen hatten durchlaufen müssen, und vor ihnen lag das Alter als eine neuerliche Zeit der Abhängigkeit und der Schwierigkeiten. Wie wir sehen werden, ist die Altershierarchie – in der Kindheit, Jugend und Alter in verschiedenen Graden der Abhängigkeit vom jungen Erwachsenen stehen – tatsächlich das genaue Abbild der wirtschaftlichen, sozialen und politischen Altersstruktur, und dieses Abbild entsprach dem Bild von der altersstrukturellen Gliederung der Gesellschaft, das jene hatten, die die soziale und wirtschaftliche Macht besaßen. Sie schrieben der Kindheit die *Abhängigkeit* zu, der Jugend die *Halbabhängigkeit* und dem Alter die *Zurückgezogenheit,* weil dies weitgehend die einzige Möglichkeit war, die Überlieferung von Kultur, Besitz und Fertigkeiten von einer Generation zur anderen zu garantieren.

2. Unscharfe Alterstrennungen

Der heutige Leser wird nicht nur von der Dauer der Periode überrascht sein, die hier unter »Jugend« verstanden wird, sondern auch von dem Fehlen deutlicher Unterscheidungen zwischen den jüngeren und den älteren Mitgliedern dieser Altersgruppe. Uns ist die Abhängigkeit der Jugendlichen (der Dreizehn- bis Neunzehnjährigen) im Unterschied zu der relativen Unabhängigkeit der älteren Jugend (Anfang Zwanzig) so geläufig, daß wir überrascht sind, wenn diese Unterscheidung fehlt. In unserer Vorstellung kommt der frühen Jugend die Entfaltung der Person zu, besonders die sexuelle Reife und Persönlichkeitsfindung, während wir der eigentlichen Jugend die Berufswahl, die Partnerwahl und die Übernahme politischer und sozialer Verantwortung zuordnen. Das vorindustrielle Europa jedoch unterteilte den Lebenszyklus nicht in dieser Weise. Die Entwicklung der persönlichen, sozialen und wirtschaftlichen Aufgabenbewältigung lief eher in gleichberechtigten Bahnen nebeneinander her, als daß sie in eine Phasenfolge gegliedert worden wäre; darauf ist es zurückzuführen, daß in der gesellschaftlichen Vorstellung vom normalen Lebenszyklus die Unterscheidung zwischen früher Jugend und Jugend im engeren Sinn fehlt.
Dieser Unterschied geht aufs Konto der jeweils vorherrschenden wirtschaftlichen, demographischen und biologischen Bedingungen. Weil es keinen allgemeinen Schulbesuch gab, der den Eintritt in die Arbeitswelt hätte hinausschieben können, und weil die soziale Mobilität begrenzter war, konnte die Berufswahl kaum zu einem Problem werden. So mancher Junge folgte dem Pflug des Vaters seit seinem siebten oder achten Lebensjahr, ohne je an eine Alternative zu denken; aber auch jene, für die es eine Alternative gab, fingen mit der Berufsausbildung früh an; wenn man in die Lehre kam, war man Vierzehn oder sogar noch jünger. Im Bereich von weniger klar gegliederten ungelernten Beschäftigungen mochten Jungen und Mädchen in Stellung gehen oder sie wieder verlassen, aber auch hier gab es keine Regelung, nach welcher

zwischen der frühen Jugend und der Jugend ein Einschnitt hätte stattfinden müssen. Adelige Söhne betraten im England des 15. Jahrhunderts die Universität in einem Durchschnittsalter von fünfzehn Jahren, und sie verbrachten eine sehr unterschiedliche Zahl von Jahren dort. Viele von ihnen wollten gar nichts von einer Graduierung wissen. Anscheinend waren die Söhne von den weniger Begüterten, die eine Universität besuchten, im Durchschnitt bei Studienbeginn ein Jahr älter. Oft mußten sie arbeiten, bis sie Fünfzehn oder Sechzehn waren; denn nur so hatten sie genügend Geld beisammen, um ihre Ausbildung auf der Lateinschule oder an der Universität fortsetzen zu können[9]. In jedem Fall ging die Ausbildung aller Stände gemeinhin in kleinen Schritten und Stückchen vor sich, ständig von saisonal bedingter Arbeit oder anderen wichtigen Belangen der Kindheit unterbrochen[10].

Weder die Arbeit und noch die Ausbildung waren in der Weise eindeutig altersabhängig, wie wir das erwarten würden; auch das ist zum Teil für den Mangel an Einschnitten innerhalb der großen Altersspannen der vorindustriellen Jugend verantwortlich. Auch der Beginn körperlicher und sexueller Reife hätte doch nach unserer Erwartung einen Einschnitt bezeichnen können; er tut es aber vor allem deshalb nicht, weil die Kinder sich schon sehr früh daran gewöhnten, die Geschlechterrollen der Erwachsenen zu übernehmen, und der Eintritt in die Pubertät war nicht durch andere Kleidung oder durch sonstige äußere Zeichen der Reife gekennzeichnet. Was den modernen »*teenager*« angeht, so stammt seine beträchtliche Unsicherheit aus der körperlichen Veränderung, die dem Selbstbild widerspricht, das aus der doch weitgehend asexuellen Welt der modernen Kindheit übernommen wurde. Der Gestaltwandel und die Entwicklung der sekundären Geschlechtsmerkmale machten ziemlich plötzlich sowohl die Kinderkleidung als auch Verhaltensweisen, die in unserer Gesellschaft für die Vorpubertät vorgesehen sind, überflüssig. Vor dem 19. Jahrhundert waren die Kinder gekleidet wie kleine Erwachsene, ausgestattet mit allen äußerlichen Kennzeichen der Männlichkeit und Weiblichkeit. Da sie früher als unsere Kinder heute auch den geschlechtlichen Umgang Erwachsener miterlebten, hatten sie viel weniger Schwierigkeiten in der Auseinandersetzung mit den eigenen körperlichen Veränderungen[11].

Ebenso wichtig für die Beschreibung des reibungslosen Eintretens der Pubertät ist es, daß diese selbst und das sie begleitende körperliche Wachstum später als heute einsetzte und bei den Menschen der vorindustriellen Zeit auch langsamer verlief. Noch in der Mitte des 19. Jahrhunderts traten die körperlichen Veränderungen, die wir den Zwölf- bis Vierzehnjährigen zuordnen, drei bis vier Jahre später ein. In Norwegen lag 1850 das Durchschnittsalter für den Eintritt der ersten Regel bei den Mädchen bei etwas über siebzehn, heute im Vergleich dazu bei dreizehneinhalb Jahren[12]. Die Angaben für die dem 19. Jahrhundert vorangehenden Jahrhunderte sind wenig zuverlässig. Aber es kann kaum bezweifelt werden, daß das Alter der Pubertät und des Eintritts der ersten Regel für den Großteil der ländlichen Bevölkerung mindestens Sechzehn war, in Städten vielleicht ein wenig niedriger. Zweifellos entwickelten sich die Kinder der Reichen schneller als die der Armen, da die Ernährung beim Reifungsprozeß eine bedeutende Rolle spielt. Gerade die

Unterschiede zwischen den Gruppen aber trugen dazu bei, die Bedeutung der Pubertät als eines fixierten gesellschaftlichen Wendepunkts zu verringern[13]. Ebenso wichtig ist die Tatsache, daß das Körperwachstum, das die Pubertät begleitet, wesentlich gemächlicher in Erscheinung trat.

Wenn wir einer Enzyklopädie aus der Mitte des 16. Jahrhunderts glauben dürfen, so war die volle körperliche Kraft erst Ende Zwanzig, manchmal sogar erst Anfang Dreißig erreicht[14]. Ein zusätzlicher und zuverlässigerer Beleg aus medizinischen Aufzeichnungen zeigt, daß wahrscheinlich Mitte Zwanzig die Norm war. Auf alle Fälle hilft uns die Tatsache einer gemächlicheren Reifung erklären, weshalb frühere Generationen von Europäern der frühen Jugend zwischen Zehn und Zwanzig als einer Besonderheit wenig Bedeutung zugemessen haben und sie vielmehr jenem längeren Lebensabschnitt zuordneten, den sie »Jugend« nannten[15].

Pubertätskrisen sind ohnehin gewöhnlich gesellschaftlich definiert. Wenn wir uns die Stellung des Zehnjährigen in der sozialen und wirtschaftlichen Ordnung der vorindustriellen Zeit ansehen, wird einsichtig, weshalb – ungeachtet der eindeutigen biologischen Unterschiede – die Definition von »Adoleszenz« sich von unserer heutigen unterscheiden mußte. Heute unterscheidet sich das Kind in der Vorpubertät von älteren Jugendlichen vor allem durch die Tatsache, daß es noch zu Hause, in der eigenen Familie lebt. Wenn ein junger Mensch von zu Hause weggeht, betrachtet ihn niemand mehr als Kind, er tritt in den Bereich »Jugend« ein. Die vorindustrielle Zeit machte diese Unterscheidung nicht, eben weil Kinder schon mit sieben oder acht Jahren in andere Haushalte weggeben wurden. Dort lebten und arbeiteten sie als Diener der Familie, die sie aufgenommen hatte; manchmal traten sie dann im Alter von Dreizehn oder Vierzehn mit etwas mehr Formalitäten als Lehrlinge in andere Haushalte ein; aber wie auch immer: sie lebten die meiste Zeit ihrer Jugend *außerhalb* ihrer eigenen Familie. Ein Italiener, der England im 16. Jahrhundert besuchte, beschrieb den Ablauf so[16]: »Der Mangel an emotionaler Wärme, eine Eigenart der Engländer, wird bei ihnen besonders im Verhalten gegenüber ihren Kindern deutlich; denn nachdem sie sie bis zum siebenten oder höchstens neunten Lebensjahr zu Hause behalten haben, geben sie Jungen und Mädchen fort zu hartem Dienst in die Häuser anderer Leute, dort sind sie in der Regel für weitere sieben bis neun Jahre gebunden. Sie werden dann Lehrlinge *(apprentices)* genannt, und während dieser Zeit haben sie die niedrigsten Dienste zu verrichten; wenige erblicken das Licht der Welt, die diesem Schicksal entgehen; denn jedermann, ganz gleich, wie reich er auch sein mag, schickt seine Kinder in fremde Häuser, während er im Gegenzug Kinder aus anderen Häusern bei sich aufnimmt.«

Ob sich diese Verfahrensweise auf den Mangel an positiver Gefühlszuwendung zurückführen läßt, ist zu diskutieren, wie wir sehen werden; und der italienische Reisende irrte, wenn er glaubte, sie beträfe nur England. Eine formelle oder informelle Lehrzeit für Kinder herrschte in allen Ländern noch während des ganzen 18. Jahrhunderts vor und verlieh den Bezeichnungen »*garçon*« und »*boy*« die doppelte Bedeutung von Alter und Funktion, die sie bis ins 19. Jahrhundert hinein behielten[17]. Da dies für alle sozialen Schichten in gleicher Weise galt, haftete der Rolle nichts

Erniedrigendes an. Die jungen Fremdlinge und die eigenen Kinder wurden weitgehend gleich behandelt, beide waren der Autorität des Hausvaters in gleicher Weise unterworfen. So ist es auch in einer Abhandlung zur Haushaltsführung aus dem späten 16. Jahrhundert niedergelegt: »Der Hausvater wird *pater familias*, das heißt ›Vater der Familie‹ genannt, weil er sich in väterlicher Sorge den im Hause Beschäftigten so widmen soll, als wären es seine Kinder«. Im Gegenzug hieß die Pflicht des jungen Bediensteten gegenüber seinem Herrn und seiner Herrin, »daß er sie lieben und ihnen herzlich zugetan sein soll, wie ein artiges Kind es bei seinem Vater ist«[18].

Indem sie sehr jung ihr Elternhaus verließen, wechselten sowohl Jungen als auch Mädchen aus einem Status der Abhängigkeit in einen der *Halbabhängigkeit* über, der dann ihr Dasein bis zum Zeitpunkt der Heirat bestimmte. Dadurch hatte das Alter von sieben oder acht Jahren für die Eltern in vorindustrieller Zeit eine Bedeutung angenommen, die es für uns nicht hat. Man hielt diese Jahre für einen bedeutenden Wendepunkt in der Entwicklung des Kindes. Wenn sie für den Status der Halbabhängigkeit bereit waren, kleidete man sie wie kleine Erwachsene und erlaubte ihnen, das Verhalten und die Sprache der Erwachsenenwelt zu gebrauchen. Der spätere französische König Ludwig XIII. wurde schon an seinem fünften Geburtstag mit dem Gewand eines Erwachsenen bekleidet, und man sagte ihm: »*Monsieur*, nun wurde die Knabenkappe von Euch genommen, Ihr seid jetzt kein Kind mehr; jetzt fangt Ihr an, ein Mann zu werden«[19].

Dieser Abschnitt des Aufwachsens war jedoch ein außerordentlich langer, ausgedehnter Vorgang. Die Jungen blieben in einer untergeordneter Position, bis sie durch Heirat oder Erbschaft den Status von Haushaltsvorständen erreichten. Beständig wurden sie an ihre Halbabhängigkeit durch ihre untergeordnete wirtschaftliche, gesellschaftliche und rechtliche Lage erinnert in einer Gesellschaft, in der die vollen Rechte vornehmlich den Familienvorständen vorbehalten waren oder anderen »Meistern« aus dem Handwerk und anderen hierarchisch gegliederten Korporationen. Selbst die Kinder der Reichen und Mächtigen sollten ihre untergeordnete Stellung erfahren; bis in die Mitte des 18. Jahrhunderts waren Studenten in Oxford körperlichen Züchtigungen ausgesetzt, ein Symbol für die Unterwerfung, das sie mit Knechten und Lehrlingen aus niedrigeren gesellschaftlichen Rängen gemeinsam hatten[20]. Der Übergang im Alter von vierzehn Jahren von der informellen Lehrzeit zu einem eher vertraglich geregelten Verhältnis im Handwerk oder in anderen Berufen bedeutete ebenso wie der Eintritt in die Universität, daß man einen weiteren Schritt aus der Abhängigkeit der Kindheit heraus tat, aber eben nur einen Schritt. Bis zur Heirat blieb die Rolle von Jungen wie Mädchen weiterhin durch die Halbabhängigkeit charakterisiert, eine Zeit, die man fern von zu Hause und von der Familie verbrachte, durchweg in Gemeinschaft mit Fremden.

3. Ursachen der unscharfen Alterstrennungen

Wie haben wir nun eine System der Altersgruppierungen zu verstehen, das von dem unsrigen so sehr verschieden ist? Jener Italiener vermutete einen Mangel an Zärtlichkeit bei den Eltern. *Thomas Hobbes* übertraf ihn noch, er hob auf das Motiv »Selbstsucht« ab. Die Jungen wurden von ihren Eltern nach Oxford geschickt, sagte er, »weil sie sich den Kummer ersparen wollten, ihre Kinder während der Zeit zu Hause erziehen zu müssen, der sie am wenigsten zu erziehen sind»[21]. Es wird nicht weiter überraschen, daß auch die Eltern selbst dem noch einen weiteren Grund hinzuzufügen hatten: Sie wollten verhindern, daß ihre Kinder verwöhnt würden, darum schickten sie sie weg[22]. Tatsache ist, daß wohl recht unterschiedliche Motive im Spiel waren; hinter allem aber standen die demographischen Bedingungen der Zeit und die realen Lebensumstände, die in Verbindung mit der ökonomischen Struktur der vorindustriellen Zeit die Definition von »Jugend« bestimmten.

Für alle bis auf eine winzig kleine privilegierte Führungsschicht war das Dasein, wie *Thomas Hobbes* es beschrieb, »garstig, viehisch, kurz«. Hohe Sterblichkeit in den ersten Lebensjahren bedeutete bei der Geburt eine Lebenserwartung, die im Jahre 1690 in England 32 Jahre und 27,5 Jahre in Breslau betrug. Sie fiel je nach örtlichen Umständen mal höher, mal tiefer aus und sank in Zeiten von Krieg, Hungersnot und Naturkatastrophen noch weiter ab. So sah es für den Großteil der Bevölkerung aus, und das blieb so bis ins 19. Jahrhundert hinein; denn – und das gilt sogar für den englischen Adel – die Lebenserwartung stieg bis ins frühe 19. Jahrhundert nicht wesentlich; erst danach stieg sie (ausgenommen sind die gewaltsamen Tode) von 34,7 auf 45,8 Jahre für Männer und von 33,7 auf 48,2 Jahre für Frauen[23].

Die Jüngsten waren die Gefährdetsten. Wie *François Lebrun* für das französische Dorf Challais gezeigt hat, starben dort während des letzten Drittels des 17. Jahrhunderts 18% der Kinder in ihrem ersten Lebensmonat, 35% im ersten Jahr und 53%, ehe sie das Alter von zwanzig Jahren erreicht hatten[24]. Nur in wenigen Regionen des vorindustriellen Europa erreichten mehr als die Hälfte der geborenen Kinder das Erwachsenenalter. Angesichts der Tatsache, daß nur eines von zwei geborenen Kindern überleben würde, standen die Eltern vor einer Situation, die von der heutiger Familien grundlegend verschieden ist. Selbst wenn sie nur die vorhandene Bevölkerung reproduzieren wollten, mußte ihre Fruchtbarkeit beträchtlich höher sein, als sie es heute zu sein pflegt. Frauen konnten also damit rechnen, daß sie wesentlich mehr Kinder zur Welt bringen und aufziehen mußten als heute; denn während vollständige Familien auch damals nicht notwendig größer als heute waren, mußten doch mehr Kinder geboren werden, einfach um die hohe Sterblichkeit auszugleichen.

Der die Bevölkerungsgeschichte bearbeitende englische Forscher *E.A. Wrigley* hat geschätzt, daß, ausgehend von einer Lebenserwartung von dreißig Jahren, mindestens vier Kinder in jeder Familie geboren werden mußten, damit wenigstens eine sechzigprozentige Chance dafür bestand, daß *ein* männlicher Erbe den Vater überlebte. Weil die gesellschaftliche Norm vorschrieb, daß der Sohn erbte, wenn der Vater starb oder sich aufs Altenteil zurückzog, forderte die Familienplanung bei den bäuerlichen wie bei den städtischen Leuten aus dem Besitzstand hohe Fruchtbarkeit. Die gängigen Vorstellungen von Fruchtbarkeit mögen an den beiden Enden des sozialen Sektrums etwas abweichen – zum einen bei den Gruppen der Privilegierten, wo die Sterblichkeitsrate nicht so schrecklich hoch war, und zum andern bei den Besitzlosen oder ganz Armen, wo die Aussicht auf ein Erbe bedeutungslos war. Aber bei den Menschen, die um 1700 den Hauptteil der Bevölkerung ausmachten, erzwang die hohe Sterblichkeit hohe Fruchtbarkeit, die sogar in Zeiten, die auf große Not folgten, weiter anstieg, wenn Seuchen, Krieg oder Hungersnot die Lebenserwartung unter die Norm drückten.

Kinder waren für die vorindustrielle Gesellschaft das, was Pension und Sozialversicherung für uns heute sind. Sie waren eine Art Kapitalanlage, die, auch wenn sie sich nicht immer auszahlte, für die Eltern notwendig war, wenn sie ruhigen Auges ihren alten Tagen entgegensehen und den Fortbestand ihres Besitzes sichern wollten. Wenn eine Reihe von Mädchen geboren wurde oder der älteste Sohn durch einen Unfall ums Leben kam, so konnte dies die beste Familienplanung vernichten. Ein fruchtbares Paar jedoch, das vier oder mehr Kinder in die Welt setzte, hatte damit immerhin reale Chancen, daß sich seine Wünsche für die eigene Person und für die Nachkommen erfüllten[25].

In den Termini der Altersgruppen gesprochen heißt das: Es herrschte Kinderüberschuß, verbunden mit einem Durchschnittsalter der Bevölkerung, das zwischen dem verhältnismäßig hohen Wert von 28 Jahren im England des späten 17. Jahrhunderts und dem niedrigen Wert von 21 Jahren schwankte, je nach den jeweiligen Lebensumständen. Es ist geschätzt worden, daß 1701 in dem englischen Dorf Stoke-on-Trent 49% der Bewohner unter 20 Jahre alt waren. In Schweden betrug 1750 das Verhältnis von Personen zwischen 15 und 29 Jahren zu jenen von 30 und mehr Jahren 63%, in Frankreich im Jahre 1776 65%, und sogar noch 1840 waren es in England annähernd 77%[26]. Dieser Überschuß an Kindern und jungen Menschen ist noch verblüffender, wenn man ihn mit der heutigen Zeit vergleicht. Heute ist die Prozentzahl der Kinder in Städten wie Stoke-on-Trent drastisch gefallen und beträgt nur noch 29% der Gesamtbevölkerung. In ganz England bilden alle Altersgruppen bis zum Alter von 29 Jahren nur 43% der Bevölkerung im Vergleich zu über 63% im späten 17. Jahrhundert[27].

»Wir müssen uns deshalb unsere Vorfahren als ständig von ihren Nachkommen umgeben vorstellen«, hat *Peter Laslett* bemerkt, und er weist wie auch andere Historiker darauf hin, daß die Erwachsenen den Kindern offenbar nur sehr geringe Aufmerksamkeit schenkten, trotz ihrer großen Überzahl. Das geht zum Teil auf die hohe Sterblichkeit während der ersten Lebensjahre zurück sowie auf die Tatsache, daß Eltern nie sicher wußten, welches der Kinder das Erwachsenenalter erreichen würde. In solch einer Situation mußte sich ihr Verhalten von dem heutiger Eltern unterscheiden, nicht weil sie hartherziger waren, sondern weil sie, wie *Rousseau* vermutete, mit der falschen Art der Zuwendung den Kindern eher geschadet als geholfen hätten. Was sollte, fragte er, eine Erziehung für einen Sinn haben, »welche die Gegenwart einer ungewissen Zukunft opfert ... und die von früh an das Kind verdirbt, indem sie es auf ein weit entferntes Glück verbereitet, das es niemals genießen wird?«[28] Man riet den Eltern, ihre Kinder mit der Realität des Todes vertraut zu machen; sie selbst und die mit ihnen Lebenden konnten sterben. Die Ratgeberliteratur bereitete Eltern auf den Tod von Neugeborenen und Kleinkindern vor, deren Ableben nicht dieselbe Art von Gram hervorrief wie bei älteren Kindern; denn die Verhältnisse befahlen, daß man sich selbst und der Nachkommenschaft das Äußerste an Enttäuschung ersparte. Also setzte man auch keine speziellen Erwartungen in diesen Jungen oder jenes Mädchen, nicht einmal dann, wenn das Kind schon über Zehn war[29].

Die Aufmerksamkeit galt natürlich vor allem den männlichen Mitgliedern der Familie; denn durch sie sollte sich der Wohlstand und der Name fortpflanzen. Die Erbgepflogenheiten waren von Schicht zu Schicht verschieden und auch nicht in allen Teilen Europas gleich. In England z. B. bevorzugten der Adel, die reichen Gutsherren und Bürger die Primogenitur (das alleinige Erbrecht des Erstgeborenen), wogegen die Bauern- und Handwerkerschaft eher geneigt schien, ihren Besitz nach der Realteilung zu vererben und manchmal sogar Anteile für Töchter vorsah. In Teilen Frankreichs und im Westen Deutschlands war die Realteilung weiter verbreitet, obgleich auch da der älteste Sohn oft das größte Erbteil erhielt[30]. Die Aufmerksamkeit, die ein Kind auf sich zog, wirkte sich auf die anderen nicht notwendigerweise nachteilig aus; denn es war allgemein klar, daß das Wohlbefinden *aller* bis zu einem gewissen Grade von einer reibungslosen Nachfolge abhing, falls die Eltern starben oder sich aufs Altenteil zurückzogen. So konnten es z.B. der Verlust des Familienbesitzes mit sich bringen, daß alle Kinder damit ihr Ansiedlungsrecht verloren – ein Schlag, der zu einer Zeit, in der es noch kein allgemeines Bürgerrecht gab, an welches sich Wohlfahrtsrechte knüpften, das Absinken ins Landstreicherdasein bedeuten konnte. Daher war es für Töchter und jüngere Söhne nichts Außergewöhnliches, daß sie sich für das Wohl aller Familienangehörigen opferten, indem sie auf das Erbe ganz verzichteten und das wählten, was *David Hunt* »eine wichtige Geste von Familienloyalität« nannte: ein Leben in der Ehelosigkeit[31].

Selbst dort, wo das Anwesen hätte geteilt werden können, stand man im 17. und 18. Jahrhundert unter dem Druck, das Erbe doch nicht so weit aufzuteilen, daß der Besitz zerstört und damit die ganze Familie gefährdet werden würde[32]. Herrschte Anerbenrecht vor, so wurden die jüngeren Kinder, die Töchter in erster Linie, genauso aber auch die Söhne als jemand betrachtet, der entbehrlich war. Hervorgebracht durch die hohe Sterblichkeit, die die Fruchtbarkeit beförderte, waren sie eine Art Überschuß, dessen Verwertbarkeit sich drastisch verringerte, wenn erst einmal der älteste Sohn durch Ruhestand oder Tod des Vaters das Anwesen übernommen hatte. Zunächst erforderte die Familienplanung einen solchen Überschuß, er gab zugleich der Jugend ihren eigentümlichen Charakter. Wohlhabende Familien konnten, und sie taten es auch oft, für ihre überzähligen Söhne und Töchter vorsorgen; manchmal behielten sie sie zu Haus und statteten sie mit einer angemessenen Mitgift aus, oder sie verhalfen ihnen zu gewerblichen oder akademischen Berufen, ohne dabei den Familienbesitz teilen oder ungebührlich verringern zu müssen. Die jüngeren Söhne aus der englischen Aristokratie und dem gehobenen Bürgertum wurden gewöhnlich in achtbare Positionen eingesetzt, allzeit bereit, Titel oder Ländereien des ältesten Sohnes zu übernehmen, falls dieser vorzeitig sterben sollte. Das Funktionieren dieses Systems hing freilich davon ab, daß die jüngeren Söhne und die Töchter in einem gewissen Maß zu einem sozialen Abstieg bereit waren, ein Opfer, das durch den Umstand versüßt wurde, daß sichs ihre Väter häufig leisten konnten, ihnen Karriere oder gute Partien zu verschaffen. Bloß aufgrund der Geburtenfolge zu einem niedrigeren Status verurteilt zu sein, das grämte während des 16. und 17. Jahrhunderts manchen der jüngeren Söhne. Einer von ihnen, Sergeant *Yelverton,* beklagte die Verpflichtung jener, welche die Ehre des Familiennamens hochhalten sollten, ohne über die notwendigen Mittel zu verfügen: »Mein Besitz entspricht nicht dem, was für die Aufrechterhaltung dieser Würde nötig wäre; denn mein sterbender Vater hinterließ mir einen jüngeren Bruder und weiter nichts als eine spärliche Jahresrente. Als ich ins Mannesalter kam und eine Weile als Anwalt tätig gewesen war, nahm ich mir eine Frau, von der ich viele Kinder hatte. Deren Unterhalt zehrte meinen Besitz gänzlich auf, und unser täglich Brot kam von nirgendwo anders her als von meiner täglichen Arbeit«[33].

In Frankreich und Deutschland war die Situation der jüngeren Söhne noch unsicherer, nicht zuletzt deswegen, weil die Trennungslinie zwischen den sozialen Klassen schärfer gezogen wurde und die Kinder von Vätern aus gehobenen Positionen eine ganze Reihe der nichtakademischen handwerklichen und kaufmännischen Berufe gar nicht ausüben durften. Sie versuchten, ihr Ansehen durch Eintritt in den Kirchendienst oder durch eine Karriere bei der Armee oder im Staatsdienst hochzuhalten; aber die Gelegenheiten, die sich hier boten, gestalteten sich in unberechenbarer Weise wechselhaft, und das brachte viel Leid über die überzähligen Söhne der Aristokratie[34]. Auch die Töchter waren in einer arg unsicheren Lage, obgleich in katholischen Ländern das Kloster eine ehrenvolle Alternative bildete. Wir wissen, daß der Prozentsatz der Männer und Frauen, die ihr Leben lang unverheiratet blieben, in der Gesellschaft des vorindustriellen Europa verhältnismäßig hoch war, im Durchschnitt um die zehn Prozent. Nicht verheiratet zu sein, kam vor allem bei den Armen vor, für die Heirat und Wiederheirat äußerst schwierig war. Im 17. Jahrhundert war in englischen Dörfern fast ein Drittel der Frauen zwischen fünfundzwanzig und vierundvierzig Jahren entweder verwitwet oder ledig[35].

Das Schicksal der überzähligen Kinder war natürlich bei den Armen viel schlimmer. Leute vom Schlage Sergeant *Yelvertons* mußten zwar einen Statusverlust hinnehmen, aber ihre Verbindungen schützten sie in der Regel doch vor der Verarmung. Die große Mehrheit der Bevölkerung lebte wesentlich näher am Rande des Existenzminimums; und selbst die besitzenden Bauern und die Handwerker der Städte waren nicht gegen die Verarmung geschützt, die eine stets wiederkehrende Folge von Hungersnot, Krieg, Seuchen und Naturkatastrophen war. Aus der Gesamtheit der Bevölkerung haben wir verständlicherweise nur von der Bauern- und Handwerkerschaft gute Kenntnisse; anhand dieser historischen Quellen also müssen wir versuchen, uns eine Anschauung vom Lebenszyklus des vorindustriellen Armen herauszubilden.

4. Der Lebenszyklus

Wir wissen, daß Bauernsöhne den väterlichen Besitz selten erbten, ehe sie Ende Zwanzig geworden waren. Das war die Zeit, in der die Eltern starben oder sich aus freien Stücken zurückzogen und den Hof übergaben; in diesem Fall mußte der Älteste dafür die Sicherung des Lebensunterhaltes für den Rest ihrer Tage bestreiten. Die endgültige Hofübernahme umschloß gewöhnlich auch das Bereitstellen einer Mitgift für die Schwestern und einer Jahresrente oder kleinerer Anteile Landes für die jüngeren Brüder. Das Land oder den Betrieb zu erben, erlaubte es dem ältesten Sohn, zu heiraten und sofort seine eigene Familie zu gründen und damit den Lebenszyklus zu erneuern, welcher sich rund dreißig Jahre später mit seinem eigenen Tod oder Ruhestand und dem Weiterreichen des Familienbesitzes an eine neue Generation vollenden würde. Die Lebenserwartung der Väter setzte das Heiratsalter der Söhne auf siebenundzwanzig oder achtundzwanzig Jahre fest, während deren Frauen drei oder vier Jahre jünger waren. Bräute waren oft schon vor der Hochzeit schwanger, und man erwartete das erste Kind bald nach der Trauung, ihm folgten die nächsten in regelmäßigen Abständen.

Das Leben der Frau als Kindergebärerin beläuft sich so auf durchschnittlich zehn bis fünfzehn Jahre, eine Zeit, in der sie im Durchschnitt vier bis fünf Kinder zur Welt bringt, von welchen nur etwa die Hälfte eine Chance hat, das zwanzigste Lebensjahr zu erreichen[36]. – Die Last, die der Ehemann zu tragen hatte, war genauso drückend, vor allem dann – und das war bei den meisten ländlichen und handwerklichen Betrieben so –, wenn der Besitz kaum ausreichte, um zwei Erwachsene und eine kleine Zahl von Kindern zu ernähren. Die Größe und der Wohlstand des Haushalts bedingten in vorindustrieller Zeit einander; die Armen konnten nur mit größter Anstrengung ihr Leben durchbringen. War der Besitz übergeben worden, weil die alten Leute sich zur Ruhe gesetzt hatten, dann stellten diese eine weitere Last für das junge Paar dar. Manchmal konnte der alte Bauer dem Sohn noch zur Hand gehen und die Frau leichte Verrichtungen im Haushalt besorgen; in den meisten Fällen aber war deren Tod doch eine Erleichterung für eine ohnehin überlastete Familie[37]. In den ersten Jahren nach der Heirat, wenn die eigenen Kinder noch zu klein waren, um der Familie durch ihre eigene Arbeit wirtschaftlich aufhelfen zu können, waren die Dinge am schwierigsten. Gewöhnlich nahmen Bauern Knechte in Dienst, die ihnen halfen, das Land zu bestellen oder Verrichtungen im Haushalt zu erledigen, solange die eigenen Kinder noch sehr klein waren; aber auch das war natürlich wirtschaftlich belastend und hielt meist nur die ersten zehn Jahre des Lebenszyklus an[38].

Die Zahl der Bediensteten, die je nach Bedarf der Familie im Hause lebten, hing sowohl von der Größe des Betriebes als auch vom Alter der zum Haus gehörenden Nachkommenschaft ab. Die wohlhabenderen Bauern konnten mehr Knechte halten als ihre ärmeren Nachbarn; und es war in fast allen Teilen Europas so, daß je reicher ein Haushalt, umso größer die Zahl seiner Mitglieder war, und dies resultierte aus der Anzahl der Bediensteten, die unter diesem einen Dach leben konnten. Die meisten dieser Beschäftigten waren Jungen und Mädchen zwischen dreizehn und neunzehn

Jahren, die aus den ärmeren Haushalten kamen und bei den Reichen aufgenommen wurden, ein Brauch, der auch die Funktion hatte, jenen Familien Erleichterung zu verschaffen, die durch zu viele Kinder überlastet waren. Ihre Bezahlung bestand aus Kost und Logis, und sie waren der Autorität des Hausvaters unterstellt, der sie beschäftigte. Diese Jugend wurde erfolgreich mit allem, was sie in wirtschaftlicher wie auch in sozialer Hinsicht brauchte, versorgt[39].

Für die Armen waren die ersten Ehejahre die schwierigsten. Eltern, die darauf aus waren, daß ihre Kinder endlich mit zupackten, damit man die bezahlten Knechte nicht mehr brauchte, förderten natürlich die Frühreife. Sobald die Kinder körperlich so weit waren, wurden sie zur Arbeit angehalten. Es kam schon vor, daß man auch einem Dreikäsehoch leichte Arbeiten übertrug, gewöhnlich aber begann ein Kind mit sechs oder sieben Jahren zu arbeiten, ein Alter, das der Brauch und die körperliche Reife festgesetzt hatten. Um den zehnten Hochzeitstag konnte sich der Haushalt allmählich selbständig tragen, und wenn der Betrieb nicht besonders groß war, dann brauchte man jetzt keine fremde Hilfe mehr. Daher also blieb die Haushaltsgröße verhältnismäßig stabil; denn die Kinder ersetzten mit ihrer Arbeit die der Knechte, die nun weggingen (vgl. Graphik 2).

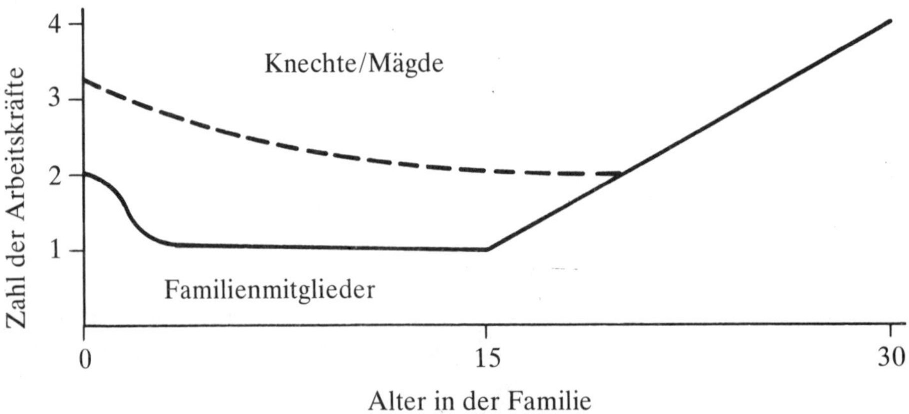

Graphik 2: Arbeitskräftebedarf der Bauernfamilien in der vorindustriellen Gesellschaft (aus *Berkner*, S. 415)

Manchmal begann die Arbeit der älteren Kinder nach deren zehntem Geburtstag, genau wie die Arbeit von Hausknechten, überflüssig und lästig zu werden. Hohe Fruchtbarkeit bedeutete von einem gewissen Punkt an, daß eine Familie sehr wohl in die Situation geraten konnte, daß sie mehr Arbeitskraft anbot, als der begrenzte Betrieb nutzen konnte. So stießen in der Tat die kleineren Kinder die größeren aus dem Haus, so daß diese ihr Glück anderswo suchen mußten und auf diese Weise Eltern und Geschwistern Entlastung verschafften. Alles deutet darauf hin, daß im späten 16. Jahrhundert in dem englischen Dorf Ealing die Jungen ihr Zuhause gewöhnlich zwischen dem achten und fünfzehnten Lebensjahr verließen, während die

Mädchen zwischen dem neunten und vierzehnten Jahr fortgingen. *Alan MacFarlane* hat geschätzt, daß zwischen der Pubertät (damit meinte er das vierzehnte Lebensjahr) und der Eheschließung zwei Drittel der Jungen und drei Viertel der Mädchen nicht bei ihren Eltern, sondern vornehmlich als Bedienstete in anderen Haushalten lebten. Die ärmeren Familien konnten nur wenig Bedienstete aufnehmen, also profitierten die Wohlhabenden von dem Vorrat an billiger zusätzlicher Arbeitskraft. »Man kann daher die Institution des Bedienstetenwesens als eine verkappte Methode betrachten, mit deren Hilfe Wohlstand und Arbeit von den Ärmeren zu den Reicheren flossen«[40]. Wenn sie zwischen acht und fünfzehn Jahre alt waren, wurden die jungen Männer in die Schule, in die Lehre oder ins Noviziat der Kirche geschickt. Wie zu erwarten, schwankte der Zeitpunkt des Abschieds von der Familie je nach Vermögenslage ein wenig. *Lawrence Stone* konnte zeigen, daß die Söhne aus dem Adel während des 17. Jahrhunderts in Oxford mit knapp über Fünfzehn die Universität bezogen, fast eineinhalb Jahre früher als der nichtadelige Student. Vermutlich haben die Eltern der letzteren jene länger zu Haus gebraucht, da sie doch billiger waren als bezahlte Arbeiter[41]. Dennoch scheinen die Ähnlichkeiten der sozialen Schichten gegenüber den Verschiedenheiten zu überwiegen, und wir haben den Eindruck, daß die meisten Kinder vom siebten oder achten Lebensjahr an eine beträchtliche Mobilität gewöhnt waren. Das begann mit kleinen Ausflügen zu benachbarten Höfen und entwickelte sich dann für die Zehnjährigen zu richtigen Wanderungen, oft bis in die Städte, wo es Lehrstellen und andere Arbeitsmöglichkeiten gab. Sir *John Gibson* schrieb 1655 über seine Wanderungen[42]:

Crake it had my infancye,
Yorke did my youth bringe up,
Cambridge had my jollitie
When I her brestes did sucke.
London brought me into thraule
An wed me to a wife
Welborne my carefill time had all
Joyn'd with a troubled life.

(In Crake verbrachte ich meine Kindheit, in York meine Jugend, in Cambridge hatte ich meinen Spaß, als ich an den Brüsten der Wissenschaft sog. In London bin ich zum Sklaven geworden und heiratete eine Frau. Welborne war die Stadt, in der sich mir eine sorgenvolle Zeit mit einem Leben voller Probleme vereinte.)

Bis tief ins 18. Jahrhundert hinein war ein Brauch, der *»claiming kin«* hieß (eine Art »Kindertausch in der Verwandtschaft«), für Familien ein Weg, sich von der Last überzähliger Kinder zu befreien. Die Eltern von *Karl Friedrich von Klöden* baten dessen Onkel, er möge den Jungen aufnehmen und ihm das Goldschmiedehandwerk beibringen. Daß sie die Lehrzeit innerhalb der Verwandtschaft ableisten sollten, nahmen die Kinder nur widerwillig hin; auch der junge Friedrich wurde im Haushalt seines Onkels weidlich ausgenutzt[43]. Waren große Städte in der Nähe, dann war es üblich, die älteren Kinder dorthin zu schicken; manchmal kamen sie in vorher verabredete Positionen, oft aber sollten sie aufs Geratewohl ihres eigenen Glückes Schmied sein. Der Austausch von jungen Leuten zwischen London und der Umgebung von London scheint im 17. Jahrhundert einigermaßen gleichbleibend gewesen zu sein, indem Jungen und Mädchen gegen Ende ihres zweiten, anfangs ihres dritten Lebensjahrzehnts in die Stadt zogen und später zum Teil in ihr Heimatdorft zurückkehrten, um ihr Erbe zu beanspruchen oder um zu heiraten[44]. In Österreich war es für Dienstmädchen üblich, in die Heimatstädte zurückzukehren, um zu heiraten und einen Hausstand zu gründen, obgleich dort wie in anderen Gegenden Europas viele Jugendliche hinausgeschickt wurden, die nie mehr in ihr Dorf zurückkehren sollten, weil dort die Erb- und Heiratsmöglichkeiten beschränkter waren[45].

5. Überzählige Kinder

Die agrarische Gesellschaft hat offenbar keineswegs einen so bruchlosen Generationenwechsel aufzuweisen, wie es uns der Mythos von der »heilen Welt« hat weismachen wollen. *E.A. Wrigley* schätzte, daß im 17. Jahrhundert ein Sechstel der englischen Bevölkerung den einen oder anderen Lebensabschnitt in London verbracht hat[46]. Es gibt keine historisch eindeutigen Belege für den Anteil der Jugendlichen, deren Wanderung im Heimatdorf endete. Aber in einer Gesellschaft, für die ein großer Kinderüberschuß ein stets gleichbleibendes Hauptmerkmal war, muß die Anzahl derer, die nie zurückkamen, beträchtlich gewesen sein. Schwankungen in den Bevölkerungszahlen konnten das äußerst labile Gleichgewicht so oder so zerstören. In Zeiten des Bevölkerungswachstums, wenn es mehr Kinder gab als sonst, wurden auch mehr zweit- und drittgeborene Söhne und Töchter hinausgeschickt und in Städten oder landwirtschaftlichen Ausbaugebieten einem ungewissen Schicksal überlassen. Wir wissen, daß dies in der Zeit zwischen 1550 und 1630 passierte, als sich die englische Bevölkerung verdoppelte und die überzähligen Personen sowohl in die öden Gebiete, wie Moore und Hochflächen, vordrangen als auch in die anwachsenden Städte gingen[47]. Zeitgenossen glaubten, zunehmende Spannungen zwischen den Generationen wahrnehmen zu können, und es gab Bewegungen, welche die Autorität der Vorstände von Haushaltungen, Werkstätten und Schulen wieder stärken wollten gegen das »Ausfällige und Aufrührerische in dem ungehörigen Betragen der Kinder, das allen Gehorsam gegen die Eltern auf die niederträchtigste Weise mißachtete«[48]. Bei ihren begrenzten Ressourcen konnte in der vorindustriellen englischen Gesellschaft dieser Bevölkerungszuwachs nicht anhalten. Das unvermeidliche Ergebnis war der Ausbruch einer Hungersnot und die Verringerung der Fruchtbarkeit durch die verschiedensten Methoden, einschließlich der Verzögerung der Heirat, der Praktik des *coitus interruptus*, der Abtreibung und des Kindermords. Im frühen 17. Jahrhundert sank die Fruchtbarkeit beim englischen Adel. Das durchschnittliche Heiratsalter der Männer, die in der Zeit zwischen 1480 und 1679 geboren wurden, betrug 24,3 Jahre; für jene, die zwischen 1680 und 1729 geboren wurden, waren es 28,6 Jahre[49]. Während die Kinder aus der Aristokratie später heirateten bzw. ein im

Vergleich mit früheren Zeiten wachsender Anteil von ihnen überhaupt nicht heiratete, hatten die schwerste Last der Selbstbeschränkung doch die jüngsten Söhne zu tragen. Eine Studie von *Hollingsworth* über den englischen Hochadel zeigt, daß in der Mitte des 18. Jahrhunderts fast zwanzig Prozent der jüngeren Söhne ihr ganzes Leben lang unverheiratet blieben; gegenüber früheren Zeiten ist das fast das Doppelte[50].

Es läßt sich zeigen, daß die jüngeren überzähligen Kinder auch in sozialer und wirtschaftlicher Hinsicht zu Zeiten starken Bevölkerungswachstums am ärgsten litten. Der englische Adel reagierte auf die demographische Krise des frühen 17. Jahrhunderts mit strengeren Erbfolgeregeln. Offensichtlich achteten die Väter darauf, daß der älteste Sohn die beste Bildung und den besten Schirmherrn erhielt, wogegen die Jüngeren mit einer Lebensperspektive abgespeist wurden, die miserabler war als je zuvor. Die besten Ehepartien waren ebenfalls den Erstgeborenen vorbehalten, während viele jüngere Söhne und Töchter gezwungen waren, unter ihrem Stand zu heiraten[51]. Zum Glück waren die Londoner Kaufherren- und Handelshäuser für Verbindungen mit dem absteigenden Adel sehr zu haben. Dies gestaltete in Verbindung mit erweiterten Möglichkeiten beim Militär sowie im Staatsdienst die Lage dieser jungen Adeligen erheblich besser als die der Aristokratie auf dem Kontinent, für die der Abstieg problematischer war.

Gleichwohl traten diese Einschränkungen erst ein, als die englische Oberschicht von den Böen des Generationsproblems gebeutelt worden war, die wiederum ihr Teil zu den Unruhen des englischen Bürgerkriegs beitrugen. Eltern hatten versucht, sich ihrer überzähligen Kinder dadurch zu entledigen, daß sie ihre Söhne zur Schule und zur Universität schickten, damit sie eine Erziehung bekämen. Bald waren die einschlägigen Berufe aber von einer »ägyptischen Heuschreckenplage« überflutet, wie die Zeitgenossen sich ausdrückten, und die jüngeren Söhne begannen zu rebellieren. Natürlich fanden einige von ihnen die neuen Ideen von der Gleichheit, die im 17. Jahrhundert kursierten, sehr anziehend, und zwei von ihnen, *William Walwyn* und *John Lilburne,* waren Führer der Leveller Bewegung[52]. Andere fanden ihr Heil in der Neuen Welt; dort gab es, wie man sagte, »treffliche Arbeit für viele jüngere Brüder und tüchtige Männer, die jetzt, da dies ihnen fehlt, ruiniert sind«[53].

Wir sind über die Situation der überzähligen Kinder aus den Oberschichten am besten informiert. Alles sieht aber danach aus, daß die Bedingungen in den niedrigen Schichten nicht besser, sondern eher schlechter waren. Das Bevölkerungswachstum des späten 16. und frühen 17. Jahrhunderts brachte eine Flut von Niederlassungs- und Ausbildungsvorschriften in England hervor, die alle dem Zweck der Versorgung herrenloser Kinder dienten und dem Schutz der Gesellschaft gegen die Ausbreitung dieser »kräftigen Bettler«. Ein 1547 erlassenes Gesetz ermächtigte die Behörden, ein männliches Bettelkind bis zum vierundzwanzigsten Jahr und ein weibliches Bettelkind bis zum zwanzigsten Jahr an einen Lehrvertrag zu binden; allerdings ist dieses Gesetz wegen seiner Strenge zwei Jahre später wieder aufgehoben worden. Die Ausbildungsstatuten von 1601 forderten jedoch wieder, daß Waisen, die eine Berufsausbildung von der Gemeinde erhielten, bis zum vierundzwanzigsten Jahr an den Lehrvertrag gebunden sein sollten. Landstreicherei wurde immer noch bei Jugendlichen über vierzehn Jahren als Verbrechen bestraft, und in gewissen Fällen konnte man Kinder sogar den Eltern, die der fortgesetzten Faulheit bezichtigt werden konnten, wegnehmen[54]. Die Gemeindebehörden waren darüber hinaus verpflichtet, Bettelkindern zwischen dem fünften und vierzehnten Lebensjahr eine Lehre zu ermöglichen, damit »sie ihr Brot selber verdienen können, wenn sie erwachsen sein werden«[55].

Eine ähnliche Straffung der Disziplin zeigt sich in jener Zeit in den Statuten von Schulen und Universitäten. *Hobbes* war nicht als einziger der Meinung, daß die Eltern von Lehrern und anderen erzieherisch tätigen Personen im Umgang mit dem Problem der überzähligen Kinder Hilfe erwarteten. *John Brinsley* schrieb 1627, daß schon sechsjährige Buben zur Schule geschickt wurden; denn »wenn man schon so früh damit anfängt, dann schickt man sie wohl eher zur Schule, um sie davon abzuhalten, zu Hause alles auf den Kopf zu stellen und um sie vor Gefahren und krummen Touren zu bewahren, als in irgendeiner großen Hoffnung und Erwartung – wie sie vielleicht ihre Freunde haben –, daß sie da tatsächlich irgendwas lernen würden«[56]. Die englischen Internate haben sich bis ins 19. Jahrhundert hinein den Ruf erhalten, der »Lumpensammler« für die unruhige, überzählige Jugend zu sein: »Als letzte Zuflucht werden in die Public School, wie in ein öffentliches Irrenhaus, alle hoffnungslosen Subjekte gesteckt«[57]. Und da man die Aufsicht über die Randfiguren unter den Jugendlichen in England wie auf dem Kontinent fast ausschließlich Junggesellen und alten Jungfern anvertraute, hatte die Schule eine Doppelfunktion: sie nahm Eltern ihre überzähligen Kinder ab, und sie sorgte für die Beschäftigung der älteren, unfreiwilligen Ledigen[58].

6. Gesellschaftliche Institutionen verhindern Generationenkonflikte

Angesichts des Überflusses an Jugendlichen und aufgrund der Tatsache, daß eine so große Anzahl von ihnen nicht bei ihren Familien lebte, ist es bemerkenswert, daß auch in normalen Zeiten keine schärferen Generationskonflikte auftraten. Der Gehorsam der Jugend ging zum Teil darauf zurück, daß die Gesellschaft das Fünfte Gebot sehr ernst nahm; dabei schloß die Auslegung nicht nur die natürlichen Eltern ein, sondern auch alle jene Erwachsenen, denen Jugend anvertraut wurde. *Robert Ram* definierte die »Väter« 1655 so: »(1) Unsere natürlichen Eltern, der leibliche Vater und die leibliche Mutter. (2) Unsere zivilrechtlichen Eltern *(civil parents)*, richterliche Beamte, Regenten und jegliche Obrigkeit. (3) Unsere geistlichen und geistigen Eltern: Pfarrer, Staatsmänner und Lehrer«[59]. Er hätte gut auch noch die »ökonomischen« Väter hinzunehmen können wie etwa die Zunftmeister.

Die patriarchalische Herrschaft war in ihren vielfältigen Formen ein wichtiges Moment für die Aufrechterhaltung dieser langen Zeitspanne der Halbabhängigkeit, welche die »Jugend« im vorindustriellen Lebenszyklus bestimmte. Meister und Haushaltsvorstände hatten ein unmittelbares Interesse daran, die ihnen Anvertrauten

Das Lichtstubenwesen

von den vollen Erwachsenenrechten fernzuhalten; denn solange ihr Leben einfach und karg blieb, waren die Kosten für Knechte und Lehrlinge, die man ins Haus nahm, verhältnismäßig gering. Die Jugendlichen kleideten sich wie die Erwachsenen, aber sie durften sich nicht herausputzen. 1603 wurden drei Londoner Lehrlinge ins Gefängnis gesteckt, weil sie sich geweigert hatten, ihr Haar zu schneiden und auf ihren Kleiderprunk zu verzichten; beides hatte sowohl bei den Meistern als auch bei den örtlichen Behörden großen Unmut verursacht[60]. Die Meister hatten auch darauf zu achten, daß die Jugend nicht trank, sich nicht herumtrieb oder gar die Gesellschaft des anderen Geschlechts suchte; außerdem gab es Ausgangssperre: sie verbot Lehrlingen und Bediensteten nach Einbruch der Dunkelheit die Straßen.

Vielleicht steckte der erfolgreichste Schutz gegen Jugendliche, die nach Erwachsenenrollen greifen wollten, in dem Umstand, daß sie im Hause ihres Patrons lebten. Es gab in Deutschland z.B. Gesetze, nach welchen Jugendliche nicht heiraten durften, ehe sie ihre Lehre nicht abgeschlossen hatten. Die Tatsache jedoch, daß Jugendliche von dem Haushalt, in dem sie lebten, abhängig waren und nur selten in Form von Geld für ihren Dienst belohnt wurden, hielt sie davon ab, eigene Familien zu gründen, und das hinderte sie auch daran, die ohnehin begrenzten Mittel, die grade für den eigenen Lebensunterhalt ausreichten, zusätzlich zu belasten.

Das Patriarchat formte gewiß den Charakter der vorindustriellen Jugend stark mit, sein Einfluß aber ist nur schwer von einer anderen Institution zu trennen, die viel enger mit dem Jugendbrauchtum selbst verflochten war: *der Brüderschaft.* Da sie die bedeutendste Organisationsform des 17. und 18. Jahrhunderts war, gab die Konzeption der Brüderschaft – weniger verbreitet war die Schwesternschaft – den meisten Institutionen, mit denen die Jugend außerhalb der des Haushalts in Kontakt kamen, Form und Bedeutung. Soziale Bindungen innerhalb der Gruppe junger Einzelpersonen kennzeichneten nicht nur die Schulen und Universitäten, sondern auch viele der gelehrten Berufe sowie die Armee, die Verwaltung und den Klerus. Zwar war die Ehelosigkeit nur beim Klerus ein wesentliches Merkmal der Bruderschaft, aber da die Lehrzeit sie meist ebenso forderte und sie eine Art verlängerter Initiationsritus war, finden wir sie doch in allen gewerblichen und akademischen Berufen. Bei den Gesellenvereinigungen der Handwerker wurde das Ideal der Enthaltsamkeit und der späten Heirat hochgehalten, indem man darauf vertraute, daß ein fest umrissenes Bild und ein entwickeltes Ritual von »Brüderschaft« die gruppeneigenen sozialen und moralischen Bindungen festigen helfen würde. Wer in Frankreich in eine *»compagnonnage«* oder in Deutschland in einen »Gesellenverband« eintrat, mußte sich ausgedehnter Initiationsriten unterziehen, im Laufe derer der Kandidat förmlich seiner ursprünglichen Identität entkleidet wurde: Er mußte die Zugehörigkeit zu einer bestimmten Familie aufgeben; sodann mußte er sich in Gegenwart eines unter seinen neuen »Brüdern« gewählten »Paten« einer symbolischen Taufe unterziehen und erhielt schließlich einen Spitznamen, der gegenüber der Außenwelt geheimgehalten wurde[61]. Diese Prozedur verfolgte bei Studenten und Handwerkern sowohl moralische als auch berufsspezifische Ziele, indem der Neuling durch sie auf die zukünftigen Verhaltensregeln und auf die Ehre der »Bundesbrüderschaft« verpflichtet werden sollte. Verordnungen, Vergehen gegen die Regeln betreffend, wurden in biblische Sprache gekleidet, und oft wurden Bilder aus dem Familienbereich lebendig; Meister waren dann »Väter« und Gesellen »gute Söhne« oder »gute Vettern«, wie man sie gelegentlich in Frankreich nannte. Dies Ineinandergreifen von Bruderschaft und väterlicher Autorität zum Ausdruck bringend, verkündeten die Druckergesellen in Lyon im 16. Jahrhundert: »Meister und Gesellen sind und sollen sein ein Leib, wie eine Familie, wie eine Bruderschaft«[62].
Die Bruderschaften sorgten für die strengste Kontrolle über die Jugend, vor allem über jene Jugendlichen, die gerade auf Wanderschaft waren, fern von ihrer Familie und Heimat. Die Gesellentradition auf der Wanderschaft, in Deutschland bekannt als »Wanderjahre«, in England als *»tramping«* in gewisser Beziehung auch mit der *»tour de France«* verknüpft, folgte streng institutionalisierten Regelungen, innerhalb derer die Handwerksburschen geschützt und versorgt wurden, solange sie auf der Walz waren. Kreuz und quer durch Europa von einem Gesellenhaus zum anderen zu ziehen, nach Arbeit oder, wenn es keine gab, nach Unterstützung zu fragen, das war für junge gelernte Arbeiter die Art, sich durchzubringen, ehe sie in ihre Vaterstadt zurückkehrten, um Meister zu werden und zu heiraten. Die Gesellenhäuser, die die französischen Handwerker gerne »Mütter« nannten, waren tatsächlich ein Familien-

ersatz. Gelegentlich dienten sie auch als Orte der Organisation und Agitation gegen Meister, die ihre Rechte mißbrauchten; dann nahmen Streiks und Boykottmaßnahmen von dort ihren Ausgang[63]. Letztlich lag wohl die wesentlichste Funktion der Wanderjahre darin, die jungen Männer für jene Jahre aus dem Heiratsmarkt herauszunehmen, während derer ein solcher Schritt – die Familiengründung – für die ganze Gemeinschaft verheerende Folgen gehabt hätte, und auf diese Weise wurde also der Zustand der Halbabhängigkeit so lange ausgedehnt, bis sich im normalen Generationenzyklus ein Platz für die Jungen fand.

Die Vorschrift der Ehelosigkeit an Schulen und Universitäten diente bei einer anderen Gruppe von jungen Menschen genau dem gleichen Zweck. Auch dort bewirkte die Verschränkung aus patriarchalischem und brüderschaftlichem Regiment die Institutionalisierung und Reglementierung der verlängerten Jugendzeit. Lehrer erlegten *allen* Schülern die gleichen moralischen und sozialen Beschränkungen auf, ganz gleich, ob sie zwölf oder fünfundzwanzig Jahre alt waren. Die Gesetze der Universität von Oxford, nach denen Studenten eingesperrt werden konnten, als wären sie Kinder, und nach denen alle Missetäter ohne Rücksicht auf ihr Alter unter die Rute kamen, spiegeln die überall vorherrschenden patriarchalischen Verhältnisse des 17. und 18. Jahrhunderts wider[64]. Gleichzeitig aber gestand man den Studenten ein großes Maß an Freiheit zu, sich zu organisieren und brüderschaftliche Formen von Selbstverwaltung zu entwickeln. Die Älteren kümmerten sich um die Jüngeren, und bis ins 19. Jahrhundert standen die meisten der angesehensten englischen Internate weitgehend unter der Selbstverwaltung ihrer Schüler. Bei der Aufnahme von Neulingen hatten sie ihre eigenen Rituale, und eben dies festigte ihre Geschlossenheit als Gruppe gegen die Lehrer[65]. In Deutschland kamen die Parallelen zwischen dem Brauchtum von Studenten und von Gesellen noch deutlicher zum Vorschein. Dort wurde der Studienanfänger, »*adolescens*« genannt, einer verlängerten Probezeit unterworfen, die bis zu einem Jahr dauern konnte. Erst wenn er verschiedene soziale und moralische Proben bestanden hatte, wurde er in die Gesellschaft seiner Kommilitonen als »ehrlicher Bursch« aufgenommen[66].

Es gab auch Spannungen zwischen Schülern und Lehrern, aber im Ganzen betrachteten die aufgeklärtesten Gelehrten jener Tage, zu denen auch *Philipp Melanchthon* gehörte, die Tradition studentischer Selbsterziehung trotz ihrer Ausschreitungen mit Zustimmung[67]. Der Geist der Brüderschaft vervollständigte in jeder Hinsicht die Ziele der humanistisch-lateinischen Bildung. Diese nämlich waren, wie *Walter Ong* vermutet hat, ebensosehr sozialer wie intellektueller Natur; das Studium dieser komplizierten und zunehmend fremden Sprache hatte ja im ökonomischen Sinne keine Funktion, wohl aber diejenige, daß es als eine Art der verlängerten Initiation diente, die die Jungen auf dem Wege zur Elite durchlaufen mußten; auf diese Weise vertiefte sich auch der Graben zwischen ihnen und dem gemeinen Volk. Als *Ong* die Entsprechungen bemerkte, die zwischen den getrenntgeschlechtlichen Schulen der frühen Neuzeit und den Gruppen von Novizen primitiver Gesellschaften bestehen, die für die Dauer der Initiationphase vollkommen von den Frauen abgesondert werden, schrieb er: »Bei den Menschen einfacher

Kulturen gibt es fast überall klar festgelegte Riten, die den Eintritt der reifen Jugendlichen in die volle Teilnahme am Leben des Stammes, im Gegensatz zum Leben der Familie oder des Klans, regeln«[68]. In unserem Fall jedoch waren sowohl die Verlängerungs- als auch die Absonderungsfunktionen wichtige Bestandteile der Initiation als eines *Durchgangsstadiums.* Die klassische Bildung diente dazu, die Jungen von der Welt zu isolieren, insbesondere von der Welt der Frauen, für die die klassischen Sprachen im 16. und 17. Jahrhundert noch immer ein Geheimnis waren. Humanisten wie *Sir Thomas Elyot* hatten ganz genaue Vorstellungen von der Notwendigkeit dieser Absonderung: »Hat ein Kind das siebente Lebensjahr erreicht, halte ich es für unerläßlich, daß man es aus der Gesellschaft mit Frauen herausnimmt; höchstens sei gestattet, daß man noch für ein oder zwei Jahre eine ältliche, unansehliche Aufwartefrau für sein Zimmer zuläßt«[69]. Die Umgangssprache ebenso wie die Frau, die sich ihrer bediente, wurde als Gefahr betrachtet; Latein, Hilfsmittel für soziale Differenzierung, wurde als geeignet bei der Herausbildung eines festen Charakters betrachtet. Als Sprache einer reinen Männergesellschaft diente es denselben Zwecken wie die Geheimzeichen und die Geheimsprachen der Handwerker: zur Verlängerung der Jugendzeit.

An den Universitäten gab es ebenfalls bruderschaftliche Organisationen. Sie reichten von den sehr ausgeprägten »Landsmannschaften« in Deutschland bis zu den eher losen Gruppen, die – wie an der Universität von Oxford – den Studenten halfen, sich zurechtzufinden. Sie alle kümmerten sich mehr oder weniger intensiv um die moralische und soziale Unterstützung der Kommilitonen und boten bisweilen ihren Mitgliedern sogar Begräbnisfeierlichkeiten, wie es im Falle einiger deutscher Bruderschaften geschehen ist. Das gesellige Brauchtum der studentischen Burschenschaften hatte seine Entsprechung in anderen vorberuflichen Einrichtungen, so in der »*Inns of Court*«, einer Londoner Rechtsschule, beim »*Parlement de Paris*« oder wo immer sich gebildete Junggesellen zusammenfanden. Die Bruderschaften junger Angestellter und Rechtsgelehrter traten vor allem zu Festzeiten und an Feiertagen in Erscheinung, wenn sie als Korporationen an den historischen Bürgerfesten teilnahmen, ihre Streiche ausheckten, sich über die Schwächen und Fehler der Älteren lustig machten und fast immer die patriarchalische Ordnung für die kurze Dauer bruderschaftlichen Ausgelassenseins auf den Kopf stellten. Die Überlieferung der spottenden Jugend stammt von einem mittelalterlichen Narrenfest, »*the Medieval Feast of Fools*«, einem Weihnachtsbrauch, bei welchem die Novizen und Chorknaben die Kirchenordnung umkehrten, sich einen »Knaben-Bischof« aus ihren Reihen wählten und dabei ihre richtigen Oberhäupter verhöhnten und verlachten. Wahrscheinlich ist das Fest im 16. Jahrhundert von der französischen Kirche aufgehoben worden; seine Funktion haben dann weltliche Narrengesellschaften übernommen *(Sociétés Joyeuses),* deren berühmteste die Pariser »*Enfants-sans-souci*« war, die sich, wie der Name sagt, aus den Junggesellen der Stadt rekrutierte. Eng damit verbunden war das »*Kingdom of Basoche*«, welches die Angestellten des »*Parlement de Paris*« bildeten. Ähnliche Bräuche konnte man an den Universitäten von Oxford und Cambridge beobachten sowie an der Londoner Rechtsschule *(Inns of Court);* in

Deutschland waren Karnevalsgesellschaften üblich, wo die unverheirateten Mitglieder eines Berufsstandes sich ihren Karnevalsprinzen wählten und dann mit ihren Schmähungen, die sich auf ganz bestimmte Anlässe und Vorfälle bezogen, an die Öffentlichkeit traten[70].

Auf den ersten Blick sieht es so aus, als hätten diese Aktivitäten der Bruderschaften das Patriarchat bedroht; aber wenn die Erwachsenen sie doch erlaubten, so weist dies auf ihre wirkliche Funktion hin, die zutiefst moralisch und konservativ war. Die Älteren genossen zweifellos die Lockerung von Recht und Sitte, die sich in den tollen Tagen zeigte; gleichzeitig unterschätzten sie gewiß nicht den Wert von Gastlichkeit und Kontrolle für die jungen Leute, die von zu Hause weg waren. Die akademischen Lehrveranstaltungen in Cambridge hinderten die Studenten daran, in den Ferien nach Hause zu fahren, und aus diesem Grunde wandten sich die Professoren gegen die Abschaffung der Narren-Weihnacht, als dies um die Mitte des 17. Jahrhunderts vorgeschlagen wurde. Einer der Hochschullehrer war der Ansicht, daß die Ausgelassenheit jener verrückten Tage »den Charakter der Studenten besser enthüllte, als die ganzen zwölf Monate zuvor«[71]. Erst als die städtischen Karnevalsgesellschaften anfingen, in politischen und religiösen Auseinandersetzungen mitzumischen, fielen sie bei den Behörden in Ungnade; und trotzdem ist es vielen gelungen, sich bis ins 18. Jahrhundert hinein zu behaupten[72]. In Cambridge gab es den Weihnachtsrummel noch bis 1881; erst danach blieben dank der verbesserten Verkehrsmittel kaum noch Studenten während der Ferien in der Universität[73].

7. Jugendgruppen: Tugendwächter und Ehestifter

Die Brüderschaften und Zünfte von Handwerkern und Studenten kamen den Bedürfnissen der Jugendlichen entgegen, die allein in Städten oder auf der Wanderschaft auf der Suche nach einem Studien- oder Arbeitsplatz waren. Allerdings waren es Institutionen von Minderheitengruppen in einer Gesellschaft, in der mehr als fünfundachtzig Prozent der Bevölkerung auf dem Land lebte. Der patriarchalische Haushalt erfüllte die Lebensnotwendigkeiten der meisten Jugendlichen, und der pflichtbewußte Hausvater achtete darauf, daß jene, die in seine Obhut gegeben worden waren, die Rituale des Familienlebens einhielten – sich zum gemeinsamen Mahl einfanden, die Gebetsstunden und den Kirchgang einhielten, zu Bett gingen und zu den Stunden aufstanden, die durch die Jahreszeiten und die Geschäfte vorgeschrieben waren. Aber wie sorgsam er sich auch mühte, die ihm Anvertrauten im Auge zu behalten, es gab doch Gelegenheiten, bei denen sie der väterlichen Aufsicht entkommen konnten. In der vorindustriellen Zeit gab es durchaus Zeitspannen, in denen man nicht viel zu tun hatte. Im Sommer, wenn die leichten Hausarbeiten getan waren, gab es an warmen Abenden unreglementierte, freie Zeit. Des weiteren gab es derlei Gelegenheiten, wenn junge Leute den Haushalt wechselten, Zeiten, die zu einem gewissen Grad von den mit den Jahreszeiten gehenden »Anheuer-Markttage« bestimmt waren, die eine ganz besondere Bedeutung im Jahresrhythmus der Jugendlichen hatten.

Das Maienstecken

In England waren die Daten, die im Frühjahr und Herbst den Anfang und das Ende der Wachstums- und Ernteperiode anzeigten, die Zeitpunkte also, an denen die Herren mit ihren Knechten und Arbeitern um den Lohn feilschten, gewöhnlich mit dem Brauchtum und den Festen der Jugend verknüpft. Am 1. Mai, der mit einem der wichtigsten »Heuer-Märkten« zusammenfiel – er wurde »*Pack Rag Day*« genannt –, gab es von Alters her Tanz, Spiele und allgemeine Festlichkeiten[74]. Ihre Bedeutung leitete sich nicht nur aus der Tatsache ab, daß sich eine große Zahl Jugendlicher in den Marktstädten versammelte, sondern auch aus dem Umstand, daß dies eine der kurzen, aber ereignisreichen Gelegenheiten war, bei welchen man von der Arbeitsdisziplin und aus der Abhängigkeit vom patriarchalischen Haushalt freikam. In Lincolnshire gab es auch zur Mittsommerzeit ein großes Fest, wobei – wie *Philip Stubbs* im späten 16. Jahrhundert beschrieb[75] – »all die Wirrköpfe aus der Gemeinde zusammenkamen, sich ein Oberhaupt wählten, das sie mit dem Titel ›*My Lord of Misrule*‹ adelten, es mit großem Ernst krönten und zum König machten. Dieser gesalbte König wählt dann aus der Menschenmenge zwanzig, vierzig, sechzig oder einhundert Burschen aus, wacker wie er selbst, die seiner Königlichen Majestät aufwarten und seine adelige Person schützen sollen... Dann zieht diese gottlose

Gesellschaft zur Kirche und zum Kirchhof, ihre Pfeifer pfeifen, ihre Trommler donnern, ihre Füße tanzen und stampfen, ihre Glocken bimmeln, über ihren Köpfen schwingen sie ihre Taschentücher wie Verrückte, und ihre Steckenpferdreiter und andere Ungeheuer liefern sich mitten in dieser Menschenmenge kleine Kämpfe ... Sie führen auch Fetzen von Papier mit, auf denen sie unsinnige Texte oder Bilder aufgemalt haben, und das nennen sie dann des *Lord of Misrule* Abzeichen. Diese Abzeichen geben sie an jedermann, der bereit ist, ihnen Geld zu geben, damit sie ihr wildes, ausschweifendes, verhurtes, versoffenes, übermütiges, stolzes und was noch alles Leben führen können. Und wehe, wer nicht gefügig ist, ihnen für diese ihre gottlosen Absichten Geld zu geben, den hänseln und verspotten sie gar nicht wenig.«
Der Bericht von *Stubbs* ist nicht ganz frei von Vorurteilen; denn er war einer der schärfsten Kritiker der Jugend und ein Feind jeglicher Frivolität. Während der Maitänze und Mittsommerfeste mögen Exzesse vorgekommen sein – die hochritualisierte gesellige Inszenierung des *Lord of Misrule* und entsprechende Jugendgruppierungen hatten aber auch eine andere, streng moralische Seite. Solches Straßentheater war in der Tat Ausdruck einer höchst organisierten und disziplinierten Jugendkultur, die es auf der dörflichen Ebene in ganz Europa gab. Diese Jugendgruppierungen gaben sich verschiedene Namen – »*Sociétés de Jeunesse*« in Frankreich, »Brüderschaften« in Deutschland und in Teilen der Schweiz –, in Form und Zweck aber wiesen sie eine bemerkenswerte Ähnlichkeit auf. Sie bildeten die Bruderschaften unter der bäuerlichen Jugend im 16. und 17. Jahrhundert, und sie versahen auf dem Lande Funktionen der sozialen Kontrolle und der moralischen Unterstützung, ähnlich wie dies die Studenten- und Gesellenbünde in den Städten taten.

Wir wissen wenig über die historischen Ursprünge der Gruppenbildung bei der Dorfjugend, dennoch scheint so zu sein, daß sie über Jahrhunderte ein wesentliches Element ländlichen Lebens war. Am stärksten war sie zu Beginn der europäischen Neuzeit in jenen Gebieten, in denen die Gemeinden noch nicht tief zwischen arm und reich gespalten waren. Dort umfaßten sie die ganze Jugend des Dorfes vom vierzehnten Jahr bis zur Heirat. Während die Hauptgruppen meist von der männlichen Jugend gebildet wurden, formierten sich Mädchen gelegentlich in »Satellitengruppen«. Ob die Mitgliedschaft in der einen oder anderen Weise Pflicht war, läßt sich nicht bestimmen; in Gegenden jedenfalls, in denen die Dorfgemeinschaft noch intakt war, sieht es ganz so aus, als sei fast die ganze unverheiratete Jugend mit einbezogen gewesen[76]. In Deutschland fiel der Eintritt gewöhnlich mit der Konfirmation zusammen, und es hat für die Neulinge wohl auch Initiationsriten gegeben, die durchaus auch mit Schikanen bestückt waren. In den meisten Fällen herrschte strenge Altershierarchie vor. Dabei hatten Junggesellen, die um die Mitte Zwanzig waren, die Führung der Gruppe inne, bis die Heirat sie zwang, wieder auszutreten. Die »ewigen Junggesellen« duldete man, bis sie etwa Dreißig waren; dann aber hörten sie auf, Einfluß auf die jüngeren Mitglieder zu nehmen. Auf diese Weise wechselten die Gruppierungen der Jugendlichen ständig ihre Zusammensetzung, wenn nicht gerade ein Mangel an Heiratspartnern bestand oder irgendeine Störung den normalen Ablauf der Erbfolge im Dorf durcheinanderbrachte[77].

Soweit es sich bestimmen läßt, fand der Zusammenhalt der Gruppe keine Unterstützung durch eigenständige ökonomische Funktionen oder Regelungen des Lebensalltags, wie das bei den Altersgruppen mancher afrikanischer Stämme der Fall ist. Weder Jungen noch Mädchen lebten außerhalb der Haugemeinschaft, ausgenommen dort, wo der Herdenauftrieb oder ähnliche Hütedienste die Jugend für kurze Zeit des Jahres vom Dorf fortzwang. Am ehesten war es in weidewirtschaftlichen Gebieten möglich, daß sogar Mädchen sommers allein übernachteten; doch selbst in diesen Gegenden verbrachten die Jugendlichen den größten Teil ihres Arbeitstages im Beisein von Erwachsenen, und es blieben nur die arbeitsfreien Stunden – Abende, Ferien, Bummelzeiten – für ein Eigenleben in den Gruppen der Altersgleichen *(peer group)*.

Während die Altersgruppen keine wirtschaftlichen Funktionen hatten, wurden ihre sozialen und moralischen Pflichten als äußerst bedeutsam angesehen. In einigen Teilen Europas bildeten in der frühen Neuzeit Jugendgruppen die örtliche Bürgerwehr. Sie exerzierten geschlossen und nahmen als Gruppe an feierlichen Anlässen ihrer Gemeinde teil[78]. Aber selbst wo die Obrigkeit die militärischen Funktionen übernommen hatte, ist die Jugend häufig durch die Kirche mobilisiert worden; sie verlieh den Gruppen besondere Bedeutung in den religiösen Prozessionen, die die wichtigen Tage des christlichen Jahres markierten. Die Identifikationen von Jugend mit verschiedenen christlichen Symbolen der Erneuerung geht auf die ältere heidnische Vorstellung von der Zusammengehörigkeit von Jugend und den Kräften der Fruchtbarkeit zurück, eine Vorstellung, die heute noch bei den Bauern lebendig ist. Mittsommer-Tanzen und Brautwerben, kennzeichnend für ausgelassene vorchristliche Sommerfeste, wurden während des Mittelalters feste Bestandteile des *St.-John's*-Tages; und die Kirchenverordnungen zum Spiel und zu anderen Aktivitäten der Jugend während der Fasten- und Osterzeit belegen weitere Verbindungen zwischen heidnischer Tradition und dem christlichen Begriff von Erneuerung[79].

Die Bedeutung ihrer Funktionen spiegelt sich in dem hohen Organisationsgrad wider, den Jugendgruppen im Siebengebirge Westdeutschlands und in Graubünden in der Schweiz erreichten[80]. Dort hatten sie im 16. und 17. Jahrhundert ihr eigenes geschriebenes Recht, mit einem einfachen System der Rechtsprechung samt Geldbußen und anderen Bestrafungen. Diese sich selbst steuernden Korporationen scheinen mit der Zugehörigkeit zur Bürgerwehr und mit anderen Bürgerpflichten verflochten gewesen zu sein. Ihre Hauptaufgabe war aber anscheinend eher die moralische und sexuelle Führung, als die Erfüllung rein bürgerschaftlicher Pflichten. Obgleich es sehr schwierig ist, ein Phänomen zu verallgemeinern, das derart verschiedene Formen angenommen hatte und das je nach geographischer Region unter den unterschiedlichsten Namen bekannt war, scheinen doch die Jugendgruppierungen in der frühen Neuzeit vor allem für die Regulierung der sexuellen Beziehungen und für den Zugang zur Ehe verantwortlich gewesen zu sein.

Wir wissen, daß Brüderschaften in Deutschland strenge Kontrolle über die heiratsfähigen jungen Frauen ihres Dorfes ausübten, und sie beschränkten den Umgang mit ihnen nicht nur für ihre eigenen Mitglieder, sondern auch für

Eindringlinge von außen und für ältere Männer, die möglicherweise den Bräutevorrat bedrohten. *K. Robert Wikmans* fesselnde Studie der vorehelichen Bräuche in Nordeuropa bestärkt den Eindruck der Volkskundler, daß die wichtigste Rolle dieser Dorfgruppen darin bestand, die Brautwerbungsriten zu gestalten, sogar bis zur Beeinflussung der Gattenwahl. Das Sichkennenlernen, welches meist die Form nächtlicher Besuche angenommen hatte, nahm die Gruppe weitgehend selbst in die Hand; dabei erlaubten ihre Regeln, daß die Mädchen in ihren Schlafzimmern besucht wurden, den sexuellen Verkehr aber unterbanden sie für alle außer für die Verlobten. Die strengen Regeln des »Freiens« zielten darauf ab, die Keuschheit bis zum Zeitpunkt der Verlobung aufzusparen und den Zugang zum Heiratsmarkt zu regulieren. Die jüngeren Burschen, die sich als Freier zu forsch zeigten, wurden von den älteren Jungen strengstens gemaßregelt; Mädchen, von denen man wußte, daß sie promiskuitiv waren, wurden gezwungen, ihr Verhalten zu ändern, und an ihren Haustüren wurde als anzügliches Symbol der Stechginsterbusch angebracht[81].

Das Verhalten männlicher Außenseiter und Witwer wurde aufs Genaueste überwacht. Von den Mädchen weiß man, daß sie in gleicher Weise eifersüchtig waren auf ältere Frauen, Alleinstehende und Witwen, die sich als Mitbewerberinnen um die Gunst ihrer jungen Liebhaber zeigten[82]. Die Dorfjugend konnte brutal werden, wenn sie von jemandem glaubte, er könnte ihre eigenen Heiratschancen gefährden. Aber Gewaltanwendung war gewöhnlich das letzte Mittel in einer Gesellschaft, in der rituelle Symbole des Widerstandes noch jederzeit einsetzbar waren. Der Jugend stand ein altes Repertoire davon zur Verfügung: abschreckende Fratzen, Katzenmusik, lästerliche Lieder und Nachäffung – und damit traktierten sie ihre Feinde[83]. Rasch bei der Hand mit Blechpfannen und Hörnern unter dem Fenster eines Wüstlings, und schnell dabei, sich der Katzenmusik *(Charivari)* anläßlich der Wiederverheiratung eines älteren Mannes mit einer jungen Braut anzuschließen, waren die Brüderschaften bzw. die *Lords of Misrule* und die *Abbés de Jeunesse* in ihrem eigenen Interesse Wächter der Moral und des sozialen Gleichgewichts im Dorfalltag.

Bei einem typischen ländlichen *Charivari* konnte es einem frisch wiederverheirateten Witwer passieren, daß ihn die Schar lärmend aufweckte, ein Bildnis seiner toten Frau vor seinem Fenster aufpflanzte und ein Bild von ihm, verkehrtherum auf einen Esel gesetzt, durch die Straßen zog, damit seine Nachbarn es sehen sollten[84]. Durch einen Tribut an den *Lord of Misrule* konnte er seine jugendlichen Quälgeister dann zwar beruhigen, aber zu diesem Zeitpunkt hatte die Stimme des Dorfgewissens ohnehin schon alles ausposaunt. Wiederverheiratung löste unweigerlich die größte Wut aus, und ganz im Gegensatz dazu waren Heiraten von jungen Leuten ungefähr desselben Alters für die Jugendlichen ein Anlaß zum Feiern. In diesem Fall verkehrte sich die Funktion des *Charivari* in ihr Gegenteil, und die lärmende Meute begleitete das Paar zu seinem Hochzeitsbett: Dies war das Abschiedsritual für die scheidenden Mitglieder der Gleichaltrigengruppe. Das Hochzeitsfest und die Anwesenheit der *Lords of Misrule* versinnbildlichte den zentralen Zweck der Jugendgruppierung: Sie hatte für eine verlängerte »Initiation« zu sorgen, grob gesagt vom Beginn der Pubertät bis zum Zeitpunkt der Heirat[85].

Die Gattenwahl freilich war der Anlaß, bei dem die Brüderschaften in vorindustrieller Zeit am ehesten mit den Interessen der Eltern kollidieren mußten. Natürlich betrachteten die Eltern die Heirat auch als ein Mittel, den Familienbesitz und das Ansehen in der Gemeinde zu steigern, und es war bei wohlhabenden Bauern gar nicht unüblich, daß sie ihre Töchter aus diesem vitalen Interesse von dem Treiben der Jugendgruppierungen fernhielten. In Zeiten von starker Bevölkerungszunahme und Verarmung, wie z. B. im ausgehenden 16. und beginnenden 17. Jahrhundert, muß die Macht der Jugendgruppierungen schweren Herausforderungen unterworfen gewesen sein. Wir wissen, daß ihre Strukturen in Gegenden von sozialer und ökonomischer Heterogenität schwächer waren, besonders in England, wo die Trennung der Landbevölkerung in Besitzende und Besitzlose vermutlich am weitesten fortgeschritten war. Während das Brauchtum des *Misrule* in verschiedenen Gegenden Englands überlebte, konnten sich die organisierten Formen innerhalb der Jugendbünde selbst nicht halten[86]. Dennoch gibt es keinen Grund anzunehmen, daß die wirtschaftliche Modernisierung, die den Zerfall der dörflichen Gemeinschaft nach sich zog, notwendigerweise auch den Niedergang der Jugendgruppierungen bedeutete. Es kann sogar sein, daß diese Gruppierungen im 17. und 18. Jahrhundert in der Funktion, die *Robert Wikman* »eine Art Korrektiv für elterliche Tyrannei« genannt hat, immer wichtiger geworden sind[87]. Die weiterlebenden Formen des *Charivari* hatten gewiß eine Funktion ähnlich den »Rebellionsritualen« in einigen afrikanischen Gesellschaften, nämlich die gemeinsame Moral und die Verpflichtung gegenüber der Tradition zum Ausdruck zu bringen, indem man sich gleichermaßen um die Fehltritte der Jungen wie der Älteren kümmerte[88].

8. Veränderung und Auflösung der Brüderschaften

Verpflanztes Brauchtum der Brüderschaften blühte in der Stadt ebenso wie auf dem Lande, und sogar noch im frühen 19. Jahrhundert verstand man in Webergemeinden in Lancashire die Zeichen des *Misrule. Sam Bamford* erinnerte sich daran, daß »ein Stechginsterbusch auf eine Frau hinwies, die unablässig unzüchtig war; ein Stechpalmenbusch auf eine heimliche Liebe; ein Widderhorn auf den Ehebruch eines Mannes oder einer Frau; ein Ast von einem jungen Baum bedeutete Treue in der Liebe; und ein Birkenreis zeigte ein hübsches Mädchen an«[89]. Gleichwohl weist die Bevölkerungssituation in den Städten auf Abweichungen gegenüber dem Land hin: Der Kreis von heiratsfähigen Frauen und Männern war weniger eng begrenzt, und das Augenmerk der Jugend war weniger auf Erbprobleme und die Kontrolle des Zugangs zur Heirat gerichtet. Viele junge Leute, die in vorindustrielle Städte gezogen waren, hatten die Hoffnung auf ein landwirtschaftliches Erbe aufgegeben, hatten also auch kein elementares Interesse mehr daran, den traditionellen Heiratsmarkt aufrechtzuerhalten oder gar zu regulieren. Sie neigten eher dazu, sich mit Brotpreisen und Fragen des Lohnniveaus zu befassen, mit dem Ergebnis, daß sich die alten ländlichen Formen des *Charivari* in den Städten des 16. und 17. Jahrhunderts wandelten und unter neue Zielsetzungen gestellt wurden.

Sowohl *Natalie Davis* als auch *Edward Thompson* haben festgestellt, daß das *Charivari* gegen die zweite Heirat unter städtischen Verhältnissen einen eindeutigen Wandel durchgemacht hat hin zum Protest gegen nörgelnde Ehefrauen und im England des frühen 19. Jahrhundert gegen frauenprügelnde Ehemänner[90]. Welche Veränderungen im Status der Frau dabei auch immer im Spiel gewesen sein mögen, dieser Wandel weist jedenfalls darauf hin, daß man sich jetzt weniger um das traditionelle Problem der für eine Heirat anstehenden Mädchen kümmerte. Hand in Hand mit der abnehmenden Besorgnis um den Heiratsmarkt ging jedoch die Zunahme der Unzufriedenheit mit anderen Lebensbereichen, und immer häufiger wurde das Instrument der *Misrule* für wirtschaftliche und sogar politische Ziele eingesetzt. In den größeren französischen Städten des späteren 16. und 17. Jahrhunderts tendierten die Brüderschaften dazu, sich im Zusammenhang mit Arbeits-, Nachbarschafts- und Klassenproblemen zu organisieren; dabei paßten sie alte Rituale und neue Formen des Protests einander an. In Lyon z.B. diente im 16. Jahrhundert die äußere Form einer traditionellen *Société Joyeuse* als Mantel für eine Geheimorganisation der Druckergesellen. Die »*Gesellschaft der Griffarins*«, wie sie sich nannte, kämpfte für wirtschaftliche Belange gegen ihre Handwerksmeister, eine Auseinandersetzung, die eher den Charakter eines Klassenkampfes trug als den eines Generationskonflikts. Die »*Griffarins*« nahmen Gesellen jeden Alters auf, einschließlich der Verheirateten, die üblicherweise nicht zu den Brüderschaften oder einer *Société Joyeuse* zugelassen wurden. Diese Männer hatten keine Aussicht auf ein Erbe, und sie hatten den Schritt gewagt, den Junggesellenstatus zu verlassen, während sie noch Gesellen waren; also war es nicht weiter verwunderlich, daß für sie das *Charivari* ihre ursprüngliche Bedeutung verloren hatte[91].

Rituale der Rebellion, einst ausschließlich Formen der Jugend, verloren ihre Altersgebundenheit. Im Languedoc nahmen ganze Dörfer die Gepflogenheit des *Misrule* auf, wenn sie gegen die Ausbeutung durch größere Landeigentümer protestierten oder gegen Staatsauflagen wie Steuern und Kriegsdienst. Nach den Forschungen von *Emmanuel Le Roy Ladurie* waren die Jugendgruppierungen der Côtes du Rhône im 16. Jahrhundert »Keimzellen des Aufruhrs«[92]. In England spielte unter den *Lords of Misrule* eine bekannte Figur, die »*Mother Folly*« – ein Mann in Frauenkleidern mit geschwärztem oder maskiertem Gesicht –, in ländlichen Aufständen vom 17. bis ins frühe 19. Jahrhundert eine bedeutende Rolle[93]. In der verzweifelten Verteidigung gerechter Lebensmittelpreise verwandelten die Massen im England des 18. Jahrhunderts oft die Katzenmusik, ehedem der moralische Verweis gegenüber Lüstlingen, in ein Mittel des Klassenkampfes. Der legendäre Ruf, den der Müller in bezug auf junge Frauen hatte, die zur Mühle kamen, wurde eine geläufige Metapher für eine andere Form der Ausbeutung, nämlich eher der ökonomischen als der sexuellen[94].

Then the miller he laid her against the mill hopper
Merry a soul so wantonly
He pulled up her cloaths, and he put in the stopper
For says she I'll have my corn ground small and free

(Der Müller drängte sie gegen den Mühltrichter, fröhlichen Herzens und geil zog er ihre Kleider hoch und schob seinen Riemen rein; denn, sagte sie, ich will mein Getreide fein und umsonst gemahlen haben.)

Sexueller und ökonomischer Mißbrauch lagen in der Volksmeinung stets eng beisammen, und es kann durchaus sein, daß die Ausbeutung von glücklosen Mädchen durch alte Männer, Arbeitgeber und Haushaltsvorstände mit dem beginnenden 18. Jahrhundert wegen der Verzweiflung der Armen, der Auflösung des moralischen Drucks und des Niedergangs der Jugendgruppierungen immer mehr zunahm[95]. In jedem Falle hielten obszöne Gesten und lästerliche Lieder Einzug in politische, ökonomische und sogar religiöse Auseinandersetzungen, während sie noch Spuren ihres ursprünglichen Sinnes trugen. Sehr zum Leidwesen der Kirche und weltlicher Obrigkeiten beteiligten sich französische Bünde, so in Dijon die »*Mère Folle*«, in Lyon die »*Cornards*« und in Guyenne die »*Enfants-sans-souci*«, aktiv an den verschiedenen Aufständen während des 16. und 17. Jahrhunderts. Zunehmend gerieten diese und andere Bünde unter die Zensur der Herrschenden, die schließlich in ihrer Auflösung endete[96].

Zur Zeit des Verbots der »*Mère Folle*« durch *Ludwig XIII.* im Jahre 1630 hatten viele andere *Sociétés Joyeuses* ihre Verknüpfung mit der Jugend als solcher verloren und waren altersunabhängig geworden. Da zu den meisten von ihnen jetzt verheiratete und unverheiratete Mitglieder gehörten, war ihre ursprüngliche Funktion, den Status der Ledigen zu verlängern, überholt. Bei der gebildeten Bevölkerung ersetzte die Karikatur und die geschriebene Satire das Straßentheater der Brüderschaften als Träger sozialer und politischer Kritik[97]. Nur wo das traditionelle Jugendbrauchtum sich hinter die Mauern von Korporationen zurückzog, konnte es seine Authentizität bewahren. Am reinsten blieb daher das Brauchtum der Jugend in den Colleges von Oxford und Cambridge sowie in den *Inns of Court* (den Londoner Rechtsgelehrtenschulen) erhalten. Wir können einige der Formen des *Misrule* bei den Festen der Londoner »*rakes*« im 18. Jahrhundert entdecken, ungezogene junge Männer, deren verrückte Streiche und deren gewalttätiges Benehmen jedoch nichts von den moralischen und sozialen Zwecken der Bünde von einst mehr zeigte. Die »*rakes*« und deren gleichgesinnte Zeitgenossen auf dem Kontinent waren eher zynische Individualisten, die ihren Spott über die Vorstellungen von Abstinenz und Keuschheit ausschütteten. Ihr Gruppenverhalten nahm bizarre, anarchistische Züge an; die jungen Männer fanden sich in Banden zusammen, von welchen die »*Mohocks*« die Berüchtigste war, und streiften durch die Straßen von London, rempelten Passanten, pöbelten hilflose Frauen an und brachten alles in allem die Tradition des *Misrule* in Mißkredit[98]. Nicht mehr an jahreszeitliche Anlässe gebunden und in ihrem Charakter eher zufällig als ritualisiert, bezeichneten die Vergnügungen dieser neuen Art von Jugendgruppierung den Anfang einer neuen Phase in der Sozialgeschichte der Jugend.

9. Verzögerte Entwicklung in ländlichen Gebieten

In den europäischen Dörfen jedoch behielten die Jugendgruppierungen ihre Funktion bis ins 19. Jahrhundert hinein bei. *Henry Mayhew,* der Deutschland in den 1860er Jahren bereiste, stieß auf funktionierende Jünglings- und Jungfrauenbünde, deren Freiungsriten er als guter Viktorianer als Zügellosigkeit mißverstand[99]. Sportliche Wettkämpfe, bei denen die Junggesellen den verheirateten Männern rivalisierend gegenüberstanden, hielten sich in englischen Dörfern bis tief ins 19. Jahrhundert, desgleichen viele der traditionellen Festlichkeiten, die mit Arbeiteranstellung und Ferien zu tun haben[100]. Wir können nicht sicher sagen, ob sie von organisierten Jugendgruppierungen kontrolliert wurden; aber wir wissen, daß die Freiungsriten in Gegenden wie Cambridgeshire bis tief ins 19. Jahrhundert hinein streng geregelt blieben. Dort veranstaltete man schwangeren unverheirateten Mädchen noch um die Zeit des Ersten Weltkriegs die nächtliche Katzenmusik[101].

Jene einzigartigen Bedingungen, welche von der Jugend eine lange Zeitspanne der Selbstverleugnung gefordert hatten, verschwanden zuerst in den Städten, später auf dem Lande. Der Niedergang der traditionellen körperschaftlichen und genossenschaftlichen Formierungen der Jugend fiel zusammen mit dem Auftauchen des Kapitalismus in der Landwirtschaft und im Handel, mit dem Anwachsen der Städte und mit der Zunahme zentraler staatlicher Kontrolle. Noch ehe die Industrialisierung und die Urbanisierung so recht eingesetzt hatten, gab es Anzeichen dafür, daß die alten Formen sich entweder an die neuen Bedingungen würden anpassen oder verschwinden müssen. Mit dem Rückgang der traditionellen bäuerlichen Wirtschaftsorganisation löste sich auch die Verbindung zwischen Erbe und Heirat, und das eröffnete der Jugend neue Möglichkeiten. Aber ebenso wichtig wie der ökonomische Wandel war die demographische Veränderung, die um die Mitte des 18. Jahrhunderts einsetzte. Sie sollte in der Folgezeit den Entwicklungszyklus der Familie und damit auch die Bemessung des Zeitraums von Kindheit, Jugend und Erwachsensein ändern.

Zweites Kapitel
»Jugend in der Krise« – Folgen der Modernisierung (1770–1870)

»Die Freiheit führt das Volk« (Delacroix)

Generationenkonflikte kennzeichnen oft Gesellschaften in den ersten Stadien ökonomischer und politischer Modernisierung; auch Europa stellt diesbezüglich keine Ausnahme dar[1]. *Charles Fourier* hat kaum übertrieben, als er beschrieb, warum wirtschaftliche und soziale Bedingungen »Väter den Tod ihrer Kinder und Kinder den Tod ihrer Väter wünschen« ließen[2]. »Söhne gegen Väter« war ein gängiges Thema im Alltag und in der Literatur des frühen 19. Jahrhunderts; es regte auch *James Fazy* an, 1828 »On Gerontocracy« zu veröffentlichen, ein Werk, in dem er die Frustration der nach-napoleonischen Generation artikulierte, einer Generation, deren Hoffnungen und berufliche Erwartungen durch die demokratische Revolution nur geweckt worden waren, um von der Restauration erstickt zu werden. Die Figuren des jungen Studenten und des abgerissenen Straßenjungen in *Delacroixs* berühmtem Gemälde

»Die Freiheit führt das Volk« saßen tief im Bewußtsein der Zeitgenossen, für die alles, was mit Jugend zu tun hatte, jetzt einen Beigeschmack von Radikalität bekam: die Namen der Künstleravantgarde und der intellektuellen Bewegungen wie »das Junge Frankreich« und »das Junge Deutschland« und auch die Namen der revolutionären nationalistischen Bewegungen wie *Mazzinis* »Junges Europa«[3].
Die traditionelle Verknüpfung von »Jugend«, »Erneuerung« und »Regeneration« diente einer Vielzahl von Zwecken. »Setzt die Jugend an die Spitze der aufständischen Massen; wißt ihr nicht, welche Kraft in dieser jungen Mannschaft schlummert, welchen magischen Einfluß die Stimme der Jugend auf die Massen hat?«, schrieb *Mazzini*[4]. Einmal entfesselt, konnte diese Faszination nicht Monopol der Linken bleiben; nachdem sich das Blatt gewendet hatte und die Revolutionäre an die Macht gebracht worden waren, war es unvermeidlich, daß sich auch die Konservativen das Jugendbrauchtum aneigneten. Das ergab sich in Frankreich schon bald nach dem Terror, als die *Jeunesse Doreé* im Sinne der Konterrevolution ihre Verachtung für revolutionäre Disziplin zur Schau stellte[5]. In England bildete sich später, nach der ersten Wahlreform, eine neue Generation von Konservativen, das *Young England Movement,* angeführt von *Benjamin Disraeli;* ihre Vorgehensweisen, die viele alte Leitmotive aus dem *Misrule* enthielten, bewegte *Karl Marx* dazu, sie mit »halb Klagelied, halb Schmähschrift« zu beschreiben[6].
Dem, was sich hier in Unrast äußerte, lag ein tiefgreifender demographischer, ökonomischer und sozialer Wandel zugrunde, der das agrarische Europa in die erste industrialisierte und urbanisierte Gesellschaft der Welt verwandelte. Die Modernisierung wirkte sich bei verschiedenen Gruppen verschieden aus, und so wurde das Brauchtum der Jugend in der Epoche von 1770 bis 1870 in Klassenschranken gezwängt: Die Arbeiterklasse entwickelte ihre eigene ausgeprägte Jugendkultur, die sich um die Banden in den Wohnvierteln der Städte bildete, und ebenso brachte die Ober- und Mittelschicht die für sie spezifischen Formen hervor, einschließlich der modernen Studentenbewegung und der *Bohème.* Diese Entwicklung bedeutete manchmal das Auswechseln alten Jugendbrauchtums, häufiger aber bedeutete sie das Anpassen ihrer Eigentümlichkeiten an neue Umstände und Bedingungen. Tradition und Wandel standen einander nicht immer im Weg, vielmehr wirkten sie so zusammen, daß das Brauchtum selbst ein wichtiges Moment der Neugestaltung wurde. Alle Schichten der Jugendkulturen, die während dieser und späterer Epochen angelagert wurden, waren das Ergebnis eines dialektischen Prozesses, dessen Erforschung im Hinblick *sowohl auf Kontinuität als auch auf Wandel* betrieben werden muß.

1. Die Bevölkerungsexplosion

John Stuart Mill nannte diese Epoche das »Zeitalter des Übergangs«, eine Zeit, in der »die Menschheit aus alten Institutionen und Grundsätzen herausgewachsen ist, sich aber noch keine neuen geschaffen hat«[7]. »Übergang« bezieht sich nicht allein auf ökonomische und politische Strukturen, sondern auch auf die Familie und den individuellen Lebenszyklus, die beide in der Zeit von 1770 bis 1870 grundlegende Veränderungen erfuhren. Ein Hauptfaktor war das steile Bevölkerungswachstum, das in der Mitte des 18. Jahrhunderts einsetzte. Die Bevölkerung Europas wuchs von annähernd 125 Millionen Menschen im Jahre 1750 auf 208 Millionen ein Jahrhundert später und erhöhte sich bis 1900 auf fast 300 Millionen. Während des späten 18. und für den größeren Teil des 19. Jahrhunderts war jede nachfolgende Generation zahlenmäßig größer als die vorhergehende, und die jüngeren Altersgruppen nahmen selbst im Vergleich mit ihrem hohen Anteil in vorindustrieller Zeit noch zu; der Anteil der Altersgruppe der Fünfzehn- bis Neunundzwanzigjährigen an der der Dreißig- (und mehr)jährigen betrug im späten 18. Jahrhundert fast 65 Prozent und im England der 1840er Jahre über 70 Prozent[8].

Obwohl die historische Demographie bislang noch die Klärung der Ursachen der Bevölkerungsexplosion des 18. Jahrhunderts schuldig geblieben ist, ist doch so viel klar, daß sich dieses Wachstum anfänglich unter denselben Bedingungen von hoher Sterblichkeit und hoher Fruchtbarkeit vollzog, die auch für die vorindustrielle Gesellschaft charakteristisch gewesen waren. Die Kindersterblichkeit ist erst seit dem späten 19. Jahrhundert signifikant gefallen. Starke Schwankungen der Sterblichkeitsrate, die durch Hungersnöte, Epidemien und unsichere Nahrungsmittelversorgung verursacht worden waren, verschwanden langsam um die Mitte des Jahrhunderts; aber die Lebensbedingungen in den neuen Industriestädten waren nicht dazu angetan, die Sterblichkeitsrate bei den Kindern zu senken, vielerorts nahm gerade diese zu. In Glasgow z.B. stieg die Anzahl der Todesfälle von Kindern unter zehn Jahren, die 1821 1:75 ausmachte, auf 1:48 zwanzig Jahre später[9]. In Preußen – einem Land, in dem Industrialisierung und Urbanisierung im wesentlichen erst in der zweiten Hälfte des Jahrhunderts einsetzten – stieg die Kindersterblichkeit von 213 pro 1000 lebend geborenen männlichen Kindern in den frühen 1860er Jahren auf 222 bis zur Jahrhundertwende; danach erst, als sich die Maßnahmen der modernen Medizin und Hygiene auswirkten, sank die Zahl auf den gegenwärtigen Stand von ca. 20 pro 1000[10].

Natürlich schwankten die Sterblichkeitsraten gewaltig je nach Gegend und Bevölkerungsschicht. Dabei gilt die Regel: Je dichter eine Gegend besiedelt ist, um so höher sind auch die Sterbeziffern[11]. Auch Reichtum spielte eine bedeutende Rolle. Der englische Adel bestimmte das Tempo, in welchem sich die Verbesserung der Lebensverhältnisse im eigenen Land vollziehen sollte: die Lebenserwartung betrug für die in den Jahren 1690 bis 1729 Geborenen 42,4 Jahre und stieg auf 54,9 Jahre für die von 1830 bis 1879 Geborenen[12]. Die Überlebenschancen waren der gesellschaftlichen Stellung proportional; das zeigt die Tatsache, daß im Jahre 1830 in London die Lebenserwartung der nichtadeligen Vornehmen und der Geschäftsleute aus der Mittelschicht auf 44 Jahre geschätzt wurde, für Handwerker und Angestellte auf 25 Jahre, und für die Arbeiter und deren Familienangehörige auf 22 Jahre[13]. Die Bevölkerungsgruppe, bei der sich nächst dem Adel die größte Verringerung der Kindersterblichkeit zeigte, war die Mittelschicht. Für die überwiegende Mehrheit der Arbeiterklasse aber, die immerhin 85% der Bevölkerung ausmachte, blieb der

Verlust von Kindern bis in den Anfang des 20. Jahrhunderts hinein eine grundlegende Lebenstatsache[14]. »Warum weinst du?«, 1888 für Leidtragende veröffentlicht, brachte die Erfahrungen in diesem Zeitalter des Übergangs zum Ausdruck[15]:

And yet again
That elder Shepherd came: my heart grew faint –
He claimed another lamb; with sadder plaint,
another! - she who, gentle as a saint,
Ne'er gave me pain …

(Und dann kam der ältere Schäfer wieder: mein Herz wurde schwach – er forderte ein weiteres Lamm; mit traurigerem Klagen, ein weiteres! Sie, sanft wie eine Heilige, die mich niemals betrübt hatte …)

Die Abnahme der Fruchtbarkeitsraten erfolgte in denselben sozialen und zeitlichen Abstufungen wie die der Sterblichkeit; offensichtlich begann sie in der Oberschicht, gefolgt von der Mittelschicht und der unteren Mittelschicht und gelangte zu den arbeitenden Armen erst ganz am Ende des 19. Jahrhunderts. Aus den standesbedingten Unterschieden der Fruchtbarkeit und Sterblichkeit ergaben sich auch von Schicht zu Schicht auffällige Unterschiede in der Familiengröße. In dem Jahrzehnt von 1890 bis 1899 umfaßte die Familie eines Engländers mit gehobenem Beruf aus der Mittelschicht durchschnittlich 2,8 Personen; das war annähernd halb so viel wie bei den Handarbeitern, deren Familien noch die vorindustrielle Größe von 5,1 Mitgliedern hatten[16]. Auf die Gesamtbevölkerung gesehen, betrug der Durchschnitt damals 4,34 Personen, was beweist, daß vor 1900 nur eine kleine Minderheit der Engländer Familienplanung betrieb. In Frankreich scheint Familienplanung schon im ausgehenden 18. Jahrhundert auf breiter Basis eingesetzt zu haben, aber das war die Ausnahme von der Regel, nach der hohe Fruchtbarkeit bei der Masse der Bevölkerung bis zum Ende des 19. Jahrhunderts anhielt.
Wir haben gesehen, daß es im vorindustriellen Europa genau diese Bedingungen der hohen Fruchtbarkeit und der hohen Sterblichkeit waren, gepaart mit festen Regeln von Vererbung und Heirat, welche die Herausnahme der Kinder aus ihren Familien für eben den Teil innerhalb ihres Lebenszyklus forderten, der definiert und institutionalisiert war als »*die Jugend*«. Als Industralisierung und Urbanisierung einsetzten, veränderten sie nicht sogleich die demographischen Bedingungen, die der tradierten Familienplanung zugrunde gelegen hatten, aber sie änderten Heirats- und Erbschaftsregeln doch so weitgehend, daß die Fortentwicklung der alten Strukturen gründlich gestört wurde. Am deutlichsten war dies in unteren Schichten der Bevölkerung der Fall, vor allem in Kreisen von Bauern und Handwerkern, die ihr Land oder ihre Werkstatt durch die neue Wirtschaftsordnung verloren hatten und die nun ihren Kindern weder Besitz noch Handwerk vererben konnten. *Fourier* will die Unterhaltung von vier Handwerken mitgehört haben, »ein wenig besser gestellt als die Klasse der Ärmsten«, die sich über ihre Zukunftsperspektiven unterhielten[17]:

»Ich habe das Mädchen gefragt, ob sie mich heiratet, die wird nämlich Geld mitbringen; ihre Familie stellt sich gut. Du kannst sicher sein, ich will nicht noch einmal der Dumme sein. Eine Frau nehmen, die keinen Kreuzer hat, dann kommen die Kinder; es ist teuflisch, für sie sorgen zu müssen, es ist die Hölle.«
»Du hattest also viele?«, sagte einer von ihnen.
»Ich hatte sechs – und mußte sie alle füttern und obendrein das Weib!!«
»Was? Sechs? O, großer Gott! Ein Arbeiter, der fast nichts verdient, soll sechs Kinder ernähren!«
»Ja, sechs, aber sie starben alle, zu meinem Glück. Und ihre Mutter ist auch tot.«

Wie *Fourier* und andere hervorhoben, blieb solche Not nicht auf die Armen und Besitzlosen beschränkt. Der Vater, der sich weigerte, sein Land an seinen Sohn weiterzugeben, wurde bei den französischen Bauern üblicherweise als *»le père qui vit trop«* bezeichnet: als der Vater, der zu lange lebt; und im 19. Jahrhundert erlebte das Anerbenrecht sowohl in England als auch auf dem Kontinent einen neuerlichen Angriff[18]. Angesichts des Zerbrechens sowohl der patriarchalischen als auch der brüderlich-genossenschaftlichen Ordnung begann nun die Jugend aller Bevölkerungsschichten mühsam, die überlieferten Normen und Verhaltensmuster neu einzuschätzen. Am Ende dieses Prozesses gab es eine Fülle neuer Verhaltensstile, deren jeder den Versuch eines bestimmten Teils der jugendlichen Bevölkerung widerspiegelte, mit der Herausforderung des neuen industriellen Zeitalters fertig zu werden.

2. Arbeitslosigkeit und sozialer Protest

Rasches Bevölkerungswachstum allein hätte schon ausgereicht, um eine ernste Zunahme der Spannungen im traditionellen Generationenverhältnis zu verursachen. Die Tatsache aber, daß dies außerdem noch mit dem Zusammenbruch der traditionellen Verbindung von Erbschaft und Heirat einherging, bedeutete, daß sich der Status der Jugend grundlegend veränderte, und dies ließ neue Verhaltensmuster für Individuen und Gruppen entstehen, wie sie sich in früheren Zeiten starken Bevölkerungswachstums nur vorläufig angedeutet hatten. In England setzte der Prozeß mit der Agrarrevolution des 18. Jahrhunderts ein; mit ihr ging eine gewaltige Bodenkonzentration einher, die die Bauernschaft schließlich in den Stand der besitzlosen Tagelöhner abdrängte. Die frühen Phasen des Kapitalismus in der Landwirtschaft waren für die Jugend günstig, indem sie ihre Verdienstmöglichkeiten steigerten. Die steigende Produktion von Nahrungsmitteln für eine Marktwirtschaft aber bedeutete zunehmend den Einsatz von Lohnarbeit und das Zurückgehen der alten patriarchalischen Strukturen, einschließlich der Bezahlung in Form von Kost und Logis. Die Nachfrage nach Kinder- und Frauenarbeit stieg bis zum Ende der napoleonischen Kriege an und ermutigte die ländliche Bevölkerung Englands, mit schöner Gleichmäßigkeit zuzunehmen, ungeachtet der kärglichen Subsistenzmittel, mit denen das neue ländliche Proletariat in dieser Periode die meiste Zeit zu leben gezwungen war[19].

Die ländliche Gesellschaft teilte sich in drei einigermaßen klar definierte Ränge auf – größere Landbesitzer, Pachtbauern und besitzlose Landarbeiter –, die einander mit wachsendem Mißtrauen betrachteten. Der Brauch, mit Knechten und Dienern unter einem Dach zusammenzuleben, war für die landbesitzende Elite und für viele der Bauern sozial und wirtschaftlich inakzeptabel geworden. Sie wollten ihre Söhne und Töchter nicht mehr mit dem niedrigen Volke an einen Tisch setzen. Wo man Bedienstete hielt, betrachtete man sie als »Personal«, nicht länger mehr als Teil der Familie, so wie es früher im patriarchalischen Haushalt gewesen war. Marktorientierte Bauern fanden die Bezahlung in Form von Kost und Logis in jedem Fall eine unrentable Form der Bezahlung von Arbeit. *William Cobbett,* der diese neuen Gewohnheiten als »unmenschliches Börsen-Spekulations-System« beklagte, beschrieb den Niedergang eines solchen traditionellen Logier-Verhältnisses[20]: »Alles, was dieses Bauernhaus ausmachte, war früher ein Bild von schlichter Sitte und von Leben in Reichtum ... Nun aber macht sein Zustand einen abgerissenen, fast unbenutzten Eindruck. Es schien, als lebe bald gar keine Familie mehr in diesem Haus, in dem zuvor aller Wahrscheinlichkeit nach 10 bis 15 Männer, Knaben und Mädchen gelebt haben ... Warum geben die Bauern ihren Landarbeitern jetzt nicht mehr Kost und Logis, wie sie es früher getan haben? Weil es billiger ist, sie zu entlohnen. Das ist der wahre Grund der Veränderung.«

Dieselbe Klasse, die im 16. und 17. Jahrhundert so eifersüchtig das patriarchalische System gehütet hatte, war nun bereit, jungen Arbeitern die Unabhängigkeit zu geben; ja sie ermutigte sie sogar dazu, eigene Haushalte zu gründen, weil es jetzt wirtschaftlich von Vorteil war, eine große Zahl von Lohnarbeitern zu schaffen.

Die Landarmen hatten sich herkömmlicherweise Erleichterung verschafft, indem sie ihre Kinder in die Häuser von besser Gestellten gaben; jetzt aber mußten sie sie entweder zu Hause behalten oder noch weiter weg in die neuen Industriestädte schicken. Diese letztere Möglichkeit ließ sich in England jedoch erst in den 1830er und 1840er Jahren in die Tat umsetzen; und es scheint so, daß das Zusammenwohnen von Eltern und Kindern im späten 18. und frühen 19. Jahrhundert häufiger wurde. Jedenfalls ist genau dies durch das ländliche Wohlfahrtssystem gefördert worden; denn es sah eine Unterstützung vor, die zusätzlich zum Lohn an kinderreiche Familien gezahlt wurde. Augenzeugen berichteten, daß »Männer, die sich grade einen Hungerlohn verdienten, wußten, daß sie nur zu heiraten brauchten, und ihr geringes Einkommen würde sich im Verhältnis zur Anzahl der Kinder vergrößern ... Aber da gab es etwas, das noch besser war, als zu heiraten und Kinder zu kriegen: eine ledige Mutter mit Kindern zu heiraten ... So wie sich eine junge vierundzwanzigjährige Frau, Mutter von vier unehelichen Kindern, ausdrückte: ›Wenn ich noch eines mehr hätte, dann würde es mir wirklich gut gehen‹ «[21].

Obgleich man mit der Zeugung jetzt nicht mehr auf einen männlichen Erben hoffte, betrachteten die Landarmen eine große Kinderschar immer noch als die beste Garantie für ein gesichertes Alter[22]. Da sie von dem neu entdeckten Nahrungsmittel, der Kartoffel lebten, fuhren die Landarbeiter fort, große Familien zu produzieren. In Irland hatte der Brauch der Erbteilung dazu geführt, daß das Land in winzige

Fleckchen unterteilt war, und doch setzten Ehepaare die Familienplanung der hohen Fruchtbarkeit fort[23]. »Es ist bei ihnen üblich, daß sie ihr Land in Stücke zerteilen, die sie ihren Kindern geben, wenn sie heiraten. Wer zuletzt heiratete, bekam häufig seines Vaters Hütte, zusammen mit seinem Anteil Land, und dort blieben die Eltern gern, aus einem Gefühl der Verbundenheit mit dem Ort, an dem sie ihr Leben verbracht hatten«[24]. Am Ende brachte die irische Familienplanung eine verheerende Übervölkerung des Landes und harte Hungersnot mit sich, die, in den 1840er Jahren beginnend, tausende junger Männer und Frauen in eine Auswanderungswelle hineinzog und für jene, die zurückblieben, schließlich das Heiratsalter höherschraubte. Irland, das zu Beginn des 19. Jahrhunderts außerordentlich junge Familien aufwies, kehrte nach der schweren Hungersnot von 1847 sehr rasch zu den Verhältnissen des strengen Anerbenrechts zurück und damit zugleich zu einem System, in dem sich die jüngeren Söhne in ein langes Junggesellendasein ergeben mußten[25].

Übervölkerung auf dem Lande drohte in England genauso, wenigstens bis 1830. Familien, die in einer Situation der noch immer hohen Sterblichkeit hohe Fruchtbarkeit beibehielten, fuhren fort, einen Überschuß an älteren Kindern hervorzubringen, die man dann aus dem Haus schickte, wenn die Zahl der Nachkommen zu groß wurde. Nicht mehr der Disziplin derer unterworfen, die unter einem Dach leben, vielmehr mit der Möglichkeit der Lohnarbeit ausgestattet, sah sich diese Jugend nun in der Lage, ihren eigenen Hausstand zu gründen. Außerdem ermunterten die Wohlfahrtseinrichtungen dazu, jung zu heiraten, was dann in der Folgezeit mit zum Bevölkerungsanstieg beitrug. Viele scheinen sich nahe ihrer Ursprungsfamilie niedergelassen zu haben und zeigten keine Neigung, auf alt hergebrachte Art zu wandern. Die Dorfarmenpflege, die nur jenen Unterstützung gewährte, die ihr Wohnrecht belegen konnten, unterstützte diesen Vorgang beträchtlich; und so fiel auch in der Zeit von 1751 bis 1831 die Abwanderungszahl aus den landwirtschaftlichen Grafschaften Englands deutlich ab[26]. Die Konkurrenzsituation – gekennzeichnet durch niedrige Löhne und hohe Arbeitslosigkeit – wurde gegen Ende der 1820er Jahre am empfindlichsten spürbar. Sie brachte eine Krise hervor, die 1830 in dem wütenden Aufstand der Landarmen aufbrach, bekannt unter dem Namen »*Swing Rebellion*«.

Es ist nicht erstaunlich, daß gerade junge unverheiratete Männer die aktivisten unter den Maschinen-Stürmern und den Scheunen-Brandstiftern dieses Jahres waren. Nach den Geschichtsschreibern dieser Bewegung waren sie diejenigen, »die unter der Pauperisierung am meisten zu leiden hatten, da sie aus dem Armenkasten am wenigsten erhielten und am ehesten dazu gezwungen werden konnten, die entwürdigendsten und unsinnigsten Arten von Gemeindearbeit zu verrichten, z.B. bei den Straßenbautrupps, die nur mit allzu gutem Recht die Zentren der Unzufriedenheit waren«[27]. Gesellschaftliche Bräuche entsprachen der Form, die diese Rebellion annahm, nämlich der Struktur des Arbeitszwangs. Hier finden wir das Jugendbrauchtum in den Dienst des wirtschaftlichen Protests gestellt. Rituale aus dem *Misrule* erwiesen sich als wirksam bei der Organisation ganzer Gemeinden gegen Ausbeutung. Masken waren ein Kennzeichen der frühen Phasen im Maschinensturm; und

Prozessionen, die an Jugendfeste zu Pfingsten und zum »*Plough Monday*« erinnerten, wurden die gängigen Methoden, um eine Menschenmenge zusammenzutrommeln, um Meister einzuschüchtern und um »Bettelgänge« bei den Reichen im Namen der Armen durchzuführen. Die Anführer der Protestveranstaltungen wie der sagenhafte Genosse »*Swing*«, von dem die Bewegung ihren Namen hatte, die sich selber gerne vorstellten, sie seien »*captains*«, spielten ihre Rolle so, daß sie an den *Lord of Misrule* aus *Stubbs* Tagen erinnerten. Augenzeugen beschrieben die Aufständischen als »in der Regel sehr gut aussehende junge Leute, die teilweise so tadellos gekleidet waren, als hätten sie für diese Gelegenheit ihre feinsten Kleider angezogen«[28]. Ein ähnlicher Rückgriff auf das Jugendbrauchtum wurde in jener Zeit in anderen Zerstörungszügen auf dem Lande offensichtlich, besonders bei den sogenannten »*Rebecca*«-Rebellen in Wales 1839: Die rächenden »*Rebecca*«-Männer – mit Frauenkleidern behangen, mit Gesichtern, die sie in der Tradition des Straßentheaters geschminkt hatten – griffen Zollhäuser an und vernichteten im Namen der wirtschaftlichen und sozialen Gerechtigkeit die Ernte[29].

3. Jugend zwischen Handwerk und Industrie

Ein vergleichbares Zusammenspiel von Tradition und Wandel wurde in anderen Teilen Europas deutlich, wo die Nachfrage nach Arbeit immer mehr Jugendliche dazu veranlaßte, eher in ihren Heimatdörfern zu bleiben, als nach alter Art fortzuziehen. In den Kantonen des Züricher Oberlandes hatten die Bauern angefangen, ihr landwirtschaftliches Einkommen durch Heimarbeit aufzubessern. Sie kauften Baumwolle bei den Händlern in der Stadt, verwoben sie und verkauften sie wieder. Die neue Verdienstmöglichkeit erlaubte diesen und anderen Gemeinden in ganz Europa, eine wesentlich größere Bevölkerungszahl zu ernähren, als das früher möglich gewesen war[30]. Die Heimindustrie war besonders für jene verlockend, die keine Aussicht auf Landerwerb hatten; und die unmittelbare Folge davon war, daß die traditionelle Bindung zwischen Erbschaft und Heirat zerbrach. Das Einkommen aus der Weberei erlaubte es jungen Paaren, der elterlichen Aufsicht zu entkommen und früher einen eigenen Hausstand zu gründen. Den Berichten der örtlichen Geistlichen zufolge, von denen die meisten solche Entwicklungen äußerst beunruhigt betrachteten, griffen in den schweizerischen Kantonen um die Mitte des 18. Jahrhunderts frühreife Liebschaften mehr und mehr um sich. Jugendliche beiderlei Geschlechts und aus allen Altersklassen mischten sich in ihren Freistunden völlig ungeniert, und sie genossen die Formen der Geselligkeit, die einst ausschließlich der älteren Jugend vorbehalten gewesen waren.

Sexuelle Aufklärung, wenn nicht sogar die Kenntnis des Geschlechtsverkehrs durch eigenes Tun wurde nun der Jugend offensichtlich eher zugänglich als früher. Es wird berichtet, daß »der junge Bursche, sobald er konfirmiert ist, anfängt, einem oder mehreren Mädchen nachzuschleichen, als ob es eine Weihe wäre«[31]. Und weil sich die Konkurrenz auf dem Heiratsmarkt dadurch verschärfte, daß sowohl Mädchen als

auch Jungen nun zu Hause blieben, die früher mangels Arbeit oder Erbe fortwandern mußten, wurde sogar das schöne Geschlecht aggressiver. »Wissend, daß sie unter keinem anderen Beding jemahls einen Mann bekämen, öffnen [Mädchen] den Nachtbuben die Kammern und geben sich preis, der gewissen oder ungewissen Hoffnung, im Falle der Schwängerung der Schande nicht überlassen zu werden«[32]. Die Freiungsriten dienten nun einer stets anwachsenden Zahl von Heiratsfähigen. Es wurde immer häufiger, daß man die Nacht zusammen verbrachte; die jungen Leute, die nun Taschengeld aus ihrer eigenen Arbeit hatten, verwöhnten sich so sehr mit Trinken und Kleiderluxus, daß es ihren Eltern ein Graus war. Zu dem vormals beschränkten Kreis der Bauernsöhne und -töchter kamen nun die Kinder der Armen und Besitzlosen hinzu, die mit einer winzigen Ecke Land und einem Webstuhl nun in ihrer Heimatgemeinde ein Auskommen fanden[33]. »Frühe Ehen zwischen Leuten, die zwar zwey Spinnräder, aber kein Bett zusammenbringen, geschehen bey diesen Leuten ziemlich häufig«[34], bemerkte eine zeitgenössische Quelle. Die scharfen Angriffe, die der Klerus und die wohlhabenden Bauern gegen die »Bettelhochzeiten« richteten, waren umsonst; denn die Jugend verfügte nicht nur über die Kraft der großen Zahl, sondern auch über das Brauchtum des *Misrule*, um gegen die Älteren standzuhalten. Ältere Leute, die sich einmischten, besuchte man mit der überkommenen Blechmusik, zerbrach ihre Zäune und richtete ihre Gärten böse zu[35]. Verbote gegen das Tanzen am Sonntag und Verordnungen gegen das »Fensterln« blieben zum größten Teil unbeachtet, nicht nur wegen des Widerstandes der Jugendlichen, sondern auch wegen der stillschweigenden Zustimmung vieler Eltern, die gezwungen waren – infolge ihrer eigenen Armut und aus dem Wunsch heraus, die älteren Kinder aus dem Haus zu bringen, um für die Jüngeren Platz zu schaffen –, die Freizügigkeiten ihres Nachwuchses zu dulden, einschließlich der frühen Heirat.
Da kein Erbe vorhanden war, bedeutete dies einen empfindlichen Rückgang der »Hausmacht« der Väter und eine Verringerung der Vorteile der Erstgeborenen. Die Frustration der älteren Generation spiegelte sich in Klagen über das extravagante Verhalten der Jugend wider, ein Klagelied, dem man im 18. Jahrhundert fast überall begegnete. Jegliches Zeugnis frühreifen Zugriffs nach Gütern, selbst der Kauf und das Lesen von Romanen, wurde als gefährliche Befriedigung der eigenen Wünsche angesehen[36]. Die Beschäftigungsmöglichkeiten jedoch, die in der Hausindustrie angeboten wurden, scheinen Kinder länger zu Hause gehalten und die Bindungen zwischen Eltern und Kindern, soweit sie zusammenlebten, gestärkt zu haben. Selbst nachdem Söhne oder Töchter ihren eigenen, unabhängigen Haushalt gegründet hatten, zahlten sie oft weiterhin an ihre Eltern ein Kostgeld als eine Art Versicherungsprämie für den Ruhestand. Ein Heimarbeiter beschrieb das so[37]: »Ich und meine Frau werden alt. Wir mögen auch so viel nicht mehr arbeiten. Neben dem haben wir drey Kinder: wovon uns zwey jedes wöchentlich den Rest (Rast) von 30 Batzen bezahlen. Nur die eine Tochter hilft uns noch arbeiten. Wir wercken nur so viel, als wir können und für uns nöthig haben, und leben denn so fort von demjenigen, was uns die zwey übrigen Kinder geben. Arbeiter und Taglöhner würden wir mit harter Mühe finden und Knecht und Magd zu halten, dazu ist Kost und Lohn viel zu

theuer. Wir können es, Gott seys gedankt mit dem, was uns die Kinder geben, recht gut machen.«

Rudolf Braun hat nachgezeichnet, wie Kinder also »Untermieter« in ihren eigenen Familien wurden und wie Familienbande, die einst auf der Tyrannis des Erbes beruht hatten, nun durch ein eher pragmatisches Arrangement ersetzt wurden, das dem jungen Menschen beträchtliche Freiheiten einräumte: zu heiraten, seinen bzw. ihren Haushalt zu gründen und doch weiterhin etwas zum Lebensunterhalt der alternden Eltern beizusteuern. Die wirtschaftliche Veränderung hat die Waage eindeutig mehr auf Seiten der Jugend als auf Seiten der Eltern beschwert, aber wo dies zugleich die Beschäftigungsmöglichkeiten am Ort mit sich gebracht und sowohl die Notwendigkeit des »Lebens unter einem Dach« als auch die Abwanderung aufgehoben hatte, erlaubte dies den Familienmitgliedern, länger beieinanderzubleiben als jemals zuvor[38]. Im Züricher Oberland war die »Jugend« nicht länger eine Lebensphase, die man fern von zu Hause verbrachte, und ihre beiden Begrenzungen, Kindheit und Erwachsensein, zeichneten sich nicht mehr so scharf ab wie früher. Die Dreizehn- bis Fünfzehnjährigen, die nun mit ihren Eltern zusammenlebten, vermischten sich einerseits allmählich mit den jüngeren Geschwistern, während andererseits der frühe Zugang zur Sexualität und der Erwerb der kostspieligen Symbole der Reife die Abgrenzung zur Erwachsenenwelt zugleich verwischte.

Die Heimindustrie aber war nur die halbe Strecke auf dem Weg zur Industrialisierung. Die Weber aus den Schweizer Kantonen überlebten bis ins frühe 19. Jahrhundert; dann wurde ihre Existenzmöglichkeit zerstört, weil sie mit den industriell gefertigten

Familie eines Heimarbeiters. Links im Bild der Webstuhl

Waren nicht mehr konkurrieren konnten. Es gibt wahrscheinlich kein zweites so erbarmungswürdiges Beispiel eines zum Untergang verurteilten Berufes wie das der englischen Handweber, deren Wohlstand sich in den Phasen der Frühindustrialisierung zwar hatte zunehmen können, aber letzten Endes von der Einführung der mechanischen Webstühle in den frühen 1820er Jahren endgültig zerstört wurde. Bis zu diesem Zeitpunkt versorgten die industriell hergestellten Garne die Weber und ihre Kinder reichlich mit Arbeit und begünstigten eine Familienwirtschaft, in der Eltern ihre Kinder über längere Zeit zu Hause behalten konnten, um ein nützliches Erbe an Kenntnissen und Fertigkeiten an sie weiterzugeben. Denn für die Weberkinder war der Arbeitsplatz beides: Schule und Erholung. »Ich tat meine Arbeit neben dem Webstuhl; wenn mein Vater nicht arbeitete, unterrichtete er mich in Lesen, Schreiben und Rechnen«, erinnerte sich der Sohn eines Webers. Ein anderer kann sich dessen entsinnen, daß es vor der Zeit der Fabriken »keine Glocken gab, die um vier oder fünf Uhr früh läuteten ... es war ihnen freigestellt, anzufangen oder auch mal wegzubleiben, wie sie Lust hatten ... Wenn sie an den Jahrestagen der Sonntagsschulen abends noch arbeiteten, stimmten die jungen Männer und Frauen aus vollem Herzen in die Choräle ein, während der Rhythmus der Weberschiffchen den Takt hielt«[39].
Der Zusammenbruch der Heimweberei und anderer vergleichbarer Heimarbeit bedeutete auch den Zusammenbruch der Familie; in der Mitte des 19. Jahrhunderts hatten die Weber eine der niedrigsten Raten generativer Fortpflanzung unter den Arbeitern von Lancashire[40]. Da sie nirgendwo hätten hingehen können, blieben die älteren Weber ihrem aussterbenden Handwerk treu. Ihren Kindern rieten sie jedoch ab, ihnen im Handwerk nachzufolgen und schickten sie stattdessen in die Fabriken, wo die Aussichten auf einen anständigen Lohn jetzt viel größer waren. Die Ablösung der Generationen voneinander verlief nicht ohne schmerzvolle Erfahrung, wie das eine Klage aus dem 19. Jahrhundert zum Ausdruck bringt[41]:

If you go into a loom-shop, where there's three or four pairs of looms,
They all are standing empty, encumbrances of the rooms;
And if you ask the reason why, the old mother will tell you plain,
My daughters have forsaken them, and gone to weave by steam.

(Wenn du in eine Weberwerkstatt gehst, in der sich drei oder vier Webstühle befinden,
dann stehen sie alle verlassen da, versperren nur den Raum;
Und wenn du nach den Ursachen fragst, dann wird die alte Mutter dir schlicht sagen:
meine Töchter haben sie im Stich gelassen, sie sind fort und weben jetzt mit Dampf.)

Eine Anstellung in der Fabrik anzunehmen, war für die älteren gelernten Handwerker nicht leicht. Nicht nur, weil das eine andere Disziplin bedeutete als die zu Hause gewohnte, sondern weil es auch die Zerstörung der Familienwirtschaft und – nebenbei – auch einen Statusverlust bedeutete. Hier steckte nun allerdings genügend Stoff für Generationenkonflikte drin: hier die Eltern, orientiert an traditionellen Werten wie

(Berufs-) Ehre, und dort die Kinder, die ihre Zukunft in der neuen industriellen Welt suchten. Zentraler Gegenstand solcher Spannungen war die Lehre, der wesentlichste Regulator im traditionellen Handwerk. In England war die Lehre bereits seit der zweiten Hälfte des 18. Jahrhunderts umstritten, seitdem nämlich die Funktion dieser die Jugend verlängernde Einrichtung durch die Auseinandersetzungen zwischen den unter Vertrag stehenden Lehrjungen und deren Meistern mehr und mehr umstritten war. Ziemlich viel Schuld lag bei den Meistern selbst, die wie die ländlichen Grundbesitzer auch das alte »Unter-einem-Dach-leben« in wirtschaftlicher wie in sozialer Hinsicht zunehmend unrentabel fanden. Viele Londoner Meister nahmen Lehrlinge nur wegen der billigen Arbeitskraft, sie bildeten sie aber nicht aus und bewegten sie auch noch dazu, ihren Lehrvertrag zu brechen, um dadurch eine Prämie wegen des Verwirkens der Abmachung zu kassieren. Am ungünstigsten wirkte sich das auf diejenigen Jugendlichen aus, die sich am wenigsten selber verteidigen konnten: Waisen und arme Kinder, die in Einrichtungen der Gemeinde ihre Lehre machten, wobei sie nach dem Elisabethanischen Statut von 1601 vom zehnten oder zwölften bis zum vierundzwanzigsten Lebensjahr als Lehrlinge verpflichtet wurden. Schon um 1700 hören wir eine Klage, die später immer wieder laut wurde, bis diese lange Lehrzeit endlich 1844 abgeschafft wurde[42]: »Lehrlinge, die von der Gemeinde ausgebildet werden, schickt man meist zu armen, stets schlecht gelaunten oder ungeschickten Meistern, die sie entweder durch ungenügende Versorgung oder zu große Strenge vertreiben, bevor ihre Zeit abgelaufen ist oder sie entlassen sie, wenn sie ausgelernt haben, als Stümper in ihrem Handwerk oder als Könner auf einem Gebiet, das sich dann als unbrauchbar erweist.«

Unerwünschte Lehrlinge wurden als billige Arbeitskräfte vermietet, in die Kolonien verschifft, an die Werbetrupps der Kriegsmarine ausgeliefert, manchmal sogar umgebracht[43]. Gegen Ende des 18. Jahrhunderts wurde es immer seltener, daß Lehrlinge im Hause ihres Meisters wohnten, was zu der großen Zahl von Ausreißern führte, die man in jener Zeit registrierte. »Obgleich viele durch die eigene Schuld auf die schiefe Bahn geraten«, schrieb ein Zeitgenosse, »scheitern viele auch entweder an der Nachlässigkeit und Unachtsamkeit oder an der Grobheit und Sturheit oder (was leider zu oft vorkam) an den bösen Absichten und Praktiken ihrer Meister. Das ist so gängig und so allgemein üblich, daß jeder im ganzen Lande Beispiele solcher unglücklicher junger Männer bemerken kann, die für ihre Generation sehr nützlich sein könnten, die aber durch derartige Praktiken auf Abwege gedrängt, für die Gemeinschaft völlig unnütz und für ihre Verwandten eine Last werden«[44]. *Francis Place* erinnert sich, daß außer ihm selbst nur noch ein weiterer junger Mann von all denen, die mit ihm in der Fleet Street in London gelernt hatten, je die Meisterwürde in seinem Handwerk erwarb[45].

Indem sich die Lehrmeister in England der Kosten für Nahrung und Unterbringung und der sonstigen Ausbildungspflichten entledigten, verletzten viele von ihnen die Regeln patriarchalischer Ordnung. Schon 1775 wird erzählt, »daß es heutzutage noch eine kleine Anzahl von Meistern gibt, die ihre Lehrlinge abends, nachdem die Werkstätten geschlossen sind, zu Hause halten kann oder will«[46]. Die Praxis, jetzt

Lohn anstelle von Kost und Logis zu gewähren, leistete der Mißachtung der früher einmal strengen Anweisung im Lehrvertrag Vorschub: »Wirtshäuser oder Spelunken soll er (der Lehrling) nicht aufsuchen; Karten-, Würfel- oder andere unrechtmäßige Spiele soll er nicht spielen; eine Ehe soll er nicht eingehen und sich nicht Tag noch Nacht aus Dienst und Weisung seines Meisters entfernen«[47]. Raufereien, Trunkenheit und der Gang ins Freudenhaus scheinen nicht nur in englischen, sondern in allen Großstädten Europas weit verbreitet gewesen zu sein. *Francis Place* erinnerte sich: »Ich ging oft zu jenen Mädchen, d.h. ich ging mit anderen Jungen dorthin ... und zu jener Zeit verbrachte ich viele Abende in dem schmuddeligen Puff, wo sie sich aufhielten ... Wir waren alle Söhne von Handwerksmeistern oder anderen angesehenen Leuten, aber der schlechte Umgang, den wir hatten, wurde ungeprüft, unkontrolliert geduldet«[48].

In England wurde die allgemeine Lehrpflicht (mit Ausnahme der Gemeindelehre für Waisen und arme Kinder) 1914 abgeschafft. Die Französische Revolution beseitigte in Frankreich den Zunftzwang; in anderen Ländern auf dem Kontinent, vor allem in Deutschland, verschwanden die Zünfte erheblich langsamer. Überall wurde jedoch das Brauchtum, das früher ein funktionsfähiges Element im Lebenszyklus des Handwerkers gewesen war, zunehmend zur Quelle von Spannungen, besonders wenn Konkurrenz durch die Fabriken den Niedergang des Handwerks verursachte. Meister nahmen weiterhin Lehrlinge an, aber nicht, um ihnen etwas beizubringen, sondern um sie als billige Arbeitskraft auszunutzen. Als der deutsche Geselle *Johann Dewald* 1830 seine Wanderjahre antrat, fand er die alte Quelle der Gastfreundschaft versiegt. In Lahr machte er Station und stellte fest, daß der Meister dort »ein Geizhals und ein Knauser war, der jeden Bissen, den der Geselle zum Munde führte, zählte und sich nicht genug darüber beklagen konnte, wie teuer das Essen sei, so daß man gute Lust hatte, es ihm hinzukotzen, wenn man nicht hätte Angst haben müssen, daß die Meisterin daraus ein neues Mahl bereitet. Sie ist sein Ebenbild und keinen Deut besser. Nebenbei: der beste und erfahrendste Geselle ist für ihn nicht mehr als ein junger Stift«[49].

Als *Dewald* im benachbarten Böhmen keine Anstellung bei einem Meister fand, arbeitete er dort für eine kurze Zeit in einer Fabrik. Aber als Geselle fühlte er sich deklassiert, und er mochte das Arbeitstempo nicht: »den lieben langen Tag mußte man dasselbe tun, so daß man für das Ganze den Sinn verlor. Natürlich muß das in Fabriken so sein, aber ich kann mich dem nicht anpassen, und ich werde das Gefühl, mein Handwerk nur noch zur Hälfte zu betreiben, nicht mehr los«[50]. Viele, die wie *Dewald* einer Zukunft in ihrem Beruf beraubt waren und wegen des Status und der Zustände dort in der Fabrik keine Arbeit aufnehmen wollten, beschlossen, ihre Wanderjahre über das übliche Maß hinaus auszudehnen; einige wurden sogar Wanderhandwerker. Während der 1830er Jahre hielten sich 15 000 bis 20 000 Zimmerer, Schneider und andere deutsche Handwerksgesellen in Paris auf; weitere 10 000 Deutsche fanden in London Arbeit[51]. Hierbei leistete ihnen die Tradition der Gesellenverbände gute Dienste: Sie ermöglichte es ihnen, fern von zu Hause und ohne Familie durchzukommen.

Auf diese Weise erlebte die Tradition der »Wanderjahre«, des »*tramping*« und der »*tour de France*« in der Zeit unmittelbar nach 1815 eine Renaissance. Neben ihrem romantischen Äußeren offenbarte diese Institution die recht drückende Not einer ganzen Klasse von jungen Männern, die mehr und mehr aus dem von ihnen gewählten Beruf abgedrängt wurde. Die Obrigkeit erschwerte in ihrer Furcht vor den politischen Folgen des Herumziehens das Reisen; aber die Gesellen hielten durch und aktivierten ihr altes Brauchtum zur Verteidigung ihrer Wanderrechte. In Frankreich erlebten die »*compagnonnages*« eine neue Blüte; ihr Anführer *Agricol Perdignier* überzeugte die Jugend von den moralischen und sozialen Vorteilen dieser Brüderschaften und gewann auch die Unterstützung einiger Industrieller, die feststellten, daß Gesellen, die diesen Vereinigungen angehörten, sich besser benahmen und zuverlässiger waren als andere Arbeiter[52]. Auch in England zog man neuen Nutzen aus dem Wanderbrauch, besonders zu Zeiten von Streiks und Wirtschaftskrisen, wenn die Gewerbebetriebe einige ihrer Leute wegschickten, um sich selbst zu entlasten[53]. Sowohl in England als auch in Frankreich ließen Handwerker ihre Familien oft monatelang allein, wenn sie arbeitssuchend von einem Gesellenhaus zum andern zogen. »Die Unverheirateten pflegten jene zu hänseln, die an ihre Frauen dachten, die sie allein zurückgelassen hatten. Wie oft zog nicht das Heimweh die Ältesten heim, ehe ihre Zeit um war«, erinnerte sich ein französischer Handwerker[54]. Die Gesellenhäuser – »Mütter«, wie die Franzosen sie nannten – dienten weiterhin als »Ersatzfamilie«, als Brüderschaften von Brüdern, die einander an geheimen Zeichen und am Handschlag erkannten. Teils um der Repression durch die Obrigkeit zu entkommen, teils um eine soziale und emotionale Lücke zu füllen, blühten die Rituale der Brüderschaft im frühen 19. Jahrhundert noch einmal auf. Die farbenprächtigen Zeremonien der »*compagnonnages*« zogen die Aufmerksamkeit und Bewunderung von Intellektuellen wie *Victor Hugo* auf sich, und für eine gewisse Zeit fanden auch die Reformen des *Agricol Perdignier* Unterstützung in den Reihen der Romantiker[55]. Die Grundlagen der Wiederbelebung des Handwerkertums aber waren eher sozialer und ökonomischer als kultureller Natur; und als die Gewerbezweige, von denen diese jugendverlängernden Institutionen lebten, vom Industriesystem aufgesogen wurden, mußte auch der Brauch der Wanderjahre endgültig verschwinden.

Ehe jedoch die Institutionen der Gesellen gänzlich verschwanden, dienten sie noch einem unvermuteten Zweck. Regulierten sie einst den Zustrom der Kandidaten zur Meisterwürde, so wurden sie jetzt Teil einer breiteren Bewegung und forderten die Abschaffung der Privilegien aller Körperschaften, einer Bewegung mit scharfen politischen Obertönen. In den 1840er Jahren forderten deutsche Handwerksgesellen die Abschaffung einer korporativen Zunftverfassung, von der sie selbst ein Teil gewesen waren. Die Gesellenverbände hatten die Basis ihrer Mitgliedschaft verbreitert, gastfreundlich öffneten sie sich anderen Arbeitsgenossen, ohne nach deren Handwerk zu fragen und ließen auch verheiratete Männer zu[56]. Überdies erwiesen sich die alten Gesellenbräuche mit ihrem Eid auf die Geheimhaltung und mit ihrem Netz von Kontakten, das über große Gebiete reichte, als bestens geeignet für konspirative Tätigkeit. Handwerksgesellen, die in der Schweiz und in Frankreich lebten, standen in enger Verbindung mit jenen, die aus *Mazzinis* Bewegung des »Jungen Europa« hervorgegangen waren, und zu eben der Zeit kamen konspirative Aktivitäten in Übung, die sogar noch in den 1870er Jahren der in den Untergrund gedrängten Sozialdemokraten in Deutschland dienten[57].

Aber früher schon, in der Revolution von 1848 nämlich, enthüllte sich das volle Ausmaß der Radikalisierung der jungen Handwerker. Handwerksgesellen nutzten in Sachsen den Vorteil der neu errungenen Versammlungsfreiheit, um die Abschaffung der Ehelosigkeitsvorschrift zu fordern, die die verheirateten Gesellen von der Erlangung der Meisterwürde ausschloß. Gleichgesinnte Handwerker in anderen Teilen Deutschlands griffen das Niederlassungsverbot an und verlangten leichteren Zugang zu Gewerbezweigen, von denen die Zunftvorschriften sie ausschlossen. »Die Dinge haben sich seit den Tagen des 18. Jahrhunderts verändert, wo der Geselle noch der eifrigste Verteidiger der Ehre eines Zunfthandwerkers gewesen war«, schreibt *Mack Walker*. »Jetzt traten sie aus den Zünften aus, um sich der Außenseiterklasse anzuschließen und forderten unter diesem Aspekt die Wiederaufnahme«[58]. 1848 gab es, wie der junge Druckergeselle *Stephan Born* schreibt, »zwei Altersgruppen, nicht zwei Klassen«, die in Deutschland miteinander in Streit lagen. Aber *Born*, der von den Schriften der Sozialisten einschließlich derer von *Karl Marx* beeinflußt worden war, war selber Angehöriger einer neuen Generation, die nicht mehr bereit war, sich mit den Meistern ihres Handwerks zu identifizieren, sondern mit einer breiteren Arbeiterklasse[59]. Die Realität war, die *Gottfried Kinkel* sie beschrieb: »Die Hälfte der Handwerker gehört zur Bourgeoisie und läuft in die Casinos ...; die andere Hälfte schickt ihre Kinder ins Armenhaus und lebt ein trauriges, dürftiges Leben von ihrer täglichen Arbeit. Innerhalb der Handwerkerschaft hat sich eine eigene Aristokratie gebildet – besonders die Weißkittel-Aristokratie« *(aristocracy of the better coat)*[60]. Und für *Born* – wie für viele andere junge Handwerker – war die Weißkittel-Aristokratie nun der Feind.

Genau an dem Punkt, an dem sich das Brauchtum der Handwerksgesellen auflöste, war es politisch am explosivsten. Heftige Proteste waren während des frühen 19. Jahrhunderts die Charakteristika von Gruppen, die ihren traditionellen Status gegen jene Kräfte der Modernisierung zu schützen versuchten, die gerade dabei waren, sie zu überwältigen. Die Massen von 1830 und 1848 setzten sich wie die von 1789 größtenteils aus achtbaren, niedergelassenen Handwerkern, Ladenbesitzern und Gesellen zusammen, die defensiv, wenngleich mit den modernen Waffen der Demokratie, gegen eine zunehmend fremde Welt kämpften. Jene, die gerade eine Karriere begannen oder zu beginnen versuchten, waren oft am tiefsten dahinein verstrickt. Die Aufständischen waren weder besonders jung noch besonders alt, wie die Pariser Revolution von 1830 zeigte, bei der 54% der Gefallenen zwischen zwanzig und fünfunddreißig Jahre alt waren[61]. In Berlin, wo der Anteil an Handwerksgesellen unter den Toten der März-Revolution von 1848 besonders hervorstechend war, hatte die Jugend keine andere Rolle als die, noch einen Akt in einer Serie von Protesten und Revolten zu spielen, die mit der sogenannten »Schneider-Revolte« von 1830 begonnen hatte[62]. Die Konservativen neigten dazu, die Unternehmungen der Jugend

Studenten und Gesellen …

mit dem unbekümmerten Jungen aus *Delacroixs* »Die Freiheit führt das Volk« in Verbindung zu bringen; und ein deutscher Satiriker gab zu seinem »Rezept für einen gelungenen Aufstand« einen Schuß Berliner Straßenjungen hinzu – aber es waren nicht diese Gassenbuben, die ihr Leben auf den Barrikaden ließen[63]. Im Gegenteil, die aufständischen Handwerksgesellen von 1830 und 1848 waren weder ohne festen Wohnsitz noch ohne Tradition. »Diese Handwerksleute waren höchst mobil«, hat *Richard Tilly* festgestellt, »aber wir müssen uns daran erinnern, daß für Handwerksgesellen, wie z.B. die Schneider, die hohe geographische Mobilität dank der Einrichtung der Wanderschaft nicht notwendig Entwurzelung in einem sozialen Sinne bedeutete«[64]. Einst Quelle von Stabilität, wurden diese und andere Institutionen der arbeitenden Jugend zu Trägern der Rebellion. Das alte Bewußtsein der Brüderschaft trug den Keim eines neuen bereits in sich. Über ganz Europa wurde die alte Vorstellung von Brüderschaft innerhalb der Klassenschranken verbreitet, so daß sie *alle* Arbeiter umfaßte, ohne Ansehen des Berufs, des Familienstandes oder des Alters[65].

...auf den Barrikaden von 1848

4. Die Familiensituation der Jugend im Wandel der Arbeitsorganisation

Die Entfaltung des Kapitalismus bewirkte die Umwandlung der wirtschaftlichen Institutionen der arbeitenden Jugend. Verschiebungen innerhalb der Bevölkerung, die mit eben demselben Prozeß von Industrialisierung einhergingen, trugen zu einer ähnlichen Umwandlung auch ihres sozialen Lebens bei. Die massive Verstädterung, die im dritten und vierten Jahrzehnt des 19. Jahrhunderts einsetzte, wandelte auch die Wandergewohnheiten der Jugend von Grund auf und trug dazu bei, die der Wanderschaft angemessenen Einrichtungen durch solche zu ersetzen, die besser in die modernen Städte paßten. Die Neuankömmlinge in den Städten stauten sich regelrecht gerade in den Altersgrenzen, die wir heute mit »Jugend« verbinden. *Charles Booth* fand, daß achtzig Prozent jener, die von englischen Dörfern nach London übersiedelten, zwischen fünfzehn und fünfundzwanzig Jahre alt waren; und diese Zahlen scheinen für die europäische Binnenwanderung insgesamt repräsentativ zu sein[66]. Die Altersverteilung dabei war nicht neu, wohl aber der Charakter der »Einbahnstraße«: Die jungen Leute gingen nicht mehr wie früher zurück ins Dorf, sondern wurden in viel größerer Zahl ständige Bewohner der Stadt. Die ländlichen Gegenden Europas entvölkerten sich langsam in der zweiten Hälfte des Jahrhunderts. Wir können dies in Paris sehen, beginnend mit den 1830er Jahren, als Maurer und Zimmerleute, die früher ihre Frauen zurückgelassen hatten, um saisonal in der Stadt zu arbeiten, sich dort für immer niederzulassen begannen. Die alten Wanderzyklen flauten ab, und die Arbeitsvermittlungs- und Schlafplätze für wandernde Handwerker verloren langsam ihren Reiz. Die späte Blüte der *compagnonnage* ging ihrem Ende entgegen, als die Industrialisierung und Urbanisierung die ökonomischen und emotionalen Bedürfnisse, denen sie ehedem gedient hatte, zum Verschwinden brachten. Romantiker wie *George Sand* sahen ihr Verschwinden mit Bedauern[67]: »Die *compagnonnage* in Paris neigt immer mehr dazu, sich über dem riesigen Feld aus Arbeit und unterschiedlichsten Interessen zu verlieren und zu verzetteln. Keine Organisation darf mehr hoffen, die ganze Arbeit in Paris alleine tun zu können. Auf jeden Fall hat der skeptische Geist einer fortgeschrittenen Zivilisation dem gotischen Brauch der *compagnonnage* ein Ende gesetzt; zu früh vielleicht, denn eine brüderliche Organisation, die alle Arbeiter umfaßt, war noch nicht so weit, um die alte Vereinigung zu ersetzen.«

Die Notwendigkeit, für schlechte Zeiten eine Entlastungsmöglichkeit zu schaffen, hielt das Wandern in England am Leben. Die älteren Arbeiter hörten zuerst damit auf, als sie herausfanden, daß sie die U-Bahn und den Linienbus benutzen konnten, um in der weiteren Umgebung der Stadt, in der sie lebten, Arbeit zu finden, ohne ihr Zuhause aufgeben zu müssen. Noch spät im 19. Jahrhundert gab es wandernde junge Lehrlinge; der Brauch als solcher aber verschwand, Schuld daran war die ökonomische Modernisierung[68].

Im weiteren Verlauf des Jahrhunderts banden Industrialisierung und Urbanisierung junge Arbeiter tatsächlich enger an ihre Familien und ihre Wohngegend. Beobachter aus der Mittelschicht schrieben, das Familienleben in den Fabrikstädten Englands sei gekennzeichnet durch »elterliche Grausamkeit und Vernachlässigung, Ungehorsam der Kinder, Mißachtung der ehelichen Zucht, Abwesenheit von Mutterliebe, Zerstörung brüderlicher und schwesterlicher Zuneigung«[69]; diese Behauptungen passen jedoch mit den ökonomischen und demographischen Tatsachen der Zeit nicht zusammen. Obgleich äußerste Armut, gekoppelt mit hohen Fruchtbarkeitsraten, für die Entstehung von Generationenkonflikten wie geschaffen war, blieben doch die Familienbande erstaunlich eng. In den ersten Phasen der Industrialisierung ermunterten die vorherrschenden Produktionsformen des häuslichen Spinnens und Webens die Familien zusammenzubleiben, so daß die Kinder bei ihren Eltern arbeiteten. Die Erfindung des wasserkraftgetriebenen Spinnrades brachte um 1790 jenen Teil des Fortschritts, der sich innerhalb der Fabrikmauern abspielte und der die Phase einleitete, in der Kinderarbeit höchst gefragt war. In den ersten Jahrzenten des 19. Jahrhunderts waren achtzig Prozent der Arbeitskräfte in englischen Baumwollspinnereien Kinder; erst als schwerere Maschinen eingeführt wurden, übernahmen erwachsene männliche Spinner wieder die Vorherrschaft. Sie stellten gewöhnlich ihre eigenen Kinder im Alter von acht oder neun Jahren als Aufräumer ein, wiesen sie

Baumwollspinnerei in Manchester um 1835

dann, wie sie heranwuchsen, in die Arbeit des Zusammenknüpfens der Fäden ein und lehrten sie schließlich das Spinnen, wenn sie siebzehn oder achtzehn Jahre alt waren[70]. So war es dem Spinnmeister möglich, ein großes Maß an elterlicher Autorität zu bewahren, und das hielt seine Familie bis in die 1820er Jahre zusammen. Augenzeugen beschrieben diese Form der Familienwirtschaft als etwas, das die Unmoral der Jugend eher verringerte als förderte[71]: »Väter oder Freunde sind es, die in Fabriken arbeiten, und sie haben das gemeinsame Anliegen, über die Moral der jüngeren Mitarbeiter, Jungen wie Mädchen, zu wachen ... Nun, selbst wenn keines ihrer eigenen Kinder mit ihnen arbeitete, haben sie dennoch ein gemeinsames Interesse als Väter daran, Unanständigkeit zu mißbilligen«.

Auch im Bergbau scheint die Frühindustrialisierung das patriarchalische Prinzip zunächst verstärkt zu haben. Es wird erzählt, »daß der Bergknappe in jeder Hinsicht und für alle Zwecke der Besitz seines Vaters war (in Bezug auf den Lohn), bis er das siebzehnte Lebensjahr erreichte oder heiratete«[72].

Erst als die Fabriken an Größe zunahmen und die Mechanisierung des Produktionsprozesses den Spinner ersetzte, ging die väterliche Autorität im Textilbereich

Unverändert bis tief ins 20. Jahrhundert: Familie auf dem Lande

zurück[73]. Selbst dann noch blieben die Familienbeziehungen in den meisten Industriegemeinden von hervorragender Bedeutung für das Erlangen und Behalten der Arbeitsplätze. Das galt nicht nur für die Söhne und Töchter der Arbeiter selber, sondern auch für die Zuwanderer, die aus den ländlichen Gegenden in die Industriestädte kamen, um über ihre Familienbeziehungen Arbeit zu finden. Weil viele Arbeitgeber es weiterhin günstiger fanden, ihren Nachwuchs aus den Familien der loyalsten ihrer Arbeiter zu rekrutieren, blieb die Fabrik eine Quelle für einen ausgeprägten Familienzusammenhalt[74].

Junge Leute zogen aus den übervölkerten Landstrichen auf der Suche nach guten Löhnen und Heiratsgelegenheiten in die Industriestädte[75]. Diese Bewegung brachte den ländlichen Gebieten Erleichterung, so daß sich dort das Familienleben wieder erholen konnte[76]. Manchmal jedoch agierte ein junger Mann oder eine junge Frau als Vorhut für jene, die zu Hause geblieben waren, und die sie dann ermutigten nachzukommen, wenn erst die Verbindungen und Arbeitsmöglichkeiten geschaffen waren. Das jedenfalls war die Strategie der Familie *Henry Bannerman* aus Perthshire (Schottland); sie schickte den ältesten Sohn aus, er solle sein Glück im industrialisierten Manchester machen. »Er übernahm ein kleines Warenhaus in Marsden Square und war so erfolgreich, daß er seinen Vater veranlaßte, den Bauernhof aufzugeben und mit der ganzen Familie in den Süden zu kommen ... Die neue Firma wurde ›*Henry*

Wohnverhältnisse der Arbeiter im 19. Jahrhundert: Schuhmacherfamilie (1845)

Bannerman und Söhne‹ genannt, da vier der fünf Söhne in die Firma eingetreten waren«[77]. Es ist bezeichnend, das das Unternehmen den Namen des *Vaters* annahm; offensichtlich konnte das patriarchalische Prinzip selbst eine solche Art der Umsiedlung überstehen.

Die *Bannermans* haben Glück gehabt. Die meisten Zuwanderer in den Städten kamen nie zu einem eigenen Geschäft, und bei den meisten lief es auf Fabrikarbeit hinaus. Da Kinder so bereitwillig eingestellt wurden, gerieten Eltern oft in Abhängigkeit von ihnen. »Der Vater, der ohne Anstellung oder unterbeschäftigt blieb, wurde auf seine alten Tage in einer Weise von den Einkünften seiner Kinder abhängig, wie es in Industriegebieten bis heute geblieben ist«, schreibt *Arthur Redford*[78]. Ein Augenzeuge berichtete, daß »meist die Leute, die in ihren Familien in Not geraten und deren Verhältnisse zusammengebrochen waren, sich anschickten, als kleine Kolonien in die Textilfabriken zu gehen und diese zu bevölkern«[79]. Oft bildeten sich richtige Wanderspuren zwischen einem bestimmten Dorf und der Umgebung irgendeiner Industriestadt. Weil bei der Tätigkeit in vielen Fabriken und Gruben die Überwachung der Arbeit noch immer bei den älteren Männern, Vorarbeitern und Kolonnenführern lag, konnte man Verwandte mit der realistischen Versicherung, daß Arbeit auf sie warte, vom Lande anfordern. Die Verwandten boten den Neulingen Unterkunft in ihren eigenen Häusern, während diese versuchten, im System der

Fabriken Fuß zu fassen. Plätze für weibliche Hausangestellte wurden häufig in derselben Weise besetzt, indem nämlich Verwandte, die in einem bestimmten Haus arbeiteten, ein gutes Wort für sie einlegten. In einigen Fällen wurde die ganze Familie in die Stadt geholt; für die Landbevölkerung war es jedoch eher üblich, ihre jüngeren Mitglieder zuerst »auszuleihen«, um die fester verwurzelten Eltern später, wenn überhaupt, folgen zu lassen[80].

In der Tat, die Industrialisierung durch Fabriken hatte die traditionellen Wandergewohnheiten der Landbevölkerung ihren eigenen Zwecke angepaßt. In diesem Prozeß wurde die traditionelle Familienstrategie grundlegend umgeformt, besonders bei denen, die in den Städten seßhaft wurden. Jetzt waren sie nicht mehr gezwungen, ihre Kinder in einem bestimmten Alter von zu Hause fortzuschicken; nun sprach alles dafür, sie in jenem Abschnitt des Lebenszyklus' zu Hause zu halten, der »Jugend« heißt und der vordem mit Wanderschaft zusammengehörte. In englischen Baumwollindustriestädten nahmen nun Familien aus der Arbeiterklasse eher Kinder auf, als daß sie sie fortschickten. *Michael Anderson* hat das in seiner Studie der Haushaltsstrukturen von Lancashire gezeigt (Tabelle 1).

Tabelle 1: Personenstand der Personen, die in Lancashire einen Haushalt bildeten (Eltern ausgenommen) (Zahlen aus *Michael Anderson*, »Household Structure«, S. 220)

	Verwandte	Mieter	Bedienstete und Lehrlinge
1564 – 1821	10%	<1%	29%
Preston, 1851	23%	23%	10%

Bemerkenswert ist die Zunahme der Untermieter und die Abnahme der Bediensteten in einem Haushalt, noch auffallender ist jedoch die Anzahl der Familienmitglieder, die beisammen wohnten. *Anderson* hat gezeigt, daß 28,3% der Verwandten, die in den Haushalten von Preston zusammenlebten, elternlose Kinder waren, einige davon waren Waisen, viele aber waren jugendliche Zuwanderer, die gekommen waren, um in der Stadt Arbeit zu suchen[81]. Die Industrialisierung hatte nicht nur die Familien darin bestärkt, ihre eigenen jüngeren Kinder länger zu Hause zu behalten, weil sie das Einkommen vermehrten, sondern jetzt kam es auch häufiger vor, daß jung verheiratete Paare mit ihren alten Eltern zusammenlebten. Die Beschäftigung in der Fabrik machte die *Dreigenerationenfamilie* nicht nur aus sozialen, sondern auch aus wirtschaftlichen Gründen wünschenswert, weil die älteren Personen die Enkel hüten konnten und dies der Mutter erlaubte, zur Arbeit zu gehen[82]. Umgekehrt konnten Kinder ihren Eltern eine neue Art sozialer Sicherheit bieten.

Eltern und Kinder blieben länger zusammen, eine Tatsache, die sich deutlich aus den unterschiedlichen Wohngewohnheiten ergibt, die zwischen Jungen und Mädchen aus Preston und denen aus der ländlichen Umgebung bestanden, wie Tabelle 2 zeigt.

Arbeiterwohnung in Berlin

Tabelle 2: Kinder, die 1851 in Lancashire mit ihren Familien zusammenlebten (Zahlen aus *Michael Anderson*, »Family Structure«, S. 85)

	Alter	Preston	Dörfer in der Umgebung von Lancashire
Jungen	10–14	92%	77%
	15–19	79%	56%
	20–24	65%	53%
Mädchen	10–14	86%	86%
	15–19	67%	62%
	20–24	62%	46%

Natürlich, die Löhne, die die jungen Leute bei der Fabrikarbeit verdienten, konnten auch in der entgegengesetzten Richtung wirken, indem sie nämlich zu größerer Unabhängigkeit ermunterten. Man erzählt, daß »Kinder aus den Arbeitergegenden häufig ihre Eltern in sehr jungen Jahren verlassen. Sechzehnjährige Mädchen, auch Jungen im selben Alter finden, daß sie größere Freiheit genießen können, und wenn sie auch nicht so viel Bequemlichkeit haben, so können sie doch wenigstens ihre eigenen Vorstellungen in einer eigenen Wohnung besser verwirklichen, und diese Verselbständigung verursacht wenig Überraschung oder Störung«[83]. Billige Mietshäuser winkten jenen, die nach persönlicher Freiheit verlangten, und es ist selbstverständlich, daß die jungen Leute, die in den großen Städten auf sich selbst gestellt waren, anfingen, unabhängig von Familienbindungen eine Subkultur herauszubilden. »Häufig bezahlen Kinder für ihre eigene Unterkunft, Nahrung und Kleidung. Gewöhnlich schließen sie ihre eigenen Arbeitsverträge und sind im echten Sinne des Wortes freie Individuen«[84].

Anderson hat allerdings ausgerechnet, daß wenn man die Lohnskalen der Fabrikstädte in Betracht zieht, es sich nur Wenige leisten konnten, alleine zu leben, ehe sie nicht um die Zwanzig waren. Tatsächlich gab es starke wirtschaftliche Anreize für männliche Jugendliche, bis zum sechzehnten oder siebzehnten Lebensjahr zu Hause zu bleiben, für weibliche sogar noch länger[85]. Bis zu diesem Zeitpunkt trugen sie zur Familienkasse bei und behielten einen Teil für persönliche Vergnügungen und Ersparnisse zurück. Die Tatsache, daß sie zu Hause billiger lebten als in einem Mietshaus, erlaubte den Jugendlichen, einiges für die zukünftige Hochzeit auf die hohe Kante zu legen, und gleichzeitig konnten sie ihren Verpflichtungen gegenüber Eltern und Geschwistern nachkommen. »Die Kinder, die zur Fabrik gehen, füllen die Familienkasse fast ganz, und da sie die Kasse der Familie füllen, bestimmen sie auch bei den Ausgaben mit, und der Ungehorsam gegen die Eltern ist recht weit fortgeschritten«, beschrieb ein ängstlicher Beobachter diese Verhältnisse[86]. Nur wenige Kinder verließen ihre Familien, und an unseren heutigen Maßstäben gemessen blieb der Familienzusammenhalt bemerkenswert stark. Im Vergleich zur

Situation in der Landwirtschaft, in der die Kontrolle des Vaters über das Erbe die Unterwerfung sicherte, war das Verhältnis zwischen Eltern und Kindern in der Tat jetzt ausgeglichener; Armut aber und die Unsicherheiten des täglichen Lebens, einschließlich Krankheit, Unfall und Arbeitslosigkeit, waren noch immer so drückend, daß die Not meist Eltern und Kinder zusammenzwang.
Für die Familien der Arbeiterklasse war Armut ein zyklisch auftretendes Phänomen, das eng mit der Anzahl und dem Alter der Kinder zusammenhing. Wenn der Nachwuchs sehr klein und noch nicht arbeitsfähig war, betrug für eine Familie die Wahrscheinlichkeit, unter dem Existensminimum zu liegen, über fünfzig Prozent. Am besten war die Situation, wenn wenigstens die Hälfte der Kinder verdingt war, wurde aber wieder schlechter, wenn alle Kinder verheiratet waren und die Eltern allein zurückblieben[87]. Dies erklärt die Beobachtung eines Augenzeugen, der bemerkt hat, »daß nichts wärmer und enger sein kann als in den Baumwollgegenden die Beziehung von Eltern zu ihren Kindern, *solange sie Kinder sind*«[88]. Es sieht so aus, als hätte man auf die ältere Jugend verzichten können, obgleich das nicht in der gleichen Weise der Fall war wie in vorindustrieller Zeit. Die Löhne der jüngeren Geschwister konnten für die *teenager* der Familie vorteilhaft sein, indem sie die Haushaltskasse auf den höchsten Stand brachten und jenen damit ermöglichten, eine eigene Unterkunft zu nehmen oder sogar zu heiraten. *Anderson* gibt zu bedenken, daß jedoch auch die jüngeren Kinder gewisse Vorteile hatten, kamen sie doch gerade dann zur Welt, wenn die Einkünfte der Familie am höchsten waren, und so hatten sie manchmal den Vorzug einer Ausbildung, der den Erstgeborenen versagt geblieben war[89].
Wie dem auch sei: Der Lebenszyklus der Kinder aus der Arbeiterklasse scheint sich um die Mitte des 19. Jahrhunderts grundlegend gewandelt zu haben. Die alte Unterscheidung zwischen abhängiger Kindheit und halbabhängiger Jugend auf der einen Seite und Jugend und unabhängigem Erwachsenendasein auf der anderen hatte sich allmählich durch die Tatsache verwischt, daß die jungen Leute länger zu Hause blieben und erst auszogen, kurz bevor sie ihren eigenen unabhängigen Haushalt gründeten. Dennoch können wir noch nicht von einer Lebensphase sprechen, die vergleichbar mit dem, was wir »Jugendalter« nennen, den traditionellen, halbabhängigen Status der Jugend ersetzt hätte. Denn während die *teenager* zu Hause lebten, war ihre familiale Situation noch immer so – große Anzahl von Geschwistern, überfüllte Wohnung –, daß ein großer Teil ihres geselligen Lebens sich weiterhin rund um die traditionelle Gruppe der Gleichaltrigen organisierte. Kurzum: Trotz neuer Wohngewohnheiten hielten demographische und ökonomische Faktoren die Nützlichkeit von Jugendgruppierungen aufrecht, die jenen aus der vorindustriellen Zeit sehr ähnlich waren.

5. Das Brauchtum der städtischen Arbeiterjugend

Was wir an Kenntnissen über die Nachbarschafts- und Gleichaltrigenformationen Jugendlicher *(peer group structures)* für die Städte des 19. Jahrhunderts haben, ist weniger als ausreichend. Es scheint jedoch, daß vieles aus dem bäuerlichen

Jugendbrauchtum von den jugendlichen Zuwanderern der Städte so angepaßt wurde, daß es auf ihre Bedürfnisse unter den städtischen Bedingungen paßte. Sehr vieles spricht z.B. dafür, daß Gruppen von Altersgleichen strenge moralische Kontrollen über ihre Mitglieder ausübten. *Henry Mayhew*, dessen Studien zum Leben in London um die Mitte des 19. Jahrhunderts sich mit den allerunterstensten Schichten dieser Gesellschaft befaßte, fand heraus, daß sogar bei der vermutlich unterschiedslosen Masse jugendlicher Stadtstreicher ein gewisser Ehrenkodex vorherrschte. Die Jungens waren bekannt dafür, daß sie ihre Mädchen für Untreue bestraften, manchmal mit einer Brutalität, die *Mayhew* durchaus tadelnswert fand[90]. Jugendbanden, im Alter von Vierzehn bis Zwanzig, scheinen dasselbe Revierbewußtsein besessen zu haben wie die Jugendgruppierungen auf dem Dorf, mit eben der wilden Feindseligkeit gegen Fremde, vor allem gegen Rivalen im Kampf um die Zuneigung der Mädchen am Ort[91]. Die Banden nahmen den Namen ihres Wohnviertels an oder sie tauften sich selbst auf blumige Namen. In Manchester war das Leben in Banden als »*scuttling*« bekannt, das ist der Begriff »für eine besondere Entschlossenheit, die Vorherrschaft des eigenen Wohnviertels gegenüber einem anderen Viertel zu verfechten«[92]. Offensichtlich gab es auch eine Altershierarchie, innerhalb derer sich die jüngeren, vierzehn- bis siebzehnjährigen Mitglieder mit geschlechts*un*spezifischen Beschäftigungen zu befassen hatten wie Sport und Spiel, um ihren älteren »Brüdern« die Kontrolle und den Zugang zu ernsthaften sexuellen Beziehungen zu überlassen. Mädchen scheinen die Trabanten der männlichen Gruppen abgegeben und oft als Ursache für engere Gruppenzusammenhalt gegen Außenseiter gedient zu haben; sie hatten selbst aber keine eigene feste Formierung. Wenn die Partnersuche einmal begonnen hatte, um Siebzehn bei den Jungens, bei den Mädchen ein wenig früher, dann sorgte die Gruppe wieder für eine Art Formgebung ihrer Aktivitäten. Weil es für sie keine anderen Orte gab als die Straße und die Kneipe, wo sie das Ritual des Kennenlernens hätten realisieren können, entwickelten die jungen Liebhaber den jahreszeitlich bedingten Brauch des Flanierens in großen Gruppen. An Sommerabenden waren wohl die Straßen großer und kleiner englischer Städte bis ungefähr um zehn Uhr bevölkert von jungen Leuten. Dann gingen sie heim, um sich wieder auf einen langen Arbeitstag vorzubereiten[93].

Freilich, der Zusammenhalt Gleichaltriger konnte auch zweifelhafteren Zwecken dienen, und die Verbrecherbanden von jungen Taschendieben, Straßenräubern und anderen durchtriebenen Kerlen, die die Städte des 19. Jahrhundert in Dichtung und Wahrheit bevölkerten, wiesen genau dieselben eng gefügten Strukturen auf. Wie sehr ehrenhafte Eltern auch immer versuchten, ihre Kinder von diesen Banden wegzukriegen (wobei sie, wenn jene ganz außer Kontrolle geraten waren, manchmal sogar bis vor die Schranken des Gerichts gingen): Stets lauerte die Gefahr der Straffälligkeit, wie ein englischer Justizbeamter erklärte[94]: »Es ist wirklich ein schwieriges Unterfangen, Kinder stets nur im Hause zu halten; arme Eltern müssen ihnen schon erlauben, mal rauszugehen und wenn es nur wäre, um sich zu bewegen und Luft zu schnappen ... (Der Magistrat) sieht sich in die unangenehme Lage versetzt, daß er den Eltern nicht empfehlen kann, ihr Kind zu beschuldigen und anzuklagen, so daß es

verurteilt wird; aber wenn sie sie nicht anklagen, weiß man, daß sie so weitermachen, bis sie abgebrühte Verbrecher sind.«
Studien zur Prostitution in dieser Periode zeigen, daß Gruppendruck eine starke Kraft war, die Mädchen auf Abwege brachte. Dennoch sieht es so aus, als ob unter den weiblichen und männlichen Straftätern vor allem Waisenkinder und Ausreißer gewesen sind, und daß es nicht diejenigen waren, welche nahe bei oder mit ihren Eltern zusammen wohnten, die in den meisten Fällen in eine lebenslängliche kriminelle Karriere abglitten[95]. Wir müssen hier sehr behutsam Gelegenheitsdelikte von andauernder Kriminalität trennen; beides wartet noch auf eingehendere Erforschung.
Das wenige, was wir über das Bandenverhalten wissen, ist unglücklicherweise durch die Sichtweise des Mittelschicht-Beobachters gefärbt, der dazu neigte, Kameraderie als abweichendes Verhalten zu bezeichnen und der in den Kontakten zwischen den Geschlechtern nahezu ausnahmslos Zügellosigkeit sah. In englischen Städten hielten Gruppen junger Leute weiterhin die Bräuche des Dorflebens in ihren Stadtvierteln aufrecht. Ihre Straßen wurden ihnen zum Dorfanger, ein Hochzeitsfest, ein Jahrmarkt oder der Besuch eines Zirkus der besondere Anlaß für Vergnügen und Festlichkeit[96]. Für Lehrer war es im 19. Jahrhundert schier unmöglich, die Kinder an Tagen in die Schule zu kriegen, die sie von Rechtswegen als *ihre* Tage betrachteten; noch im Jahre 1914 berichten Schultagebücher aus Oxford von geringem Schulbesuch an Tagen vor oder nach den traditionellen Feiertagen[97].
Die Straßenbande war in einem gewissen Sinn die Schule der Armen; denn sie brachte die jungen Leute von über Zehn bis Mitte Zwanzig in eine umfassende Lernsituation. In dieser durch das Alter begrenzten Gruppe *(peer group)* gewannen die jungen Leute einen Sinn für ihren sozialen Ort und ein Maß für ihren individuellen Wert. »Versteht man die Straße, hält man den Schlüssel für viele Rätsel des sozialen Moralverhaltens in der Hand«, schrieb *E.J. Urwick,* »und dies mag auch erklären, weshalb die Mehrzahl der Jungen und Mädchen, für die das Elternhaus so wenig tut und für die die Schule so wenig Möglichkeiten hat, etwas zu tun, doch zu anständigen und achtbaren Bürgern heranwachsen, anstatt gesetzlose und zügellose Taugenichtse zu werden.«
Die Partnerschaftsbeziehungen waren, mit den Maßstäben der Mittelschicht gemessen, frühreif; es begann bereits mit Vierzehn, aber meist waren die Flirts unschuldig genug, kindlichen Liebesspielen oder auch Raufereien näher als der Intimität von Erwachsenen. »Wenn wir mal die größere Derbheit der Worte und die gröberen Schnitzer im Benehmen und allgemeinen Verhalten in Betracht ziehen, dann fragt es sich, ob ein Vergleich der Sünden und der Genußsucht überhaupt zum Nachteil der Arbeiterschaft der Städte insgesamt ausfallen würde«, schloß *Urwick*[98]. Seine Mitarbeiterin *Lily Montague* fand heraus, daß ernsthafte Partnerschaften erst mit dem Ende des zweiten Lebensjahrzehnts begannen, daß es aber eine verlängerte Zeit der Freundschaft gab, bevor man sich verlobte. Obgleich die Arbeiterjugend früh heiratete, war lange Verlobungszeit geachtet, weil dabei die Mädchen die »Stetigkeit« ihrer Freunde prüfen konnten, ehe sie heirateten[99]. Liebschaften wurden bei der soliden englischen Arbeiterschaft »das Miteinander gehen« genannt, ein Ausdruck,

der das Öffentliche und Ritualisierte dabei unterstrich. Daß Freunde in der Stadt wie in den Jugendgruppierungen auf dem Dorf als eine Art sozialer und moralischer »Schöffen« fungierten, führte *Urwick* zu der Beobachtung: »Die überdeutliche Öffentlichkeit der Straße ist auf der Seite der Tugend bei der städtischen Jugend«[100]. Allerdings, die Bräuche der Stadtjugend waren nicht notwendig identisch mit denen der Dorfjugend, da sie nicht mehr verbindlich für eine so breite Gruppe einer sozialen Klasse waren wie zuvor. Die Zunahme schichtspezifisch getrennter Wohngegenden hatte die Wirkung, daß jedes städtische Wohngebiet einen eigenen sozialen Charakter herausbildete; das bewirkte vielleicht größere Solidarität als früher, als noch verschiedene soziale Schichten ein und dieselbe Gegend bewohnten. In den Städten des 16. Jahrhunderts, die *Natalie Davis* untersucht hat, verursachte die soziale Trennung den Niedergang altershomogener Gruppen; die Stadt des 19. Jahrhunderts mag das Gegenteil verursacht haben. Der Rückzug der Erwachsenen auf ihren Arbeitsplatz bedeutete, daß Eltern sich auf die halbautonome altersspezifische Jugendgruppe als den verlängerten Arm ihrer moralischen Autorität verlassen mußten. Hier eine diesbezügliche typische Straßen-Idylle[101]: »Die Haustüren stehen gastfreundlich offen, und die kleineren Kinder purzeln über die Schwellen und schwärmen auf die Bürgersteige raus … Die Leute machen den Eindruck, als hätten sie das beste Einvernehmen miteinander und lachen und schwatzen von Fenster zu Fenster und von Tür zu Tür. Vor allem die Frauen sitzen gerne in Gruppen vor den

Straßenversorgung in einem Londoner Slum um 1860: Man versammelt sich schwatzend an einer Wasserstelle

Haustüren, nähen und stricken; die Kinder tummeln sich in ihrer Nähe, und das Herzen und Drücken wird noch inniger, was man ja unter solchen Umständen auch erwarten darf.«

Was uns hier am meisten überrascht, ist das Gleichgewicht von Patriarchalischem und Bruderschaftlichem. Eltern, damit beschäftigt, in einer ökonomisch feindlichen Umwelt täglich um ihr Überleben zu kämpfen, waren nur allzu bereit, den Gruppen der Altersgleichen die Aufgaben der gegenseitigen Heranbildung und Überwachung zu überlassen. Im Gegenzug dazu waren die städtischen Jugendgruppierungen bereit, die Interessen ihrer Eltern zu unterstützen, wenn die Umstände es erforderten. Der Ritus des *Misrule* blieb in französischen Städten während des frühen 19. Jahrhunderts ein Instrument öffentlichen Protestes und wurde 1830 der sprechende Titel von *Daumiers* satirischer Zeitung »*Charivari*«[102]. Trotz der Spannungen zwischen den Generationen waren jung und alt einig, wenn es um die Verteidigung ihrer Klasseninteressen ging. In Oxford wurden 1867 die herkömmlichen Veranstaltungen zur »*Guy Fawkes Night*« Träger für den ökonomischen Protest; da zogen ganze Gruppen von Männern und Jungen durch die Straßen mit Sprechchören für niedrigere Brotpreise, und sie versammelten sich schließlich unter den Fenstern des *Balliol College*, um dort einen Streik der Maurer zu unterstützen. Nachdem der Aufruhr zwei Nächte lang gedauert hatte, alarmierte die städtische und die universitäre Obrigkeit das Militär, fand es dann jedoch ratsamer, die Studenten gegen die Menge loszulassen.

Die studentische »Bürgerwehr« schlägt im April 1847 den »Tübinger Brotkrawall« nieder

Mitglieder des Kadettenkorps der Universität, mit Schlagstöcken bewaffnet, stürzten sich in der dritten Nacht in die Straßen. In dieser Nacht gewann der rituelle Kampf zwischen Stadt und Universität Aspekte des *Klassenkampfes,* in dem sich die Traditionen eines Teils der englischen Jugend denen eines anderen Teils in einem Handgemenge von ungewöhnlicher Härte gegenüberstanden[103].
Mit dem Fortschreiten des Jahrhunderts richteten sich die jugendlichen Streiche eher gegen ein anderes Objekt, dem die Arbeiterklasse insgesamt mißtraute: gegen *die Schule.* Hier zeigt sich wieder die Solidarität von Alt und Jung; in vielen Teilen Englands unterstützten Eltern den Widerstand der Jungen gegen Schulobrigkeiten, wenn die Schulpflicht nach Auffassung der Eltern ihr Recht auf die Arbeit der Kinder beeinträchtigte[104]. Armut und Unsicherheit banden Jung und Alt zusammen, und alles was die Kinder davon abbrachte, zu Hause zu sein, oder was ihren Beitrag zur Haushaltskasse beschnitt, wurde mit eben dem Mißfallen betrachtet, das *George Sims* einem Londoner Gemüsehändler in den 1870er Jahren zuschrieb[105]: »Es ist die Schulbehörde, die ihnen solche Vorstellungen gibt, was dann die Köpfe der Jungen mit Stolz vollstopft und was sie auf ihre Väter herabschauen läßt – diese Schulbehörden, die ich nie ausstehen konnte. Als ich so alt war wie er, hab' ich geschuftet, den Karren für Vater geschoben und das Zeug von den Märkten geholt, als keine Pferde zu haben waren.«
Wir haben gesehen, wie die Tradition der arbeitenden Armen neue Gesellungsformen der Jugend hervorgebracht hat, die zu einer urbanisierten und industrialisierten Gesellschaft paßten, und sich auf der Basis der sozialen Klasse organisierten: Die Stadtteilbande, die verschiedenen Formen des sozialen Protestes und die politisch und ökonomisch bedingte Neuformulierung von »Brüderschaft«, sie alle waren Ergebnis eines strukturellen demographischen und ökonomischen Wandels. Kein Wunder also, daß solche Veränderungen ebenso auch Einfluß auf die höheren Ränge der Gesellschaft ausübten. Auch dort änderte sich das Jugendbrauchtum gründlich und brachte neue, jugendverlängernde Strukturen hervor, die einer anderen Schicht der verunsicherten Jugend dienten: der bürgerlichen Jugend.

6. Bürgerliche Jugend und Schulprobleme

Wenn »Übergang« eine treffende Bezeichnung für den Status der Jugend bei den Armen ist, so paßt diese Beschreibung auch auf die Veränderung im Lebenszyklus der Söhne und Töchter der Wohlhabenden. Bis zu den 1860er und 1870er Jahren, bevor die Familienplanung unter den Wohlhabenden üblich wurde, war auch für sie eine große Kinderzahl eine Form sozialer Sicherung, wenn auch eher im Sinne der Wahrung des Familiennamens und -besitzes und weniger zur Aufbesserung des Familieneinkommens. Große Familien waren immer noch notwendig, um den männlichen Erben zu sichern; denn wenn auch die Kindersterblichkeit in den Führungsschichten niedriger war, so konnten um 1830 Eltern doch nicht damit rechnen, daß mehr als Dreiviertel ihrer Kinder das zwanzigste Lebensjahr erreichten. Dies war die Sterberate beim englischen Klerus jener Zeit; und obwohl es schwierig ist, dies für andere Gruppen der Mittelschicht nachzuweisen, kann man sie wahrscheinlich doch als einen Durchschnittswert ansetzen[106]. Jedenfalls war die Kindersterblichkeit eine bedrückende Realität bis tief ins Jahrhundert hinein; dies spiegelt sich in Geschichten für Kinder wider, die Jungen und Mädchen auf den Tod vorbereiten sollen, in Gemälden wie *Archers* »*The Empty Cradle*« (»Die leere Wiege«) oder in anderen an den Tod gemahnenden Ausstattungsstücken in Wohnungen der mittleren viktorianischen Zeit[107].

All das zeugt von einer gewissen Schicksalsergebenheit, die für Arm und Reich in gleicher Weise galt. *Rousseau* und andere Pädagogen hatten sie daran erinnert, daß umfangreiche Bemühungen für die Erziehung der kleinen Kinder ein relativ großes Risiko sei. Dies war kein gefühlloser Rat; denn *Rousseau* war einer der entschiedenen Befürworter einer neuen, gefühlvolleren Einstellung dem Kind gegenüber, die im ausgehenden 18. Jahrhundert die Phantasie der gebildeten Kreise beschäftigte[108]. Aber für den größten Teil des 19. Jahrhunderts behielt diese Sichtweise ihre Ambivalenz, solange nämlich die schreckliche Tatsache des Todes noch in dem Maß ihre Bedeutung behielt, wie das für die meisten Familien der Fall war. Die moderne Familie, die *Philippe Ariès* als eine Gruppe charakterisierte, die sich verausgabt »im Bemühen um das Fortkommen der Kinder, und zwar jedes einzelnen, ohne daß der kollektive Ehrgeiz dabei eine Rolle spielte«, gab es sozialgeschichtlich noch nicht einmal um 1870[109]. Wie dem auch sei: Die Empfindsamkeit gegenüber kleinen Kindern übertrug sich nicht auf die Jugend; denn in diesem Zeitalter des Übergangs spiegelte die Art, in der man mit ihnen umging, noch einen Familienstil wider, der, wenn auch durch soziale und ökonomische Umstände modifiziert, doch in vieler Hinsicht traditionell geblieben war und also jüngere Söhne und Töchter, wie *Ariès* es nennen würde, in Richtung des »kollektiven Ehrgeizes« als entbehrlich ansah.

Wir müssen noch einmal daran erinnern, daß relativ hohe Sterblichkeit bis in die 1860er und 1870er Jahre hohe Fruchtbarkeit begünstigte; und weil die Sterblichkeitsrate bei Kindern aus höheren Schichten um die Mitte des 19. Jahrhunderts allmählich zurückging, hatte die zunächst fortbestehende hohe Fruchtbarkeit einen größeren Überschuß an Kindern zur Folge als früher[110]. Das Problem, was mit den jüngeren Söhnen und Töchtern geschehen solle, stellte sich jedoch ebenso aufgrund der sich wandelnden sozialen Ansprüchen der Mittelschicht wie aufgrund des Bevölkerungswachstums. Die Mittelschicht war die erste soziale Gruppe, die den Brauch einstellte, ihre Kinder in fremde Haushalte zu schicken. Die Aristokratie mit ihrem Netz von Gönnern konnte sicher sein, ihre Kinder ordentlich zu plazieren; die Neureichen aber, deren sozialer Status noch immer schwankend war, bangten um jedes Quäntchen Statusverlust, das sich vielleicht ergeben könnte, wenn ihre Kinder mit der Bevölkerungsgruppe der angestellten Dienerschaft in Kontakt kommen würde[111]. Zuerst waren es die Mädchen, die nicht mehr nach altem Brauch in Stellung gingen, und weil die viktorianische Mittelschicht der öffentlichen Mädchenbildung ablehnend gegenüberstand, gab es für die Mädchen keine andere Möglichkeit, als bis zur Hochzeit zu Hause zu bleiben oder, falls Jungfernschaft ihr Schicksal war, in den Haushalt eines Bruders oder eines anderen Verwandten einzuziehen[112]. Im Hinblick auf ihre Söhne war die Mittelschicht geteilt: in Unternehmer, die die Söhne bis zur

Mitte des 19. Jahrhunderts gewöhnlich zu irgendeiner Art von Lehre in ihr Geschäft hereinnahmen, und in Angehörige der übrigen Berufe, für die formale Bildung die Voraussetzung für eine angesehene Laufbahn bedeutete. Letztere Gruppe zog es vor, ihre Kinder im ausgehenden 18. und frühen 19. Jahrhundert im eigenen Hause erziehen zu lassen, zum Teil auch aus der Furcht heraus, sie könnten sonst mit den niedrigeren Elementen aus der Nachbarschaftsschule in Berührung kommen. Indem sie ihre Söhne aus der örtlichen höheren Schule *(Grammar School)* herausnahm, folgte die englische Mittelschicht dem Vorbild der Großgrundbesitzer, die diese Einrichtungen schon im 18. Jahrhundert verlassen hatten[113]. Ehe sich in den 1830er und 1840er Jahren Internate *(Boarding Public Schools)* durchsetzten, scheinen viele Kinder der Wohlhabenden etwa bis zu ihrem fünfzehnten Lebensjahr zu Hause geblieben zu sein; dann gingen die Jungen entweder zur Universität oder – was häufiger war – sie fingen eine Lehre auf einem kaufmännischen oder einem anderen gehobenen Beruf an. Noch 1861 lebten um die 40 000 englische Jungen, zwischen fünfzehn und zwanzig Jahre alt, ohne ersichtliche Beschäftigung und ohne Unterricht zu Hause. Wohlgemerkt: die meisten von ihnen waren Söhne aus der *besitzenden* Klasse[114].

Herkömmliche Formen der Unterhaltssicherung wie z. B. die Wanderjahre waren für die anwachsende Mittelschicht schlicht gesellschaftlich inakzeptabel. Die Söhne in den eigenen Familienbetrieb hereinzunehmen, war die billigste Lösung; für die gehobenen Berufe war das jedoch kaum möglich. Sie teilten mit dem Adel ihre Ablehnung der gewerblichen Berufe und waren darauf festgelegt, daß ihre Kinder ihnen in ihrem eigenen oder in einem gleichwertigen Beruf nachfolgten. »Pfarrer erzeugten Pfarrer und Rechtsanwälte; und Rechtsanwälte erzeugten Rechtsanwälte und Pfarrer, und die Nachkommen der Angehörigen des Beamtenstandes mußten erst mal einen Schluck aus den Wassern des Lethe der Armut nehmen, ehe sie ihren angestammten Status verlassen und anfangen konnten, irgend etwas anderes zu verkaufen, als ihren Witz (Geist) ... Diese Berufe nehmen Anwärter aus allen Schichten an, aber sie geben wenige oder keinen ihrer Herkunft zurück«, so schrieb die »*Saturday Review*« im Jahre 1857[115].

Schon im 18. Jahrhundert war die Ausbildung für das Beamtentum und die gehobenen (akademischen) Berufe eine sehr langwierige Angelegenheit geworden. Um die Mitte des 19. Jahrhunderts war die Gruppe der Ärzte und Richter in England deutlich älter als die der Geschäftsleute oder Unternehmer, ein Umstand, in dem sich ihre ausgedehnte Berufsvorbereitung widerspiegelt[116]. Um die Jahrhundertmitte kostete eine Ausbildung zu Hause oder im Gymnasium bis zum siebzehnten oder achtzehnten Lebensjahr mit anschließender fünf- bis siebenjähriger Lehr- bzw. Studienzeit in einem gehobenen Beruf oft über zweitausend Pfund Stirling[117]. In England stand nur der Staatsdienst wirklich den Söhnen aus bescheidenen Verhältnissen offen; denn selbst der Eintritt in die Armee kostete ein Offizierspatent. Auf dem Kontinent war die Situation annähernd gleich, mit der Ausnahme, daß in Ländern wie Preussen die höheren Ämter im Staatsdienst auch ein Jurastudium an der Universität erforderten; das machte diese Ausbildung ebenso teuer wie die zu anderen gehobenen

Berufen[118]. Zusätzlich zu den üblichen Ausbildungskosten kamen dann noch die allgemeinen gesellschaftlichen Aufwendungen, die ein heiratsfähiger junger Mann hatte, der etwas darstellen mußte, um beruflich und gesellschaftlich akzeptabel zu sein.
Kein Wunder also, daß die englische Schuluntersuchungskommission von 1868 feststellte, daß die Angehörigen der gehobenen Berufe über den Kosten der Ausbildung verzweifelten. »Da sie selbst eine kultivierte Ausbildung erhalten haben, machen sie sich Sorgen, ihre Söhne könnten unter ihr eigenes Niveau absinken ... Sie können sich um nichts anderes kümmern, als um die Ausbildung, die ihren Söhnen den hohen sozialen Stand wahren hilft«[119]. Ihre besondere Furcht ist in *J. C. Hudsons* »Elternhandbuch« aus den frühen 1840er Jahren treffend beschrieben[120]: »Der Stolz und die Befriedigung, mit der der Vater seinen ersten und vielleicht noch einzigen Sohn in den Tagen der Schleifchen, weißen Kleidchen und nackten Knie betrachtet, weichen der Angst und den Befürchtungen, wenn er sich einige achtzehn Jahre später von einem halben Dutzend ausgewachsener oder schnellwachsender Kandidaten mit Gehrock, Wellington-Stiefel, Spazierstöcken, Uhrenketten und Zigarren umgeben sieht.«
Es ist deutlich, daß Eltern seit der Mitte des 18. Jahrhunderts auf dem Festland und von 1820 an in England verzweifelt versuchten, sich von dieser Last zu befreien. Daher war ihnen jedes Mittel recht, das ihnen half, ihre Söhne so früh wie möglich auf eine Karriere zu setzen, ohne die geringste Rücksicht auf die Konsequenzen für das Individuum zu nehmen. Eltern schacherten um die niedrigsten Ausbildungskosten, ohne sich um die Qualität der Ausbildung zu kümmern. Skrupellose Ärzte, Juristen und Angehörige anderer gehobener Berufe nahmen Jungen nur wegen ihrer Arbeitskraft an, lehrten sie nichts und schalten sie noch Faulpelze, wenn sie durchs Examen fielen[121]. Wo Eltern sich einer höheren Schulbildung zuwandten, waren sie auch nicht wählerischer. Geldgierige Schulmeister in England nutzten die Leichtgläubigkeit der Eltern aus und eröffneten Schulen wie *»Dotheboys Hall«* in *Dickens'* *»Nicholas Nickleby«*, entsetzliche Abstellplätze für unerwünschte Burschen. Preußische Lehrer berichteten, daß Eltern in schwachsinniger Eile ihre Kinder durch die Schule und auf die Universität hetzten. Die Jungs kamen im späten 18. und frühen 19. Jahrhundert in solch zartem Alter auf die Universität, daß der preußische Staat gezwungen war, sich mit einer Aufnahmeprüfungsordnung zu befassen, um Mißbrauch einschließlich der Lehrerbestechung vorzubeugen[122]. Dennoch fürchtete der Staat die Konsequenzen, wie ein Beamter es bezeichnete: »Man hat es hier nicht bloß mit gemeinen Leuten oder vernünftigen Eltern zu thun; sondern oft mit angesehenen und reichen Eltern, die ein solches Gesetz als einen unrechtmäßigen Eingriff des Staates in die Rechte über ihre Kinder ausschreyen würden«[123]. 1818 wurde ein Schulabgangsexamen eingeführt; dies geschah jedoch erst, nachdem das Niveau des Schulabgangs bereits vielerorts zum Gespött geworden war: »Dabei war unter den Schülern selbst Zucht und Ordnung völlig wie aufgelöset, so daß zwischen Schülern und Lehrern statt des friedlichen, vertraulichen Verhältnißes, welches diese Verbindung so herrlich schmückt, nicht selten der Fall des Kampfes eintrat«[124].

Die Verhältnisse in englischen Oberschulen jener Zeit waren genauso, wenn nicht schlechter. Auch sie waren die Sammelbecken für die Söhne der nichtadeligen Vornehmen und für den Nachwuchs der gehobenen Mittelklasse geworden, unter denen die wenigsten Aussicht auf ein Universitätsstudium hatten und die nur zur Oberschule gingen, um sich ein wenig »gesellschaftliche Politur« abzuholen, dann aber ihr Glück in der Armee, in den Kolonien oder – als letzte Zuflucht – im Geschäftsleben zu suchen[125]. Die englischen Internate waren vor den *Arnold*schen Reformen der 1830er Jahre »riesige Anstalten, in denen Hunderte von guten und schlechten Jungen wahllos zusammengewürfelt waren, in denen den Jungs die Zeit so weitgehend zur freien Verfügung stand, daß von vierundzwanzig Stunden höchstens zwei oder drei unter den Augen eines Lehrers verliefen; wenn wir vom Rest abziehen, was für die wichtigen Geschäfte wie Nahrungsaufnahme, Streit und Spiel aufgewendet wird, so bleibt herzlich wenig für die eigentliche Aufgabe: das freiwillige Lernen«[126]. Ohne klare Zukunft oder Studienmotivation, betrachtete der Schuljunge des frühen 19. Jahrhunderts seine Lehrer eher als Aufseher und weniger als Ratgeber. Die Ordnung, die entweder unendlich locker oder brutal streng war, löste unweigerlich Rebellion aus; und so war das frühe 19. Jahrhundert von heftigen Schulrevolten begleitet, deren letzte in England 1851 am *Marlborough College* stattfand.

Den Hauptvorwurf muß man den gierigen Schulmeistern machen, für die der Lernerfolg ihrer Jungs zu nichts weiter gut war »als zur Werbung für ihre Schulen«[127]. Die Schuluntersuchungskommission von 1868 lokalisierte allerdings die Verantwortung an einer anderen Stelle: »Zu oft scheint den Eltern überhaupt nichts an Bildung zu liegen. Zu oft halten sie eine Bildung, die sich nicht schleunigst in klingende Münze umsetzen läßt, für wertlos«[128]. Pfarrer *Charles Evans,* Rektor der höheren Schule von Birmingham, stellte bei den Eltern die Neigung fest, »die ganze Verantwortung für die Erziehung ihrer Kinder auf die Schule abzuschieben und ihre eigene Verantwortung zu ignorieren«[129]. Andere Lehrer beklagten, daß Eltern ihre Kinder vorzeitig aus der Ausbildung nahmen und dabei nicht auf deren langfristige Zukunft, sondern auf den augenblicklichen Vorteil achteten. Die Lehrer waren fast einmütig der Auffassung, daß die Eltern die Ziele der örtlichen Lateinschulen nicht gebührend achteten und daß die Eltern in England, während man von gut funktionierenden Tagesschulen in Schottland berichtete, wo Eltern die Ausbildung ihrer Kinder umsichtig planten und überwachten, »wenigstens zur Zeit in keiner Weise fähig scheinen, Tagesschulen zu ebenso erfolgreichen Stätten des Schulehaltens zu machen wie gute Internate«[130].

Die Kommission hielt viel von der steigenden Beliebtheit der reformierten Internate, deren Anziehungskraft uns jedoch auch eine Funktion des elterlichen Wunsches nach Entlastung gewesen zu sein scheint. »Sie kommen sich vor, als seien sie von Kindern wie ›befallen‹«, beobachtete Pfarrer *Edward Lowe;* »die Beengtheit in den kleinen Häusern, die Wohnverhältnisse in den kleinen Häusern, die Sorte von Hausangestellten in den kleinen Häusern, und all so was läßt ermessen, welch ein Vorteil es für Eltern ist, wenn ihre Kinder in der Schule versorgt werden und sie ihre großen Jungs nicht dauernd zu Hause haben müssen«[131]. Allerdings wurden solche Schulen immer teurer, und noch in den 1860er Jahren hatten die Angehörigen der gebildeten

Mittelschicht kein Mittel gefunden, sich von der Plage hoher Fruchtbarkeit zu befreien. Weiterhin verschlechterten sich die Verhältnisse derer, »die durch die Umstände gezwungen wurden, mit großen Familien in kleinen Häusern zu leben«; denn die sinkende Kindersterblichkeit, die zwischen 1830 und 1870 in dieser Schicht registriert wurde, bedeutete noch mehr Nachkommen, die überlebten und ausgebildet werden wollten[132]. *T.H. Marshall* hat später ihre Zwangslage so zusammengefaßt: »Es mag angehen, zehn Kinder in die Welt zu setzen, wenn man bloß fünf davon aufziehen muß, und während eines unterwegs ist, das letzte im Grab liegt und nicht im Kinderzimmer. Wenn aber der Arzt sieben oder acht von zehn am Leben erhält, und wenn sonst nichts schiefgeht, dann mag die Last wohl unerträglich werden«[133].

Die demographische Krise ging einher mit den Eigentümlichkeiten des Wirtschaftswachstums im frühen 19. Jahrhundert, die keine angemessenen Beschäftigungen für die Gebildeten bereitstellten. Beim Adel trat das Problem mit den jüngeren Söhnen wie im 18. Jahrhundert wieder auf, vor allem auf dem Kontinent, wo der verarmte Adel dem Staat und der Gesellschaft zur Last fiel. In Preußen, wo der Militär- und der Staatsdienst vormals für die Mitglieder dieser Gruppe passende Beschäftigungsmöglichkeiten geboten hatte, reichten die Stellen jetzt nicht mehr aus, um der Nachfrage sowohl des Adels als auch der anwachsenden Mittelschicht zu genügen, die nun das Monopol der alten Elite auf Vorzugsstellungen beanspruchte. Am Ende des 18. Jahrhunderts gab es die erste einer ganzen Serie von Beschäftigungskrisen unter den Gebildeten, die bei der preußischen Jugend ein bisher unbekanntes Maß an Generationsbewußtsein hervorbrachte. Begabte junge Leute wie *Friedrich Schleiermacher* oder *Friedrich Wilhelm Schelling* konnten nur eine Anstellung als Hauslehrer für die Kinder der Reichen bekommen. *Henri Brunschwig* hat eine Generation beschrieben, deren Frustrationen sich nachteilig auf ihre Gesundheit auswirkten, sich gegen die Gesellschaft richteten und, wenn wir den Berechnungen der Zeitgenossen glauben dürfen, zu einer beispiellosen Selbstmordwelle führten[134]. Für jene, die keine Aussicht auf eine Anstellung oder auf Heirat hatten, wurde die Jugend selber zum Alptraum des Daseins. Das wird auch in der Literatur des »Sturm und Drang« deutlich, deren Helden unweigerlich in die Rollen der jungen Außenseiter gedrängt werden. Das war die Generation, die in Tränen ausbrach, wenn sie *Goethes* »Die Leiden des jungen Werther« las, und die sich mit *Schillers* »Räubern« identifizierte. Dies war keine politische Bewegung im herkömmlichen Sinn des Wortes, obgleich sie damit, daß sie sich wie Werther kleideten – bequeme Jacke, Hemd mit offenem Kragen –, gegen die übertriebene Förmlichkeit der Gesellschaft des 18. Jahrhunderts rebellisch Position bezogen. Goethe schrieb 1790, es sei damals »in Deutschland kaum jemand eingefallen, jene ungeheure privilegierte Masse [den Adel] zu beneiden oder ihr die glücklichen Weltvorzüge zu mißgönnen ... Ritter, Räuber, Wohltätige, Dankbare, ein redlicher biederer Tiers Etat [dritter Stand], ein infamer Adel ... das sind nun schon zehn Jahre die Ingredienzien und der Charakter unserer Romane und Schauspiele«[135].

Die erste Generation von jungen Romantikern forderte den Widerstand ihrer Eltern heraus, die jene aller nur denkbaren Ausschweifung beschuldigten. Die Erhebung

Der Göttinger Hainbund (1772)

dieser Jungen war jedoch rein geistig. Sie kamen um 1770 in kleinen informellen Zirkeln zusammen, wie z. B. im »Göttinger Hain«, um ihre Ideen zu diskutieren und um den Gedanken einer moralischen Selbstbehauptung zu nähren. Das Wesen dieses und anderer selbstgestalteter »Brüderbünde« dieser Zeit war es, »religiöse Tugend, Empfindsamkeit und reine unschuldige Geistigkeit zu verbreiten«. Der »Hainbund« machte aus der Männerfreundschaft eine Art weltlicher Religion, wobei die Jugend zum Hort all dessen wurde, was sozial und kulturell heilig war[136]. Diese Tradition ging auf das Jahr 1747 zurück, als »*Der Jüngling*« gegründet wurde, eine Zeitschrift im Stil der Moralischen Wochenschriften, die damals bei den gebildeten Deutschen sehr beliebt waren. Dieses Blatt nun wandte sich eigens gegen die herrschenden gesellschaftlichen Verkünstelungen der Zeit, gegen die Übernahme französischer Moden und Mätzchen, die ausgangs der 18. Jahrhunderts immer mehr kritische Stimmen weckten[137]. Auch die Verbindung von unmännlichem Wesen und Kosmopolitismus einerseits und Männlichkeit mit ursprünglichem deutschem bruderschaftlichem Brauchtum andererseits hatte ihre Wurzeln in der gleichen Auflehnung gegen alles, was privilegiert und also französisch war. Die Damen der exklusiven Salons betrachtete man mit derjenigen Verachtung, die sonst Kurtisanen zukam, was wiederum den Männlichkeitskult stärkte, der von Anfang an Teil dieser Bewegung war. Wenn es auch eher geistig als körperlich vorhanden war, so mußte man das homoerotische Element der frühen romantisierenden Bruderschaften vielleicht doch im Kreise jener jungen Leute erwarten, die ohne ihr Zutun von allen Privilegien ausgeschlossen wurden, sogar vom Zusammensein mit den Frauen ihrer eigenen sozialen Gruppe[138].

Die demographischen und ökonomischen Bedingungen waren für die englische Jugend aus vergleichbaren sozialen Verhältnissen weniger hart. Die jüngeren Söhne waren in England aufgrund der wachsenden wirtschaftlichen Möglichkeiten zu Hause und in Übersee besser versorgt. Außerdem scheinen die herkömmlichen Vorteile des Adels, was die Patronage über Auszubildende und den Erwerb von Stellen anlangt, bis in die 1870er Jahre für seine Bedürfnisse angemessen geblieben zu sein, bis das Leistungsdenken anfing, ihnen ihr traditionelles Monopol streitig zu machen[139].

Schon im 18. Jahrhundert war von protestantischen Klöstern für unverheiratete Töchter die Rede gewesen. Aber nichts, was mit der Krise im 17. Jahrhundert vergleichbar gewesen wäre, traf das mittlere und gehobene Bürgertum vor Anbruch des dritten Jahrzehnts im 19. Jahrhundert so sehr wie die Überfüllung, die dann auch in den gehobenen (akademischen) Berufen in England auftrat.

Um 1850 wurde das Recht der Erstgeborenen erneut kritisiert, und komplizierte Verfahren wurden ausgeklügelt, um der überzähligen Jugend ordentliche Anstellungen zu verschaffen. Das ehrgeizigste Projekt war das von *Thomas Hughes,* der selbsternannte Schutzherr der Interessen der englischen Oberschicht, der 150000 Pfund Stirling sammelte, um im hintersten Tennessee für die jüngeren Söhne eine Kolonie zu gründen. Mit dem passenden Namen »*Rugby*« versehen, war *Hughes*' Niederlassung eine Mischung aus den attraktiven Beschäftigungen wie Tennis und Angeln und dem vornehmen und zugleich einträglichen Geschäft der Landwirtschaft und des Pferdezüchtens. Das Vorhaben zog 1879 viele junge Pioniere an, aber wie der Chronist des Experiments ausführt: »Sie waren Engländer von Kultur und Lebensart, und zu einer bestimmten Zeit war ihr Vorrat an Worcester-Sauce zu Ende, und ihre Qualen waren schrecklich anzusehen. Dieser Katastrophe aber folgte eine noch schrecklichere. Der ›*London Punch*‹ kam nicht zur rechten Zeit ... Und dann war wieder das Land ungeeignet fürs Tennisspielen ...«[140]. Zwei Jahre, nachdem es begonnen hatte, brach »*Rugby*« in Tennessee wieder zusammen.

Viele junge Männer waren gezwungen gewesen, unter wesentlich weniger reizvollen Umständen auszuwandern. Die napoleonischen Kriege hatten durch den Kriegsdienst für junge Kräfte wie ein Ventil gewirkt, aber mit der Demobilisierung und der wirtschaftlichen Depression, die nach 1815 einsetzte, traten die Probleme, die sich bereits im 18. Jahrhundert angekündigt hatten, verstärkt auf. Auf dem Kontinent wandten sich viele einer höheren Bildung zu als Mittel, einen Status zu erlangen oder zu sichern, aber auch dort nahmen die Stellen für Akademiker nicht so zu, daß sie die Zahl der qualifizierten Hochschulabgänger hätten aufnehmen können. Schon in den 1830er Jahren sagte man Eltern in Deutschland, daß »die Zahl der jungen Leute mit abgeschlossenem Studium schon mehr als ausreichend sei, um alle Stellen zu besetzen«. Die Immatrikulationszahlen gingen für einige Zeit zurück, um dann um 1840 wieder gewaltig anzuwachsen. Das veranlaßte *Wilhelm Heinrich Riehl* zu seiner

pessimistischen Betrachtung: »Deutschland bringt mehr Intellektuelle hervor, als es brauchen und ernähren kann«[141]. In Frankreich war die Situation annähernd gleich, auch dort »bestand der Wunsch nach direkten und regulären Wegen, auf denen steter Fleiß und anhaltender Ehrgeiz Erfolg im Leben sichern sollte«[142].
In Deutschland wie in Frankreich ging die industrielle Entwicklung zu langsam voran, als daß sie mehr als eine kleine Zahl aus der gebildeten Jugend hätte aufnehmen können. Und selbst wenn sie rascher vorangegangen wäre, so würde die althergebrachte Verachtung des Akademikers gegen die Welt der Wirtschaft die meisten dieser jungen Leute davon abgehalten haben, davon zu profitieren. Bis zur Mitte des 19. Jahrhundert blieb überall höhere Bildung eher »klassisch« als technisch orientiert, so daß die Jugend fast ausschließlich für den Kirchen-, Justiz-, Gesundheits- und Verwaltungsdienst ausgebildet wurde. Als sich die Überfüllung verschlimmerte, versperrte sie zunehmend den Zugang zu festem Gehalt, zur Heirat und folglich zum Erwachsenenstand überhaupt. Für die Anwärter auf die höheren Verwaltungsämter in Preußen wurde das Anstellungsalter immer weiter heraufgesetzt. Dort mußte in den 1830er Jahren ein Verwaltungsassessor im Durchschnitt sechseinhalb Jahre auf seine erste Anstellung warten; um 1850 betrug die Wartezeit über zehn Jahre[143]. Im Zuge der Differenzierung und Bürokratisierung der Ausbildungsgänge nahm die Ausbildungsdauer insgesamt zu. Studenten kamen später zur Universität (durchschnittliches Eintrittsalter war in Oxford im Jahre 1590 17 Jahre; 1900 betrug es 19,7 Jahre) und blieben länger. *Lawrence Stone* schätzt, daß sich der gesamte Ausbildungsgang in England zwischen dem 17. und dem 19. Jahrhundert um insgesamt fünf bis sechs Jahre verlängert hat, ein Trend, der sich auch auf dem Kontinent zeigte[144]. Frühzeitige Selbständigkeit *(precocity)*, wie die Eltern sie so sehr wünschten, war sozial und beruflich für die Söhne unerreichbar geworden.
Für viele war das Vermögen der Familie zu gering, als daß sie sich auf eine ausgedehnte Ausbildung hätten einlassen können. Einige wie *Stephan Born* waren gezwungen, ihre Ausbildung abzubrechen, wenn die Familie kein Geld mehr hatte, und mußten sich im Handwerk eine Anstellung suchen[145]. Andere wandten sich den gesellschaftlich weniger anerkannten Berufen zu, wie z.B. dem Journalismus, wo sie ihrer sozialen Frustration und ihren Generationsproblemen Luft machten. Es war das Schicksal dieser jungen Leute, aufgrund ihrer Herkunft oder ihres Ehrgeizes »einen der freien akademischen Berufe zu erlernen, wie Jurisprudenz oder Medizin ... oder einen unsicheren Lebensunterhalt bei der Zeitung zu verdienen oder dringend (lange vielleicht und vergeblich) um eine Anstellung in einem öffentlichen Amt nachzusuchen. Landwirtschaft und Handel wurden von den jungen Männern, die versuchten, mit einem Schritt viele Stufen der sozialen Leiter zu überspringen, als unter ihrem Stand abgelehnt«[146]. Sie waren, wie jedenfalls *W.H. Riehl* sie beschrieb, Europas »intellektuelles Proletariat«, das zu politischem Radikalismus neigte oder, falls sie nicht in dieser Richtung orientiert waren, doch zu verschiedenen elitären jugendverlängernden Gegenkulturen und -organisationen gehörten, die sich seit dem 18. Jahrhundert fortentwickelt hatten, und von denen viele aus derselben Wurzel stammten wie die Freimaurerei.

7. Freimaurerei und Jugendbrauchtum

Kreise ernsthafter junger Männer, die sich durch gemeinsame intellektuelle und moralische Interessen zusammenfanden, gab es in Deutschland um die Mitte des 18. Jahrhunderts bereits viele. *Goethe* hat als Schuljunge vergeblich versucht, einer solchen Vereinigung, die sich »*Philandria*« nannte, beizutreten. Obgleich die Mitglieder nicht viel älter waren als er, lehnten sie ihn doch ab, weil er für sein wildes Verhalten bekannt war, und das hätte ihr Selbstbild von einem »Bund der Tugend« beleidigt[147]. Obgleich das nachmalige Genie niemals bei dieser wichtigtuerischen Vereinigung aufgenommen wurde, kam *Goethe* später mit den Freimaurern in Berührung, die in ihren Zielen, ihrer Organisation und Konstitution jener Schulbubenorganisation zum Verwechseln ähnlich waren. Tatsächlich war es dann auch kein Zufall, daß die »*Philandria*« sich später zu einer Freimaurerloge entwickelte; denn die Geschichte der Freimaurer und die der elitären jugendverlängernden Organisationen war auf lange Strecken im 18. und 19. Jahrhundert eng miteinander verflochten.

Die Ursprünge der Freimaurerei geben uns Antwort auf die Frage, weshalb denn diese Bewegung eine so außergewöhnliche Anziehungskraft auf die Jugend der Ober-

Die Aufnahme eines Freimaurerlehrlings

und Mittelschicht seit dem Anfang des 18. Jahrhunderts hat ausüben können. Wie der Name bereits verrät, hat sie kräftige Anleihen bei gewissen Handwerkstraditionen gemacht, vor allem bei den wandernden Maurern, deren System der Logen schon ausgangs des 17. Jahrhunderts auf die Gebildeten eine beträchtliche Anziehungskraft ausübte. Die Welt der Maurer war äußerst moralisch. Ihre wandernden Gesellen waren gegen soziales Mißgeschick und persönliche Verfehlungen durch eine Reihe von strengsten Regeln geschützt, denen sich die Novizen durch ausgeklügelte, oft exotische Initiationsriten selbst unterwarfen. Die Riten wahrten nicht nur die Geheimnisse des Handwerks, sondern sie förderten auch eine Gruppensolidarität, die sich in großzügiger gegenseitiger Hilfe zeigte, ein Merkmal, das diese und andere wandernde Zünfte während der ganzen frühen Neuzeit auszeichnete.

Irgendwann im 17. Jahrhundert traten Einzelpersonen der Mittel- und sogar der Oberschicht den Maurerlogen bei. Im frühen 18. Jahrhundert waren bereits einige der »Werk-«Logen in »philosophische« Logen umgewandelt worden, die dann eher rein sozialen und kulturellen und weniger ökonomischen Zwecken dienten. 1717 ist die erste Große Loge dieser neuen Freimaurer in England gegründet worden, als Anfang einer Bewegung, die sich rasch auch auf dem Festland ausbreitete[148]. Diese neuen »philosophischen Maurer« scheinen ursprünglich von dem Zunftbrauchtum fasziniert gewesen zu sein, sowohl dessen exotischen Charakters als auch der gesellig-moralischen »Brüderschaft« wegen, die es vertrat. Okkulte Praktiken, verknüpft mit alten Handwerksbräuchen, wurden im Laufe des Jahrhunderts immer beliebter; wenigstens am Anfang aber schien die warme, gastliche Atmosphäre der Logen selbst wichtiger gewesen zu sein. »Erfrischungen, Rauchen und Konversation in eher bequemer als eleganter Umgebung, ungestört von der Anwesenheit von Frauen, woran so mancher Mann ein intellektuelles Vergnügen haben kann« – darin lag in erster Linie die Anziehungskraft dieser neuen Form von Geselligkeit[149].

Die Freimaurerei bedeutete die Ablehnung der übertriebenen sozialen und ökonomischen Ansprüche des Hofes und der Salons. Obgleich gesellschaftlich gesehen eine Bewegung der Mittel- und Oberschicht, galten Mode, Beziehungen und private Gönnerschaften in ihren Kreisen wenig. Die Tradition der gegenseitigen Hilfe war auch für jene eine Erleichterung, die das soziale Aufsteigen verachteten oder davon ganz erschöpft waren – einer der Gründe dafür, daß so viele junge Intellektuelle angezogen wurden, von denen viele gesellschaftlich nicht mehr akzeptabel waren. Die Logen stellten eine Struktur bereit, die für die Dauer des langen sozialen Moratoriums – das Schicksal dieser Gruppe – Unterstützung bot. Als eine reine Männerorganisation mit strengen moralischen Regeln trug sie dazu bei, vor Liebesverhältnissen, die zum Scheitern verurteilt waren, und vor frühzeitiger Heirat zu bewahren. Nicht nur Männer auf »Vergnügungsreise« wie *Casanova* reizte die Mitgliedschaft, weil sie fanden, daß diese Logen einen für ihre Absichten geeigneten Hintergrund boten, sondern auch eher »nüchterne« Junggesellen, die angenehme Gesellschaft suchten[150]. Bräuche, die den wandernden Handwerkern gedient hatten, wurden nun den Bedürfnissen einer anderen, noch mobileren sozialen Gruppe angepaßt.

Wie das Handwerk, von dem sie ihren Namen hat, gliederte die Freimaurerei ihre

Mitglieder in Ränge, die einer groben Alterseinteilung folgten. Die Aufgabe der Logen war es, junge Leute für den Lehrlings- und Gesellenstand nachzuziehen; und in Deutschland drangen sie besonders erfolgreich in die studentischen Brüderschaften, die »Landsmannschaften«, ein. Dabei veränderten sie ihren Charakter von einer regionalen landsmannschaftlichen Verbindung in den einer national weitverbreiteten Organisation dadurch, daß sie darin eine ganze Reihe von miteinander verbundener Zellen installierten, die sie »Orden« nannten. Schließlich lösten sich die Orden von den Mutterlogen ab und wurden rein studentische Organisationen, die jedoch weiterhin ein moralisches Gegengewicht innerhalb der Studentenschaft blieben. Unter dem Einfluß der Maurer nahm die Initiation der traditionellen Brüderschaften im späten 18. Jahrhundert einen gehobeneren Charakter an; dabei wurden zahlreiche brutale und unsinnige Einzelheiten, die sich im Lauf der vergangenen zweihundert Jahre angesammelt hatten, über Bord geworfen[151]. Zugleich diente der kleine, halb geheime Orden als Vollzugsort für die eher okkulten Formen der Freimaurerei, die seit 1770 unter Alt und Jung zunehmend beliebter geworden waren. *Adam Weishaupt,* der Führer der exklusiven Illuminaten, einer Randgruppe innerhalb der deutschen Freimaurerei, sah in den geheimen studentischen Gesellschaften ein brauchbares Instrument für seine Absichten, und bald sah man überall auf dem Kontinent und in England junge Leute in kabbalistischen Ritualen herumstümpern, mit Alchimie oder mit den Mysterien des Mesmerismus herumexperimentieren[152]. Und weil die Illuminaten und andere mystische Zweige der Freimaurerei auch liberalen und egalitären Ideen anhingen, wurde die Brüderschaft eine Art *»underground«,* in dem sie die etablierte Ordnung untergrabende Gedanken verbreitete[153]. Kein Wunder also, daß der Einfluß der Freimaurer auf die Jugend in den letzten Jahren vor 1789 ein Grund zunehmender Aufmerksamkeit wurde und daß mit dem Ausbruch der Französischen Revolution die Obrigkeit in anderen Teilen Europas dazu überging, die Brüderschaften zu verbieten.

Der Anreiz des Okkulten jedoch ging tiefer als dessen politische Tendenzen. *Henri Brunschwig* hat gezeigt, wie weitreichend die Anziehungskraft des Mystizismus und der Magie auf die gebildete Jugend am Ende des 18. Jahrhunderts war. Für sie war es eine Art säkularisierter Religion, ein stabilisierendes Element in einer rasend sich verändernden Welt, in der die traditionelle Religion und die herkömmlichen sozialen Riten ihre Bedeutung verloren hatten[154]. Schwache Gesundheit und zerrüttete Nerven hatten den jungen *Goethe* dazu gebracht, den »Stein der Weisen« zu suchen. Unter Anleitung seiner pietistischen Freundin, *Susanne von Klettenberg,* erforschte er leidenschaftlich das Okkulte, von den Mysterien der Tierkreiszeichen bis zur Magie, wie er sie in den Schriften pietistischer Autoren einschließlich *Swedenborgs* fand. Gemeinsam erforschten diese Suchenden die Alchimie, und sie verknüpften dabei die persönliche geistige Regeneration mit der Verwandlung der Metalle[155]. Leiden des Herzens wie des Körpers glaubten sie durch Versenkung ins Okkulte bannen zu können, und es war kein Zufall, daß die Rosenkreuzer, einer der absonderlichsten Zweige der Freimaurerei des 18. Jahrhunderts, sich Eigenversuchen mit Drogen hingaben, um das Geheimnis der ewigen Jugend zu finden[156].

Das Okkulte, so belehrt uns *Mircea Eliade*, enthält in seinen Praktiken oft Aufnahme- und Initiationsriten[157]. Im Falle der Freimaurerei des späten 18. Jahrhunderts scheinen diese jugendverlängernde Funktion besessen zu haben. Ebenso wie die Zunftbrüderschaften, von denen sie ihre wesentliche Anregung bezogen, waren die Freimaurer »wie eine Familie und eine Bruderschaft«, und sie dienten dazu, den einsamen Weg von der Kindheit zum Erwachsenenleben zu erleichtern, indem sie neue, fast mönchische Regeln für diese Elite der verunsicherten Junggesellen schufen. Ein fiktiver Sohn schildert seinem Vater seine Begeisterung für die Bewegung folgendermaßen[158]: »Unsere geheimen Versammlungen wühlen mein Herz auf. Wir erleben heilige Stunden, die der brüderlichen Liebe unter den Menschen gewidmet sind, wenn wir uns an einem stillen Ort, fern vom Getöse der Welt, versammeln. Solch ein Ort wird zu Recht ›Tempel‹ genannt; denn dort verlieren alle weltlichen Bezüge ihre Bedeutung. Der Prinz wird ein einfacher Bruder, der einfachste seiner Untertanen kann mit ihm auf der Basis vollkommener Gleichheit kommunizieren. Jeder ist jedem ein Bruder, ohne Rücksicht auf Rang oder Religion. Jede Versammlung unserer Loge stärkt mich zehnfach in meinem Entschluß, den dornigen Pfad des Lebens als ein aufrechter und freier Mann zu gehen. Mein Herz dehnt sich aus und umfaßt die ganze Welt – kurz: ich bin auf dem Wege, mich als Weltbürger zu fühlen.«

Das Bild der Freimaurer trug sowohl brüderschaftliche als auch patriarchalische Züge. Ihre Organisation war hierarchisch und zugleich grundsätzlich egalitär. Von ihr sollte eine ganze Reihe von Organisationen ausgehen – Studentenbewegungen, konspirativ-revolutionäre Zirkel, experimentierende Utopisten –, deren Anziehungskraft auf die gebildete Jugend bis weit ins 19. Jahrhundert hinein lebendig blieb.

8. Pietisten, Quäker, Methodisten und das Brauchtum der Jugend

Ehe wir zu Jugendkulturen späterer Zeiten übergehen, sollten wir eine andere Gruppe von Bewegungen des 18. Jahrhunderts nicht vergessen, die ihrerseits noch eigenes Brauchtum herausgebildet hat: die protestantischen Gruppen, die sich gegen die bestehenden Institutionen wandten, wie z.B. die Pietisten in Deutschland und die Quäker und Methodisten in England. Die Pietisten führten die Form der kleinen privaten Andachtsgruppe ein, die bewußt auf der einfachen Frömmigkeit des Frühchristentums aufbaute. Die Ablehnung der gesellschaftlichen Konventionen und das Konzept der Bruder- und Schwesternschaft, verbunden mit dem Nachdruck, der auf weltlichen Erfolg gelegt wurde, sprach die Jugend enorm stark an, nicht nur in Deutschland, sondern auch in England und Amerika[159]. Die Quäker z.B. hatten größte Erfolge bei der Bekehrung der jüngeren Söhne und Töchter, die Ende Zwanzig oder Anfang Dreißig waren; dies war genau die Gruppe derer, die im Kreise ihrer eigenen Familien weiter keinen rechten Anschluß mehr finden konnten[160]. Die religiöse Vorstellung der »Bekehrung« brachte auch die gesellschaftliche »Erlösung« mit sich, da durch die »zweite Geburt« die Aufnahme in die Gemeinschaft der

Aufnahme in die Brüder-Gemeine, im Neuen Gemeinsaal zu Herrnhaag

Gläubigen geschah, und so fanden durch die evangelische Erweckungsbewegung des 18. und 19. Jahrhunderts unzählige Jugendliche Halt und neue Richtung, was ihnen ihre Herkunft und ihre soziale Lage nicht hatte geben können.

Die Gemeinden der Pietisten, wie Herrnhut in Deutschland und Bethlehem in Pennsylvanien, institutionalisierten weiterhin den jugendverlängernden Charakter der Religion. Bei ihnen organisierte sich die Gemeinde in den altersspezifischen, nach Geschlechtern getrennten Gemeindegruppen, deren Zweck es war, sowohl die Fertigkeiten zu vermitteln, die man für diese Welt brauchte, als auch die Frömmigkeit, die der Nächste forderte. Kinder wurden in jungen Jahren von ihren Eltern getrennt und in gesonderten Unterkünften erzogen; dort wurden sie dazu angeleitet, alle geschwisterliche Eifersucht abzulegen und alle Menschen als ihre Brüder und Schwestern zu betrachten. In einer Mischung aus religiöser Brüderschaft und einer Art Sozial-Utopismus wurde versucht, soziale Konflikte und Generationenprobleme durch die Aufhebung des Privateigentums und also des Erbes zu verringern. An die Stelle der alten Bräuche der ehelosen Jugend trat eine Reihe von Altersgruppierungen mit ausgeklügelten Riten, die jede Durchgangsstufe von der Kindheit bis zum Erwachsenenalter kennzeichneten und weitgehend von den Gruppen der Altersgleichen selbst überwacht wurden[161].

Es ist also weiter nicht erstaunlich, daß der Pietismus eine so mächtige Ausstrahlung auf die ratlose Jugend hatte. *Goethe* war eine Weile von der Herrnhuter Gemeinde in der Nähe seiner Vaterstadt angezogen und, wie er selbst berichtet, fast »bekehrt« worden[162]. Es gibt kaum eine Gestalt aus der »Sturm und Drang«-Generation der jungen deutschen Intellektuellen, die nicht zu irgend einer Zeit ihrer Jugend von den geistigen oder ethischen Zielen dieser Bewegung berührt worden wäre. Da er die Kindertaufe ablehnte und seine Kräfte darauf richtete, Jugendliche erst nach der Pubertät zu bekehren, festigte der Pietismus die besondere Bedeutung der Jugend als eine Zeit der geistigen und moralischen Erneuerung. Pietisten gehörten auch zu den ersten, die sich mit der sozialen Wohlfahrt der Jugend befaßten; sie waren führend bei der Gründung von Schulen und Waisenhäusern im Deutschland des 18. Jahrhunderts[163]. Zwei der wichtigsten Vertreter der späteren deutschen Studentenreformbewegung, *Friedrich Schleiermacher* und *Jacob Friedrich Fries,* sind in pietistischen Anstalten erzogen worden.

Auch die englischen Quäker und Methodisten brachten Führer auf den Gebieten der Erziehungsreform und der moralischen Erneuerung hervor. In den Anfangsstadien legten auch sie großen Wert auf die innige Gemeinschaft der Gläubigen, in der man durch gesellschaftliche wie geistige Belange miteinander verbunden war. Obgleich es noch keine systematische Studie zur Mitgliedschaft für die Anfangszeit der Methodisten gibt, scheint es doch so zu sein, daß viele, die die Bewegung angelockt hatte, junge Einzelpersonen waren, für die der antiklerikale Glaube eine soziale Anziehungskraft enthielt. Der Pietismus hatte direkten Einfluß auf die Gestaltung des Methodismus gehabt, weil der Gründer der Methodistischen Bewegung, *John Wesley,* im Jahre 1720 engen Kontakt mit der Herrnhuter Brudergemeinde gehabt hatte[164]. Als junger Mann, noch auf der Suche nach der Berufung fürs Leben, fand *Wesley* unter den frommen Herrnhutern Kraft und Klarheit. Dieser Form von Gemeinde hatte er vor Augen, als er selbst seine Evangelisationsbewegung gründete. In Amerika – darüber sind wir etwas besser informiert – scheinen die Methodisten besonders bei der sozial und geographisch mobilen Jugend großen Anklang gefunden zu haben. Noch um die Mitte des 19. Jahrhunderts erlebten Colleges in Neu-England Erweckungsbewegungen, und bei vielen von ihnen wurde die Bekehrung zur Gemeinschaft der Gläubigen im Leben der Studenten zur Hauptsache[165]. Die Bekehrung, die zu jener Zeit dem Ende des zweiten Lebensjahrzehnts zugerechnet wurde, hatte die Funktion, einen »neuen Anfang« zu bezeichnen, die erste Ablösung von der Familie nämlich, unterstützt oder legitimiert durch die Nachfolge Christi.

Der evangelische Glaube war ein Mittel zur Emanzipation und war als solcher bestens dafür geeignet, ein Brennpunkt für Generationenkonflikte zu werden. *George Whitefield* wurde 1740 während seines Engagements in der Erweckungsbewegung in Amerika beschuldigt, er verursache »die Spaltung der Familien, der Gemeinden und der Städte, den Streit zwischen Ehemann und Ehefrau und die Widerspenstigkeit von Kindern und Dienern«[166]. Kein Zweifel, daß die gefühlsbeladenen Bilder der Methodisten, wie *Edward Thompson* sie beschrieben hat (»bald matriarchalisch, bald ödipal, bald sexuell und bald sado-masochistisch«), vielschichtige Generationenkonflikte widerspiegelten, die ein Ergebnis des raschen Wandels der ökonomischen und sozialen Verhältnisse waren. Sich dem himmlischen Vater zuzuwenden und in eine

Bruderschaft Christi einzutreten, war ohne Zweifel ein Versuch, den Bruch mit der Familie wieder zu kitten, ein sozial akzeptierter Schritt beim Antritt des langen und schwierigen Weges zum Erwachsensein. Nicht bloß innerhalb der Jugend der Mittelschicht, sondern auch unter Arbeitern bedeutete die Bekehrung sowohl einen geistigen als auch einen sozialen Wendepunkt[167]. Bei den Methodisten brachte das Erlebnis der »Neuen Geburt« viele berühmte »Knabenprediger« hervor, die aus den Kreisen der armen Arbeiter stammten; mit Lesen und Schreiben brachte man ihnen ansatzweise Menschenführung bei und verhalf ihnen schließlich damit zu einer aktiven Teilnahme an der frühen Arbeiterbewegung. »Eine gewisse Sorte von Bekehrungen ist natürlich in der Arbeiterbewegung an der Tagesordnung«, schreibt *Eric Hobsbawm.* »Die Engländer verhielten sich allerdings besonders archaisch, insofern ihre Bekehrungen gewöhnlich traditionell religiös waren – waren sie politisch, dann nahmen sie religiöse Formen an«[168].

9. Jugend in der napoleonischen Zeit

Das Brauchtum der Brüderschaften aus dem 18. Jahrhundert, insbesondere das der Freimaurer und der Studenten, gewann nach der Französischen Revolution zunehmend politische Bedeutung, besonders weil die Obrigkeiten in ihrem Bemühen, jegliche Opposition zu unterdrücken, den Verschwörern die Heimlichkeit der Brüderschaften um so anziehender machten. Was die Französische Revolution anbelangt, so war ihr Beitrag zu neuen Formen des Jugendbrauchtums deswegen nicht eindeutig, weil die herkömmlichen Formen der Jugend sowohl der Revolution dienen konnten als auch ihren Gegnern. Es ist einigermaßen sicher, daß das Jahr 1789 für viele junge Männer ein persönlicher Wendepunkt war; ihre Zukunftsperspektiven verbesserten sich, weil sich den Talentierten neue Karrieren eröffneten und weil die auf Herkunft beruhenden feudalistischen Ungleichheiten verschwanden[169]. Paris war, wie *Mallet du Pan* bemerkte, am Vorabend der Revolution »voll von jungen Leuten, die ein bescheidenes Können für Talent hielten und voll von Angestellten, Buchhaltern, Richtern und Soldaten, die sich für Schriftsteller ausgaben, Hungers starben, sogar bettelten und Pamphlete von sich gaben«[170]. Aus diesem Junggesellenproletariat *(proletariat de Bachelier)* stammten Leute vom Schlage *Marats* und *Brissots,* junge Männer, mit unsicheren oder gescheiterten Karrieren, die ihre Berufung in der Revolution sahen. Und natürlich wird sich zu ihnen ein anderer junger Mann gesellen, *Napoleon Buonaparte,* dessen kometenhafter Aufstieg weit ins 19. Jahrhundert hinein die Phantasie ehrgeiziger junger Männer anstacheln sollte.

Es ist nicht erstaunlich, daß auch die Revolution ihre eigene Vorstellung jener Lebensphase entwickelte, die zwischen Kindheit und Erwachsensein liegt. Als der Krieg im Ausland wie im eigenen Land die Republik immer mehr unter Druck setzte, wurde diese Vorstellung in ihrer Orientierung offen spartanisch. Die Jugend hatte im öffentlichen Zeremoniell der Revolution ihren eigenen Platz; dabei wurden die militärischen und bürgerlichen Pflichten dieser Altersgruppe sehr viel deutlicher hervorgehoben als ihre Rechte oder Vorrechte. Die großen Feste der Revolution von 1793/94 waren sowohl der Darstellung der Weisheit des Alters als auch der Kraft der Jugend gewidmet; und dem Thema der Harmonie der Generationen wurde in einem Zug mit der besonderen regenerativen Rolle der Jugend in revolutionären Zeremonien große Bedeutung beigemessen. Die jährliche »*Fête de la Jeunesse*« zeigte sechzehnjährige Jungen, die rituell in die Pflicht des Waffentragens aufgenommen wurden. Mit Einundzwanzig gab es eine zweite Initiation; sie machte erwachsene Bürger aus ihnen, das bedeutete für Männer, die Last der nationalen Verteidigung zu tragen, und für Frauen die Verantwortung, Kinder für die Republik zu gebären[171]. Die Riten des *Misrule* mit ihren vertauschten sozialen Rollen gab es nicht mehr; denn nun forderte die republikanische Tugend, daß Jung und Alt Geschenke und Segenswünsche tauschen sollten.

Mit diesen Ritualen der Gegenseitigkeit beabsichtigte man das Bild einer Gesellschaft vorzuführen, in der Väter und Söhne in einem umfassenden Gefühl der Brüderlichkeit vereinigt waren. Die sozialen Unterschiede und die Spannungen zwischen den Generationen jedoch blieben bestehen und als der Spuk des jakobinischen Terrors 1794 vorbei war, brachen viele der traditionellen Jugendbräuche mit erstaunlicher Heftigkeit wieder auf. Die unrühmliche »*Jeunesse Doreé*«, die reiche, modebewußte, »goldene« Jugend der Mittel- und Oberschicht, stellte die Erinnerung an den bürgerlichen Puritanismus mit floppigen Kostümen, obszönen Reden und mit dekadentem Verhalten an den Pranger. Ihre Verachtung der jakobinischen Revolution nahm die alte Form des *Charivari* an, der Ausgelassenheit und des Maskentanzes. Indem sie Bälle für die im Terror Gefallenen veranstalteten, machte sich die Jugend über die Väter der Revolution mit dem obszönen »*danse macabre*« lustig, und sie führten ihn an der Stelle auf, wo die Jakobiner einen Friedhof zerstört hatten. Ihre Ausschweifungen kannten keine Grenzen, ihre Frauen keinen Anstand; und für die Vorstellungen von der universellen Bruderschaft hatten sie nur Hohn und Spott übrig[172].

Die überlieferten Formen des Jugendbrauchtums dienten entgegengesetzten politischen Zielen: sowohl der Unterstützung des revolutionären Frankreich als auch seinen Gegnern. Nirgendwo war dies deutlicher zu erkennen als in der seltsamen Karriere des *Filippo Buonarotti*, dem ausgestoßenen Sohn eines italienischen Adligen, der seine eigene »zweite Geburt« in der Identifikation mit der Revolution erlebte und der bis zu seinem Tod im Jahre 1837 als »Vater« für eine ganze Anzahl konspirativer Zirkel stand, die auf entwurzelte junge Männer von ähnlicher Herkunft wie er selbst große Anziehungskraft ausübten. Wie so viele andere, die im frühen 19. Jahrhundert mit der Gründung politischer Brüderschaften zu tun hatten, war *Buonarotti* mit seiner Vorliebe für das Rituelle, Geheimnisvolle und für hierarchische Ordnung das Produkt der Freimaurerei des 18. Jahrhunderts. Seine wichtigste geheime Gesellschaft, die »*Sublimes Maîtres Parfaits*«, wurde 1809 in Opposition zur napoleonischen Diktatur gegründet und spiegelte ein zentrales Anliegen der Freimaurer wider: die Durchführung von Initiationsriten. Für »Papa« *Buonarotti* waren die Novizen seiner Organisation junge Ritter, welche die Einführung in die

Geheimnisse der Revolution empfingen[173]. Die Tatsache, daß wenige die Gelegenheit hatten, ihre Pläne in die Tat umzusetzen, und daß keiner – einschließlich *Buonarotti* selbst – jemals erlebte, daß irgendeines der Vorhaben geklappt hätte, schien weniger wichtig zu sein, als die Tatsache der bloßen Zugehörigkeit. Dies jedenfalls war es, was den ergebensten Anhänger *Buonarottis, Alexander Andryane,* so sehr beeindruckt hat, nachdem er im Alter von vierundzwanzig Jahren und noch gänzlich ohne Lebensperspektive mit allen freimaurerischen Riten in die »*Sublimes Maîtres Parfaits*« aufgenommen worden war.

Einige der konspirativen Brüderschaften borgten ihre rituellen Formen direkt von den Freimaurern; andere verdankten sie den eigentlichen Quellen, den Handwerksbünden selber. Es spricht vieles dafür, daß die antinapoleonische italienische Widerstandsbewegung, bekannt als »*Carbonari*«, auf den Gesellenbund der Köhler, die »*Charbonnerie*«, zurückgeht, der vor 1789 in den Wäldern der Franche-Comté und des Jura arbeitete. Irgendwann fingen während der Revolution einige der Logen dieses Bundes an, Mitglieder auch aus anderen Berufen – einschließlich Soldaten – aufzunehmen und mit ihnen die Geselligkeit der »*bons cousins*«, wie sich die Köhlergesellen gern selber nannten, zu teilen. Unter den Neuaufgenommenen war *Pierre Joseph Briot,* ein Revolutionär vom linken Flügel, der schließlich das Brauchtum der »*Charbonnerie*« nach Italien brachte und dort 1808 die erste konspirative Bruderschaft der »*Carbonari*« ins Leben rief[174].

Die brüderschaftlichen Bräuche der Handwerker und der Freimaurer erwiesen sich als bestens geeignet für geheime Verschwörungen. Ihre hierarchische Organisation lieferte ein brauchbares Vorbild, ihre Schwüre und Riten waren ein geeigneter Schutz vor dem Zugriff der Obrigkeit. Des weiteren konnten die führenden Verschwörer auf die Vorstellungen von Familie zurückgreifen, um sowohl ihre Position als auch ihre Macht zu stärken. *Buonarotti* war nicht der einzige Führer, der sich zum »Vater« seiner Bewegung ernannte. Auch *Friedrich Ludwig Jahn,* Deutschlands erster politisch interessierter Jugendführer, nannte sich »Vater« und verknüpfte dabei die patriarchalischen und die brüderschaftlichen Traditionen miteinander, die er zuvor in seinem Leben als Student und als Freimaurer miterlebt hatte[175]. *Jahns* Turnerbünde, 1810 gegründet, dienten dem vaterländischen Widerstand gegen *Napoleon;* und sein Glaube an die erneuernde Kraft der Jugend fand sein Echo bei anderen wichtigen Intellektuellen wie zum Beispiel bei *Johann Gottlieb Fichte,* selbst früherer Freimaurer, und bei *Friedrich Schleiermacher* und *Jakob Friedrich Fries,* die beide vom Pietismus beeinflußt worden waren.

Die Glaubens- und Gedankenrichtungen, die die deutschen Jugendgruppierungen im 18. Jahrhundert geformt hatten, bestimmten auch das Programm und die Organisationsform ihrer eher politisch orientierten Entsprechungen des 19. Jahrhunderts. Das begann mit dem Turnerbund und erreichte mit der studentischen Reformbewegung der »Burschenschaften«, die im Jahre 1815 an der Universität Jena im Namen von »Ehre, Freiheit, Vaterland« gegründet worden waren, seinen Höhepunkt. Obgleich der Anstoß zu ihrer Gründung patriotisch gewesen war, entsprach vieles von der Ausstrahlung der Brüderschaften den jugenderhaltenden Organisationen, die ihnen

Das Wartburgfest 1817

vorangegangen waren. »Laßt euren Kreis jugendlicher Kameraden, eure Vereinigung der Jugend, ein Modell für den Nationalstaat sein«, lehrte *Fries* die Studenten[176]. Seine zündende Rede hatte er 1817 beim Wartburg-Fest gehalten, ein Ereignis, bei dem der Jahrestag der Rebellion *Luthers* gegen den Papst verknüpft wurde mit einem patriotischen Jugendkreuzzug gegen einen anderen ausländischen Feind, Frankreich. »Offenbart uns ein reines Burschenleben«, wurden die Studenten gedrängt; und sie begannen, das studentische Leben von den Unsitten des Hurens und Saufens zu reinigen, die verwilderte Duellier-Tradition neu zu ordnen und ganz allgemein das Klima in den Universitätsstädten zu verbessern. Die studentischen Reformer trugen Bärte zum Zeichen ihrer Männlichkeit, ihre Initiationsriten aber umfaßten auch Schwüre der Keuschheit und Mäßigung, die monastischen Gelübden nicht unähnlich waren. In der Tat zeigte sich dasselbe Mißtrauen gegenüber der Gemeinschaft mit Frauen, das in den Bewegungen der frühen Pietisten und Freimaurern schon deutlich gewesen war und das sich auf die mönchischen Bedingungen des Studentenlebens an den Universitäten des späten Mittelalters zurückführen läßt. *Jahns* Turner und einzelne Gruppen innerhalb der Burschenschaften – wie der »Bund der Unbedingten« an der Universität Gießen – trieben die jugendverlängernden Traditionen ins Extrem, indem sie patriotische und moralische Tugend mit einer vollkommen spartanischen Lebensweise verbanden. »Vater« Jahn in seinem groben, bäurischen Anzug war ein Symbol der Verachtung französischer Mode, die in den Köpfen der Studenten mit Verweichlichung und Schwäche zusammengehörte. Die »Unbedingten« gingen in diesem Sadomasochismus so weit, daß sie die Selbstvernichtung – Mord der Feinde des deutschen Volkes, gefolgt von rituellem Selbstmord – als die tugendreichste Tat schlechthin betrachteten. Das war auch die Haltung, aus der heraus 1819 *Karl Sand* den konservativen Dichter *Kotzebue* ermordete und anschließend versuchte, sich selbst zu erstechen. Diese extremistische Handlung ließ die Unterdrückung der Obrigkeiten sogar über die gemäßigte reformistische Mehrheit der Burschenschaften hereinbrechen[177].

10. Der »Bohemien« - Protest gegen den »Biedermann«

Vielleicht war es unvermeidlich, daß das ältere moralische Brauchtum der Jugend die gewalttätigen Leitgedanken eines Zeitalters der Revolution und der militärischen Abenteuer übernehmen mußte. Die spartanische Mentalität aber, die sich in mancher Hinsicht in der Französischen Revolution und später wieder im deutschen Widerstand gegen *Napoleon* nachweisen läßt, war bei anderen Teilen der Jugendbewegung im frühen 19. Jahrhundert verhältnismäßig selten. *Mazzinis* Organisation »Das junge Europa« hatte wenig davon, selbst in ihrem Nationalismus, den man als fanatisch und militaristisch bezeichnen kann. Im Ganzen aber folgte sie dem humanitären Zug, der im 18. Jahrhundert vorherrschend war, lehnte das Mittel der Gewaltanwendung strikt ab und schrieb der Jugend weitreichende moralische Verpflichtung und Bedeutung zu.

Nichts könnte zur Mentalität des »Bundes der Unbedingten« ein besserer Kontrast sein, als die ihren eigenen Stil bildenden *»Kinder von Saint Simon«*, eine der vielen utopistischen Gruppen, in denen Jugend eine so hervorragende Rolle spielte. Ihr freundlicher »Vater« *Prosper Enfantin* und seine Gefolgschaft waren unverheiratete Männer und Frauen, Ende Zwanzig, Anfang Dreißig, von denen viele examinierte Absolventen der »Ecole Polytechnique« waren. Sie hatten ihre Karriere aufgegeben, und dies bedeutete im Namen der sozialen Harmonie und der universellen Liebe eine Verlängerung ihrer Jugend. Entgegen ihrem libertinistischen Ruf war die Wohngemeinschaft dieser Gruppe außerhalb von Paris in ihrer Askese durchaus mönchisch. Von 1830 bis 1832 lebten der »Vater« und seine »Kinder« in einem ausgewogenen Verhältnis von patriarchalischer und brüderschaftlicher Harmonie. Sie nahmen ihre Neulinge in einem hochentwickelten Zeremoniell auf, hörten öffentliche Beichten, und im übrigen unterstützten sie den Geist selbstloser Zusammenarbeit: das war ihre oppositionelle Antwort auf die Konkurrenz und die Klassenspaltung des aufkommenden kapitalistischen Systems[178].

Frank Manuel schrieb, »daß die *Saint-Simonisten* uns helfen, den totalen Identitätsverlust zu verstehen, dieses ozeanische Gefühl (um *Freud* zu folgen), welches die

Menschen des 19. und 20. Jahrhundert erfahren haben, wenn sie in den glühenden Phasen nationalistischer, sozialistischer und kommunistischer Bewegungen erfolgreich die Selbstkontrolle verloren«[179]. Er hätte hinzufügen können, um *Erikson* zu folgen, daß im Falle der *Saint-Simonisten* und anderer romantischer Utopisten, die die gebildete Jugend anlockten, das Hinausschieben des Erwachsenwerdens ein notwendiger Selbstschutz war. Am Ende sollten nämlich die »*Kinder von Saint Simon*« von ihrer Kommune fortgehen, um in ein erfolgreiches Leben als Ingenieur oder Geschäftsmann hinüberzuwechseln . Die Kritiker nahmen dies als Beweis für das Versagen der Kommunen-Bewegung, tatsächlich aber hat die starke emotionale und moralische Unterstützung, die sie in ihrer Utopie fanden, diesen jungen Menschen ermöglicht, sich außerhalb ihrer Klostermauern weiterzuentwickeln. Anders als die natürlichen Väter, die ihre Söhne und Töchter im Stich gelassen hatten, gelang es den Kommunenführern wie »Père« *Enfantin* und »Father« *Noyes* von der »*Oneida Community*« im Staate New York, offensichtlich aus ihren »Kindern« *Erwachsene* zu machen[180].

Alle Utopisten des frühen 19. Jahrhunderts verurteilten die bestehende Familienform äußerst heftig, niemand entschiedener als *Charles Fourier,* selbst ein Rebell gegen seine eigene kleinbürgerliche Erziehung. *Fourier* sah die Ursachen, die hinter dem Generationenkonflikt seiner Zeit steckten, und sprach mit Überzeugung von der notwendigen Veränderung[181]: »Um es frei heraus zu sagen: Die Familienbande in diesem ›*régime civilisé*‹ (sein Ausdruck für die gegenwärtige Gesellschaft) bewirken, daß Väter den Tod ihrer Kinder und Kinder den Tod ihrer Väter wünschen. Bei weiter entfernten Verwandten ist es noch schlimmer. Kann es etwas Erbärmlicheres geben? Ein paar reiche Familien sind die Ausnahme, die die Regel bestätigt, die sich jedoch hauptsächlich auf die Armen bezieht, und das sind sieben Achtel der Bevölkerung. Eine Regel, die übrigens genauso auf viele Familien der mittleren und wohlhabenderen Schichten zutrifft, wo die Brüder einander lieben wie Kain und Abel.«

Fouriers Schlußfolgerung, vergleichbar mit derjenigen der Pietisten, lautete: den Eltern schon sehr früh die Kinder wegzunehmen, um damit die psychologischen wie ökonomischen Ursachen des Konflikts abzuschaffen. In Altersgruppen, jedoch nicht so puritanisch nach Geschlechtern getrennt wie bei den Herrnhuter Gemeinden, sollten Jungen und Mädchen eine Reihe von Bildungsstufen durchlaufen, deren jede ihren natürlichen Neigungen und Interessen angepaßt sein sollte. In Plänen, die von seiner Vaterstadt Besançon beeinflußt scheinen, faßte *Fourier* eine Reihe sich selbst regulierender Jugendgruppen ins Auge, die er »Jugendbund« und »Jugend-Legion« nannte und die das Mittel zur Erziehung und sozialen Kontrolle sein sollten. Sie sollten autonom sein, weil man auf die natürlichen und festen Neigungen der Jugendlichen vertraute, die alles hervorbingen würden, was in diesem Lebensabschnitt gut und kraftvoll ist. »Junge Seelen und frische Herzen legen bei der Einübung sozialer Tugenden wie Freundschaft, Menschenliebe und der Achtung positiver gesellschaftlicher Werte ein Maß von Eifer und Uneigennutz an den Tag, das man selten bei Erwachsenen findet«[182].

Fouriers Hoffnungen auf die Gruppe der Gleichaltrigen und auch sein Glaube an die soziale Harmonie im allgemeinen waren dazu verurteilt, enttäuscht zu werden. Die Kommunen, die seine Vorbilder gewesen waren, verschwanden rasch, und selbst der Aufwind, den utopisches Experimentieren in den späten 1830er und frühen 1840er Jahren in England und Amerika erlebte, konnte sie nicht erhalten. In Paris selbst schlugen die starken Hoffnungen auf die Jugend in Enttäuschung um. Das Scheitern der französischen Revolution von 1830 schien den Revolutionären die letzte Kraft zu nehmen, und die Jugend wandte sich anderen Zielen zu, viele einem mehr anarchistischen, amoralischen Lebensstil, den man mit der Boheme in Verbindung brachte. *Alfred de Musset* schrieb: »Die Reichsten wurden Libertinisten; die bescheidener Ausgestatteten ergriffen gelehrte Berufe und verschrieben sich dem Schwert oder der Robe. Die Ärmsten gaben sich mit kalter Begeisterung den großen Gedanken hin, tauchten in die schreckliche See zielloser Bemühungen«[183].
Der Lebensstil der Boheme war das Produkt der außergewöhnlichen Fähigkeit der Stadt Paris, die Jugend aus den Provinzen anzulocken. Dort waren sie als Studenten weitgehend auf sich selbst gestellt, als Fremde lebten sie inmitten von Arbeitervierteln, nicht überwacht von Lehrern, unerwünscht von der Obrigkeit[184]. Von ihren Familien waren sie durch schlechte Verkehrsmöglichkeiten und durch zu kurze Ferien getrennt. Die alte Sitte, nach der man im Hause eines Freundes der Familie untergebracht wurde, kam außer Gebrauch, und zu den Schwierigkeiten der jungen Leute kam noch der Umstand hinzu, daß die akademischen Berufe langsam überfüllt waren[185]. Um 1830 war die Stadt voll mit jungen Männern, die nichts besseres zu tun hatten, als ihre Zeit in den Cafés zu verbringen, ewig die Zeitungen in den Fingern und über Politik und Skandale redend. *Balzac* beschrieb sie als »einige reich, andere arm, alle gleich faul .... die sich, ohne Ventil für ihre Energien, nicht nur auf Journalismus und Verschwörungen, Literatur und Kunst warfen, sondern auch in die ausgefallensten Zerstreuungen und Ausschweifungen«[186].
Damit hatte sich eine so gängige Vorstellung eingespielt, daß man unter *»les jeunes gens de Paris«* eine klar definierte Gruppe mit eigenen Verhaltensweisen und eigener Subkultur verstand. »Die Jugend von Paris« war zum Begriff geworden, wie *Francis Trollope* feststellte, als sie 1835 die Stadt besuchte: »*La jeune France* ist noch eine jener kabbalistischen Sprachformen, die bei jedem die Erwartung wachruft, es handle sich um etwas Großes, Vulkanisches und Sublimes«[187]. Später wird *Henri de Mürger* den Begriff »*Bohemien*« populär machen, der vom französischen Wort für »Zigeuner« entlehnt wurde und der die Nebenbedeutung von Herumvagabundieren enthält, was durchaus zum Selbstverständnis dieser Leute gehörte. Nachdem der Ausdruck »*Bohemien*« in den späten 1820er Jahren aufgetaucht war und im Umsichgreifen der Enttäuschung nach der Revolution von 1830 sich rasch weiter ausdehnte, richteten sich die Bohemiens im toleranten *Quartier Latin* ein, das dann fast über Nacht das Mekka für Touristen wie Mrs. *Trollope* wurde, die jene dort ansässigen Ausländer mit »langen und struppigen Locken« beschrieb, »die in unglaublichem Schmutz schwer herunterhingen ... Ihr Hals ist entblößt, jedenfalls frei von Wäsche, deren Platz eine abstoßende Überfülle von Haaren eingenommen hat.... Einige rollen ihre Augen

und heften ihre finsteren Blicke in angsterfüllter Meditation an den Boden; während es andere gibt, die – mit düsterer Miene gegen eine Statue oder einen Baum gelehnt – gar fürchterliche Bedeutung in ihre Blicke legen«[188].

Die Boheme-Jugend von 1830 war ebenso wie ihre heutigen Nachfahren von extravaganten Moden, unmöglichem Benehmen und gekünsteltem Sprechen fasziniert. Verachtung jeglicher Arbeit, voll beschäftigt mit der Gegenwart unter Ausschluß aller Gedanken an gestern und morgen, Widerstand gegen Ordnung und Disziplin – alles Zeichen eines verlängerten sozialen Moratoriums – waren damals genauso gängig wie heute. Fernöstliche Religionen mit ihrem den Verstand auslöschenden Mystizismus erfreuten sich großer Beliebtheit. Das Okkulte, die Alchimie, das Satanische, alle konnten sie die Ansprüche der Erwachsenen in Nichts auflösen, alle waren sie der letzte Schrei[189]. Da finden sich Studenten, die mit Initiationsriten herumexperimentieren, die ihnen die Romane von *Scott* und *Cooper* eingeflüstert haben, und sie verhalten sich – wie *Theophil Donday* sie gemalt hat – als »Künstler bis in ihr tiefstes Inneres, Pfeife paffend, mit zynischem Blick, ihre Häupter mit der phrygischen Mütze geschmückt; das bärtige *›Junge Frankreich‹*, zur Orgie bereit«[190].

Für viele war Paris selbst eine Orgie, gleichbedeutend mit dem Verlust von Tugend, Zweck und Ziel. Und doch: Das Okkulte überlieferte einiges vom sittlichen Brauchtum des 18. Jahrhunderts; und in dem Herumprobieren mit alten Ritualen findet sich ein weiteres Verbindungsglied zum jugendverlängernden Brauchtum der Vergangenheit. Im Jahre 1846 gründeten Studenten an der Sorbonne einen »Club der Selbstmörder«, deren Mitglieder gelobten, der bürgerlichen Moral durch einen letzten rebellischen Akt zu trotzen – durch Selbstzerstörung[191]. Die Einwohner von Paris waren erleichtert zu erfahren, daß es dabei nur einen Toten gab. Selbst in diesem Wahnwitz schimmerte noch ein kleiner Rest früheren Jugendbrauchtums durch. Die alten Karnevalsfeiern standen noch immer im Pariser Kalender, und der Sinn der Boheme für das Bizarre und Groteske vermischte sich mit den Zeremonien des *Misrule.* Die Gegenkultur der jungen Künstler und Intellektuellen war eine Fortsetzung der Tradition der *»Société Joyeuse«*, und sie hatte einen gewissen Reiz selbst für die spießige Bourgeoisie. Eben diese Mittelklasse kaufte Bilder wie »Junger Venezianer nach einer Orgie«, die einen Reiz ausübten – notierte ein Historiker –, »wie er auch von Maskenbällen ausgeht als dem gesellschaftlich legitimierten Kanal für das Verbotene«[192]. Für die Jugendlichen selbst war die Boheme eine Art verlängerten Karnevals, eine Möglichkeit, die Rollen der realen (Erwachsenen-)Welt zu umgehen, von denen die meisten allerdings wußten, daß sie sie doch würden annehmen müssen. *Alexandre Dumas* erinnert sich aus seiner Jugend, daß »ich wie die andern eine Maske aufsetzte«[193]. Die Jugend machte das Leben zur Kunst, und im Gegenzug dazu machten Schriftsteller wie *Victor Hugo* Kunst aus der Jugend. *Robert Schumanns* »Carnaval« endet mit der Rebellion der Jungen gegen das Philistertum der Alten; und in keinem Stück der Romantiker fehlte der junge Rebell[194].

In ihrem Bemühen, sich von anderen abzuheben, schufen die Bohemiens ihre eigene Konformität. *Stendhal,* 1783 geboren, erinnert aus seiner Jugend: »Ich war voll von

…andere, die an eine Säule gelehnt, gar fürchterliche Bedeutung in ihre Blicke legen…

den Helden der römischen Geschichte: ich sah in mir einen zukünftigen Camillus oder Cincinnatus«[195]. Die französische Jugend in den 1830er Jahren suchte auch Idole, aber ihre Helden waren eher Schöngeister wie *Lord Byron.* »Junge Leute fanden heraus, wie man ungenützte Kräfte in den Dienst einer übertriebenen Vorliebe für Verzweiflung einsetzen konnte«, kommentierte *Alfred de Musset.* »Den Ruhm, die Religion, die Liebe, einfach jedermann zu verspotten, ist ein großer Trost für jene, die nicht wissen, was sie tun sollen ... Und es ist leicht, sich erbärmlich zu fühlen, wenn man nur leer und gelangweilt ist«[196]. Losgelöst von den alten Traditionen und doch auf sie zurückgreifend, waren die Gegenkulturen von 1830 eine weitere neue Form von Jugend, die dieses Zeitalter des Übergangs hervorbrachte.

11. Studenten und Arbeiterjugend gehen getrennte Wege

Paris war eine Stadt, die in Europa nicht ihresgleichen hatte, und die neue Jugendkultur, welche sie hervorgebracht hatte, fand deshalb auch nicht so schnell Nachahmung, nicht einmal im industrialisierten England. In den Teilen Europas, deren Entwicklung etwas weiter zurück war, hielten sich die alten Bräuche viel länger und standen bis zur Mitte des 19. Jahrhunderts mit den politischen und ökonomischen Strömungen in ständiger Auseinandersetzung. Gesellenbewegung und studentischer Radikalismus kamen 1848 in Deutschland zusammen, was den Anschein erweckte, als sei dies die langersehnte Rache der Söhne an den Vätern. Aber die große Allianz der Jugend, von der *Mazzini* und andere seit 1830 gesprochen hatten, kam nicht zustande[197]. Während es der sehnlichste Wunsch der Studenten aus der Mittelschicht war, das förmliche »Sie« mit dem kameradschaftlichen »Du« zu vertauschen und auf diese Weise die verfestigten sozialen Rollen aufzubrechen, forderten die jungen Arbeiter im Gegenteil, daß der Erwachsenenstatus und die damit verknüpfte förmliche Anrede auf alle Mitglieder der Gesellschaft ausgedehnt werden sollte[198]. Darüber hinaus waren sich Arbeiter und Studenten nicht einig über die Bedeutung von »Brüderschaft«. Für die ersteren hatte der Begriff immer weniger mit der Brüderlichkeit aller Menschen untereinander zu tun, sondern bezog sich vielmehr auf die Solidarität innerhalb ihrer eigenen Klasse gegen die kapitalistische Bourgeoisie. Auch für die Studenten verengte sich der Begriff von Brüderlichkeit. Schon bald nach 1848 wichen die Gleichheitsbestrebungen der fortschrittlichen Studentenbewegung der snobistischen Kumpelhaftigkeit der höchst konservativen schlagenden Verbindungen, der Corps. Der soziale und politische Wandel, der zuvor das Gleichgewicht zwischen den Generationen gestört und dann in jeder Gesellschaftsschicht neue Formen von Jugendbrauchtum hervorgebracht hatte, verschärfte nun eher die Klassenunterschiede, als daß er sie mildern half.

Für die Arbeiterjugend war das alte Brauchtum der Brüderschaft zu einem Instrument geworden, mit dem sie sich vorzeitig die Identität mit den älteren Kameraden verschafften. Der Mittelschicht jedoch diente der Rückgriff auf das alte Jugendbrauchtum zum genauen Gegenteil. Bei ihnen bedeutete ein zu rasches

Wandernde Studenten

Eintreten in den Erwachsenenstatus die Preisgabe der Zukunftschancen. Persönlicher Erfolg erforderte eine lange Ausbildung und aufgeschobene Befriedigung, und das neue Brauchtum der Mittelschichtjugend, einschließlich der von der Gesellschaft als »abweichend« betrachteten Elemente, vervollständigte diese Bedingungen. Mochte also das Jugendbrauchtum verschiedener sozialer Schichten sich aus einem gemeinsamen Erbe herausentwickelt haben, um die Mitte des Jahrhunderts fing es an, sich in sehr verschiedene Richtungen zu bewegen.

Drittes Kapitel
»Jungens sind nun mal so« – die Entdeckung des Jugendalters (1870–1900)

Die gescheiterten Revolutionen von 1848 kennzeichnen einen Wendepunkt in der politischen Geschichte der Jugend. Mit ihnen waren die ersten europäischen Studentenunruhen zu Ende gegangen, und ebenso hatte die Jugend ihre unabhängige Rolle innerhalb der Arbeiterbewegung ausgespielt. Erst nach 1900 wird die Jugend die Bühne der Öffentlichkeit wieder betreten, und dann wird sie es in ganz anderer Form und in der Unterstützung ganz neuer Belange tun. Die Traditionen des Radikalismus und der Boheme überlebten, indem sie sich in der sozialistischen Jugendbewegung und in der Künstleravantgarde der Jahrhundertwende erneuerten; zu dieser Zeit vereinigte sich zugleich eine ganze Reihe neuer Jugendinitiativen mit ihnen, die sie sogar in den Schatten stellten und die sich um ein engeres Spektrum von Jugend zentrierten – um das »Jugendalter« *(adolescence)*. Die neuen Organisationen setzten sich nicht nur aus jüngeren Mitgliedern zusammen, sondern ihre Vorstellung von Brüderlichkeit war sowohl nationalistischer als auch sozial-konservativer. Um 1900 wechselte »Jugend« als Symbol für regenerative Kraft von »links« nach »rechts« und legte damit die veränderte Stellung der Jugend in der europäischen Gesellschaft offen.

Für England können wir feststellen, daß dieser Prozeß um 1850 begann, in der Ober- und Mittelschicht anfing und dann so langsam in die niedrigeren Gesellschaftsschichten durchsickerte. Während des Krim-Krieges wurde eines der traditionellen Feste des *Misrule*, die »*Guy Fawkes Night*«, als Gelegenheit für das Verspritzen patriotischen Giftes benutzt. Im Freudenfeuer loderte anstelle des Guy das Bildnis des Zaren *Nikolaus*, und obgleich solcher Tausch nicht neu war – auch *Napoleon* ist zu Beginn des Jahrhunderts verbrannt worden –, hatte es doch den begleitenden Enthusiasmus für das Marschieren und den Drill Jugendlicher für Königin und Vaterland zuvor noch nicht gegeben[1]. Der drohende Krieg mit Frankreich am Ende derselben Dekade rief eine Bewegung ins Leben, die sich für bewaffnete Corps in Elite-Internaten stark machte. Die »*Volunteers*«, eine Universitätsmiliz in Oxford, die nach den napoleonischen Kriegen eingeschlafen war, kamen wieder auf, nachdem *Edmond Warre* im April 1859 einen aufwühlenden Brief in der Londoner »Times« veröffentlicht hatte[2]: »Ich vermute, daß mit Beginn des nächsten Semesters einigen tausend stramme, junge Burschen da sein werden, deren Größe, Kraft und Rührigkeit im Durchschnitt, daran zweifle ich nicht, sich mit jedem Regiment, das in Ihrer Majestät Diensten steht, messen kann oder es gar übertrifft. In drei Jahren werden sie im ganzen Empire verstreut sein. Welch nützliche Folgen mögen nicht aus einem

Unterricht erwachsen, der sowohl in der *ars militaris* als auch in der *ars logica* erteilt wird.... Warum sollten die Freiwilligen der Royal Oxford University nicht in Port Meadow ins Glied treten und gedrillt werden?... Zwei Stunden exerzieren, zwei-, dreimal die Woche, wird unseren Mut stählen, und ein blauer Flanellrock und eine weiße Hose werden keinen zu Grunde richten.«

Die internationale Krise ging vorüber, und *Warres* Freiwillige machten ihren Hochschulabschluß, ohne den Beweis für ihren Kampfgeist erbracht zu haben. Acht Jahre später jedoch mußten die Universitätskadetten in die Schlacht ziehen, in diesem Falle gegen die Massen einer Stadtbevölkerung, die für die Beseitigung ökonomischer Mißstände auf die Straße gegangen war. Indem sie die Aufständischen bezwangen, bewiesen die jungen Herren in Oxford, daß die Verteidigung ihrer sozialen Klasse und die Verteidigung des Vaterlandes in ihren Köpfen untrennbar zusammengehörte[3]. Gegen Ende des Jahrhunderts waren viele traditionelle Formen des *Misrule* in gleicher Weise Instrumente des konservativen Nationalismus geworden; ihren Höhepunkt erreichte die Entwicklung in dem wilden Ausbruch der »*Mafeking Night*« vom 18. Mai 1900 und in den Angriffen, die Studenten, Angestellte und andere junge Leute aus gehobenen Berufen in den folgenden Tagen gegen jene führten, die sich für einen Frieden mit den Buren einsetzten[4].

Daß das Volksbrauchtum für patriotische Zwecke umfunktioniert wurde, erkannten die herrschenden Kreise am Ausgang des 19. Jahrhunderts immer deutlicher; und als der Geschichtsforscher *Percy Manning* sich 1890 auf die Suche nach authentischem Jugendbrauchtum machte, fand er zu seinem Mißvergnügen, daß Mai-Singen und Maientanz in den Dörfern der Oxforder Gegend häufiger offiziell geförderte Übungen für Schulkinder waren als authentische Zeugnisse von Volksbrauchtum. Vorbei waren die spontanen Festlichkeiten; verschwunden auch die soziale Satire, die mit dem traditionellen Sich-Kostümieren immer verknüpft gewesen war. Übrig geblieben waren fromme Liedchen und gekünstelter Zeitvertreib, bar jeglicher gesellschaftlicher Bedeutung. »Ich glaubte gerade, ich hätte etwas Gescheites gefunden«, schrieb *Manning* nach einem Besuch des Mai-Morgens in Yarnton Manor,« aber die Kinder verwässerten alles durch den Quatsch, den man ihnen in der Schule beigebracht hatte«[5].

In England starben traditionelle Tänze, Masken- und Jagdfeste seit den 1850er Jahren aus. *Manning* fand heraus, daß um 1900 nicht nur die Anlässe, die früher jungen Männern und Frauen gehört hatten, jetzt an viel jüngere, an Kinder abgegeben worden waren, sondern daß sich auch die gesellschaftliche Zusammensetzung der Teilnehmer veränderte. Das traf auch für den Ersten Mai in Oxford selbst zu, eine Gelegenheit, bei der eine »Königin« und ein »König« gekrönt wurden, die früher aus der Jugend aller sozialer Schichten gekommen waren; jetzt aber war es ein Ritus der Jugendlichen aus den untersten sozialen Schichten, nämlich der armen Schornsteinfeger geworden, die es nur mit Mühe schafften, angesichts der Störaktionen seitens städtischer Stellen diesen Brauch aufrechtzuerhalten. Die weltliche Fassung der Choräle, die am Maimorgen im *Magdalene College* von der Spitze des Turms aus gesungen wurden, war längst »bereinigt« worden und machte damit die ganze

Angelegenheit eher zu einer seltsamen Touristenattraktion (wie es sie heute noch gibt) als zu jenem stürmischen Fest, das sie früher im 19. Jahrhundert noch gewesen war[6]. Feste wie die »*Whit Hunt*« im Wald von Wychwood in Oxfordshire gehörten ebenfalls der Vergangenheit an; sie wurden um die Jahrhundertwende von Zigeunern und anderen »Unerwünschten« fortgeführt, aber nicht mehr so respektiert wie früher, solange die ländliche Bevölkerung daran beteiligt gewesen war[7]. Das »Morris-Tanzen« und das Verkleiden war schon so weit außer Gebrauch gekommen, daß es der Aufmerksamkeit städtischer Volkskundler bedurfte, um es wieder zum Leben zu erwecken. Aufgrund von Photographien aus den 1860er Jahren konnte *Percy Manning* zwei frühere Tänzer identifizieren und sie dazu bewegen, jungen Leuten die Lieder und Tanzschritte beizubringen. Aber selbst *Mannings* Wunsch nach Authentizität war nicht stark genug, um seinen viktorianischen Sinn für Etikette verdrängen zu können, und als seine Tänzer 1899 in Oxford ihren ersten Auftritt hatten, waren nicht nur die Texte frei von deftigem Humor, auch die Narretei des traditionellen *Lord of Misrule* fehlte[8].

Der Entwicklung, in deren Verlauf die Jugend ihre Selbständigkeit verlor und von den Erwachsenen zunehmend für deren Interessen instrumentalisiert wurde, widersetzten sich die arbeitenden Armen am heftigsten. Um 1900 starb jedoch das Brauchtum des *Misrule* in den Arbeitervierteln langsam aus und enthüllte damit eine Veränderung, die genauso bei der Mittel- und der Oberschichtjugend eingetreten war. Hinter beidem, dem Untergang der Gesellenbewegung und dem Verschwinden studentischen Radikalismus, lagen tiefergreifende Veränderungen, die nicht nur die demographischen und ökonomischen Spannungen milderten, die die Ursache der Verunsicherung der Jugend in früheren Jahrhunderten gewesen waren, sondern auch den Lebenszyklus selbst so sehr änderten, daß sich daraus anstelle der alten neue Formen der Brüderschaft bildeten. Daß die Jugend ihre soziale und politische Unabhängigkeit eingebüßt hatte, zeigte sich darin, daß ein erheblicher Teil dieser Lebensphase, nämlich die Jahre des Heranwachsens von Vierzehn bis Achtzehn, zunehmend abhängig wurden: Während die ältere Jugend viel von ihrer früheren Autonomie beibehielt, ja in ihrem Selbstbild näher an den Erwachsenenstatus heranrückte, verlor die Altersgruppe der Jüngeren, die zunehmend der elterlichen oder institutionellen Kontrolle unterworfen wurde, den Zugang zum wirtschaftlichen und sozialen Leben der Erwachsenen. Die moralische Autonomie, die frühere Generationen mit der Vorstellung von Jugend verknüpften, machte neuen Ausprägungen von Konformität Platz, die sich mit einem eher bewußtseinsarmen, mehr auf körperliche Vitalität gerichteten Bild verband. Die Wendung – das wiederum zeigte das Bild, das die Öffentlichkeit von Jugend hatte – verlief von *Delacroixs* Barrikadenkämpfern, von einer Jugend, die *gegen* die Gesellschaft kämpft, zu den Werbeplakaten der Armee des späten 19. Jahrhunderts, welche die Jugend im Kampf *für* die Gesellschaft glorifizierten.

PUNCH, OR THE LONDON CHARIVARI.—SEPTEMBER 1, 1909.

OUR YOUNGEST LINE OF DEFENCE.

»Unsere jüngste Verteidigungslinie«

Ein *boy-scout* sagt zu »Mrs. Britannia«: »Fürchte Dich nicht, Großmutter; keine Gefahr kann Dir jetzt zustoßen. Denke daran, daß *ich* bei Dir bin!«

1. Die Ausdehnung der Schulbesuchsdauer

Die Entdeckung des Jugendalters war wesentlich eine Angelegenheit der Mittelschicht, der ersten sozialen Gruppe neben dem Adel, die ein Absinken der Kindersterblichkeit erlebte und die Konsequenzen, die das mit sich brachte, zu spüren bekam. Die Adelsfamilien hatten eine größere Anzahl überlebender Kinder auffangen können, einmal weil sie wohlhabender waren und zum anderen wegen der festen Tradition des Rechts der Erstgeborenen, das den jüngeren Söhnen untergeordnete Rollen zuwies. Personen aus der Mittelschicht, besonders die Angehörigen gehobener Berufe, hatten keine vergleichbaren Reserven und da sie den Zuletztgeborenen nicht benachteiligen wollten, wandten sie sich der Geburtenbeschränkung zu als der einzigen Möglichkeit, ihre Belastung zu verringern. Obgleich die Familie mit nur zwei Kindern noch nicht erreicht war, begannen die Angehörigen der englischen Mittelschicht und solche, die sich ihr zugehörig fühlten, in den 1860er und 1870er Jahren, diese Familiengröße zum Ideal zu erheben, um die Einkommensverhältnisse mit den steigenden Kosten für den Unterhalt und die Ausbildung der Kinder in Einklang zu bringen. Dadurch verbesserte sich in dieser Gruppe allmählich die Situation, die im frühen 19. Jahrhundert durch den großen Überschuß an Söhnen und Töchtern gekennzeichnet gewesen war; und wo früher die nachfolgende Generation jedesmal zahlenmäßig größer gewesen war als die vorhergehende, wurde sie jetzt in der Bevölkerungsgruppe, die Familienplanung betrieb, jedesmal kleiner[9].

Das generative Verhalten hatte sich von hoher zu geringer Fruchtbarkeit gewandelt, und eine Konsequenz war, daß sich auch das elterliche Verhalten gegenüber den Kindern änderte. Zunehmend wurde jedes einzelne Kind – seinem Geschlecht gemäß – ohne Vorurteil bezüglich seines Platzes in der Geschwisterreihe behandelt. »Gebt den Jungen eine gute Ausbildung und einen Start ins Leben«, schrieb *J. E. Panton* im Jahre 1889, »und versorgt die Mädchen mit jährlich einhunderfünfzig Pfund Stirling, wenn sie heiraten oder wenn Ihr selbst sterbt, und Ihr habt eure Pflicht an Euren Kindern erfüllt. Bei solch einem Einkommen werden die Mädchen weder verhungern noch einem Heiratsschwindler auf den Leim gehen; keiner aus der oberen Mittelschicht aber hat das Recht, Kinder in die Welt zu setzen und *weniger* für sie zu tun«[10]. Die besondere Sorge, die bisher den ganz kleinen Kindern vorbehalten gewesen war, schien jetzt auch auf die ältere Jugend ausgedehnt worden zu sein und zwar nicht nur, weil man sich mehr »Gefühl« leistete, sondern auch aufgrund der Erkenntnis, daß die Investition in eine lange, teure Ausbildung umsichtig geplant und gewissenhaft betreut sein wollte und daß man sie nicht einfach dem Zufall überlassen durfte, wie das in der ersten Hälfte des Jahrhunderts oft geschehen war.

Eine Folge dieser neuen Sorge und Vorsorge für die älteren Kinder war nun, daß die Phase der Abhängigkeit, in die diese Jugend geriet, länger dauerte. Mädchen aus der Mittelschicht behielt man zu Hause, scharf bewacht von den Eltern, bis sie heirateten und sicher in den Schoß einer anderen Familie überwechselten. Das Interesse an der Mädchenerziehung wuchs in der zweiten Hälfte des 19. Jahrhunderts, zum Teil als Folge des Überschusses an jungen Frauen, denen keine Ehe winkte; noch aber blieb

Bürgerfamilie im Kaiserreich

Arbeiterfamilie im Kaiserreich

Bildungsstreben in einer sozialen Gruppe verdächtig, die glaubte, »daß die Liebe zur Wohnung, zu den Kindern und zu häuslichen Pflichten die einzigen Leidenschaften sind, die sich in ihnen (den Frauen) regen«[11]. Jungen hatten mehr Selbständigkeit, aber auch ihre Berufslaufbahn wurde sorgsam von den Eltern überwacht, die zunehmend mehr Interesse an der höheren Bildung entwickelten, je mehr sie bemerkten, wie die traditionellen Möglichkeiten, eine Lehre zu machen, immer mehr abnahmen. Selbst Geschäftsleute, für die früher die klassische Bildung wenig Anziehungskraft gehabt hatte, kümmerten sich mehr und mehr darum, für ihre Söhne die Vorteile des Schulbesuchs bis zum sechzehnten oder siebzehnten Jahr zu sichern, selbst wenn sie damit rechneten, daß ihre Burschen ins eigene oder in irgendein anderes Unternehmen eintreten würden[12]. *James Templeton,* Rektor der »Mission House School« in Exeter, berichtete der Schulkommission von 1868: »Anstelle dessen, was ich in meinen jungen Jahren Eltern sagen hörte: ›Ich hab's zu was gebracht in der Welt. Ich war auch bloß sechs oder zwölf Monate in der Schule‹ wird die Erkenntnis solch eines Mannes heute heißen: ›Ich habe solche Vorteile und Gelegenheiten in meiner Jugend nicht gehabt; darum hätte ich gerne, daß mein Sohn so was wie ein gebildeter Mann wird, damit er weit bessere Chancen hat, als ich sie hatte‹«[13]. Eine vergleichbare Entwicklung zeigte sich auch auf dem Kontinent, wo die Verschlechterung von Lehrmöglichkeiten auch ein Ergebnis des elterlichen Wunsches nach nicht nur den geistigen, sondern auch den gesellschaftlichen Vorteilen von höherer Bildung für ihre Kinder war[14].

Die »*Edinburgh Review*« schrieb 1876 von einer »oberen Mittelschicht«, welche »sich dessen bewußt war, daß das Beibehalten der Vorteile, die sie genießt, noch immer von der geistigen Aktivität abhängt, durch welche sie erworben worden waren; und hochgradig empfänglich für ästhetische und intellektuelle Vergnügungen, macht die obere Mittelschicht den Eindruck, daß sie wohl zu allerletzt ihre eigenen Bildungsbelange vernachlässigen wird«[15]. Die Schulkommission fand heraus, daß diese Schicht dazu neigte, ihre Kinder bis zum achtzehnten oder neunzehnten Jahr auf der Schule zu belassen, um sie dann auf die Universitäten zu schicken. Aber auch die weniger wohlhabenden Mitglieder der Mittelschicht zeigten ähnliche Bestrebungen, getrieben von dem Wunsch, einen ähnlich privilegierten Status zu erlangen. Ein Eisenwarenhändler, *Edmund Edmundson,* bestätigte 1868, daß durch den augenblicklichen Niedergang des Lehrwesens das herkömmliche Vorurteil der Handwerker gegen die Lateinbildung schwächer wurde. »Tatsache ist, daß ein Junge, der nicht gut ausgebildet ist, seine gesellschaftliche Stellung nicht halten kann. Die Gesellschaft war vor zwanzig Jahren, wenn ich mich recht erinnere, eine total andere Sache als heute«[16]. Die Tendenz zum *self-made man,* die auch in den Anfängen auf dem Kontinent nie so stark war, breitete sich über ganz Europa aus, als die Mittelschicht von der Schule als dem Garanten für die Zukunft ihrer Nachkommen immer abhängiger wurde.

Kleinere Kinderzahlen förderten längeres Zusammenbleiben zu Hause, besonders auf dem Kontinent, wo die höhere Schule – im Unterschied zu den englischen Internaten – als Tagesschule organisiert wurde. Das Anwachsen der weiterführenden

Schulbildung hatte es in der zweiten Hälfte des 19. Jahrhundert mit sich gebracht, daß sogar in Mittelstädten eine Oberschule am Ort verfügbar war, weshalb nun die Notwendigkeit von auswärtiger Unterbringung für die Zeit des Schulbesuchs weniger wichtig war als früher. Bessere Verkehrsmittel steigerten die Bewegungsfreiheit der Schüler innerhalb der Städte, wenn einzelne Stadtteile selbst keine Schulen hatten, und daher lebten um 1900 die meisten französischen und deutschen Gymnasiasten bei ihren Eltern und verließen das Elternhaus erst, wenn sie zur Universität gingen oder in eine berufliche Laufbahn eintraten. Selbst in England, wo die Internatstradition fortgesetzt und in der zweiten Hälfte des Jahrhunderts noch ausgebaut wurde, ermöglichten längere Ferien und bessere Verkehrsmittel häufigeren Kontakt zwischen Eltern und Kindern.

Ob ein Kind nun ins Internat gegeben wurde oder nicht, den Eltern fiel in jedem Fall eine wesentlich bedeutendere Rolle bei der Betreuung des gesamten Ausbildungsprozesses jedes einzelnen Sohnes und jeder Tochter zu. Deutsche Väter waren berüchtigt für die Strenge, mit der sie die Ausbildung ihrer Söhne überwachten. Sie sperrten Jungen wie Mädchen innerhalb der engen Grenzen ihres Zuhauses ein, erlaubten ihnen nur beschränkten Kontakt zur Außenwelt und dies auch nur zum Zwecke allgemeiner Ausbildung und Erziehung. Das Zeitalter des patriarchalischen Haushalts mit seinen vielfachen wirtschaftlichen und gesellschaftlichen Funktionen war um 1870 vorbei, viele Vorrechte der Väter waren von der Fabrik, vom Staat und von der Schule übernommen worden. Die Autorität der Väter, so schien es, erstarrte in einer unzeitgemäßen und tyrannischen Manier. *Hans Heinrich Muchow* hat ein kulturelles Nachhinken bemerkt, das durch die Trägheit zustande kam, mit der sich Väter auf den Wandel vom großen multifunktionalen Haushalt zur kleinen Einheit der Kernfamilie *(nuclear family)* einstellten: »Aus Gewohnheit behielt er aber auch jetzt die alte Rolle bei und lastete nun als ›Übervater‹ auf der Kleinfamilie und insbesondere auf den heranwachsenden Kindern, die ängstlich aus dem Kinderzimmer auf jede Regung des ›Herrn Vaters‹ lauschten«[17]. Kein Wunder, daß die Söhne der deutschen Mittelschicht auf die früheren Zeiten des halbabhängigen Jugendbrauchtums, besonders die Wanderjahre, mit einer gewissen Nostalgie zurückblickten. Gefangen während ihres zweiten Lebensjahrzehnts zwischen der Tyrannis des Elternhauses und den Anforderungen der rigorosen deutschen höheren Schule, dem Gymnasium, hatten sie den Kontakt verloren zu der unterstützenden Kraft der früheren Gruppen der Altersgleichen und der Autonomie, die jene verkörpert hatten.

In England wachte das elterliche Auge nicht weniger aufmerksam oder umfassend, dort aber bot sich von selbst eine Alternative zur väterlichen Tyrannis. Auf dem Kontinent blieben Internate und Militärakademien das Monopol der Aristokratie, während in England diese Tradition ausgeweitet wurde, um einen wachsenden Teil der Mittelschicht aufzunehmen. Reform und weiterer Ausbau des (Oberschul-)Internatswesens war der Schlüssel zum Kompromiß zwischen den Ansprüchen der Mittelschicht und den Werten des Adels, der um die Mitte der Viktorianischen Ära zustande kam. Der Reiz, der davon auf soziale Aufsteiger ausging, war offensichtlich: »In den großen Schulen, die eine bedeutende Tradition haben und deren Schüler größtenteils aus adeligen Häusern stammen, herrscht der Ton des guten Benehmens und ein Gefühl für Ehre, welche die Nachteile nahezu wieder ausgleichen, die daraus entstehen könnten, daß man Kinder zu früh aus einem schützenden Zuhause fortnimmt«[18]. Für Eltern, die sich Sorgen machten, weil sie ihre Kinder in einem Alter fortschickten, in dem sie Pflege und Fürsorge brauchen, gab es die Versicherung, daß »der Lehrer in diesem Falle Elternstelle vertritt, und um seine Aufgabe gut zu erfüllen, sollte er mit aller elterlichen Gewalt ausgestattet sein«[19]. Ob ein Junge zu Hause blieb, um die Schule zu besuchen, oder ob er in ein Internat gegeben wurde, war für die europäische Mittelschicht offenbar weniger wichtig als vielmehr die Verknüpfung von sozialer Kontrolle und Ausbildung. Das allgemeine Resultat war eine Phase der Abhängigkeit, die länger dauerte als diejenige, welche die vorhergehende Generation noch erlebt hatte: Dabei kam eine neue Phase im Lebenszyklus heraus, die dem entspricht, was wir heute »das Jugendalter« *(»adolescence«)* nennen.

Nach unten war das Jugendalter von der Kindheit abgegrenzt durch die neue Linie, die durch den Übergang von der Volksschule zur höheren Schule gezogen worden war. Während noch im frühen 19. Jahrhundert – als Eltern aus Gründen der Tradition und der Zweckmäßigkeit ihre Kinder zur Frühreife trieben – Jungen im Alter von acht bis neunzehn Jahren in den englischen Oberschulen zusammengewürfelt worden waren, wurde 1868 berichtet, daß »es jetzt recht üblich geworden ist, Jungen nicht in Schulen wie Harrow oder Rugby zu schicken, bevor sie nicht dreizehn oder vierzehn Jahre alt sind, sondern sie gemeinsam mit Gleichaltrigen in Vorbereitungsschulen zu unterrichten«[20]. Präzisere Alterseinteilungen und eine geringere Betonung der Frühreife ließen sich auch an der anderen Grenze des Jugendalters zeigen, nämlich an der zunehmenden Vereinheitlichung des Eintrittsalters in die Universität. Die Altersverteilung der Erstsemestrigen an der Universität Oxford (Tabelle 3) zeigt deutlich den Trend auf, neue Normen zu setzen und eine klare Trennungslinie zu ziehen zwischen den Jugendlichen, die aufs Gymnasium gehen (Vierzehn- bis Achtzehnjährige), und dem Status des »jungen Erwachsenen«, der vom Eintritt in die Universität bis zur Heirat mit etwa Dreißig reicht[21].

In der Zeit von 1830 bis 1890 erlebte Oxford die größte Altershomogenität seiner Geschichte unter seinen Studenten. Erst später erhöhte die Anzahl der bereits Examinierten die Immatrikulationszahlen von über Zwanzigjährigen; das änderte aber nichts an der Tatsache, daß die Zeit, in der es noch sowohl Frühreife als auch Nachzügler gegeben hatte, endgültig vorbei war. Weder Eltern noch Lehrer waren länger daran interessiert, die Jungens vorwärts zu treiben so wie früher. Frühreife als solche stand in Mißkredit und wurde eher mit Straßenjungen als mit ehrbaren Schülern in Verbindung gebracht. »Wie ich es hasse, einen Jungen als Mann zu betrachten«, sagte *Warden Sewell* vom *Radley College.* »Das ist genauso schlimm, als wenn man ein Ei öffnete und darin ein halberwachsenes Küken fände. Was würde man denn dazu sagen: Ein Säugling mit Backenbart und Schnauzer? Nein, seht zu, daß Jungs Jungs – Kinder Kinder – und junge Männer junge Männer bleiben«[22]. *Sewell* schrieb diese Bemerkung in den späten 1850er Jahren auf, als die neue Dreiteilung

Tabelle 3: Eintrittsalter der Studienanfänger an der Universität Oxford (in Prozenten des Immatrikulationsjahrgangs)
(Aus: *Stone*, »Size and Composition«, Tabelle XI)

Alter Lebensjahre	Jahrgang 1810	1835	1860	1885	1910	1960
13						
14	1					
15	1	1				
16	7	2		1		
17	25	24	10	5	2	2
18	34	48	48	34	18	30
19	16	15	30	40	45	31
20 und älter	16	10	12	20	35	37

dem, was ein »Junge« war, bereits eine klare Bedeutung verlieh, was es vorher nicht gegeben hatte.

Das Auftauchen des Jugendalters für Jungen (und später auch für Mädchen) konnte man auch in der Veränderung der Kinderliteratur jener Zeit verfolgen, die nun ihre eigene Altersabstufung durchmachte. Vor Anbruch der zweiten Hälfte des Jahrhunderts hatten Zeitschriften wie der »*Youth's Monthly Visitor*« ihre Moralpredigten an ein unspezifisches Publikum gerichtet, das beide Geschlechter und alle Lebensalter vom Kind bis zum jungen Erwachsenen umfaßte. Das Erscheinen von »*Boy's Own Magazine*« im Jahre 1855 – gefolgt von, nachdem es seinen kommerziellen Erfolg bewiesen hatte, »*Boy's Own Paper*«, »*Boy's Penny Magazine*«, »*Boys of England*« und einer ganzen Menge anderer Konkurrenten – signalisierte einen folgenschweren Wandel in der Haltung der Öffentlichkeit, wenigstens unter den Angehörigen der Mittelschicht, welche die anfänglichen Abonnenten waren. Die neuen Blätter waren nicht nur geschlechtsspezifisch orientiert, sondern sie verstärkten auch noch die Stereotypen, die dem viktorianischen Bürgertum so gut gefielen: »das Vorbild des Oberschülers für den Jungen, die Frau zu Hause für die Mädchen«[23]. Gegen Ende des Jahrhunderts wurde die Kinder- und Jugendliteratur noch weiter unterteilt; es gab Zeitschriften für Säuglinge, Kinder, Jugendliche und junge Erwachsene, jede eine klar umrissene Norm wiedergebend, wie das Verhalten auf jeder Stufe des Lebenszyklus' zu sein hatte[24]. »Sie (die Eltern) wünschen sich sehr häufig mehr als alles andere, daß ihre Jungs so sein sollen wie andere Jungs auch und daß sie nicht als etwas Besonderes auffallen sollen«, berichtete die Schuluntersuchungskommission[25]. Ein wichtiger Prozeß, zu werden wie jeder andere, war die Anpassung an den gängigen Lebenszyklus der Mittelschicht, und das schloß im Jahre 1900 bereits das Jugendalter als einen Teil des natürlichen Ordnungsgefüges einer gesitteten Gesellschaft ein (vgl. Graphik 3).

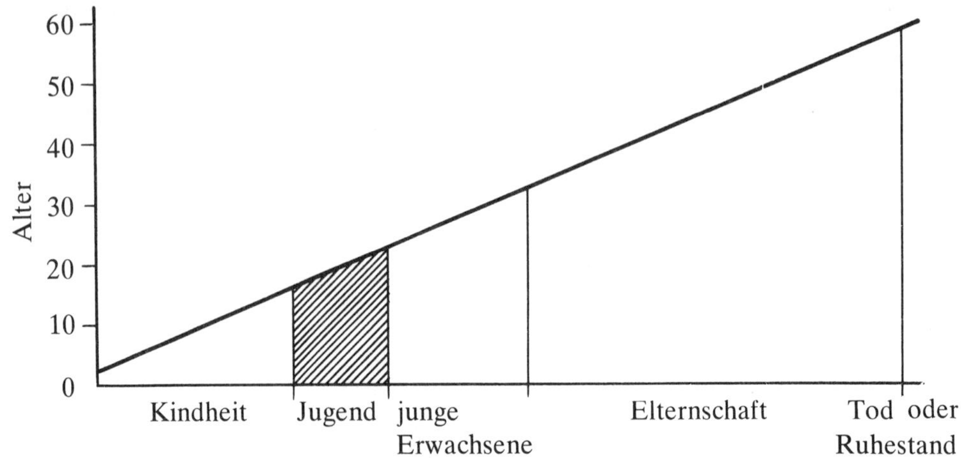

Graphik 3: Lebenszyklus in der Mittelschicht um 1900

2. Disziplinierung in der Schule: Männlichkeitsideal und Sport

Niedrige Sterblichkeit und niedrige Fruchtbarkeit machten das Jugendalter möglich; den wahren Schmelztiegel jedoch der sozialen und psychischen Qualitäten der Altersgruppen stellte die Elite-Oberschule dar. In England war die »Erfindung« des Jugendalters das unbeabsichtigte Ergebnis der Internats-Reform, deren Beginn gewöhnlich in die Ära von *Thomas Arnolds* Rektorenzeit in Rugby von 1827 bis 1839 gelegt wird. *Arnold* und andere Reformer seiner Generation waren aus der früheren Epoche der verunsicherten Jugend hervorgegangen, die selbst zu früh in die Ausbildung gezwungen worden war und selbst so etwas wie den Status des Jugendlichen nicht gekannt hatte, der dann aus ihren eigenen Reformen hervorgehen sollte. Als Universitätsstudenten der 1820er Jahre hatten sie die geistigen und gesellschaftlichen Gärungen ihrer Zeit mitbekommen. Die meisten waren von der Bekehrungswelle erfaßt worden und hatten sich früher oder später selbst durch die Zugehörigkeit dazu »gerettet« gefühlt. Die Gesellungsform, aus welcher sie ihre Kraft zogen, war jene für das Übergangsalter so typische: kleine, intime Freundeskreise von der Art, wie ihn auch *Thomas Arnold* mit *John Keble* und *J. T. Coleridge* in Oxford pflegte. *Coleridge* schrieb, daß »die Mitglieder jünger als üblich und mit einem höheren als dem üblichen Maß an Begabung und Gelehrsamkeit ausgestattet waren ... Ein Ergebnis dieser Umstände war, daß wir in einem äußerst familiären Ton miteinander umgingen: vielleicht, nein tatsächlich waren wir etwas jungenhaft in unserem Benehmen und in den Freiheiten, die wir uns miteinander herausnahmen; unser Interesse aber an Literatur, antiker wie neuer, und an all den aufwühlenden Themen jener aufwühlenden Zeit war nicht jungenhaft; wir diskutierten Klassik und Romantik; wir diskutierten Dichtung und Geschichte, Logik und Philosophie; oder wir erhitzten uns über die Schlachten der Befreiungskriege und die Feldzüge auf dem

Kontinent mit der Inbrunst von Diskutanten, die persönlich betroffen waren. Unser Lebensstil war genügsam und bescheiden«[26].

Sie stammten aus einer Generation, in der man noch offen weinen konnte, ohne Furcht, weibisch genannt zu werden, in der man sich umarmen konnte ohne den Makel sexueller Abweichung. Sie genossen es, eine herzliche, offene Männerfreundschaft zu pflegen, nicht viel anders als die deutschen Romantiker, die sie bewunderten; Männlichkeit, das hieß für sie hohe, fast übertriebene moralische Normen, die sie für den geeigneten Schutz gegen kindisches Verhalten einerseits und gegen die Vergnügungssucht der Erwachsenen andererseits hielten. Obgleich wenige Engländer aus ihrer sozialen Schicht von den Lehren der Bohemiens oder von den Utopisten, die sich auf dem Kontinent so weit ausgebreitet hatten, berührt worden waren, gab es doch nicht wenige, die später von den mönchischen Schwüren der »*Tractarian Movement*« der 1830er Jahre äußerst angezogen waren. »Nachdem sie in einem Alter intime Freundschaften gepflegt hatten, in dem es angemessen ist, Visionen zu haben«, schreibt *David Newsome,* »beschlossen sie gemeinsam, ihre Ideale dem jeweiligen gesellschaftlichen Bereich aufzuprägen, in welche ihre Arbeit sie bringen würde«[27].

Arnold verstand sich mit seiner Berufung zum Erzieher als Sachwalter des *ganzen* Menschen: »Er muß die je besonderen Ansprüche körperlicher und geistiger Übung, die verschiedenen Arten intellektueller Arbeit miteinander in Einklang bringen; er muß jeden Bereich der physischen, intellektuellen und moralischen Natur seines Schülers betrachten; wobei man die Heranbildung der letzteren als den beiden anderen übergeordnet zu betrachten hat«[28]. *Arnold* wünschte junge Männer zu erziehen, die sich durch gedankliche Strenge, moralische Ernsthaftigkeit und tiefe geistige Überzeugung auszeichneten. Die Gefühle, die er zur Entfaltung zu bringen wünschte, waren nicht kindliche Emotionen, sondern die des edlen Idealismus. Aufgrund seiner eigenen Erziehung dachte er ganz selbstverständlich in den Kategorien eines frühreifen Verhaltens, und wenn er sich selber die Frage stellte »Kann man den Wandel von der Kindheit zum Mannesalter bei Knaben oder jungen Männern beschleunigen, ohne vorzeitig die Fähigkeit des Körpers oder des Geistes zu erschöpfen?«, so war seine Antwort entschieden bejahend. Das Ziel der Erziehung in Rugby war es, wie er schrieb, »wenn möglich christliche Männer heranzuziehen; denn christliche Jungen, das geht wohl kaum«[29].

Die Philosophie des »*boys will be boys*« – »Jungens sind nun mal so« – hatte keinen Platz in *Arnolds* Welt, weil er als Erzieher den Bedingungen, die vorher im Jahrhundert die Frühreife unter der Jugend gefördert hatten, so nahe stand: »Wenn man ohne Gefährdung den Wechsel von der Kindheit zum Mannesalter beschleunigen kann, so sollte man das tun, und jeder begeht eine Sünde, der das nicht fördert«, blieb seine erzieherische Überzeugung bis zum Schluß[30]. Als Bewunderer der Tradition versuchte *Arnold,* die Struktur der Gruppen der Altersgleichen nicht zu zerstören. Vielmehr nutzte er das traditionelle Übergewicht der älteren Schüler über die jüngeren zu seinen Gunsten, indem er das System der Vertrauensschüler und die Jungschülerdienste von ihrer Brutalität befreite und beide so umgestaltete, daß sie mit der neuen, eher väterlichen Disziplin an den Schulen zusammenpaßten. Es darf nicht vergessen werden, daß in der Schule des frühen 19. Jahrhunderts die Jungen eine wirksame Selbstverwaltung gehabt hatten, in der sich die Mitglieder durch Gruppendruck kontrollierten, der auch Ausschreitungen und Quälereien duldete. Wenn Lehrer in diese Rechte der Selbstverwaltung eingriffen, so taten sie es auf eigene Gefahr und riefen damit häufig jene Art von Protest hervor, die in der Schulgeschichte des frühen 19. Jahrhunderts keine Seltenheit war. Die Schulmeister des 19. Jahrhunderts waren berüchtigt für den Gebrauch der Rute, und die Herrschaft durch körperliche Züchtigung endete gewiß nicht mit dem Beginn der Reformen. Dennoch wurden die Beziehungen zwischen Schülern und Lehrern freundlicher und vertrauter. Die gewaltsame Unterdrückung wurde von einem System von fast väterlicher Überwachung gemildert, das darauf aus war, Unfug eher zu verhindern als zu bestrafen. So konnte 1864 berichtet werden, daß »die Beziehung zwischen Lehrern und Schülern gegenüber früher enger und freundschaftlicher geworden ist ... Prügel, die vor zwanzig Jahren für die lächerlichsten Vergehen an der Tagesordnung waren, gab es nun generell nur noch sehr selten und dann nur für schwere Vergehen. Größere Aufmerksamkeit wird dem Religionsunterricht geschenkt ... und größerer Wert auf das Pflichtbewußtsein gelegt«[31].

Die Autorität der Lehrer, die in den hundert Jahren zuvor so wenig gegolten hatte, war durch die Nachfolger *Arnolds* bis zu dem Punkt gehoben worden, an dem es möglich war, die Schule für einen tauglichen Familienersatz und die Lehrer für Elternersatz zu halten. Man kann sagen, daß um 1860 die Lehrer die Stelle der Eltern im wahrsten Sinne des Wortes eingenommen hatten. Die Reform hatte der Schule die vollkommene Autorität über ihre Mitglieder gegeben, ein Sachverhalt, von dem sich frühere Zeiten nichts hätten träumen lassen, als Schule noch eine Randerscheinung war, gemessen am Hauptschauplatz des Lernens, der Welt als Ganzer. Nun wurde jedoch die Schule als der Ersatz schlechthin nicht nur für die Familie, sondern auch für das Leben selbst angesehen: »Für den Internatsschüler ist die Schule die Welt.« Die Schulstunden, Versetzungen und kleinen Vorrechte in der Schule machten auf den Jungen größeren Eindruck, als »wenn seine Welt nur ein Teil jener größeren Welt gewesen wäre, der sein Vater und seine Mutter angehörten.« Das Zusammensein mit Gleichaltrigen ist in jeder Hinsicht dem Zusammensein mit Erwachsenen überlegen, »weil das Gespräch des Vaters sich zum Teil um Dinge dreht, die er noch nicht versteht und ihm zum Teil – aufgrund des Altersunterschieds – auf undeutliche Weise fernliegen; das Gespräch mit einem anderen Jungen aber bewegt sich auch dann, wenn dieser viel klüger ist als er selbst, immer noch innerhalb seines eigenen Fassungsvermögens«[32].

Arnold selbst hätte niemals den Vorschlag unterstützt, Jungen vollständig von der Welt abzutrennen. Es ist richtig, daß Themenbereiche wie Sexualität als für die Jugend unangemessen gehalten wurden; aber sein Ziel, christliche Schüler hervorzubringen, verbot, daß man andere – soziale, politische, weltanschauliche – Belange aus dem Leben des Schülers ausklammerte, die für eine vielseitige Entwicklung der Persönlichkeit notwendig waren. Aber auch *Arnold* hat in seinem Bestreben, eine

Umgebung zu schaffen, die Erwachsenwerden ermöglichte, dazu beigetragen, daß Schranken zwischen der Schule und dem Erwachsenwerden errichtet wurden. Um die richtige Sorte von Mittelschicht-Jungen anzuziehen, hatte er die Tagesschüler am Ort, wenn sie aus armen Verhältnissen kamen, ausgeschlossen. Die Stadtbevölkerung und die Angehörigen akademischer Einrichtungen konnten sich nach *Arnolds* Amtszeit nie mehr so leicht mischen wie früher, und in dem Maße, wie die soziale Exklusivität der Schulen deutlicher wurde, nahm auch die Isolierung ihrer Insassen zu[33]. Das Reformwerk hatte seine unbeabsichtigten Ergebnisse, darunter das der Umbildung des Internats in eine klösterliche Einrichtung, die es bis heute geblieben ist. *Arnolds* väterliche Betreuung ist allmählich in patriarchalische Überwachung verwandelt worden. Den Jungens, die an der Welt draußen interessiert waren, an ihrer Dichtung, ihrer Politik, wurde nur gestattet, sie aus zweiter Hand in Debattierclubs oder anderen Nachahmungen des Erwachsenenlebens kennenzulernen[34]. Die Schulen auf dem Festland gingen noch einen Schritt weiter: sie strichen politische oder soziale Themen völlig aus ihren Lehrplänen. Ein deutscher Beobachter äußerte sich kritisch darüber, daß in englischen Schulen »die Nachahmung des Erwachsenenlebens in Clubs oder anderen Zusammenkünften und ihre Beachtung der Form öffentlicher Versammlungen uns als Zeichen einer gewissen Frühreife anmuten«[35]. Das aber war nicht das gleiche wie die von *Arnold* geförderte Frühreife. Politische Sandkastenspiele wahrten zwar den Schein der Intellektualität unter den Schuljungen, aber sie waren authentischer politischer Erfahrung auch nicht näher als jugendliche Kriegsspiele der Kadettencorps auf Elite-Schulen *(Public Schools)* dem tatsächlichen Krieg. Nichts konnte das Eingebundensein in die soziale, ökonomische und politische Lebensrealität ersetzen, mit der diese Jugend nun immer später und später konfrontiert wurde.

Mochte die Reform auch aufgeklärt und liberal sein, sie enthielt einen grundlegenden Widerspruch, insofern sie versuchte, den Durchgang von der Kindheit zum Erwachsenenalter durch institutionelle Mittel zu beschleunigen. Um 1860 waren englische Oberschulen das geworden, was *Erving Goffman* als die »totale Institution« beschreibt: »ein Ort, an dem es Wohnung und Arbeit gab, wo eine große Zahl von Individuen der gleichen Lage, von der weiteren Gesellschaft für eine beträchtliche Zeitspanne abgeschnitten, zusammen ein klösterliches, förmlich verwaltetes Stück Leben führt«[36]. Die Abgeschiedenheit des Internats war natürlich weitergehend als die der Tagesschule, aber selbst in Frankreich und Deutschland, wo die Internatstradition nicht vorherrschte, gab es in den Schulen eine gewisse Neigung, ihre Authorität über einen wachsenden Teil des Schülerlebens auszudehnen. Die höheren Schulen auf dem Festland trieben das so weit, daß sie am Ende des 19. Jahrhunderts die Unabhängigkeit ihrer Schüler so gründlich eingeengt hatten, daß diese nichts ohne die Erlaubnis der Schule unternehmen konnten. Hausaufgaben wurden praktisch zur bloßen Beschäftigung, damit die meiste Zeit des Schülers außerhalb der Schulstunden ausgefüllt war[37].

Die Absonderung der Jugendlichen rechtfertigte man in England mit der Religion, auf dem Festland mit dem Aufruf zur Kultur; in beiden Fällen aber war es die gleiche greifbare Furcht, die Eltern und Lehrer umtrieb. Da war natürlich die frische Erinnerung an die radikalen Studenten und die rebellierenden Schüler. Es war ja nicht bloß die Bedrohung durch das Ausland, worüber die englischen Eltern nachdachten, als sie in den 1850er Jahren jugendliche Kadettenkompanien einrichteten. Eine ähnliche Verbindung von Nationalismus und Sozialkonservatismus steckte hinter der gleichen Hast, mit der in Frankreich nach den Tagen der Pariser Kommune von 1871 das Marschieren und Exerzieren betrieben wurde, das in den bunten, aber kurzlebigen *»Bataillons Scolaires«* der frühen 1880er Jahre seinen Höhepunkt erreichte[38]. Als die Jungens des Kriegsspielens müde waren, erfanden ihre Eltern andere Spiele, damit sie ihre Kräfte anspannen und verausgaben konnten. Der erzkonservative Franzose *Hippolyte Taine* konnte seinen Landsleuten die englische Manie für Mannschaftssport mit der Begründung empfehlen, sie sei sozial konservativ und militärisch nützlich. Sie nahmen seine Empfehlung offenbar an; denn 1899 berichtete der *»Almanach des Sports«:* »Der Fußball ist mit seiner notwendigen Disziplin und mit seiner Art, wie er die Teilnehmer an Gefahr und Schläge gewöhnt, ein wahrer kleiner Krieg«[39].

Sie waren zu jung um zu wählen, um gemustert zu werden oder um als Freiwillige wirklich zur Armee zu gehen; die Schuljungen waren aber nicht unbedingt von der Disziplin befreit, die eigentlich ihren älteren Brüdern vorbehalten sein sollte. Das echte Soldatenleben diente wenigstens als Kompensation für den verwehrten Zugang zum Erwachsenenstatus, und der prahlerische junge Reserveoffizier des späten 19.

Corporierte Studenten

Jahrhunderts war in vielen Stücken Sinnbild für die Freiheiten der älteren Jugend, was um so deutlicher hervortrat, als sie in einem so auffälligen Kontrast zur Zwangsjacke des Jugendalters standen. Deutsche Universitätsstudenten kennzeichneten die soziale Distanz zwischen sich und den Schülern deutlich dadurch, daß sie sich exzessiv ins Duellieren und Saufen stürzten. Brüderschaftliche Beziehungen zwischen beiden Gruppen, die es im frühen 19. Jahrhundert noch gegeben hatte, sanken zur Bedeutungslosigkeit ab[40]. Auch in England wurde der Trennungsstrich zwischen Schule und Universität schärfer gezogen, obgleich die Sitten und Gebräuche der Studenten weiterhin die Manieren der heldenverehrenden Schuljungen prägten.

Weiterhin fühlten sich die Jugendlichen zum Erwachsenenleben hingezogen; aber die Bedeutung von Männlichkeit, wie die Generation von *Arnold* sie noch verstanden hatte – vor allem geistige Autonomie und intellektuelle Reife –, war ersetzt worden durch die Betonung der körperlichen Tapferkeit und bloßer Willenskraft. Dieser neue Männlichkeitskult huldigte anderen Tugenden. Die spartanische hatte die platonische ersetzt, so wie »Brüderlichkeit« nun eher die körperlichen und weniger die geistigen Charakteristika bezeichnete. *Treitschke* hat nicht weit gefehlt, als er sagte, die Vorstellung der Engländer von Zivilisation sei »*Seife*«. Die Nachfolger von *Arnold* hielten »Güte« für eine Funktion von guter Gesundheit und starken Muskeln. »Jenes Morgenbad, das Ausländer für den eigentümlichsten Aberglauben der jungen Engländer halten, hat mindestens so viel für die Abschaffung der Trunksucht geleistet, wie jede beliebige andere Ursache auch«, sagte *Charles Kingsley*[41]. Gleichzeitig stieg die Bedeutung der Mannschaftssports, und um 1880 war Sport in den meisten *Public Schools* Pflicht, was meist damit begründet wurde, daß die Schulen angeblich einen Beitrag zur Einübung der Jungen von verschiedener Herkunft in einen gemeinsamen Corpsgeist leisteten. *Edward Thring,* Rektor von Uppingham und einer der größten Fürsprecher des Sports, hielt ihn für den Schlüssel bei der Heranbildung einer neuen nationalen Elite, die sich aus den Vitalsten sowohl der Aristokratie als auch der Mittelklasse zusammensetzen sollte[42]: »Eine große Vorliebe für Public Schools macht sich unter dem Händlerstand Englands breit; und Hunderte gehen heute zur Schule, die vor dreißig Jahren nicht daran gedacht hätten, so etwas zu tun. Es ist ein unbezahlbarer Segen, daß sie Verantwortlichkeit lernen und Unabhängigkeit, Schmerz zu ertragen, Spiele zu spielen und Rang und Reichtum und häuslichen Luxus fallen zu lassen. Ich für meinen Teil denke, daß es dies ist, was die Engländer zu einer so abenteuerlustigen Rasse gemacht hat, und daß bei allen ihren Fehlern ... die Public Schools die Ursache solcher Männlichkeit sind.«

Sport übernahm viele der Aufgaben von Initiationsriten, die einst nur im Studium der lateinischen Sprache gesteckt hatten; denn auch der Sport garantierte die Trennung der Jungens von der Welt der Frauen während des kritischen Übergangs von der Kindheit zum Erwachsenenalter. In dieser Ersetzung spiegelte sich jedoch auch ein wichtiger sozialer Wandel. Das Vorbild der früheren Lateinschule war das Klosterleben; das Ideal der *Public School* war zunehmend militärisch. Der Jugendliche hatte sich von Frauen fernzuhalten, weil Weiblichkeit jetzt ineins gedacht wurde mit Schwachheit, Emotionalität und Unzuverlässigkeit. So sehr bemühte man sich um

1860, weibliche Züge zu vermeiden, daß Männer es nicht mehr wagten, sich in der Öffentlichkeit zu umarmen, und Tränen wurden nur vergossen, wenn man allein war. Eine ganze Serie von Männerclubs schoß aus dem Boden, um Männer vor Frauen zu schützen. Einige wie die 1844 gegründete YMCA *(Young Men's Christian Association)* bezogen ihre Anregung aus den gemäßigten evangelischen Brüderschaften des späten 18. und frühen 19. Jahrhunderts; zu den gehobeneren Schichten jedoch paßte es eher, daß sie von harten Trinker- und Reiter-Vereinen angezogen wurden. Diese brüderschaftlichen Oberschichtgruppen neigten trotz ihres viktorianischen Äußeren dazu, eine doppelte Sozialmoral, auch im Bezug auf Sexualität, zu vertreten. Als Männer behielten sie sich selbst das Recht vor, sich das Trinken, Spielen und die Prostitution zu gestatten, und sie »rationalisierten« diese Dinge als dem Manne »natürlich« und der Frau »unnatürlich«[43].

»Gott schuf den Menschen Ihm zum Bilde und nicht nach einem imaginären Bilde von der Jungfrau Maria«, erklärte *Charles Kingsley,* einer der sogenannten »Muskelchristen«, für den Züge von Empfindsamkeit oder Häuslichkeit bei einem Manne so etwas wie eine Sünde gegen die Natur und die Gesellschaft darstellten[44]. Und was konnte natürlich die Unterschiede zwischen den Geschlechtern besser aufrechterhalten als das Militär? Das erklärt zum Teil die Popularität der Schützenvereine und der Kadettencorps in der zweiten Hälfte des Jahrhunders. Hier paßten sich männlicher und nationaler Chauvinismus zwanglos in ein spartanisches Modell von Jungenhaftigkeit *(boyhood),* das keine Abweichung duldete. Jungens, die nicht mitmachten und nicht im Stechschritt marschierten, wurden als Abweichler betrachtet. Uniformen für den Sportler wie für den Soldaten unterstrichen die zunehmend intolerante Haltung gegenüber der Individualität, welche gegen Ende des 19. Jahrhunderts die Bildungsinstitutionen sowohl Englands als auch Deutschlands kennzeichnete. *Max Weber* schrieb im Rückblick auf die enormen Auswirkungen, die die Studentenverbindungen auf das deutsche Leben gehabt hatten, über das falsche Verständnis von Freiheit, das sie hervorgebracht haben[45]: »Die akademische Freiheit des Trinkens, Duellierens und der Klassendistanz stammt aus einer Zeit, in der es andere Formen von Freiheit nicht gab und in der nur die Schicht der Literaten und Verwaltungskandidaten für solche Freiheiten privilegiert waren. Der Einfluß jedoch, den diese Moden auf die Haltung des akademisch Gebildeten in Deutschland gehabt hat, kann bis heute nicht ausgemerzt werden.«

Er lobte die Engländer, weil sie ihre Söhne zu einem weiter gefaßten Verständnis von Recht erzogen; aber da hätte er in England besser auf jene gehört, die vor dem Trend warnten, der in die Richtung gedankenloser Konformität ging, ein Ergebnis der Parole *»boys will be boys«,* Jungens sind nun mal so. Für *George Trevelyan* war das Ergebnis klar[46]: »Was kann man denn anderes erwarten, wenn ein junger Mann in dem Alter, in dem sein Großvater in den Befreiungskriegen gekämpft oder sich für eine Gemeinderatswahl vorbereitet hat, noch immer auf der Schule herumhängt, mit einem Kopf, der zur Hälfte mit lateinischen Versen voll ist und dessen andere Hälfte aufgeteilt ist zwischen der Punktzahl auf dem Cricketfeld und seiner Punktzahl auf der Anschreibtafel beim Pastetenbäcker.«

3. Die Unterdrückung der Sexualität

Die zunehmende Beschäftigung mit den physischen Aspekten der heranwachsenden Jungens konfrontierte Eltern und Erzieher unausweichlich mit der *Sexualität,* dem Tabu früherer Generationen. Um 1870 wurde der Sachverhalt der »Pubertät« in medizinischen Büchern wie in Elternratgebern offen diskutiert; und ein Jahrzehnt später sprach sich sogar die konservative *Oxford Clerical Association* für »Offenheit« im Unterricht der jungen Konfirmanden aus[47]. Daß man die Jugendsexualität nun anerkannte, bedeutete jedoch nicht die Lockerung der viktorianischen Verhaltensweisen. Im Gegenteil: Autoren neigten sogar dazu, diejenigen Eltern der Nachlässigkeit zu beschuldigen, die ihren Kindern erlaubten, von Gleichaltrigen und Bediensteten schlechte Manieren anzunehmen. *Elisabeth Blackwell* warnte: »Das körperliche Wachstum in der Jugend, die neuen Kräfte, die verschiedenen Symptome, mit denen sich der Übergang von der Kindheit in den Status des jungen Mannes oder der jungen Frau ankündigt, sind oft für das Individuum alarmierend. Der Eintritt in diese wichtige Lebensphase jedoch geschieht seltsamerweise ohne elterliche Führung«[48]. Wenn Eltern damit nicht umgehen könnten, dann würden es andere Institutionen tun. Die klösterlichen, nach Geschlechtern getrennten Schulen waren die besten Garanten für die Verhütung sexueller Abweichungen. *Dr. William Acton* lobte aber auch die Anstrengungen des YMCA und der *Volunteer*-Bewegung in Bezug auf die Durchsetzung von sexueller Enthaltsamkeit: »Ich bin davon überzeugt, daß viel von der Sittenlosigkeit unserer Tage verhindert werden könnte, wenn man für die jungen Männer der großen Städte Unterhaltungs-, Bildungs- und Freizeitangebote fände«[49].

Zeitgenossen erkannten, daß das hohe Heiratsalter in der Mittelschicht (29,9 Jahre bei Männern aus gehobenen Berufen in der Zeit von 1840 bis 1870) eine enorme Herausforderung an Überwachung und Kontrolle bedeutete, nicht nur was die Beziehung zwischen den Geschlechtern anlangt, sondern auch bezüglich derjenigen zwischen Jungen untereinander. *Acton* und andere gaben zu, »daß ein Lehrer angesichts der übermäßigen Gefahr der platonischen Bindungen, besonders zwischen Jungs verschiedenen Alters, die manchmal an Schulen Mode werden, äußerst wachsam sein muß«[50]. *Robert Graves* mußte später erfahren, daß soziale Verhaltensweisen, die in der Welt draußen normal waren, drinnen zugunsten der Loyalität gegenüber der Männergruppe aufgegeben wurden. Jungens wurden sogar gezwungen, die normalen Geschlechtsrollen aufzugeben. »In den englischen Vorbereitungs- und *Public Schools* sind die ersten Liebeserlebnisse notwendig homosexuell«, schrieb *Graves.* »Das andere Geschlecht wird verachtet und als etwas Obszönes behandelt... Auf einen homosexuell Geborenen brachte die *Public-School* wenigstens zehn Pseudohomosexuelle hervor, und von diesen zehn waren neun genauso ehrlich, keusch und sentimental wie ich selber«[51].

Für die meisten war die Regression in dieser Form der unschuldigen Gefühle nur eine temporäre Umleitung auf dem Wege zu erwachsenen Heterosexualität. Rektor *G. H. Rendall* lag mit seiner Stellungnahme wahrscheinlich richtig, daß »meine Jungs einander lieben, jedoch selten erotisch«[52]. Während es nun unentschieden sein mag, ob die Schulen einen größeren Anteil an erwachsenen Homosexuellen hervorgebracht haben, hatte auf jeden Fall die totale Trennung vom anderen Geschlecht den Erfolg, die Sexualität in eine verbotene Welt der Heimlichkeit abzudrängen, deren Enthüllung auf junge Asexuelle wie *Graves* traumatische Wirkung hatte. Die Auseinandersetzung mit den Auswirkungen der Pubertät kam unerwarteter und darum traumatischer als heute. Mit Siebzehn erlebte Graves zum ersten Mal eine wirkliche Einführung in das Liebesspiel: »Ein irisches Mädchen, das in derselben Pension wohnte wie ich, schlief mit mir, wie ich heute weiß, wirklich sehr zärtlich. Das aber ängstigte mich so sehr, daß ich sie hätte umbringen können«[53].

Rektoren betrachteten die Gruppe der Altersgleichen aus zwei Gründen als ein Mittel, mit dem man über sexuelle Vergehen wachen konnte: weil sie zum einen die einfachste Art war, die eigene Kontrolle auszudehnen, und weil sie zum anderen wie *Arnold* die Macht fühlten, die die »öffentliche Meinung« unter den Jungen selbst hatte. Probleme erwuchsen daraus, daß der Gruppendruck so streng organisiert wurde, daß jedes Anzeichen von Individualität sofort als Zeichen sexuellen Lasters gedeutet wurde. Ein sicheres Zeichen für »Selbstmißbrauch« (Onanie) war körperliche Schwäche: »Die Muskeln sind unterentwickelt, das Auge ist eingefallen und schwer, die Gesichtshaut ist blaß und pickelig oder mit den Tupfen der Akne bedeckt, die Hände sind klamm und kalt, die Haut ist feucht«[54]. Wie viele Unschuldige, die gerade die körperlichen Veränderungen des Jugendalters durchmachten, den Wachstumsschub, der jetzt in der Mittelschicht früher kam und rascher verlief, müssen durch diese Symptome einer ganz normalen Entwicklung verschreckt worden sein? Noch sichtbarer aber verriet sich, wer nicht mitmachte und sich der Gruppe nicht anpaßte – ein sicheres Zeichen für die heimliche Sünde[55]: »Der Junge meidet die Gemeinschaft anderer, schleicht alleine herum, nimmt mit Widerwillen an den Vergnügungen seiner Schulkameraden teil. Er kann niemanden in die Augen schauen und wird nachlässig in der Kleidung und unreinlich an der ganzen Person. Sein Verstand wird energielos und geschwächt, und wenn er seinen Lebenswandel beibehält, so wird er am Ende ein lallender Idiot werden oder ein launischer, ewig kränkelnder Mann.«

So also wurden die historisch entstandenen sozialen Normen einer bestimmten Bevölkerungsschicht in der medizinischen und psychologischen Literatur verpackt als das »natürliche« Erscheinungsbild des Jugendalters. Diese Umwandlung sozialer Werte in Naturgesetze infolge institutioneller Zwänge paßte gut zu dem materialistischen Standpunkt der Mittelschicht in der zweiten Hälfte des 19. Jahrhundert. Einer von *William Actons* Briefpartnern schrieb ihm im Zusammenhang mit den Möglichkeiten, die jüngere Generation von den Gefahren der Unkeuschheit zu überzeugen, daß es sein größter Wunsch sei, in der Wissenschaft eine neue Legitimation für die alten sozialen Kontrollen zu finden: »Es wäre die größte Ermutigung, wenn wir wüßten, daß die Naturwissenschaft das absichert, wozu uns die Aufklärung zwingt«[56].

Konformität, Selbstverleugnung und Abhängigkeit – alles wesentliche Funktionen jener Art von Erziehung, die für eine bestimmte gesellschaftliche Schicht bezeichnend war –, das waren die geltenden Normen des menschlichen Verhaltens geworden, durch welche eine höhere soziale Schicht sich ihrer ererbten Herrschaft über die niedrigeren Schichten versichern konnte. Die Tatsache, daß die Kinder aus der Arbeiterklasse unabhängig und gegen die institutionellen Kontrollen resistent waren, war nur der Beweis für deren untergeordnete Stellung.

4. Die Welt als Schule – die Schule als Welt

So sehr die Mittelschicht auch von ihrer Erfindung begeistert war, bemerkte sie doch auch die Schwierigkeiten, besonders die emotionalen Defizite, die aus so gewaltigen Investitionen in die künstliche Welt der Schule erwuchsen. »Wenn man sie (die Jugendlichen) ganz sich selbst überläßt, dann neigen sie zu Unordnung und Oberflächlichkeit; werden sie zu viel von Erwachsenen überwacht, dann neigen sie dazu, Eifer und Spontaneität zu verlieren«, schrieb *G. Stanley Hall.* Die Schlüsse, die er zog, waren jenen gar nicht unähnlich, zu denen *Stephan Spender* an die fünfzig Jahre später gelangte, als er auf die englische Jugend zurückblickend schrieb, daß die Schulen die Jungs lehren, »sich selbst als Funktion einer Institution ernst zu nehmen, ehe sie sich selbst als Personen oder als Individuen ernst nehmen«[57]. Englands Schuljungen besaßen eine Gelassenheit und eine Adrettheit, welche die meisten ausländischen Besucher überraschte und erfreute. Unter dieser Oberfläche aber lagen beträchtlicher Aufruhr und Selbstzweifel begraben, das Ergebnis einer Erziehung, die der Persönlichkeit und der emotionalen Entwicklung wenig Aufmerksamkeit schenkte. *Robert Graves,* besonders feinfühlig in Bezug auf diesen Mangel in seiner eigenen Erziehung, schrieb, daß die »totale Institution« so eingerichtet war, daß die Jungens dazu kamen, sich selbst nicht von persönlichen Rechten beherrscht zu fühlen, sondern nur von dem einen oder anderen Status, der ihnen von ihr als Vorrecht gewährt wurde. »Ein neuer Junge hatte überhaupt keine Rechte; ein Junge im zweiten Trimester durfte eine gestrickte Krawatte anstelle einer einfachen tragen; und ein Junge im zweiten Jahr durfte farbige Socken tragen«[58]. Ein ausgeprägter Individualist wie *Graves* konnte die Regeln der *Charthouse School* unterlaufen und neben ihrer Hierarchie seine eigene Identität entfalten, die meisten seiner Mitschüler aber hatten nicht so viel Glück. »Das Leben in der Schule wird zur Wirklichkeit und das Leben zu Hause zur Illusion«; also waren Jungen, deren ganzes Leben auf Mannschaftssport und Gruppengeist beruhte, natürlicherweise unsicher in Anwesenheit des anderen Geschlechts. Wenn sie dann in die Universität aufrückten, in die Armee oder die Berufsausbildung – alles fast ausschließlich Männerinstitutionen –, dann war es nur zu verständlich, daß sie ihre Angst vor diesem Aspekt des Erwachsenenlebens zu besänftigen suchten, indem sie die schuljungenhafte Kameraderie noch lange über das Jugendalter hinaus ausdehnten[59].

Der berühmteste fiktive Schuljunge aus der Mitte des Jahrhunderts, Tom Brown, war begierig darauf gewesen, das wirkliche Leben zu fassen zu kriegen. »Wenn ich nicht nach Rugby gehen kann, dann möchte ich in der Welt was tun und nicht drei Jahre in Oxford vertrödeln«, sagte er zu seinem Lehrer. Am Ende aber nahm er einen

Ratschlag von der Art an, wie er um 1900 sehr gebräuchlich werden sollte: »Du brauchst die eigene Suche nach deinem Platz in der Welt nicht zu überstürzen. Du bist noch nicht alt genug, um für dich selber zu entscheiden; sieh dich eher an dem Platz um, an dem du dich befindest, und versuche da, die Dinge ein bißchen besser und redlicher zu machen«[60]. An dieser Äußerung kann man den Bruch zwischen *Arnolds* Generation und den Lehrern, die nach ihm kamen, ermessen. *David Newsome* hat ihn am treffendsten zusammengefaßt: »Der schlimmste Grundgedanke früherer Erziehungsideale war die Neigung, Jungens zu rasch zu Männern zu machen; der schlimmste Hauptgedanke der anderen lag darin, daß sie mit dem Versuch, Mannhaftigkeit durch höchste Bewertung von Sportspielen zu erreichen, paradoxerweise in den gegenteiligen Irrtum verfielen und die Jungens auf diese Weise überhaupt nicht zum Mann gemacht wurden«[61].

Am Ende des Jahrhunderts konnten sich die Schulmeister in ganz Europa gegenseitig zur vorbildlichen Ordnung ihrer Schüler gratulieren. Nie zuvor hatte der Schüler so mit der Welt in Frieden gelebt, hatte er die Herabminderung seiner sozialen Bedeutung hingenommen, war er gegen seinen bürgerlichen Status so gleichgültig gewesen. Mochten jugendliche Narren noch immer in einer Novembernacht ihre Streiche spielen oder an einem Maimorgen tanzen, die Mittelschichtjungen setzten jedenfalls normalerweise die Masken der *Misrule* nicht mehr oder höchstens noch aus patriotischen oder traditionellen Gründen auf. Jedoch, unter dieser glatten Oberfläche glaubten viele den inneren Sturm schon brausen zu hören. Daß emotionale Unruhe mit dem Ausgang der Kindheit zusammengehört, was mindestens bis in die Schriften von *Rousseau* zurückverfolgt werden kann, nahm um 1900 in der medizinischen und psychologischen Literatur einen hervorragenden Platz ein. Das Bild vom Schüler hatte sich von dem, der Sorgen *macht*, zu dem gewandelt, der Sorgen *hat*, besonders in Deutschland, wo die Beziehung von Schule und Elternhaus die Probleme der verlängerten Abhängigkeit nur vergrößerte.

Das Tagesgymnasium hatte keine Merkmale einer »totalen Institution«, wie sie die englische *Public School* kennzeichneten. In Deutschland behielt die Familie in der Mittelschicht die Kontrolle über soziales Lernen; die Schule erhielt das Monopol auf intellektuelle Bildung, und die Aufgaben sowohl der staatsbürgerlichen wie der sexuellen Erziehung blieben zwischen beiden strittig. Die problematische Situation wurde gegen Ende des Jahrhunderts Gegenstand von zunehmenden Kontroversen. Die ökonomische und demographische Situation des deutschen Bürgertums glich im wesentlichen der des englischen, mit der einen Ausnahme, daß es akademischem Erfolg viel größere Bedeutung zumaß, weil dem Erwerb formaler Bildung in der deutschen Gesellschaft ein höherer Prestigewert zukam. Es scheint auf den Jugendlichen der gleiche wachsende Druck gelegen zu haben, die elterlichen Erwartungen zu erfüllen und die steigenden Ausbildungskosten zu rechtfertigen. Im Gegensatz zur englischen *Public School* jedoch war das deutsche Gymnasium weniger gut gerüstet, um mit dem Phänomen des »Jugendlichen«, das es selbst hervorbrachte, zurechtzukommen. Da ihm die Merkmale der »totalen Institution« fehlten, hatte es auch größere Schwierigkeiten, die Jugend seinen elitären Zielen anzupassen. Da gab es keinen Sport oder außerschulische Aktivitäten, die es mit den sozialen und emotionalen Nebenwirkungen der verlängerten Abhängigkeit hätten aufnehmen können; und so erschien die Schule vielen ihrer Insassen als eine sture Denkfabrik, die unfähig war, die Bedürfnisse der Jugendlichen zu befriedigen. Eine Welle von Schülerselbstmorden in den 1890er Jahren veranlaßte *Ludwig Gurlitt* zu fragen: »Kann es einen schwereren Vorwurf gegen ein Schulsystem geben, als die häufigen Schülerselbstmorde? Ist es nicht gräßlich, ja fürchterlich, wenn ein Kind sich freiwillig weigert, weiterhin das Licht der Sonne zu sehen, sich freiwillig trennt von seinen Eltern, Brüdern und Schwestern, von all den Freuden, Hoffnungen und Wünschen seines jungen Lebens, weil es an sich selbst zweifelt und den Zwang der Schule nicht länger ertragen kann«[62]?

Auf der anderen Seite war die Familie in allen ihren eigenen privaten Angelegenheiten autoritär organisiert und ebenso schlecht gerüstet, um mit den schwierigeren Aufgaben der Entwicklung des Jugendlebens zurechtzukommen. Sexualerziehung verblieb in einer Art von Niemandsland, weder von Eltern noch Lehrern beachtet, trotz der wachsenden Angst vor der einsetzenden Pubertät. Ohne die Gruppe der Altersgleichen, die früher die Funktion der Sexualerziehung getragen hatte, empfanden die deutschen Jungen und Mädchen aus der Mittelschicht ihren Zustand der Abhängigkeit als eine außergewöhnlich vereinsamende und verwirrende Erfahrung. Um 1900 schlug sich diese soziale Erfahrung auch literarisch nieder – in den Erzählungen von *Thomas Mann, Hermann Hesse* und *Robert Musil,* die den inneren Aufruhr des Jugendalters zu ergründen versuchten. Die gleichen Fragen spiegeln sich in den Arbeiten der deutschen und österreichischen Richtungen der Psychologie, einschließlich natürlich *Freuds* und seiner Nachfolger[63]. Und ihre Definition des »problematischen« Charakters des Jugendalters beeinflußte sowohl in England als auch besonders in den Vereinigten Staaten die Sichtweise, wo *G. Stanley Hall* 1904 sein Mammutwerk veröffentlichte »*Das Jugendalter, seine Psychologie und seine Beziehung zu Physiologie, Anthropologie, Soziologie, Sexualität, Kriminalität, Religion und Erziehung*«. Das Jugendalter, schrieb *Hall,* ist eine der wichtigsten Segnungen, welche die Zivilisation uns beschert hat; seine Chance war aber auch seine Gefahr. Eine Phase im Leben, fern von dem geschäftigen Treiben der Erwachsenen, war wünschenswert, aber sie setzte die Jugendlichen auch der Faulheit und dem Verderben aus. »Das moderne Leben ist schwer und in vieler Hinsicht besonders für die Jugend. Elternhaus, Schule und Kirche versäumen es, ihre Eigenart und ihre Bedürfnisse und, vielleicht am allermeisten, ihre Gefährdungen wahrzunehmen«[64].

5. Das Aufkommen jugendlicher Hilfsarbeiter

Die Probleme der Jugendlichen gewannen um 1900 öffentliche Aufmerksamkeit, weil eine stets anwachsende Minderheit der Bevölkerung sich in einer demographischen und ökonomischen Lage befand, die diese neue Lebensphase hervorbrachte. Sicherlich, ihre Zahl war noch immer begrenzt. In England, dem reichsten Land Europas, betrug die Zahl der Eltern, die ihren Kindern eine höhere Bildung ermöglichen konnten, im Jahre 1909 erst um die sechs Prozent der Bevölkerung; und in der Altersgruppe der Fünfzehn- bis Achtzehnjährigen waren nur eineinhalb Prozent gerade dabei, höhere Bildung zu erwerben[65]. Aber nun gab es neben der gefestigten Mittelschicht eine größer werdende untere Mittelschicht *(lower middle class)*, die durch die Zunahme der »*white-collar-jobs*« im letzten Viertel des 19. Jahrhundert angeregt wurde, ihre Söhne auf die örtlichen Oberschulen zu schicken, damit sie eine hinreichende Bildung bekämen, die sie zu Angestellten, Sekretären und niederen Staatsbeamten qualifizieren sollte. »Eltern sind begierig darauf, ihre Söhne in Geschäftshäuser zu geben, wo sie sich das Äußere, wenn auch nicht das Ansehen eines *Gentleman* aneigenen konnten«, schrieb ein Zeitgenosse, der die Veränderung der beruflichen Verhältnisse in London gut kannte. »Die Stadt ist voll von gut ausgebildeten Burschen, die Männerarbeit für Jungenlohn tun. Es ist ziemlich unsinnig, mit den Eltern zu argumentieren und dafür einzutreten, daß es richtiger sei, die Jungens ein Handwerk lernen zu lassen; die Vorstellung von einem Jungen, der am Abend mit schmutzigen Händen von der Arbeit kommt, im Drillich- oder Cordanzug, ist für die Besseren von Peekham und Camberwell ein echter Schock«[66]. Die sich ausdehnende *White-collar*-Schicht gehörte auch zu jenen, die in allen europäischen Ländern einen weiteren Ausbau der höheren Bildung forderten; denn wie nun das

Arbeiterjugendliche aus Frankfurt auf einem Ausflug (1913)

frühere Unternehmerideal des *self-made man* verblaßte, schien dies der einzige Weg zu sein, jene gesellschaftliche Reputation zu erlangen, die sie so sehnlichst wünschten[67]. Nach ihrer Ansicht war Jugendlichkeit ein Teil dieses Ansehens; und es ist in nicht geringem Umfang dieser Bevölkerungsgruppe zu verdanken, daß die Popularität der neuen Jugendmagazine, Hobbies und Moden sich gegen die Jahrhundertwende hin so rasch verbreitete.

Unterhalb der unteren Mittelschicht jedoch war die Einstellung zur Bildung und zur Bewertung des Jugendalters viel weniger einheitlich. Die Arbeiterschaft – die noch immer die breite Mehrheit der Bevölkerung ausmachte – verfuhr mit der Einteilung der Lebensalter ebenso großzügig wie mit der Teilung ihrer Klasse in Gelernte und Ungelernte: Sie schlug die über Zehn- und die unter Zwanzigjährigen *einer* Altersgruppe zu. An der Spitze der Arbeiterklasse stand die sogenannte »Arbeiteraristokratie«, eine Gruppe von gelernten, hoch bezahlten Arbeitern, deren Lebensstandard dem der unteren Mittelschicht entsprach. Genau gesagt stellten sie in der Zeit von 1890 bis 1914 nur fünfzehn Prozent der englischen Arbeiterschaft; in eine ähnliche Rubrik müssen wir aber weitere vierzig bis fünfzig Prozent der Proletarier rechnen, die gelernt oder angelernt waren und deren Standard auch über dem Existenzminimum lag, das die Löhne von über dreißig Prozent der englischen Bevölkerung im Jahre 1914 noch nicht erreichten[68]. In der oberen Hälfte der Arbeiterklasse wurde der Trend nach einer Familienplanung, die der der Mittelschicht vergleichbar war, um 1900 schon deutlich. Unter den Armen und Ungelernten, die noch immer gegen die Zustände in den städtischen Slums kämpften, war dagegen die Situation hoher Sterblichkeit und hoher Fruchtbarkeit, die fünfzig Jahre zuvor praktisch die ganze Arbeiterklasse charakterisiert hatte, noch voll gegeben.

Steigende Löhne und bessere hygienische Verhältnisse hatten die Einstellung der gelernten Arbeiter gegenüber ihren Kindern verändert. Viele lebten abseits der Zentren der Städte und konnten sich jetzt einen durchschnittlichen Wohnraum von drei bis vier Zimmern pro Haus leisten[69]. Das häusliche Leben hatte sich geändert; Mütter gingen seltener zur Arbeit, daher wandten sie immer mehr Zeit und Kraft für die Kindererziehung auf. »Das Familienleben wird privater«, beobachtete *Seebohm Rowntree,* »und die Frauen bleiben den ganzen Tag zu Hause, während ihre Männer bei der Arbeit sind; dabei sind sie weitgehend auf ihr eigenes Talent angewiesen ... Wie es in der Familie aussieht und wie stark der Familienzusammenhalt ist, das hängt im wesentlichen von ihnen ab«[70]. Den Grad der Pflege und Aufmerksamkeit, den man dem einzelnen Kind widmete, konnte man an der verlängerten Bildung und Ausbildung ablesen, die Jungs wie Mädchen ermöglicht wurde. Erhebungen aus der Zeit vor 1914 zeigen, daß gelernte Arbeiter eher bereit waren als ungelernte, ihre Kinder lange zur Schule gehen zu lassen, und daß sie auf eine Ausbildung nach dem Schulabschluß Wert legten, sei es in Abendschulen, sei es durch eine Lehre. Sie waren nicht so erpicht darauf, ihre Kinder sofort nach Abschluß der Schule zur Arbeit zu schicken; in Oxford erlaubten sogar einige Handwerker ihren Kindern, sich einige Monate lang umzusehen, ehe sie sie auf eine Berufslaufbahn festlegten[71]. In London hatte die Arbeiteraristokratie seit den 1850er Jahren ihre Söhne bis zum vierzehnten

Lebensjahr zur Schule geschickt, das waren zwei oder drei Jahre mehr als das durchschnittliche Schulabgangsalter der Ungelernten zu jener Zeit[72]. Und sie waren stolz darauf, sich derart abzuheben; denn – wie ein Zeitgenosse berichtet – »niemand verachtet den ungebildeten Arbeiter mehr als der gebildete Arbeiter«[73].

Eltern aus den oberen Schichten der Arbeiterklasse schätzten die Schule nicht nur wegen der Aufstiegschancen, die sie ihren Kindern bot, sondern auch wegen der sozialen Kontrolle, die sie darstellte. Die Verachtung, die sie für den Ungebildeten hegten, dehnten sie auch auf den Undisziplinierten aus, wobei Straßenjungen und zur Miete wohnende Jugendliche Ziel ihrer besonderen Feindschaft waren[74]. Gehorsam seitens der Kinder wurde als besonders wichtiges Statussymbol betrachtet, was zu einer Situation führte, die *Alexander Paterson* zu der Bemerkung veranlaßte: »Elterliche Zucht ist in der Tat ein Zeichen von Wohlstand und Ansehen«[75]. In eben dieser Gruppe war es am wahrscheinlichsten, daß die Freizeitaktivitäten im Zusammenhang mit dem Familienleben in einer Art geplant wurden, wie sie sich bereits in Schichten gefestigt hatte, die auf der sozialen Leiter einige Stufen höher standen. Die gehobenen Arbeiter waren die ersten in der Arbeiterschaft, die Familienurlaub machen konnten, und in ihren Reihen war auch die lebhafteste Unterstützung organisierter außerschulischer Aktivitäten für Kinder – Antialkoholiker-Clubs, Freundschaftskreise für Junioren, Sonntagsschulen – zu finden[76]. *Aylward Dingle* wurde im ärmsten Viertel von Oxford, St. Ebbe's, geboren, aber sein Vater war stark an gesellschaftlichem Ansehen interessiert und trat daher nacheinander mehreren kirchlichen Gemeinschaften bei, angefangen mit der Heilsarmee, die von geringem Prestigewert war, bis hinauf schließlich zu den Methodisten, als sich seine Absichten verwirklichten. Der Junge wurde von einer kirchlichen Organisation in die nächste geschoben, wie es den Bestrebungen des Vaters gerade paßte[77]: »Die meisten Kinder haßten die Sonntagsschule genauso sehr wie ich, aber sie gingen dort hin, weil sie mußten. Die besten Jungen schmeichelten ihren Lehrern und dem Pfarrer, und die meisten von ihnen waren die tüchtigsten Speichellecker, Denunzianten und Lügner; aber grade die, sagte man mir, solle ich nachahmen. Ich fand wenig Bewundernswertes an ihnen und tat mein Bestes, um aus der Schule zu fliegen; aber nun mietete Vater einen Kirchenstuhl, wie Tante Lizzie, und legte jeden Sonntag einen Sixpence in den Teller, und deswegen konnte ich nicht ausgeschlossen werden.«

Nicht alle Organisationen, in die Kinder wie *Dingle* gehen konnten, waren so mittelschichtorientiert wie die Sonntagsschule der Methodisten. Um die Jahrhundertwende bevölkerten die Kinder auch die Bänke in der »Sonntagsschule« der Freidenker und der Sozialisten, und sie waren bei den Junioren der Gewerkschaften aktiv[78]. Aber sie waren eine Elite und neigten dazu, die guten Arbeitsmöglichkeiten im Handwerk für sich allein zu beanspruchen, einschließlich der besten Lehrstellen. Während des letzten Viertels des 19. Jahrhunderts verschwanden Lehrstellen aller Branchen, und die übrigbleibenden waren für die große Mehrzahl der Handwerkersöhne zu teuer. Außerdem hatten die Söhne der Gelernten den Vorteil der Begünstigung durch ihre Väter oder andere Verwandte, die in der Gewerkschaft waren, was ihnen noch einen zusätzlichen Vorteil gegenüber jenen gab, die weiter unten auf der sozialen Leiter standen und von denen die meisten noch nicht organisiert waren. Während es zutrifft, daß die Gelegenheiten in der Arbeiterschaft, für Verwandte Anstellungen zu finden, im allgemeinen um 1900 ungünstiger wurden, zeigen Untersuchungen aus dieser Zeit, daß die gelernten Handwerker ihren Nachwuchs sehr eng aus den eigenen Reihen rekrutierten. Das führte zu einer – auch von zeitgenössischen Beobachtern so bezeichneten – zunehmend tiefer werdenden Kluft zwischen Gelernten und Ungelernten in den Jahrzehnten vor 1914[79].

Trotz dieser Vorteile waren die gelernten Handwerker mit den Chancen ihrer Kinder nicht zufrieden; seit den 1890er Jahren scheint sich unter ihnen beträchtliche Angst breitgemacht zu haben, die der Konkurrenz um höher bezahlte Stellen entsprang. Anlaß dazu gab die sich ändernde Wirtschaftsstruktur selbst, die infolge der sogenannten »zweiten industriellen Revolution« die Beschäftigungsmöglichkeiten Jugendlicher in der Industrie empfindlich verringert hatte, während sie sie zu gleicher Zeit in anderen Branchen wie im Transportwesen und im Handel anwachsen ließ. Zunehmend führte der Weg zu hochbezahlter, gelernter Arbeit in der Industrie über die Ausbildung an der Technikerschule oder über die Lehre; beides erforderte vom Auszubildenden gewisse Geldaufwendungen. In anderen Wirtschaftsbereichen jedoch gab es um 1890 eine Schwemme von Arbeitsgelegenheiten für ungelernte Jungen im Alter von vierzehn bis achtzehn Jahren; Anstellungen als Laufbursche, Straßenverkäufer, außer Haus wohnende Hausbedienstete, Träger und Fuhrmannsgehilfe, die sogar sieben bis acht Schilling die Woche einbrachten, aber gewöhnlich keine Aufstiegschancen in gelernte Berufe boten. Dies war die Kategorie der sogenannten *»boy labor«*, Beschäftigungen, die vor 1914 einen immer größerer Teil der jugendlichen Arbeiter zwischen Vierzehn und Achtzehn aufnahmen[80].

Obgleich der höchste Lohn, den ein ungelernter Junge zu verdienen hoffen konnte, nirgendwo dem nahekam, was ein Lehrling verdiente, wenn er erst ausgelernt hatte, so waren doch die Anfangslöhne beträchtlich höher als die regulären Löhne für Lehrlinge. Darüber hinaus bedeuteten Lehr- und Schulgeld eine Belastung für die Familienkasse; eine Gelegenheitsarbeit als Austräger für den Laden an der Ecke bedeutete für Mutters Haushaltskasse mehr Groschen in eben jener Zeit im Lebenszyklus der Arbeiterfamilie, in der zusätzliches Geld am allernötigsten war, um viele Mäuler zu stopfen. Viele meinten, diese Situation führe zu einem weiteren Niedergang der beruflichen Lehre und der sozialen Kontrolle, die jene ja auch darstellte[81]: »Der Meister ist nachlässig oder der Lehrling ist faul oder der ältere Geselle will nicht damit belästigt werden, den Jungen bei seiner Arbeit anzuleiten; oder wenn, was nicht selten passiert, der Junge mit 15 oder 16 seine Meinung ändert, anfängt den Beruf zu hassen, den er erlernt, und dagegen rebellisch wird, drei oder vier Schilling die Woche zu verdienen, während sein Freund, der in der Schule drei Klassen unter ihm war, sieben oder acht Schilling als Laufbursche oder als Ladendiener verdient, dann ist es für beide Seiten hart, für weitere fünf oder wenigstens drei Jahre vertraglich aneinander gebunden zu sein.«

Seebohm Rowntree fand in seiner Untersuchung über York aus dem Jahre 1899 heraus, daß über vierzig Prozent der Arbeiterfamilien in jener Zeit, in der ihre Kinder heranwuchsen, nur sehr mühsam über die Runden kamen. Die Auswirkungen von Überbevölkerung und Krankheit waren noch genauso schlimm, wie sie im ersten Drittel des Jahrhunderts gewesen waren, und daher erforderte die Familienplanung noch immer große Kinderzahlen, die weiterhin erzwungenermaßen als wirtschaftliche und soziale Sicherung fungierten. Solange hohe Sterblichkeit vorherrschte, blieb das Leben der Arbeiterfamilien, wie *Alexander Paterson* schrieb, »ein schwindelerregendes Kaleidoskop aus Gefahr, Katastrophe und unerwarteten Glücksfällen«[82]. Das Leben der Ungelernten blieb in einem Zyklus von Mangel und relativem Überfluß gefangen, was weitgehend von den ökonomischen Verhältnissen und der Familiengröße abhing. Familien mit zahlreichen Kindern, die noch klein waren und zur Schule gingen, so daß sie nichts verdienten, waren am ehesten in Gefahr, unter die Grenze des Existenzminimums zu fallen. *Rowntree* fand heraus, daß die Aussichten des Arbeiters am rosigsten waren, wenn seine Kinder alt genug waren um mitzuarbeiten, daß sie sich jedoch wieder verschlechterten, wenn die Kinder das Elternhaus verließen, um ihren eigenen Hausstand zu gründen. Für jemanden, der in solch einer Familie geboren wurde und zeitlebens ungelernter Arbeiter blieb, sah der Armutszyklus etwa folgendermaßen aus (Graphik 4):

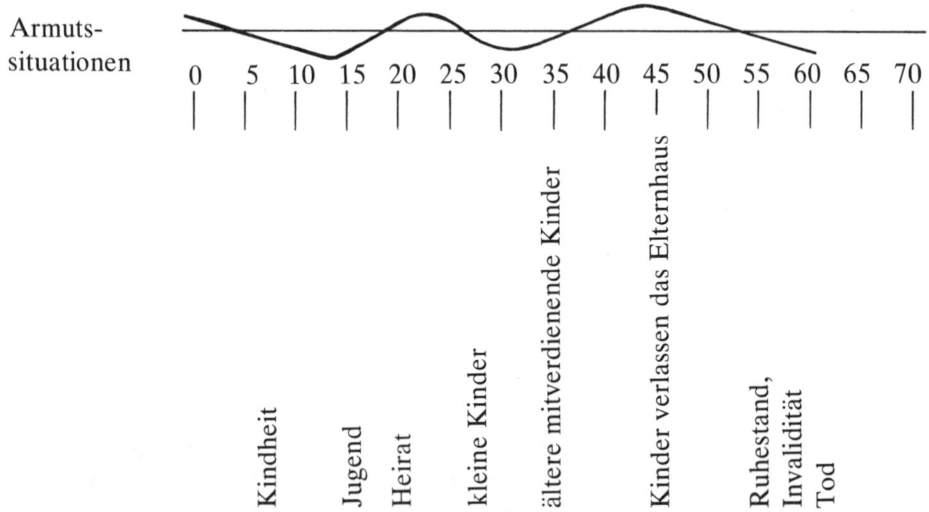

Graphik 4: Armutszyklus der ungelernten Arbeiter um 1900 (aus *Rowntree*, S. 171)

Die Möglichkeit für Kinder aus armen Familien, jemals aus dieser Schicht aufzusteigen, war schärfstens eingeschränkt durch die Tatsache, daß die Not gerade in dem Augenblick ihres Lebens auf ihre Familien so hart drückte, in dem mit ein bißchen Geld für Schule oder Lehre der soziale Aufstieg hätte erleichtert werden können. In Oxford zum Beispiel war »die herkömmliche Lohnhöhe für diese Anlernlinge oder Lehrlinge ein fast unüberwindbares Hindernis für Jungen aus armen Familien, in die meisten Lehrberufe oder Anstellungsmöglichkeiten eintreten zu können, die besser gewesen wären als die eines Ladenburschen«[83]. Dies galt besonders für die älteren Kinder, auf deren Einkommen die Familie am dringendsten angewiesen war. »In der Zeit, wo zwei oder drei der älteren Jungs arbeiten gehen, kann es sich die Familie leisten, für die jüngeren Söhne niedrigere Löhne hinzunehmen und sie auf bessere Gewerbe zu setzen«, bemerkte ein Beobachter. Noch in den 1930er Jahren entschied der Platz in der Geschwisterreihe darüber, ob das Kind eines englischen Arbeiters in den Genuß höherer Bildung kommen konnte oder nicht[84]. »So erging es den Ältesten immer. Mit unseren großen Familien warteten wir nur darauf, daß sie endlich arbeiten gingen. Die jüngeren waren in jeder Beziehung besser dran. Sie erhielten die bessere Ausbildung und außerdem noch den Vorteil besserer Arbeit.«

Weil seit dem Jahre 1880 Kinder unter elf Jahren obligatorisch in das Klassenzimmer verbannt waren (1918 wurde das Schulabgangsalter auf Vierzehn erhöht), lag die Last des Geldverdienens zunehmend auf denen zwischen Zehn und Zwanzig. Noch 1914 hatten zehn Prozent der Familien in so mancher englischen Gemeinde keine andere Einkommensquelle als ihre Kinder[85]. *Paterson* fand heraus, daß in den armen Bezirken von London Väter weniger als die Hälfte des Familieneinkommens verdienten; und wenn sie arbeitsunfähig oder arbeitslos waren, übernahm der Sohn im wesentlichen ihre Stelle in der Familie. Wo der Sohn mehr verdient als der Vater, »wird er anstandslos zwei Heringe zum Frühstück erwarten und auch erhalten, während sich der arbeitslose Vater mit Brot und Butter zufrieden geben muß«[86]. Die geringen Chancen dieser Jungen, aus ihrem Status herauszukommen, legte *Rowntrees* York-Studie offen, in der er zeigen konnte, daß der größte Anteil der Bevölkerung, der unter dem Existenzminimum (definiert zu jener Zeit durch Familien, deren Einkommen unter 22 Schilling pro Woche lag) lebte, Menschen zwischen fünf und fünfzehn Jahren waren[87] (vgl. Tabelle 4).

Tabelle 4: Größenordnung der Altersgruppen in York, die 1899 in Armut lebten

unter	1 Jahr alt		33.33%
	1–5	Jahre alt	31.91%
	5–15	Jahre alt	37.58%
	15–65	Jahre alt	23.60%
über	65	Jahre alt	21.39%

Familien machten jetzt noch mehr verzweifelte Versuche, ihre Kinder über Zehn zu Hause zu halten und zur Arbeit zu schicken, als sie es im industrialisierten Lancashire fünfzig Jahre zuvor getan hatten, erstens weil die Kinder durch Fabrik- und Schulgesetzgebung Arbeitsverbot hatten, und zweitens weil es nun seltener vorkam, daß Frauen zur Arbeit gingen. Kein Wunder also, daß die von der Armut Betroffenen die Schulpflicht als eine Bedrohung ihrer Existenz betrachteten. Der lange Streit der Londoner Schulaufsichtsbeamten, die Schulbesuchsquote von 76,7% im Jahre 1872 auf 88,2% im Jahre 1906 anzuheben, wurde im wesentlichen mit den ärmsten Schichten ausgetragen. Die häufigste Ursache für Abwesenheit lautete, das Kind sei bei der Arbeit; an zweiter Stelle kam Geldmangel, man konnte das Schulgeld nicht bezahlen oder keine Schuhe oder kein anständiges Frühstück beschaffen. Zur Schule gehen hieß häufig, eine Mahlzeit ausfallen zu lassen, ein Grund, weshalb Mrs. *Besant* Londoner Eltern, die wegen ihrer schulschwänzenden Kinder bestraft worden waren, beschrieb als »hagere, vom Hunger gezeichnete Männer und Frauen, durchweg anständige Leute, die nicht etwa ihre Kinder in Unwissenheit halten wollten, sondern einfach manchmal keine Bücher, manchmal ein Kleinkind zu beaufsichtigen, manchmal nichts zu essen hatten«[88]. In derselben Bevölkerungsschicht war es am wahrscheinlichsten, daß die Kinder nach Schulschluß nachmittags arbeiten gingen; selbst im Jahre 1910 war dies in London noch immer bei fünfundzwanzig Prozent aller Schulkinder der Fall[89]. Kinder waren gezwungen, die Schule zum frühest möglichen Zeitpunkt zu verlassen; so auch ein Junge aus York, der seinen Lehrer nach der Uhrzeit fragte[90]: »Halb elf, Junge, aber warum fragst du mich?« »Bittschön, Herr Lehrer, darf ich dann vielleicht gehen? Meine Mutter sagte, daß ich heute morgen um halb elft Vierzehn werde und daß ich die Schule mit Vierzehn verlassen kann.« Aller Wahrscheinlichkeit nach ging dieser Bursche geradewegs auf eine Gelegenheitsarbeit von der Art der *»boy labor«* zu, ohne Aufstiegschancen. Wenn er viel Glück hatte, konnte er vielleicht mit Achtzehn oder Neunzehn zu einer besser bezahlten, angelernten Beschäftigung aufsteigen; aber wie ein Bericht über die ärmeren Bezirke Londons von 1909 ausweist (vgl. Tabelle 5), müssen wohl die meisten auf der Stufe hängengeblieben sein, auf der sie angefangen haben.

Tabelle 5: Altersverteilung der Beschäftigten in London 1909
(Zahlen aus *Bray*, S. 145)

	Alter					
	14	15	16	17	18	19 Jahre
Skilled trades	11.2	14.0	16.8	17.8	18.0	16.3
Clerks	14.6	15.0	16.4	15.2	15.4	14.3
Low-skilled	28.2	32.8	34.1	33.9	32.5	34.1
Car men	.6	.2	.6	2.6	4.5	5.1
Van boys	8.2	6.6	5.2	4.9	2.8	1.2
Post office	1.4	1.4	.2	.2	.3	1.2
Errand and shopboys	30.5	22.0	18.4	15.0	12.6	10.3
General casual labor	5.3	7.0	6.7	6.9	6.4	8.7
Army		.6	.6	1.1	3.6	4.0
At sea	.2	.4	.8	1.5	2.8	3.5
Emigrants			.2	.4	.8	1.2

Der alte Brauch zu wandern, um eine Lehrstelle zu finden, war weitgehend tot, das zeigen auch die Auswanderungszahlen. Zeitgenossen beklagen, daß Jungen wie Mädchen kaum außerhalb der eigenen Wohngegend nach Arbeit suchen, sich vielmehr bei der Arbeitssuche in erster Linie auf die Verwandtschaft oder auf Mutters

Beziehungen zu Gewerbetreibenden aus dem Ort verlassen[91]. Der Einsatz der Verwandtschaftsbeziehungen, der in den Industriestädten von Lancashire fünfzig Jahre zuvor noch ein Vorteil gewesen war, schlug zum Nachteil für die Armen aus, seitdem die Anstellungen, die auf diese Weise zu bekommen waren, oft diejenigen mit den dürftigsten Aussichten waren. Die Familien konnten nicht auf den Verdienst ihrer Kinder verzichten, bis die Jüngsten Siebzehn oder Achtzehn waren; und selbst dann, wenn sie frei waren zu gehen, ließen sie sich einfach treiben: traten in die Armee ein oder arbeiteten wie viele Jugendliche aus Oxford beim Eisenbahnbau; später kamen sie nach Hause zurück, um sich niederzulassen und von ungelernter Gelegenheitsarbeit zu leben[92].

Von den Londoner Schulabgängern, die *Reginald Bray* anfangs des 20. Jahrhunderts untersucht hat, gingen fast zwei Drittel direkt in Beschäftigungen nach Art der Gelegenheitsarbeiten oder *»dead-end-jobs«*. Weniger als ein Drittel der Schulabgänger des Schuljahrs 1907/1908 nahm eine Lehre in einem Beruf auf, der als Lehrberuf geführt wurde, und nur sechs Prozent verfolgten eine weiterführende Ausbildung in Tages- oder Abendschulen. London hatte mehr zu bieten als nur *»dead-end-jobs«;* aber selbst in Bereichen, in denen sich die Wirtschaft eher an der industriellen Produktion als am Handel oder an Dienstleistungen orientierte, waren die Verhältnisse nicht viel anders[93]. »Jungens werden auf Jungenarbeit gehalten und Männer auf Männerarbeit; es gibt da keinen organischen Übergang von einem zum anderen«, stellte *Bray* fest – womit er zugleich zum Ausdruck brachte, daß in der Mehrheit der Fälle aus dem ungelernten Jungen ein ungelernter Mann wurde und aus dem gelernten Jungen der gelernte Mann[94]. Der Ungelernte mochte den Gelernten in den ersten Jahren vom Lohn her gesehen übertreffen, um das achtzehnte Jahr aber kehrte sich die Situation um. Lehre oder zusätzliche Schulung brachten automatisch in diesem Alter das Recht auf Erwachsenenlohn mit sich; für ungelernte Jungen und Mädchen gab es keine solche Garantie. Der kritische Wendepunkt kam für die große Mehrheit der ungelernten Jugend mit Achtzehn, wenn sie gezwungen waren, Erwachsenenlöhne zu fordern. Möglich war es, daß sie dann in höhere Lohngruppen übernommen wurden; wahrscheinlicher aber war es, daß der Arbeitgeber es vorzog, sie gehen zu lassen und jüngere Jungens oder Mädchen einzustellen, die ihm billiger kamen[95]. Zu diesem Zeitpunkt ihres Lebens wirkte sich die hohe Nachfrage nach ungelernter Arbeitskraft nicht mehr zu ihren Gunsten aus. Jungens, die keine Ausbildung und keine Referenzen hatten, wurden in den großen Topf der Gelegenheitsarbeiter geworfen, ein wichtiges Merkmal des Industriekapitalismus zum Ende des 19. Jahrhunderts. Dort, auf der untersten Stufe der sozialen Leiter, blieben sie dann und setzten das fort, was viele Beobachter zu befürchten begannen: eine halberbliche Kultur der Armut, ein Schluß, der durch den Sozialdarwinismus jener Zeit unterstützt wurde; Vertreter dieser Richtung stellten bereits Zeichen von moralischer sowie körperlicher Degeneration bei Jugendlichen der untersten Ränge der Arbeiterklasse fest[96].

Der wirtschaftliche Wandel hatte auch zur Folge, daß eine Situation entstand, die zwei verschiedene Wendepunkte im Leben der jungen Arbeiter besonders hervorhob. Der erste, zwischen Zwölf und Vierzehn, entwickelte sich im Zusammenhang mit der Schulentlassung und war entscheidend im Hinblick auf die zukünftigen Beschäftigungsaussichten. Es war, nach *Arnold Freeman,* »ein entscheidenter Zeitpunkt im Leben eines Menschen, dessen Bedeutung nur noch durch die körperliche Geburt übertroffen wird. Es ist tatsächlich der Augenblick seiner zweiten Geburt hinein in alle höheren Möglichkeiten der menschlichen Natur«[97]. *Reginald Bray* sah andererseits den Übergang von der Jungen- zur Männerarbeit mit Siebzehn oder Achtzehn als von nicht geringerer Wichtigkeit an; denn dort »stürzten viele in den Abgrund bei dem Versuch, ihn zu überqueren«[98]. Beide hatten Recht, aber sie sprachen von verschiedenen Teilen der Arbeiterklasse. Für die Gelernten war der frühere Zeitpunkt der kritische; denn dort fing ihre berufliche Ausbildung und eine Art Jugendzeit an, während derer sie von Lehrern und Meistern abhängig bleiben würden. Für die Ungelernten bedeutete der Wechsel von der Schule zur ersten Anstellung für sich selbst keine Umstellung und keine finanziellen Aufwendungen für die Eltern: Viele arbeiteten schon, ehe sie die Schule verließen, und eine Ganztagsbeschäftigung war nur ein kleiner Schritt in einer allmählich sich vollziehende Unabhängigkeit von zu Hause. Der kritische Punkt für die Armen kam gegen Ende des zweiten Lebensjahrzehnts, wenn eine »Männeranstellung« *(a man's job)* – was gewöhnlich hieß: eine gelernte oder angelernte Beschäftigung – zu erlangen mißglückte, was nicht nur wirtschaftliche Armut bedeutete, sondern auch soziale Unterordnung. Und in diesem Falle blieben sie »Jungen« oder »Burschen« im traditionellen Doppelsinn des Wortes, und sowohl die Angehörigen höherer sozialer Schichten als auch die besser bezahlten Arbeiter blickten auf sie herab (vgl. Graphik 5 für einen Vergleich der Lebenszyklen beider Gruppen).

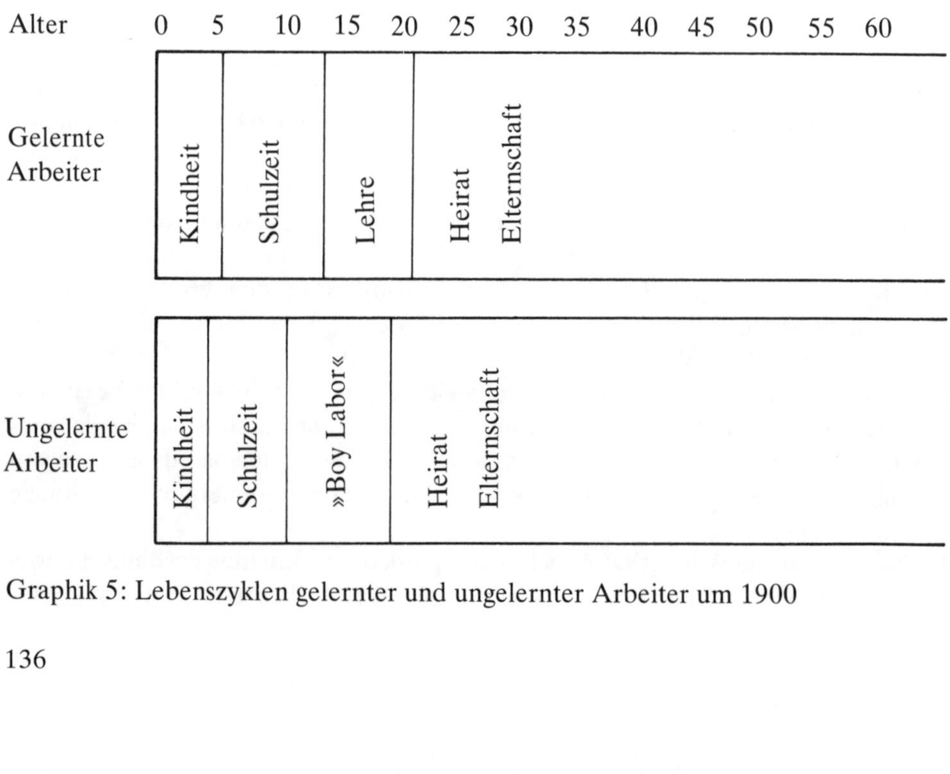

Graphik 5: Lebenszyklen gelernter und ungelernter Arbeiter um 1900

6. Die veränderte Arbeiterjugend

»Vater und Sohn können selten zusammenarbeiten«, schloß *Reginald Bray*, nachdem er einige tausend Familien aus den ärmeren Vierteln von London untersucht hatte. Er stellte fest, daß vierzig Prozent der Väter im Handwerk und in der Industrie beschäftigt waren, von ihren Söhnen aber waren es im Vergleich dazu nur zweiundzwanzig Prozent. Die Jungen konzentrierten sich im Transportwesen und in anderen »*dead-end-jobs*«[99]. Die nicht zu übersehende Tatsache stagnierender Möglichkeiten und einer abwärts gerichteten sozialen Mobilität waren nach 1900 die hauptsächlichen Gründe für die Angst des Arbeiters vor den Jugendjahren. Von daher stammte in den höheren Schichten der Arbeiterklasse das gesteigerte Interesse an einem erhöhten Schulabgangsalter, an Berufsausbildung für junge Industriearbeiter und generell an der Regulierung des Lebens der Jugendlichen. Diese Ängste spiegelten sich auch in dem Druck wider, den sie auf ihre eigenen Kinder ausübten, in berufliche und kirchliche Organisationen einzutreten, und sie zeigten sich in der zunehmenden Strenge, mit der Eltern aus dieser Schicht den Lebenswandel ihrer Söhne und Töchter außerhalb des Hauses überwachten. Schon vor 1900 entdeckten Beobachter einen Wandel im Sozialverhalten der Jugendlichen aus dieser Schicht. Ihr Freizeitverhalten löste sich langsam von dem der herkömmlichen Großstadtjugend ab und bezog sich zunehmend auf Familienaktivitäten. Es kommerzialisierte sich nun auch zunehmend und drehte sich jetzt um Musik- und Tanzveranstaltungen, um die Kneipe am Eck und – gegen das Jahr 1914 – um das Kino und um Sportveranstaltungen[100]. Vieles, was die Jugend der gelernten Arbeiterschicht unternahm, wanderte nun weg von der Straße hinter verschlossene Türen, entweder in das Zuhause selbst oder in die verschiedenen Jugendclubs, die in den 1880er und 1890er Jahren wie die Pilze aus dem Boden schossen. In ihren Reihen war das »Flanieren« um 1900 im wesentlichen zu Ende; andere, weniger öffentliche Formen des Partnerkontakts waren an seine Stelle getreten, und der Mittelpunkt dieser neuen Aktivitäten wurden dann Orte, wo die Freizeitunterhaltung Geld kostete: billig eingerichtete, aber gemütliche Gasthäuser, die um die Jahrhundertwende rasch die rauhen Bierkneipen aus den Anfängen des 19. Jahrhunderts ersetzten[101].

Eine eher informelle Struktur der Gruppen von Altersgleichen scheint die Straßenbande ersetzt zu haben, und trotz sensationeller Berichte über die Zunahme der Gewalttaten Jugendlicher in den 1890er Jahren gibt es keine schlüssigen Beweise für die Auffassung, daß Banden aggressiver wurden. Im Gegenteil: Aufmerksame Beobachter wie *Charles Russell* fanden, daß es sich genau umgekehrt verhielt. In Manchester waren die »*Scuttlers*« früherer Jahrzehnte durch die »*Ikes*« ersetzt worden; das waren besser gekleidete Straßenbummler, deren Erkennungszeichen glockenförmige Barchenthosen und schwere Schnallengürtel waren, eine Mode vergleichbar mit der der »*Hooligans*« aus dem London derselben Zeit. Die »*Ikes*« hatten gewiß ihren Anteil an den Schlägereien, aber es ist nicht sehr wahrscheinlich, daß sie ein bestimmtes Gebiet verteidigten, wie das ihre Vorgänger getan hatten. Darüber hinaus verließen sie die regelmäßigen Bräuche der Vergangenheit und

setzten die relativ neuen gesetzlichen Feiertage an die Stelle der traditionellen Daten des Aufruhrs (wie den 5. November oder 1. Mai). Mit mehr Freizeit und mehr Taschengeld konnten diese Jungen eher individuellen Formen der Zerstreuung nachgehen, was *Russell* zu dem Schluß führte: »Die *Scuttlers* hatten – was gut und schlecht zugleich war – einen Sinn für Kameradschaft und konnten sich, wie wir gesehen haben, einigermaßen in Banden selbst organisieren; der *Ike* ist meistenteils allein – darum zwar weniger gefährlich für die Gemeinde, aber umso bedauernswerter als Mensch«[102].
Eine bedeutende Zunahme der Freizeit für die Jungen zwischen dem zehnten und zwanzigsten Lebensjahr war noch immer auf die höheren Ränge der Arbeiterklasse beschränkt. Die Kinder der ärmeren Leute arbeiteten mehr Stunden und konnten weniger Geld ausgeben als die soziale Schicht über ihnen. Sie steuerten immerhin achtzig Prozent ihres Lohns zur Familienkasse bei und waren so natürlich nicht in der Lage, an den Vergnügungen oder an den Aktivitäten teilzunehmen, die die wohlhabenderen Schichten der Arbeiterklasse anzogen. Ferien, Zeltfahrten, Clubbeiträge, auch wenn sie billig waren, lagen außerhalb ihrer finanziellen Möglichkeiten; den Spaß, den sie hatten, gestalteten sie selbst nach der herkömmlichen Art der Großstadtjugend. In Häusern zusammenzuleben, die zwei oder drei Zimmer haben, und in großen Familien von acht oder mehr Personen zusammengedrängt zu sein, schloß jene Art von privatem Familienleben aus, die sich unter den wohlhabenderen Arbeitern und im Bürgertum entwickelte[103]. Die Straße war noch immer der wichtigste Freizeitbereich, ein Gebiet wurde beherrscht und Eindringlinge, gleichgültig ob es rivalisierende Banden oder von Erwachsenen organisiserte Jugendgruppen waren, wurden bitter bekriegt. Es war in Slum-Gegenden, wo die von der Kirche getragene »*Boys Brigades*« der 1880er Jahre der härtesten Feindschaft begegneten[104].

Here comes the Boys' Brigade
All smovered in marmalade
A Tup'ny-'apenny pill box
And 'arf a yard of braid.

(Hier kommt die Schrumpf-Brigade,
alle fein in Marmelade,
auf dem Kopf die Pillenbüchs'
mit buntem Band und weiter nix.)

Aylward Dingle, ein Junge aus Oxford, kam es nicht weniger hart an, der Junioren-Heilsarmee beitreten zu müssen: »Wo immer wir marschierten, sprang eine Horde von Jungen aus meiner Schule mit der Musikkapelle mit und rief mir zotige Spottverse zu. Am Montag in der Schule setzte es Prügel; hätte ich mich aber geweigert mitzumarschieren, so wäre ich zu Hause noch höllischer verprügelt worden – also tutete ich auf meinem kleinen Horn und verfluchte die Heilsarmee«[105].

Wenn sie es ablehnten, einen »Pillenschachtel-Hut« zu tragen und im Gleichschritt zu marschieren, so war das für den Beobachter aus der Mittelschicht ein Beweis dafür, daß die Kinder der Armen unter einer gefährlichen Frühreife litten. Sie waren, sagte *E.J. Urwick,* »eine Art Mann-Kind, in dem die natürlichen Instinkte nach Knabenhaftigkeit fast gänzlich übertönt wurden von der fieberhaften Sorge darum, ein Mann zu werden«[106]. Daß sie früh Liebschaften hatten und früh heirateten, trennte sie nicht nur vom Bürgertum, sondern auch von den höheren Schichten ihrer eigenen Klasse. Mit zweiundzwanzig Jahren war fast ein Drittel der ungelernten Arbeiter von York verheiratet, im Unterschied zu weniger als zwanzig Prozent der Gelernten[107]. Wie wir gesehen haben, war die Verheiratung selbst nichts weiter als eine kurze Überführung aus einem Zustand von Armut in einen anderen und hatte nichts von einem Zwischenspiel an sich, das frei von Sorge und Not war, wie das die Privilegierteren mit ihrer Vorstellung vom Jugendlichen und jungen Erwachsenen verbanden. »Mit Dreißig hatte ein Mann aufgehört Spiele zu spielen, mit seiner Frau zu schlafen, Bücher zu lesen oder Luftschlösser zu bauen«, schrieb *Paterson.* »Er ist in einer gefährlichen Weise mit seiner täglichen Arbeit zufrieden«[108].

So also wurde der Kreislauf von Armut und Hoffnungslosigkeit von einer Generation an die nächste weitergegeben. *Arnold Freeman* hatte recht mit der Behauptung, »daß für das Verständnis des Problems von Jungenleben und -arbeit zu allererst die Kenntnis dessen unerläßlich ist, was die Psychologen ›das Jugendalter‹ nennen«; Unrecht hatte er mit der Unterstellung, daß das Problem auf die Jugendlichen selbst beschränkt sei[109]. In Wirklichkeit waren die Schwierigkeiten der Kinder der Armen tief in die wirtschaftliche und demographische Struktur der Gesellschaft eingebettet. Die steigende Tendenz, diese als psychologisches und darum eher klinisch als politisch oder ökonomisch zu bewältigendes Problen zu behandeln, war mindestens ebenso beunruhigend wie das Phänomen selbst. Die Armut und die hohe Sterblichkeit, die die Kinder der Armen begleitete, war noch immer der einzig wichtige Faktor, um die Unterschiede zwischen Jugendlichen und den »Mann-Kindern« zu bestimmen, Unterschiede, die wohl um 1900 so groß waren wie zu keiner Zeit vorher oder nachher.

Viertes Kapitel
Angepaßtes und abweichendes Verhalten – die Ära des Jugendalters (1900–1950)

Die Entdeckung des Jugendalters ist spezifisch für die Mittelschicht, und sie beanspruchte das Jugendalter bis zum Anfang dieses Jahrhunderts für sich allein. Die Freistellung von der Welt der Arbeit konnte den Kindern der Wohlhabenden gewährt werden, aber es blieben gravierende Zweifel, ob die Wirtschaft ohne die Arbeit der Kinder aus anderen sozialen Schichten auskommen konnte. Gleichzeitig wurde das Konzept des Jugendalters in fast allen europäischen Ländern auf die gesamte Bevölkerung ausgedehnt und allen »*Teenagern*« angeboten, oder besser: ihnen abverlangt. Soziologische und psychologische Theorien zur Labilität und Verletzlichkeit dieser Altersgruppe hatten eine Flut von Jugendschutzgesetzen gerechtfertigt und bis 1914 die Unabhängigkeit der Jugendlichen radikal eingeschränkt. Im selben Maß, in dem die höhere Bildung sich ausbreitete, nahmen auch die außerschulischen Aktivitäten zu. Zum ersten Mal gab es Organisationen, die sich ganz und gar den Jugendlichen widmeten, die bekanntesten sind die englischen »*Scouts*« und der deutsche »*Wandervogel*«, die um die Jahrhundertwende gegründet wurden. Jugendgefängnisse und Jugendgerichte, besondere Arbeitsvermittlungen und Wohlfahrtseinrichtungen für Jugendliche waren Teil der gesellschaftlichen Anerkennung des einmaligen Status jener, die nicht mehr Kind und noch nicht ganz erwachsen waren.

Zeitgenossen wie *Ellen Key* und *Stanley Hall* feierten die Trennung der Jugendlichen von den Erwachsenen als die krönende Vollendung einer aufgeklärten Kultur. Andere jedoch waren weniger zuversichtlich, und sie wiesen auf die aufkommende geistige Verwirrung der Jugend hin, auf die vergeudete Freizeit und auf steigende Kriminalitätsraten als Beweis für das Umsichgreifen abweichenden Verhaltens unter der Jugend. Selbst *Hall*, der die Entdeckung dieses neuen Abschnitts im Leben fast apokalyptisch als den großen Wendepunkt in der Entwicklung der Menschheit begrüßt hatte, warnte nach allen Seiten vor dessen Gefahren. »Die (körperliche) Zurückgebliebenheit, die Perversion in allen Stadien, die Rauflust, die Jugendkriminalität und das heimliche Laster scheinen nicht nur anzuwachsen, sondern in allen zivilisierten Ländern früher zu entstehen«[1]. Als das neue Jahrhundert begann, waren die Erwartungen der Öffentlichkeit an die Jugend höher als je zuvor; und doch hat es wohl seit dem ausgehenden 18. Jahrhundert keine Zeit mehr gegeben, in der man über das Mißverhalten der Jugend lauter geklagt hätte. Man kann an die Erklärung dieser Ambivalenz nur herangehen, wenn man den historischen Prozeß genauer betrachtet, in dem die Mittelschichtnorm der »Jugendlichkeit« auf jene anderen Gruppen ausgedehnt wurde, die zunächst diese Vorstellung von Jugend nicht geteilt hatten. Hoffnung und Furcht begleiteten diese Entwicklung; und die weitverbreitete

Unentschiedenheit gegenüber der Jugend muß aus den Konflikten und Widersprüchen erklärt werden, die dadurch entstanden, daß Eltern, Lehrer und Jugendführer versuchten, der Jugend jeweils ihre *eigene* Jugendtradition überzustülpen. Das Ergebnis war einerseits enger angepaßtes und andererseits stärker abweichendes Verhalten, weil die Lebensbedingungen, die das Jugendalter begünstigten, in den verschiedenen Schichten der europäischen Gesellschaft nicht überall in gleichem Maße gegeben waren. Daß man bei ihnen den Jugendstatus durchsetzen wollte, provozierte bei einem beträchtlichen Teil der Bevölkerung großen Widerstand, besonders bei den armen Arbeitern, mit dem Erfolg, daß fast während des gesamten Zeitraums von 1900 bis 1950 die Trennungslinie zwischen »angepaßtem« und »abweichendem« Verhalten im wesentlichen entlang der Klassenschranke verlief.
Wir haben im letzten Kapitel die Gründe dafür verhandelt, weshalb das Jugendalter ein Lebensabschnitt ist, der der Mittelschicht und den allerobersten Rängen der Arbeiterklasse vorbehalten war. Kräfte, die dahingehend wirkten, die Jugendlichkeit nach unten auszudehnen, waren gewiß zu Anfang des 20. Jahrhunderts wirksam, und wie die Zahlen zur weiterführenden Schulbildung zeigen (Tabelle 6), wurden immer mehr junge Leute für ihr zweites Lebensjahrzehnt aus dem Arbeitskräftemarkt herausgenommen. Die Zahlen geben das Ansteigen des Schulentlassungsalters an (es betrug 1918 vierzehn Jahre und 1947 fünfzehn), aber sie zeigen auch eine tatsächliche Neigung der Eltern, für ihre Kinder längere Ausbildungszeiten zu erwirken – ein Trend, der in den 1920er Jahren beträchtliche Schubkraft erlangte, während der Zeit wirtschaftlichen Härten der dreißiger Jahre etwas zurückging und nach dem Zweiten Weltkrieg einen erneuten Aufschwung erlebte[2].

Tabelle 6: Altersgruppen von Schülern und Studenten in England zwischen 1870 und 1962 (Aus: *Marsh*, S. 218)

Alter	Jahre			
	1870	1902	1938	1962
10 Jahre	40	100	100	100
14 Jahre	2	9	38	100
17 Jahre	1	2	4	15
19 Jahre	1	1	2	7

Es scheint so, als sei das Konzept »Jugendlichkeit« schrittweise und doch reibungslos aus der sozialen Schicht, aus der es stammte, heraus- und in einen immer größeren Bereich der arbeitenden Bevölkerung hineingewachsen. Dennoch: Wir sollten vorsichtig sein und nicht die Zahlenangaben für weiterführende Schulbildung als endgültigen Beweis dafür nehmen, daß auch die Gültigkeit des Jugendalters sich in ebenso gleichförmigem Tempo ausbreitete. Im Gegenteil: Die Vorteile eines Schulbesuchs waren nicht über alle sozialen Schichten hinweg gleichmäßig verteilt, und der stärkste Zuwachs an Schülern höherer Schulen und Studenten stammte hauptsächlich aus den eigenen Reihen der Mittelschicht, nicht aus dem Zuwachs an

Arbeiterjungen oder -mädchen. Die Hauptnutznießer des englischen Schulgesetzes von 1902, welches den lokalen Behörden erlaubte, die höhere Bildung aus öffentlichen Geldern zu unterstützen, waren Angehörige der mittleren und unteren Mittelschicht. Von den männlichen Jugendlichen, die in den Jahren von 1910 bis 1929 geboren wurden, besuchten 39% aus der Mittelschicht irgendeine höhere Schule, während nur 10% derjenigen, die in derselben Zeit in Arbeiterhaushalten geboren wurden, in irgendeine weiterführende Schule gingen. Wenn man nun den Universitätsbesuch derselben Jahrgänge betrachtet, so wird die Ungleichheit noch deutlicher. 8,5% der Jungen aus der Mittelschicht besuchte eine Hochschule, im Vergleich zu nur 1,4% aus der Arbeiterklasse[3]. In Deutschland, wo die Ausweitung der weiterführenden Schul- und Hochschulbildung während der ersten drei Jahrzehnte unseres Jahrhunderts noch rascher vorangegangen war, stammte etwa die Hälfte der Hochschulstudenten aus der unteren Mittelschicht. Nur 5,8% jedoch kamen aus der städtischen und ländlichen Arbeiterschaft[4].
Die Gründe für diese Ungleichheiten, welche zu Zeiten der wirtschaftlichen Depression noch ausgeprägter sichtbar wurden, sind nicht schwer zu finden, wenn man sich die wirtschaftlichen Bedingungen der Zeit zwischen 1900 und 1950 ansieht. *Seebohm Rowntree,* der in den dreißiger Jahren nach York zurückging, um nach den Veränderungen zu sehen, die sich in den ersten drei Jahrzehnten des Jahrhunderts dort zugetragen hatten, fand den erschütternden Anteil von einunddreißig Prozent der Bevölkerung, der noch immer unter dem Existenzminimum lebte[5]. Derselbe Armutszyklus wie früher war noch wirksam, und obgleich die Arbeitslosigkeit in Verbindung mit der wirtschaftlichen Depression kräftig zu den Armutsziffern beigetragen hatte, war die Situation der Kinder fraglos nahezu die gleiche wie früher: um die neununddreißig Prozent derer, die zwischen Fünf und Fünfzehn waren, lebten im Jahre 1931 unter dem Existenzminimum[6]. Diese Verhältnisse verschwanden erst am Ende des Zweiten Weltkriegs; erst danach verteilte sich der Überfluß in der englischen Gesellschaft etwas gleichmäßiger. In seiner letzten Untersuchung konnte *Rowntree* 1961 berichten, daß nur drei Prozent der englischen Bevölkerung in Verhältnissen lebte, die er als »primäre Armut« bezeichnete – und fast alle Betroffenen waren ältere Menschen.
Die Begleitumstände der Armut – vor allem überfüllte Wohnungen, Krankheit und hohe Sterberaten – blieben ebenfalls unter den Armen bis nach 1945 erhalten. Die Kindersterblichkeit fiel von einem Anteil von 145 pro tausend Geburten im Jahre 1900 auf 63 im Jahre 1930 und schließlich auf 30 im Jahre 1950[7]. Aber auch diese Errungenschaften waren nicht gleich verteilt, und bis in die jüngste Zeit blieben die Lebenschancen der Armen hinter denen der ökonomisch Bessergestellten zurück. Wie nicht anders zu erwarten, waren die ärmsten Familien in England gezwungen, das generative Verhalten der hohen Fruchtbarkeit fortzusetzen, um ihre Sterbequote auszugleichen, so daß die Unterschiede zwischen den Familiengrößen verschiedener sozialer Schichten in den ersten vier Jahrzehnten des 20. Jahrhunderts tatsächlich zunahmen, obgleich die Fruchtbarkeit in allen Schichten sank. In der Mittelschicht nahm die Familiengröße bis nach 1945 ständig ab; danach zeigte sie besonders in der

akademischen Elite wieder einen gewissen Aufschwung. Die Familiengröße in der unteren Mittelschicht nahm dann noch rascher ab, und auch unter den gelernten Arbeitern zeigte sich das Bestreben nach weniger Kindern. Die Familiengröße der ungelernten Arbeiter nahm auch ab, nicht so schnell jedoch wie bei den sozial höheren Schichten, und deshalb war deren Abweichung vom nationalen Durchschnitt im Jahre 1930 sogar deutlicher als im Jahre 1900[8]. So kommt es, daß das generative Verhalten der Armen mit dem der übrigen Gesellschaft beinahe während des gesamten Zeitraums zwischen 1900 und 1950 nicht übereinstimmt, weil nämlich die Familiengröße in der oberen und unteren Mittelschicht sich aufgrund der Tatsache einander annäherte, daß die Angehörigen der gehobenen Berufe in der Mittelschicht nach dem Krieg mehr Kinder bekamen.
Der demographische und ökonomische Druck, welcher seit jeher die Kinder dieser Klasse so früh wie gesetzlich nur irgend möglich in die Arbeit hineingetrieben hat, ging unnachgiebig weiter zu einer Zeit, in der andere Gruppen sich bereits nach besseren Bildungsmöglichkeiten für ihre Kinder umsahen. Die ökonomischen Bedingungen, die die »*boy labor*« (ungelernte *jobs*) begünstigten, dauerten bis in die späten dreißiger Jahre an, bis endlich auch für diese Jugendlichen mehr Beschäftigungen vorhanden waren, die eine berufliche Ausbildung erforderten[9]. Bis zu diesem Zeitpunkt blieb der alte Anreiz für die Jugendlichen bestehen, mit ungelernten Beschäftigungen anzufangen, eine anschließende Ausbildung zu vernachlässigen und allen Versuchen, die ihre Unabhängigkeit beschränken wollten, zu widerstehen. Ein Zeichen für ihre andauernde Frühreife blieb der weiterhin bestehende Abstand zwischen ihrem Heiratsalter und dem höherer Schichten. In der Mittelschicht heiratete man weiterhin spät, und wenn es auch während der wirtschaftlichen Depression eine Tendenz gab, die das Heiratsalter der unteren sozialen Schichten etwas anhob, so blieben die Heiratsgewohnheiten doch bis in die Zeit nach dem Zweiten Weltkrieg sehr unterschiedlich; dann allmählich heiratete man auch in der Mittelschicht in jüngeren Jahren[10].
Die offenkundig fortbestehenden, ja sogar anwachsenden Unterschiede zwischen den Lebenszyklen verschiedener sozialer Schichten zeigt einige der hervorstechenden Eigentümlichkeiten dieser Epoche auf. Was die institutionelle Ebene anlangt, so war das Ansteigen des Schulentlassungsalters und die Pflege außerschulischer Aktivitäten ein Zeichen für den Glauben der Mittelschichtangehörigen an die Allgemeingültigkeit des Jugendalters. Ihre Erwartungen wurden jedoch nicht erfüllt; denn es gab bereits Anzeichen einer Gegenbewegung in der Unterschichtjugend, auf die die Anpassungsversuche gar nicht wirkten. Der Konflikt zwischen ihrem Lebenszyklus und dem der Privilegierteren trat am deutlichsten auf der Schulebene zutage, wo ein zeitiger Schulabschluß den Absichten der Lehrer einerseits und denen der Jungarbeiter andererseits widersprach. Es wurde aber auch an anderen sozialen Berührungspunkten deutlich, wo das Jugendbrauchtum mit den offiziell sanktionierten Normen der Abhängigkeit und Anpassung zusammenstieß. Es war kein Zufall, daß das, was die Öffentlichkeit als »abweichendes Verhalten« der Jugend zu betrachten begann, genau zu dem Zeitpunkt in den Brennpunkt des Interesses geriet, an welchem der

Druck, die »Jugendlichkeit« allgemeingültig zu machen, zum ersten Mal spürbar wurde; denn trotz ihrer äußeren Unähnlichkeit war beides nicht voneinander zu trennen: Eben jene Züge, die gewisse Jugendliche zu »Kriminellen« stempelten – nämlich Frühreife und die Unabhängigkeit von der Autorität der Erwachsenen –, waren exakt das Gegenteil von dem, was der »ideale Jugendliche« verkörpern sollte. Jugendkriminalität diente dazu, die Angepaßtheit in ihren Grundzügen festzulegen, und umgekehrt. Historisch gesehen, waren diese beiden Sichtweisen tatsächlich in ihrem Ursprung und in ihrer Entwicklung untrennbar miteinander verknüpft; die Erörterung der einen wird nie vollständig sein ohne die Untersuchung des anderen. Wir möchten mit dem Zwang zur Anpassung anfangen, den die Jugend um die Jahrhundertwende erfahren hat, und dann zur Diskussion sowohl des Auftauchens der Jugendkriminalität am Ende des Jahrhunderts zurückkehren als auch zu der Art und Weise, in welcher beide Trends die Zeit grob gesprochen von 1900 bis 1950 als eine eigenständige Epoche in der Sozialgeschichte der Jugend definieren.

1. Verwahrlosung und »Rettungs«-Bewegung

Wir haben im vorhergehenden Kapitel gesehen, daß das Jugendalter ein Produkt der elitären weiterführenden Schulen war. Bis in die 1880er Jahre wurde das *»boys will be boys«* (»Jungens sind nun mal so«) in erster Linie bei den Angehörigen dieser Schulen in die Praxis umgesetzt. Jungen aus niedrigeren sozialen Schichten wurden fast als eine »Rasse« für sich betrachtet, kaum gleicher Behandlung wie andere zu unterziehen und vielleicht ein bißchen gefährlich, wenn man sie mit zu viel Bildung und Muße verwöhnte. Die Ansicht, die der Dichter *George Crabbe* von der Bildungshierarchie im 17. Jahrhundert gehabt hatte, war fast unverändert bis zum Ende des 19. Jahrhunderts erhalten geblieben:

To every class we have a school assigned
Rules for all ranks and food for every mind.

(Für jeden Stand ist eine Schule vorgesehen,
Regeln für jeden Rang und Nahrung für jeden Geist.)

Bischof *Samuel Wilberforce* hat noch in den 1850er Jahren von der Gefahr der Bildung für niedrige Gesellschaftschichten gesprochen; denn das »würde jedermann unfähig machen, dem Pflug nachzugehen, und wir übrigen würden nichts mehr zu essen haben«[11]. Von den Kindern der niedrigeren Schichten wurde einfach angenommen, sie seien als *teenager* im Verhalten schon »verroht«, und obgleich des Menschen gab wie *Mary Carpenter,* Jugendreformerin der Mitte der viktorianischen Ära, die daran glaubten, daß Liebe und Aufmerksamkeit selbst den lasterhaftesten Kriminellen besänftigen könnten, sprach doch einer ihrer engsten Mitarbeiter, *Matthew Davenport Hill,* von den jugendlichen Kriminellen als von den »zurückgebliebenen kleinen Männern«, deren am schwersten auszurottender Zug ihre Frühreife sei[12]. Die Reformer des frühen 19. Jahrhunderts neigten dazu, ihre Aufmerksamkeit auf die Kinder der Armen zu richten, als ob jene einer gesonderten

»Spezies« angehörten, deren Probleme wenig oder gar keine Ähnlichkeit mit denen achtbarer Jungen und Mädchen hatten, die also nach völlig anderen Maßstäben behandelt werden mußten[13].
Als jedoch die 1880er Jahre zu Ende gingen, verschmolzen diese Unterscheidungen in einem einzigen Näherungsbegriff von »Jugend«, welcher ohne Rücksicht auf die soziale Herkunft festsetzte *»boys will be boys and girls will be girls«*. Jener Umgang mit der Jugend, der in den Eliteschulen schon weit entwickelt, bislang aber unter Kindern der Arbeiterklasse noch kaum erprobt war, nämlich eine Mischung aus Sport und Exerzieren, wurde nun auf *alle* ausgedehnt. Ihre Verfechter meinten, sie hätten in der physischen Natur der Jungen jenen gemeinsamen Nenner gefunden, den die früheren Reformer immer verfehlt hätten. Die christliche Vorgehensweise im frühen 19. Jahrhundert – die bei *Johann Hinrich Wichern* im *»Rauhen Haus«* geläufig war, in der französischen Kolonie für schwererziehbare Jugendliche in Mettray und in *Carpenters »Red Lodge«* für Mädchen – machte nun Methoden Platz, die weniger von Religion oder Vernunft abhingen, dafür aber der Psychologie und der Biologie des Jugendalters mehr Aufmerksamkeit schenkten[14]. Ein wenig mochte wohl auch das Spielen und Marschieren die tiefen Klassenunterschiede aus den 1880er Jahren mildern, da es die künstlichen Schranken wegwischte, die den Jungen vom Jungen trennte. »Die Schichtunterschiede sind beim gesunden Wettkampf unter freiem Himmel schwerlich aufrecht zu erhalten, und Fußballhosen und nackte Körper sorgen für Gleichheit«, schrieb jemand, der von der neuen Methode begeistert war[15].
Die körperliche Seite des Menschseins, von der älteren Generation der Jugendarbeiter so mißtrauisch beäugt, wurde bei der neuen rasch zu einer fixen Idee. Hemdsärmel traten an die Stelle des Priesterkragens, das abschreckende missionarisch-christliche Betragen machte einer informelleren, kameradschaftlichen Art Platz, die den Reformer aus der Mittelschicht in der Zeit nach 1880 kennzeichnete. Männer wie *Charles Russell* meinten, im Verschwinden der Großstadtbande böte sich die Möglichkeit, die traditionelle Führerschaft der älteren Jugendlichen durch Erwachsenenaufsicht zu ersetzen[16]. Sie, die Älteren, sollten in den Bereich der jugendeigenen Vergnügungen eintreten und so auch jene Jugendliche gewinnen, die sie nicht auf ihre Seite ziehen könnten, solange sie als Pfarrer hinter ihrer Kanzel oder als Lehrer hinter ihrem Pult stehenblieben. Das waren die Grundgedanken der englischen *Settlement*-Bewegung der 1880er Jahre. Sie überschwemmte die Slums der Städte mit eifrigen, aber warmherzigen Kinder-Rettern *(child-savers)*, die von den Universitäten und höheren Schulen kamen. Sie wollten lieber mit den jugendlichen Kriminellen unter deren eigenen Bedingungen zusammenkommen, ohne die Störungen durch Formalitäten, von denen ihre Vorgänger noch geglaubt hatten, daß sie notwendig zwischen ihnen und ihren Schützlingen zu beachten seien[17]. Ihr Beispiel wurde während des nächsten Jahrzehnts von dem Hamburger Pastor *Walther Classen* kopiert, der Sport und andere körperliche Aktivitäten benutzte, um die Arbeiterjugend in seine Form des Rettungshauses zu ziehen[18].
Es herrschte jedoch eine ganze Menge patriarchalischer Vorstellungen in dieser neuen Bruderschaft. Die Mittelschicht-Kinder-Retter vergaßen niemals ganz ihre

Position, und als die Oxforder Studenten 1884 das *»Oxford Working Men's and Lads' Institute«* gründeten, so geschah dies, wie sie feststellten, weil »die fortschrittlicheren Gesellschaftsschichten die Kraft haben, jenen ›unter ihnen‹ zu zeigen, wie man lebt«[19]. Auch in Deutschland gab es einen erneuten Versuch, die natürliche Führerschaft der höheren Schichten zu festigen. Dieser »neue Feudalismus«, wie einige Kritiker ihn nannten, wurde noch durch die offensichtlichen Fortschritte, die der Sozialismus und der Antiklerikalismus zu jener Zeit in den Arbeiterschichten erlebten, gefördert. Die deutsche Jugendvereinsbewegung profitierte von demselben konservativen Vorstoß, der auch ihre englische Schwesterbewegung antrieb und finanzierte. Den Berichten ihres Historikers zufolge verfolgte die englische Jugendclubbewegung der 1880er Jahre das Ziel, »die etablierte Ordnung in Kirche und Staat durch Erziehung der Massen im Verhalten, in der Moral und in der Erziehung zur politischen Verantwortung zu bewahren, was natürlich bedeutete: mit allem einverstanden zu sein«[20]. In beiden Ländern nahm die Elite an, daß das nationale Interesse ein größeres Engagement im Bezug auf das Leben der Armen erforderte; und da Kinder und Jugendliche besser zugänglich waren als Erwachsene, galt jenen die zunehmende Aufmerksamkeit der Kirchenmänner, der Geschäftsleute und anderer führender Köpfe der Mittel- und Oberschicht. »Die Kinder der Armen gehen, wohin man sie führt«, stellte *E. J. Urwick* um die Jahrhundertwende fest. »Die Höhergestellten sind ihre Führer, und deren beispielhaftes Leben lenkt ihren Weg«[21]. *Percy Manning* fand heraus, daß Vikare, Lehrer und Reformerinnen aus den besseren Kreisen besonders darin erfahren waren, das Jugendbrauchtum für ihre eigenen Zwecke umzubiegen. Nichts aber konnte den Einfallsreichtum der neuen Jugendbewegungen übertreffen, besonders was die Kreativität der *»Boy Scouts«* und des *»Wandervogels«* im Erfinden einer Fülle von Spielen und Ritualen angeht, die alle den Anschein erweckten, die natürlichen, das heißt die instinktiven Bedürfnisse des »Universal-Jungen« zu treffen. Viele ihrer von Erwachsenen geförderten *»juvenalia«* (Kindereien) wirkten selbst auf die Jugendlichen, für die sie erdacht worden waren, komisch, aber Belustigung war nicht die einzige Absicht, auf die die Urheber abziehlten. Die Popularität der Erzählungen *Kiplings* und die Sonnwendfeiern spiegelten die Sehnsucht nach einfacheren, natürlicheren Lebensformen wider, die sich bei den Männern und Frauen regte, denen der eigene materielle Fortschritt Unbehagen bereitete. Der neue Typ von Jugendbewegung, wie er um die Jahrhundertwende aufkam, war Ausdruck einer allgemeinen Kulturbewegung der europäischen Mittelschicht, die starke Züge von Antimodernismus und von Antimaterialismus trug. In den Pessimismus des *»fin de siècle«* waren auch greifbare Gefühle von Furcht gemischt, nämlich die Angst vor dem Niedergang der Religion und vor der Bedrohung der bürgerlichen Gesellschaft durch den Sozialismus der Arbeiterklasse. In einem Spektrum von romantischer Weltflucht bis hin zu militant politischem Konservatismus spiegelte der Hauptstrom der nicht-sozialistischen Jugendbewegung dieser Periode die Ängste der herrschenden Schichten wider, die in einer von Klassenkämpfen und internationalen Krisen aufgewühlten Welt versuchten, ihre Stellung zu verteidigen.

Die neuen Bewegungen waren weniger darauf bedacht, die Jugendlichen in die Paßform der Erwachsenenkonventionen hineinzuzwängen; sie waren vielmehr bereit, selbst deren unsinnigste Unternehmungen als gesund und unschuldig hinzunehmen. Sie alle kennzeichnete eine Romantisierung der Jugend als Quelle persönlicher und gesellschaftlicher Erneuerung – ein Zeichen dafür, daß der jahrhundertelange Kampf um die Errichtung einer liberalen Kultur die Mittelschicht in Bezug auf politische Methoden und Ideologien erschöpft zurückgelassen hatte. Sie neigten deshalb dazu, ihre Rolle als Kindesretter *unpolitisch* zu sehen oder sie jenseits von der Politik und politischer Kritik einzustufen. Pastor *Clemens Schultz* zum Beispiel, dessen Jugendorganisation in Hamburg-St. Pauli wegen ihres Erfolgs bei Arbeiterjugendlichen große Aufmerksamkeit auf sich zog, erklärte, daß Jugendarbeit »unabhängig von jeder politischen und religiösen Partei« sein müsse[22]. Für ihn wie für andere englische und deutsche Kindesretter stellte die Arbeit mit den frischen, reinen Impulsen der Jugendlichen eine aufregende Alternative zu der seichten, entseelten Kultur der Industriegesellschaft dar. So versuchten die neuen Bewegungen auf der einen Seite, in scheinbar apolitischer Weise die kulturelle Erneuerung durch die Wiederbelebung dessen, was sie für die archetypische Form der Jugend hielten – den jungenhaften Jugendlichen – zu erreichen. Auf der anderen Seite, insofern ihre Arbeitsformen und Ideologien elitäre Werte widergaben, neigten sie eher dazu, entgegen aller Ableugnung politischer Absichten ein konservatives Potential herauszubilden.
Durch Spiele, Rituale, jugendgemäße Unternehmungen aller Art hatten es die nachviktorianischen Jugendführer darauf angelegt, die Jugend aus den Fesseln der städtisch industriellen Gesellschaft zu befreien, die in ihren Augen aufgrund ihres eigenen materiellen Fortschritts starr und korrupt geworden war. Auf der Suche nach dem körperlichen und instinktgelenkten Wesen dessen, was »jungenhaft« sei, trennten sie jedoch den Begriff »Jugend« von seinem früheren Bedeutungsumfeld ab, sowohl von »Moralität« als auch von »geistiger Kraft«. Die Hervorhebung der körperlichen und seelischen Seiten des Jugendalters – eine Tendenz, deren Entwicklung wir bereits vor der Jahrhundertwende bei der gebildeten Elite gesehen hatten –, sollte schließlich diesen Lebensabschnitt auf ein »Objekt« reduzieren, das von Erwachsenen wissenschaftlich beobachtet und klinisch behandelt wurde. Was mit dem Kampf um einen Freiraum begann, in dem die Jugend nach Regeln ihrer eigenen Natur leben kann, endete damit, daß man sie in eine neue Angepaßtheit zwängte, die von der positivistischen Sozialwissenschaft unterstützt wurde. Darüber hinaus wurden die Jugendlichen, indem man sie gegen die dekadente Welt der Erwachsenen zu schützen versuchte, von jenen bürgerlichen und sozialen Rechten abgeschnitten, die ihr einziger wirksamer Schutz gegen die Älteren waren. Dies waren einige der Widersprüche, die seit der Jahrhundertwende in der Entwicklung der Jugend steckten.

2. *Boy scouts* und sozialistische Jugend

Sowohl in ihren Zielen als auch in ihren Methoden unterschied sich die neue Generation von selbsternannten Fürsorgern, wie sie um die Jahrhundertwende auftrat, schärfstens von ihren viktorianischen Vorgängern. Die Metaphern der religiösen »Bekehrung« waren einer Sprache der »Behandlung« und »Heilung« gewichen, die direkt von den Naturwissenschaften entliehen worden waren. Der Gegenstand der Zuwendung war zur Jahrhundertwende das *ganze* Kind, sein soziales, wirtschaftliches, hygienisches wie auch geistiges Wohlergehen. Das neue Jahrhundert hatte eine Neubewertung der Möglichkeiten der Kinderfürsorge und der Erziehung hervorgebracht, die umfassender verstanden wurden, so daß sie nun auch große Bereiche des Kinderlebens mitumfaßten, die zuvor der Kontrolle der Familie oder der Gruppe der Altersgleichen überlassen gewesen waren. Die sozialen Vorstellungen hinter diesen Neuerungen waren wesentlich aggressiver und weniger duldsam gegenüber dem Versagen als die eher großzügigen Lehrsätze der Viktorianer. Die neuen Metaphern aus der medizinischen Pathologie reflektieren Gebote, die eher wissenschaftlichen als moralischen Ursprungs waren. So wie die öffentliche Meinung die Immunisierung aller Kinder gegen ansteckende Krankheiten forderte, so forderte die zukünftige Nation die »Immunisierung« der jüngeren Generation gegen verschiedene gesellschaftliche Krankheiten, für die eine großstädtische industrielle Gesellschaft besonders anfällig zu sein schien[23].

Die auf Freiwilligkeit basierenden Methoden der vorhergehenden Generation wurden jetzt kritisiert. Die Pioniere auf dem Feld der Kinderfürsorge waren nicht weit genug gegangen; sie hatten Eltern mit schlichtem Gemüt und falschem Verständnis der Kinder- und Jugendprobleme zu viel überlassen; ihre Arbeit hatte zu große Ähnlichkeit mit Wohltätigkeit gehabt, ausreichend, um den *status quo* aufrechtzuerhalten, ungenügend aber für eine Zeit des rascheren Wandels, in der innere Unruhen und Gefahren von außen das Überleben der Nation bedrohten. Auf einmal wurde nun die »Jugendlichkeit« in den Kampf gegen die Dekadenz zu Hause und gegen die Bedrohung aus Übersee hineingeworfen. Letzten Endes »steht und fällt mit den Heranwachsenden von Generation zu Generation das Schicksal der Nation und des Volkes«, schrieb der englische Sozialreformer *C. E. B. Russell.* »Wenn es überhaupt irgend jemand tut, dann sind sie es, die Jugendlichen, die große Taten planen und hochfahrende Ideen in die Tat umsetzen. Es ist an uns, soweit wir können wahrzunehmen, welche Lebenschancen, einfühlsame Führung und wertvolles Vorbild wir ihnen bieten müssen«[24].

Sozialisten wie *Ellen Key* pflegten die Vorstellung, die jüngere Generation sei »der Arbeit an der Volksbildung, der Abstinenzler- und der Friedensbewegung« verpflichtet; aber am Vorabend des Ersten Weltkriegs war klar, daß ein größerer Teil der Jugendlichen, wenigstens symbolisch, von den Kräften des Nationalismus und Konservatismus gefesselt worden war. In Deutschland war General *Keims* militaristischer *»Jugendverband«* nur der erste einer ganzen Anzahl von Verteidigungs- und

Sportbünden, die der Gründung des stark konservativen *»Jungdeutschlandbundes«* (1911) vorangingen, der im Jahre 1914 750 000 Mitglieder hatte[25].
Der Burenkrieg gab in England ähnlichen Versuchen, die Jugend für den Dienst am Vaterland zu gewinnen, mächtig Auftrieb. Er beschleunigte die Verabschiedung des *»Education Act«* von 1902, der staatliche Unterstützung für weiterführende Schulbildung einführte. »Die Existenz unseres Weltreichs hängt von der Seemacht und von der Bildungsmacht ab«, warnte *Michael Sadler,* der sich dessen sehr klar bewußt war, daß England in Sachen Bildung Deutschland unterlegen war[26].
Dieselbe Sprache von nationaler Verteidigungsbereitschaft erklang in einer Rede, die Lord *Robert* im Jahre 1909 vor den Scharen der neugegründeten *Scouts* von Oxford hielt. »Die Losungsworte dieser Jungen sollen dieselben sein, wie die unserer Empire-Bewegung – Verantwortung, Pflicht, Mitgefühl und dein offenes Wort«[27].
Die *Scout*-Führer der einzelnen Ortschaften hielten es für ihre vornehmste Pflicht, »die heranwachsenden Jungs von heute in brauchbare Bürger von morgen zu verwandeln«, ein Ziel, das sie mit ihrem deutschen Gegenstück, dem *»Jungdeutschlandbund«*, teilten[28]. Alle großen Kinderrettungsorganisationen beider Länder – die *»Englische Nationale Gesellschaft für Kinderschutz«* und die *»Deutsche Pestalozzi-Stiftung«*, die *»Mothers Union«* und der *»Deutsch-Evangelische Frauenbund«*, der

England 1910: Boy-scouts über sich im Kundschafterdienst

»*Council for the Industrial Advancement of Young People*« und die »*Herberge zur Heimat*« –, alle hatten um 1914 einige Elemente des konservativen Patriotismus und der Sozialreform in ihr offizielles Programm aufgenommen. Ideologische nationale Ziele, die sich oft in das sozialdarwinistische Bild vom Überleben des Volkes kleideten, hatten frühere religiöse und moralische Rechtfertigungen ersetzt, obgleich letztere noch immer einen großen Raum in den öffentlichen Reden einnahmen. Die Berufung auf nationale Rechtfertigung sozialer Reformen wurde sogar so weit getrieben, daß nicht einmal Säuglinge von dem Ruf nach nationaler Neuerung verschont blieben. »Unser Volk schreitet voran auf den Füßen von kleinen Kindern«, verkündete das Kinderwohlfahrtskomitee von Oxford im Jahre 1919[29].
Mit zu diesem Wechsel trug die Erkenntnis bei, daß Europa in das Zeitalter der Demokratien eingetreten war, in dem keine soziale Schicht oder Gruppe von der Teilhabe an Verantwortung und Macht ausgeschlossen werden konnte. In diesem Sinne setzten die Kinderretter dasselbe Prinzip bevorrechtigter sozialer Kontrolle fort, das *Robert Lowe* bezüglich einer Passage aus dem Wahlrecht von 1867 zu der Bemerkung veranlaßt hatte: »Wir müssen uns unsere zukünftige Regierung erziehen«[30]. Das Gefühl, daß die Kleinkinder-Erziehung für die Erlangung dieses Ziels unzulänglich war und daß die Jahre zwischen der Schulentlassung und dem Status des jungen Erwachsenen auch mit in die Erziehung einbezogen werden müßten, war einer der stärksten Antriebe der außerschulischen Jugendbewegungen. Was die Schulen nicht erreichen konnten, das wollten sie zu vollenden versuchen. Die Tatsache, daß die ersten Jahre des zwanzigsten Jahrhunderts weder in Deutschland noch in England ohne soziale Konflikte verliefen, gab jenen, die sich selbst als die uneigennützigsten Vermittler im Klassenkampf betrachteten, zusätzlichen Auftrieb. Die preußische Gesetzgebung von 1911, die die Unterstützung ehrenamtlicher Jugendpflegeverbände aus öffentlichen Mitteln einführte, bezieht sich ganz direkt auf die Fabrikunruhen, welche vier Jahre zuvor begonnen hatten[31]. Der gleiche Anstoß steckte hinter der Gründung des »*Oxford Balliol Boys Club*«. »Freundschaft zwischen den sozialen Schichten fördern, damit es keine sozialen Barrieren mehr gibt« – das war die Absicht, wie sich die Frau des Gründers, Mrs. *A. L. Smith*, später an die Visionen ihres Mannes erinnerte[32]. Wir wissen aus den Protokollen der Diskussionsgemeinschaft des Clubs, daß die wirklich entzweienden Streitpunkte, die damals die ganze Gesellschaft in Aufruhr brachten, gewöhnlich gemieden wurden; und als 1910 die heikle Frage der Zolltarifreform diskutiert wurde, stellten die Gesprächspartner mit Befriedigung fest, »daß praktisch alle Mitglieder des Clubs stramme Konservative waren«[33]. Typischer noch waren die Erfahrungen eines *Scout:* »Bei den Pfadfindern lernt man, ein guter Bürger zu sein, nicht aber mit Politik umzugehen« – eine treffende Zusammenfassung der Ziele dieser und anderer von der Mittelschicht getragenen Jugendorganisationen[34].
Die politische und soziale Leitlinie für einen neuen Ansatz in der Jugendarbeit wurde nun in den 1880er Jahren vorgegeben, als die ältere evangelisch-christliche Vorgehensweise allmählich durch ein lebendigeres Programm des Exerzierens und des Sports ersetzt wurde. Als erste brach in England die »*Boys' Brigade*« von *William*

Deutschland 1912: Pfadfinder vor General von der Goltz

Smith mit der Tradition. Diese Brigade wurde 1883 unter der neuen Idee gegründet, das konventionelle Bibellesen durch strengen militärischen Drill zu ersetzen. »Höchst erstaunlich und eine alberne Illusion!«, schrieb einer der Gönner von *Smith*. »Nenn' diese Jungs ›Jungs‹, was sie tatsächlich sind, und sag ihnen, sie sollen sich in die Bank einer Sonntagsschule klemmen, so wird keine Macht der Welt sie dazu bringen; setzt du ihnen aber eine Fünfpfennig-Mütze auf und nennst sie Soldaten, was sie nicht sind, dann kannst du sie herumkommandieren bis Mitternacht«[35]. Die *»Boys' Brigade«* fand heraus, daß man durch Weglassen einigen Übereifers und einiger Anstandsrituale, was viktorianische Jugendgruppen so belastet hatte, sogar Angehörige der Arbeiterklasse gewinnen konnte. Die Idee aber, körperliche Übung sei angemessener als geistige, blieb bis zur Jahrhundertwende verdächtig, bis nämlich viele der Verfahrensweisen von *Smith* durch die *»Boy-Scouts-«*Bewegung populär gemacht worden waren.

Zur Zeit des Burenkrieges war die öffentliche Meinung in England einschließlich eines Teils der ehedem antimilitaristischen Arbeiterklasse auf die Linie des Exerzierens und Marschierens eingeschwenkt[36]. Die Nation war nun auf die Notwendigkeit militärischer Verteidigungsbereitschaft aufmerksam geworden; und einer der Helden des Burenfeldzug, General *Baden-Powell*, war von dem Potential der *»Boys' Brigade«* so sehr beeindruckt, daß er sein berühmtes *»Scouting for Boys«*

schrieb, seinem Freunde *Smith* zum Gebrauch. Wie sich herausstellte, kam *Baden-Powells* Konzeption eines Lebens für Jungen unter freiem Himmel, die von der »Waidwerk«-Romantik des amerikanischen Jugendführers *Ernest Thompson Seton* beeinflußt war, so gut an, daß dies die Einrichtung einer eigenen, von der Brigade unabhängigen Organisation rechtfertigte. Mit finanzieller Hilfe aus konservativen Quellen und mit kräftiger Unterstützung durch seine früheren Armeekameraden gründete der General im Jahre 1908 die weit populärere »*Boy Scout*«-Bewegung[37].

Es ist nicht erstaunlich, daß die *Scout*-Bewegung von Anfang an eine starke nationalistische Orientierung aufwies. »Die Grundlagen der *Scout*-Ideologie waren eine Mischung aus *Baden-Powells* eigenem, auf seine Person zugeschnittenen Sozialimperialismus, einem allgegenwärtigen Sozialdarwinismus und dem edwardianischen Kult nationaler Leistungsfähigkeit«, schreibt ein eher kritischer Historiker der Bewegung[38]. Zwei Drittel der Führer auf nationaler Ebene waren Offiziere aus den oberen militärischen Rängen, und das erste Exekutivkomitee stand in sehr enger Beziehung zu der »*National Service League*«, einer erzkonservativen Organisation, die sich seit 1902 für allgemeine Wehrpflicht stark machte[39]. Obgleich *Baden-Powell* unentwegt bestritt, daß seine Truppen Rekrutierungsunternehmen für die Landwehr seien, blieb doch unterschwellig der Verdacht bestehen, daß die Uniform, das Exerzieren und die Kriegsspiele am Wochenende auf entsprechende Indoktrination abzielten. Für einige der liberaleren Mitglieder der Bewegung war der Einfluß der »*National Service League*« ihres Erachtens zu stark, und sie zwangen den General, sich auf die internationalistische Richtung zu begeben, die Bestandteil der ursprünglichen Charta der *Scout*-Bewegung gewesen war. *Sir Francis Vane* verließ den Verband unter Protest gegen den fortgesetzten Militarismus, aber erst mußte der Erste Weltkrieg vorübergehen, bis sich die eher demokratischen und pazifistischen Kräfte vom Verband lösten, um eigene Organisationen zu bilden. Die wichtigsten von ihnen, *John Hargraves* »*Kibbo Kift Kindred*« und *Leslie Pauls* »*Woodcraft Folk*«, die beide deutlich sozialistisch ausgerichtet waren, spiegelten die Enttäuschung wider, welche die konservative Färbung des *Baden-Powellschen* Typs von Jugendarbeit bei vielen ausgelöst hatte[40].

Die politische Haltung in der *Scout*-Bewegung war nicht das einzige, was den Verband als der Oberschicht zugehörig kennzeichnete. *Baden-Powell* selbst brüstete sich mit seinem guten Verständnis für den »Geist der Jungen«, und seine produktive Phantasie brachte eine erstaunliche Fülle an Riten, Liedern und Festen hervor, die der bildbaren Natur der Jugendlichen angemessen waren; Erfahrung mit dem Lebensstil der Arbeiterklasse oder Verständnis dafür ging ihm jedoch fast gänzlich ab. Nackte Knie und die Trennung vom anderen Geschlecht mochte den Jungen aus der Mittelschicht gut anstehen, aber man durfte kaum erwarten, daß sich das auch sofort bei der Mehrheit der Arbeiterjungen durchsetzte. Die *Scout*-Bewegung nahm sich die Trennung der Erwachsenenwelt von der Welt der Jugend, wie sie in den elitären *Public Schools* bereits bestand, zum Vorbild. Da sie eine reine Jungenorganisation war, erhob sie den Aufschub des Eintritts in die Erwachsenenwelt zur Tugend und

unterstützte die Ansicht, frühreifer Kontakt mit dem anderen Geschlecht gefährde die Männlichkeit der Jungen und zersetze die häusliche Weiblichkeit der Mädchen. Selbst als *Lady Baden-Powell* 1909 die »*Girl Guides*« ins Leben rief, bestand der General auf der Ansicht, die Natur fordere, daß die Aktivitäten der beiden säuberlich getrennt durchzuführen seien. Jungen sollten nun einmal Jungen werden und Mädchen eben Mädchen – da gab es nichts Verbindendes. Die fanatische Begeisterung für ein gemäßigtes, ja asketisches Leben garantierte das Fernbleiben der Jugend von den normalen Vergnügungen der Erwachsenen. Die Moral der »guten Tat« schloß eine gewisse vorsichtig kontrollierte Einbeziehung in das bürgerliche und soziale Leben der Gesellschaft ein, wußte aber sehr wohl das Interesse am aktuellen sozialen und politischen Engagement zu bremsen. »Allzeit bereit!« bedeutete »Übe Zurückhaltung von jeglicher Frühreife!«, da der Wert der Jugend für die Nation in deren Unschuld und Reinheit lag, die durch die verlockenden Vergnügungen und den raschen Wandel der großstädtisch-industriellen Gesellschaft gefährdet war.
Es ist also nicht weiter erstaunlich, daß die *Scouts* mit ihrem Überfluß an Regeln und ihrem Mißtrauen gegenüber der Frühreife bei den Mittelschichten mehr Erfolg hatten als im Proletariat. Eine Erhebung unter erwachsenen Männern im Jahre 1966 ergab folgendes Bild: Während vierundvierzig Prozent der Engländer aus der Mittelschicht irgendwann einmal bei den *Scouts* gewesen waren, hatten nur fünfundzwanzig Prozent der Männer aus der Arbeiterklasse Kontakt mit der Bewegung gehabt[41]. Man marschierte unter dem Banner der Klassenlosigkeit, aber die Bewegung war durch den Lebensstil und die Ideologie derer, die aus höheren sozialen Schichten stammten, unauslöschlich geprägt. Sie beruhte auf der Mitgliedschaft aus den stark mittelschichtstrukturierten Gebieten Süd-Englands einschließlich einiger Teile Londons, soweit sie von der unteren Mittelschicht geprägt waren. Es scheint, daß die Jungen aus der Arbeiterklasse, die den *Scouts* und anderen Verbänden beitraten, in erster Linie aus dem Bereich der gelernten Arbeiter stammten, und es waren besonders jene, die auf sozialen Aufstieg hofften: Jungen, die zur Schule gingen, und deren Eltern das Geld für die Uniform und den Mitgliedsbeitrag aufbringen konnten. *Scout*-Führer wie *Jimmy Law* aus Oxford stellten fest, daß die ärmeren Teile der Arbeiterklasse so viel Geld und Zeit einfach nicht aufbringen konnten, wie der Beitritt zum Verband erforderte. *Law* ging sogar so weit, den Eltern zu versprechen, er bezahle die Uniform, und er versuchte die Jungen anzulocken, indem er ihnen ein Signalhorn versprach, damit sie der Musikkapelle beitreten konnten[42].
Eben diese Gruppe wurde von den Jungen verspottet, die zu arm oder zu stolz waren, ihr beizutreten, und in den allerersten Jahren ihres Bestehens mußten sich die *Scouts*, wie zuvor die »*Boys' Brigade*«, gegen verbale und tätliche Schmähungen wehren, wenn sie durch die Armenviertel zogen. Einige *Scout*-Führer erkannten, daß nackte Knie und Wanderhosen für jene Jungen inakzeptabel waren, die schon zur Arbeit gingen und denen ihre Frühreife sehr wichtig war. Sie brachen mit dem Bild, das *Baden-Powell* vom Jugendlichen hatte, und bildeten nach dem Ersten Weltkrieg eine Reihe von Jugendverbänden, die auf Geschlechtertrennung verzichteten und deren Zielgruppe eindeutig die Arbeiterklasse war. *Leslie Pauls* »*Kibbo Kift Kindred*«

wiesen die Vorstellung der Mittelschicht zurück, nach welcher die Koedukation »den Charakter der Jungen weicher und die Mädchen wilder und jungenhafter mache«, und in seinem Verband war auch jedes Mitglied ohne Rücksicht auf sein Alter stimmberechtigt[43]. *A.S. Neill* hat *Paul* gelehrt, die Trennung der Jugendlichen von den Erwachsenen als unproduktiv und undemokratisch zu betrachten. Ein anderer ehemaliger *Scout, John Halgrave,* gründete die »*Woodcraft Folk*«, deren Motto »*learn by doing, teach by being*« (»Lerne durch Handeln, lehre durch Vorleben!«) eine völlig andere Einstellung zum Reifungsprozeß zum Ausdruck brachte, die viel eher im Einklang mit dem Lebenszyklus der englischen Arbeiterschaft stand[44]. Um 1930 hatten die verschiedenen sozialistischen Jugendverbände rund 100 000 Mitglieder, wenig im Vergleich zu dem Vorsprung von über einer Million Jungen und Mädchen, den die verschiedenen bürgerlichen Organisationen beanspruchten. Die »*Cooperative Youth Movement*« und die »*Girls Friendly Societies*« hatten jedoch die Besonderheit, einen höheren Anteil an über Vierzehnjährigen zu haben als irgendein anderer Jugendverband; ein Erfolg der Tatsache, daß sie sich für ihre Mitglieder um Beschäftigungen, die dem reifen Alter angemessen waren, gekümmert hatten. Die niedrigen Gesamtmitgliederzahlen spiegelten andererseits die Tatsache wider, daß weder die »*Labour Party*« noch die mächtigen Gewerkschaften allzu großes Interesse an der Aktivierung der Jugend gehabt hatten. Die Apathie, die für die Jugend der Arbeiterklasse zur Zeit der wirtschaftlichen Depression charakteristisch war, schadete allen Jugendverbänden; die sozialistischen litten aber stärker darunter, weil sie eine schmalere Basis hatten[45].

3. Jugendverbände zur Zeit des »*Wandervogel*« in Deutschland

Auch in Deutschland blieben die altmodischen körperschaftlichen und konfessionellen Jugendorganisationen bis ins frühe zwanzigste Jahrhundert hinein vorherrschend. Frühe Missionsbemühungen wie bei *Johann Hinrich Wichern* im »*Rauhen Haus*« (1833) und in *Adolf Kolpings* »*Rheinischem Gesellenbund*« (1846) zielten in erster Linie auf die Kinder der Armen ab. Spätere religiöse Jugendorganisationen wie der protestantische »*Christliche Verein junger Männer*« (1883) und der katholische »*Quickborn*« (1909) intendierten eine breitere soziale Zusammensetzung, behielten aber ihren stark konfessionellen Charakter bei. Verschiedene Innungen und Gewerkschaften unterstützten Aktivitäten für ihre jüngeren Mitglieder, und die sozialistische Jugendbewegung, die 1885 von Holland ihren Ausgang genommen hatte, breitete sich über den Kontinent aus und erreichte 1904 Deutschland. Auch verschiedene politische Parteien hatten um die Jahrhundertwende begonnen, Jugendorganisationen einzurichten, worin ihnen die katholische Zentrumspartei mit dem 1895 gegründeten »*Windhorstbund*« vorangegangen war. 1911 entstand der konservative »*Jungdeutschlandbund*« und bereicherte dadurch die Liste der Gruppen mit sportlichem und militärischem Training, die von den verschiedenen antisozialistischen Parteien und Organisationen unterstützt wurden. Auch alle möglichen

Abstinenzler-Organisationen waren vor 1900 in dieses Gebiet eingestiegen und damit zu den Gruppen hinzugekommen, die um die Aufmerksamkeit der jüngeren Generation wetteiferten[46].

Erst im Jahre 1901 trat eine Organisation auf, die kein anderes Interesse beanspruchte als das der Jugend selbst. In diesem Jahr nämlich nahm der »*Wandervogel*« in einem Berliner Vorort unter der Führung des charismatischen, aber exzentrischen Stenographielehrers *Karl Fischer* Gestalt an. Mitglieder der ursprünglichen Gruppe von *Fischer*, die seine autoritäre Persönlichkeit nicht ertragen konnten, traten aus, um ihre eigenen Bünde zu gründen; die verschiedenen Zweige aber, die aus der Wurzel hervorgingen, blieben alle dem ursprünglichen Impuls verpflichtet[47]. Das deutsche Gegenstück zu den englischen »*Boy Scouts*«, der »*Deutsche Pfadfinderbund*«, wurde 1911 gegründet, aber er erreichte nie die Popularität, die der »*Wandervogel*« genoß. Weniger durch Mitgliederzahlen als vielmehr durch die Art, wie er die Annäherung an das Erwachsenensein in Deutschland gestaltete, blieb er die einflußreichste Jugendvereinigung; denn er sollte den staatsbürgerlichen wie sozialen Status der Jugend für die folgenden Jahrzehnte prägen.

Letztlich lag die Bedeutung des »*Wandervogels*« nicht in der Unmenge von Organisationsformen, sondern in der sozialhistorischen Realität, die er widerspiegelte. Auf den ersten Blick macht er den Eindruck, als stelle er eine von der englischen *Scout*-Bewegung sehr verschiedene Richtung dar. Letztere, so archetypisch britisch in

Wandervögel während einer Rast

ihrem disziplinierten Kompromiß zwischen dem Nützlichkeitsdenken der Mittelschicht und den sportlichen Neigungen der Aristokratie, stach stark vom »*Wandervogel*« ab, dessen herausfordernd unkonventionelles Verhalten und dessen Äußeres die Wiederkehr des jugendlichen Radikalismus aus dem frühen 19. Jahrhundert abzubilden schien. Es hatte den Anschein, als fordere der »*Wandervogel*« die sozialen Konventionen der deutschen Aristokratie heraus und setze sich, zumindest anfänglich, auch in Opposition zu ihrem Militarismus. Ihre ausgefallene Kluft, ihr ungehemmtes Verhalten und ihr Ruf, sie seien für sexuelle Freiheiten, schockierte die wilhelminische Oberschicht und brachte der Bewegung zunächst den Ruf des Rebellischen ein, was in krassem Gegensatz zu dem nüchternen Bild der englischen *Scouts* stand[48].

Unterhalb dieser Unterschiede jedoch lagen Ähnlichkeiten in Ursprung und Ziel. Auch den »*Wandervogel*« hatten die Belange der Mittelschicht hervorgebracht, obgleich die Geschichte des deutschen Bürgertums sich ziemlich von der des englischen unterschied und auch sehr unterschiedliche Formen entstanden waren, mit Jugend umzugehen. Die Beziehungen zwischen der Mittel- und der Oberschicht waren in Deutschland nicht durch Kompromisse, sondern durch Spannungen gekennzeichnet. Der deutsche Staat und seine Bildungseinrichtungen blieben höchst schichtbezogen: der Adel hing der herkömmlichen Kadettenanstalt an, die Mittelschicht beanspruchte das Tagesgymnasium für sich. Wie wir gesehen haben, brachte die sozialintegrative englische *Public School* ein geschlossenes Bild von »dem Jungen« hervor. Im Gegensatz dazu erforderte das deutsche Bildungssystem keine derartige Übereinstimmung[49].

Deutschlands Militärakademien entließen fortwährend Vorbilder der Angepaßtheit. Das Tagesgymnasium, dem die Eigenart einer »totalen Institution« fehlte, indem es die wichtigen Aufgaben der Erziehung und Sozialisation zwischen sich und dem Elternhaus teilte, brachte die verwirrte Jugend hervor[50]. Das verlängerte einsame soziale Moratorium gelangte in einer Art von ruheloser Selbstversunkenheit zum Ausdruck, wie *Hermann Hesse* und andere Zeitgenossen sie so treffend beschrieben haben; und schon bevor *Karl Fischer* anfing, Wander- und Zeltfahrten zu organisieren, strömten Deutschlands Gymnasiasten aus den Städten hinaus aufs Land, auf der Suche nach Freiheit und Freundschaft, die es weder zu Hause noch in der Schule gab. »Das Wesen des Wandervogel hieß Flucht aus den Zwängen der Schulen und der Städte, hinaus in die offene Welt, weg von den akademischen Pflichten und der Zucht des Alltags, hinein in eine Atmosphäre von Abenteuer«, erinnerte sich der Göttinger *Frank Fischer*[51].

Obgleich die Angehörigen der Mittelschicht in der Haltung gegenüber der Selbstbehauptung ihrer Söhne und Töchter selbst gespalten waren, brachte die Sorge um die verwirrenden Wirkungen des Jugendalters sie schließlich dahin, Bewegungen wie den »*Wandervogel*« zu unterstützen, der die Kluft zwischen Schule und Elternhaus durch das Angebot einer umfassenden Annäherung an die Jugendlichen zu überbrücken versuchte. Das Gerede vom Generationenkonflikt sollte nicht verdecken, in welchem Maße der »*Wandervogel*« von Anfang an von den Erwachsenen unterstützt und gelenkt wurde[52]. Obgleich sie gewiß weniger streng reglementiert war als die *Scout*-Bewegung, spiegelte diese Jugendbewegung doch an jedem Punkt ihrer Entwicklung die Sorgen der Mittelschichteltern wider. Das Paradox jugendlichen Rebellentums, das von Erwachsenen unterstützt und gefördert wird, existierte jedoch eher gedanklich als real; denn darin kommt die Situation der deutschen Mittelschicht selbst zum Ausdruck, die – eingekeilt zwischen einer militanten Arbeiterklasse auf der einen und einer halbfeudalen militärischen und bürokratischen Elite auf der anderen Seite – darauf drängte, eine Bewegung hervorzubringen, die den besonderen Bedürfnissen der Jugend entgegenkam und gleichzeitig die möglicherweise gefährlichen sozialen und politischen Konsequenzen ihrer Abweichung von der kulturellen Norm der Oberschicht vermied.

In ihrer Entstehungszeit war die Bewegung in der Tat äußerst individualistisch, ja sogar anarchisch in ihrer militanten Haltung gegenüber allen konventionellen Beschränkungen der freien Entfaltung. Dennoch brachte auch sie ihre eigenen Formen von Konformität hervor, von denen wir heute wohl viele als den typischen Lebensstil der Jugendlichen betrachten mögen. Die Bewegung glich den englischen *Boy Scouts* in der Betonung der kleinen Gruppe, wenngleich sie sich ursprünglich viel weniger auf jene Regeln und Reglementierungen verließ, die *Baden-Powell* zur Führung der Jungen für unentbehrlich gehalten hatte. Die intimen Kreise, die *Karl Fischer* seine »Horde« nannte, waren wie die Truppen und Gruppen der *Scout*-Bewegung wirksamer Ersatz für die Kultur der Gruppierungen der Altersgleichen, die das Bildungssystem der weiterführenden Schulen Deutschlands unterdrückte. Wenn man ums Lagerfeuer saß oder privat beisammen im »Nest« war, dann ermunterte man sich beim »*Wandervogel*«, dem Ausdruck der tiefsten Gefühle freien Lauf zu lassen, dann hatte man das sichere Bewußtsein, daß keines der viktorianischen Tabus im Kreise der Gruppe Gültigkeit hatte. Das kameradschaftliche »Heil« hatte die verhaßten Formalismen der konventionellen Grußformen ersetzt, und es diente auch dazu, die Gleichheit zu unterstreichen, die mit dem neugewonnenen Sinn für Brüderschaft einherging. *Fischers* Vorbild war der mittelalterliche Vagabund, frei von Sorgen und achtlos gegenüber jeglichen gesellschaftlichen Zwängen und Verantwortungen, die an das Erwachsensein geknüpft sind. Nackte Knie und ein unbedecktes Haupt schockierten anfänglich die wilhelminische Gesellschaft, allmählich aber fanden die unschuldigen Freuden des Wanderns und Zeltens Zustimmung in den oberen Gesellschaftsschichten[53].

Die Kameradschaft im »*Wandervogel*« ähnelte jener wie ehedem im Sturm und Drang; anders war nur, daß die neuen Romantiker jünger und ihre Ausdrucksweisen weniger reif waren als bei ihren Vorgängern im 18. und frühen 19. Jahrhundert, von denen die meisten sozial und intellektuell weitgehend erwachsen gewesen waren. Als Jugendliche konnten sie sich in Kunst und Dichtung nicht in der Weise ausdrücken, wie das für die frühere Bewegung charakteristisch gewesen war, dennoch hielten sie, wenn schon nicht an deren ästhetischen, so doch an den asketischen Eigenheiten fest. Ein starkes Moment von Enthaltsamkeit spielte von Anfang an eine Rolle, und ihre Einstellung zur Sexualität war deutlich puritanisch. Selbst die »Homoerotik«, die einige der Führer predigten, war eher platonisch als tatsächlich geschlechtlich, und sollte im *»Wandervogel«* Neigung zu einer Perversion überhaupt bestanden haben, so wäre dies eher die Vernachlässigung als die Unterstützung der Heterosexualität gewesen[54]. Selbst als man Mädchen in den Bund aufnahm, gab es starke Widerstände gegen gemeinsame Aktivitäten. Man bevorzugte den Volkstanz, weil man ihn im Kreise tanzte und damit frühreife Paarbildung vermied. Lederhosen und Dirndl waren um die Jahrhundertwende wohl kaum die große Mode; dennoch bildeten sie eines der Attribute der Unschuld, die die »Horden« im *»Wandervogel«* charakterisierten. Die Beziehungen zwischen Jungen und Mädchen waren so naiv, daß viele ehemalige Jugendbewegte später Schwierigkeiten hatten, sich in die Bedingungen des Ehelebens einzufügen[55].

Es wäre in der Tat interessant herauszufinden, wie viele andere Schwierigkeiten auf jene zukamen, für die das Jugendalter ein so ungewöhnlich lang ausgedehnter Vorgang war. Die Literatur der Jugendbewegung besteht so hartnäckig auf dem Wert des sozialen Moratoriums, das sich in der Kultur des *»Wandervogel«* bot, daß es schwierig, wenn nicht unmöglich ist, ein klares Bild von den Belastungen zu bekommen, die diese Altersaussonderung ihren Mitgliedern auferlegte. Die Tatsache, daß der Erste Weltkrieg das Leben so vieler vorzeitig beendete, erschwert die Frage nach den Wirkungen der verlängerten Abhängigkeit. Seine Kritiker hielten an dem Vorwurf fest, der *»Wandervogel«* institutionalisiere die schlechten Auswirkungen eines zu großen Sichgehenlassens; seine Fürsprecher hoben begeistert die erneuernden Wirkungen hervor, die in der Ausdehnung der Wachstumsmöglichkeiten über die Altersgrenzen hinaus lagen, welche die Lebensumstände früher gezogen hatten[56]. Am Ende siegte der Jugendkult mit diesem Argument; denn noch vor 1914 gab es Anzeichen dafür, daß die Art von Vitalität, wie die Jugendbewegung sie verkörperte, unter den Angehörigen der früher so zugeknöpften wilhelminischen Oberschicht Mode wurde.

Spontaneität, Empfindsamkeit und andere schöngeistige Fähigkeiten der Wandervogelkultur waren wohl kaum geeignet, beim Militär oder bei den Behörden Unterstützung zu finden. Auf der anderen Seite paßte der Nachdruck, den man auf körperliches Training und geistige Schulung legte, zu der Forderung jener Kreise nach Disziplin, als es auf den Ersten Weltkrieg zuging[57]. Die deutsche Mittelschicht war kulturell gesehen mit diesen Eliten uneins, politisch gesehen aber blieb sie gegenüber dem Patriotismus, den Militaristen verkündeten, loyal. Trotz ihrer unkonventionellen sozialen und kulturellen Eigenschaften machte die im wesentlichen apolitische Haltung der Bewegung sie zu einer brauchbaren Alternative zur sozialistischen Jugendbewegung, die sich kurz vor dem Ersten Weltkrieg unter Studenten auszubreiten begann[58]. Bei den »inneren« Freiheiten, über die in den »Horden« der Jugendlichen so viel geredet wurde, kamen die bürgerlichen Freiheiten überhaupt nicht vor; ihre Vorstellung von Gleichheit blieb auf die Mitglieder ihrer eigenen sozialen Schicht beschränkt, bedrohte also die Gesellschaftsordnung nicht. Und an dem Geist der Brüderlichkeit, dessen man sich rühmte, haftete genügend vaterländische Gesinnung, um ihn voll akzeptieren zu können. Es ist nicht ohne Bedeutung, daß

Eine Gruppe der Kommunistischen Jugend Deutschlands, Frankfurt 1922

sich der »*Wandervogel*« seines stärksten Wachstums in einer Zeit sozialer und politischer Unruhe erfreute; denn für Eltern, denen Pädagogen und Psychologen beigebracht hatten, die Jugend sei als das kritische Stadium im Leben zu betrachten, war eine Bewegung, die sich dem Aufschub der sozialen und politischen Entscheidung verschrieben hatte, ganz besonders verlockend[59]. Der »*Wandervogel*« selbst rückte 1911 Verbänden wie etwa dem »*Jungdeutschlandbund*« näher, dessen kaum verhohlene Parteinahme gegen den Sozialismus ihn in Deutschland um 1914 zum populärsten reinen Jugendverband gemacht hatte. Obwohl der »*Wandervogel*« sich der militärischen Haltung von Gruppen wie den deutschen »*Pfadfindern*« überlegen fühlte, war klar, daß unter seinem unpolitischen Äußeren Überzeugungen ruhten, die ganz genauso konservativ waren wie die der offener parteinahen Jugendgruppen[60]. Die Orientierung an der Mittelschicht, die aus der Jugendbewegung nicht wegzudenken ist, verhinderte es auch, daß der klassenlose Charakter erreicht wurde, den die Gründer im Auge gehabt hatten. Die Führer redeten weiterhin davon, daß Wandern und Volkstanz einem jeden gefällt, die große Masse der deutschen Jugend aber hatte kaum die Freizeit oder das Taschengeld, das man den regulären Mitgliedern abverlangte. Der puritanische Lebensstil des »*Wandervogel*« hatte keine Ähnlichkeit mit dem Erfahrungsbereich der Kinder aus der Arbeiterklasse, die zu einer ganz anderen Wertung von Männlichkeit und Weiblichkeit erzogen wurden. Was Wunder also, daß die Wanderer, wenn sie durch die Arbeiterviertel zogen, mit Gespött und sogar mit tätlichen Angriffen begrüßt wurden. Wer zeltete, mußte wie die »*Boy*

Scouts« aus den Anfangszeiten feststellen, daß es höchst unwahrscheinlich war, daß die Bauern die Stadtbuben mit ihren bloßen Knien und ihrem seltsamen Gehabe willkommen heißen würden[61]. Selbst bevor die Sozialisten 1904 ihre eigenen Jugendorganisationen gründeten, war klar, daß die bürgerliche Bewegung in Stil und Selbstverständnis wenig anbot, was viele Arbeiterjugendliche hätte anlocken können. Die Führer des »*Wandervogel*« hielten trotzdem den Anspruch der Klassen- und Parteilosigkeit aufrecht. Sie glaubten weiterhin an die harmlose Funktion von »Kriegsspielen«, selbst inmitten der wachsenden Hysterie der Kriegsbereitschaft. Erst als der Krieg wirklich über Europa hereingebrochen war, legten sie den Anspruch der Harmlosigkeit ab und machten dann mit einer für die Jugendbewegung typischen Naivität den Krieg zu einer heiligen Sache. »Nichts trennt den ›*Wandervogel*‹ vom Mannsein«, verkündete die erste Kriegsausgabe der Zeitschrift »*Der Wandervogel*«. »Wir sind nichts Besonderes. Wir wollen, daß man uns, wie alle andern auch, im wahrsten Sinne des Wortes als ›Männer‹ betrachtet«[62]. Welche Anforderungen der Krieg auch immer an diese jungen Rekruten gestellt haben mag, er war auf seine besondere Weise eine Fortsetzung der jugendverlängernden Institutionen aus Friedenszeiten. Wie *Harry Pross* hervorgehoben hat, sorgten die Schützengräben noch einmal dafür, daß alle politischen und sozialen Entscheidungen hinausgeschoben wurden, die zu bewältigen sich diese Generation so ungenügend vorbereitet fühlte. Für junge Männer wie *Frank Fischer* stellte der »*Wandervogel*« »die Flucht aus den Zwängen der Schule und der Stadt« dar; nun sollte der Tod auf dem Schlachtfeld ihr letztes Entkommen werden[63].

Der Krieg beraubte die Organisation ihrer Führer, und als die Überlebenden des »*Wandervogel*« aus den Schützengräben zurückkehrten, hatten sie wenig Lust, das Feldgrau mit den Lederhosen zu vertauschen. Die Jugendgruppen der Revolutionsjahre 1918/19 waren politisch bewußter, und ihre Mitglieder waren älter. Dennoch: Derselbe Zungenschlag von Rebellion gegen die Gesellschaft klang fort, nur diesmal gezielt gegen die Weimarer Republik gerichtet und mit einer erheblich offeneren politischen Rechtsorientierung als zuvor. Der »Kraft-durch-Freude-Kult« paßte den Freikorps und anderen protofaschistischen Verbänden sehr gut ins Konzept. Das klassenlose Image der Vorkriegsjahre fiel weg, und die Nachfolger des »*Wandervogel*« entpuppten sich als entschieden antisozialistisch. In Göttingen zum Beispiel fanden – wie in vielen anderen deutschen Städten – die Überbleibsel des Vorkriegs-»*Wandervogel*« zum großen Teil ihren Weg zu dem auf dem rechten Flügel stehenden »*Jungnationalen Bund*«[64].

Während der »*Wandervogel*« alten Stils verschwand, verselbständigte sich das von ihm hervorgebrachte Konzept von »Jugendlichkeit« sowohl in der bürgerlichen Jugendbewegung der zwanziger Jahre als auch in der sich ausbreitenden öffentlichen Jugendwohlfahrt, die nach dem Krieg eingerichtet wurde. Pädagogen und Psychologen wie *Gustav Wyneken* und *Eduard Spranger,* die von der frühen Zeit der Jugendbewegung beeinflußt waren, hatten in der Zwischenzeit das Bild der Mittelschichtjugend aus der Vorkriegszeit in Theorien des Jugendalter verallgemeinert, die man nun im Namen der Wissenschaft als von universeller Gültigkeit akzeptierte. Ironischerweise wurde der bedeutendste Beitrag des »*Wandervogel*« – eine sozial-historische Bewegung, die mit *Rebellion* zusammengehörte – nun zu einer neuen Form der *Anpassung* in Schulen und außerschulischen Organisationen, als Antwort auf die unterstellten Bedürfnisse der Jugendlichen, institutionalisiert. Die Vorstellung von Abhängigkeit und Unreife wurde allmählich das Handlungsprinzip aller staatlichen und freien Träger, die mit der Erziehung und Fürsorge dieser Altersgruppe befaßt waren. Um 1933 galt der abhängige Status derer zwischen Vierzehn und Achtzehn für abgemacht, und mit der Erklärung der Nazis in diesem Jahr, die offiziell die Vereinigung der ganzen Jugend unter der Hitler-Jugend forderte, ging nur ein Weg der Zwangsüberwachung zu Ende, auf dem man schon ohnehin unterwegs war[65].

4. Die Jugendschutzbestrebungen: »Jugend« als »Krankheit«

Trotz der offensichtlichen politischen Unterschiede ist es deutlich, daß sich England und Deutschland – soziologisch betrachtet – entlang der gleichen Generallinie auf eine Definition zubewegten, nach der das »Jugendalter« eine Kategorie war, die einen Zustand von Unterordnung und Abhängigkeit bezeichnete. Die repressive Gesetzgebung, die darauf abzielte, der Gesellschaft immer mehr Kontrolle über die Kinder zu übertragen (und zwar auch dann, wenn dies den Interessen der Eltern widersprach), erlangte in England einen beträchtlichen Aufschwung, nachdem in den 1880er Jahren die nationale Gesellschaft zum Schutz gegen Kindesmißhandlung gegründet worden war. »Unsere Großväter machten sich stark für die ›Rechte der Eltern‹«, argumentierte *Canon Horsley*. »Wir müssen ihre ›Pflichten‹ durchsetzen und, wenn nötig, ihre Rechte zerschlagen, wenn diese dazu angetan sind, dem Kind zu schaden«[66]. Der »*Prevention of Cruelty and Prevention of Children Act*« von 1889 sorgte dafür, daß Kinder aus Elternhäusern fortgenommen werden konnten, wenn das Gericht befand, daß sie der Gesundheit und dem Wohle des Kindes abträglich seien – was dann oft die armen Haushalte betraf, wo die Kinder arbeiten mußten, damit das Einkommen der Familie nicht absank. Dies war das Vorspiel zu dem umfassenderen »*Childrens Act*« von 1908, der verschärfte Strafen gegen Kindesmißhandlung vorsah und unter anderem den Verkauf von Tabak an Kinder unter sechzehn Jahren und den Gaststättenbesuch für Kinder unter vierzehn Jahren verbot. Dieses und die folgenden Gesetze (1933 und 1963) hatten die Aufhebung »der scharfen Trennung zwischen den Kindern, die vor den Jugendrichter kommen, weil sie Gesetze übertreten haben, und denen, die Fürsorge, Kontrolle oder Schutz brauchen«, bewirkt und bedeuteten einen wesentlichen Schritt auf dem Wege dahin, alle Minderjährigen unter staatliche Aufsicht zu stellen[67].

Die Entwicklung des Strafprozeßrechts und des Strafvollzugs in England begleitete und verstärkte diesen Trend, der in den 1850er Jahren mit der Errichtung von Besserungsanstalten und »Industrieschulen« für Rechtsbrecher, die unter Sechzehn waren, begann. 1899 wurde das Zusammensperren von Angehörigen dieser

Altersgruppe mit Erwachsenen verboten. 1907 wurde die Bewährung für jugendliche Kriminelle eingeführt; und 1908 wurden die Gerichte ermächtigt, Verfahren gegen Jugendliche unter sechzehn Jahren abzutrennen und unter Ausschluß der Öffentlichkeit zu verhandeln. Das Gesetz für Kinder und junge Erwachsene von 1933 dehnte das Prinzip der speziellen Schnellverfahren so aus, daß junge Leute bis hinauf zum Alter von siebzehn Jahren praktisch einer Jurisdiktion unterworfen waren, die davon ausging, daß Kinder und Jugendliche vor Gericht für ihre Handlungen weniger Verantwortung tragen als Erwachsene[68]. Das herkömmliche Prozeßverfahren wurde daher zugunsten einer Prozedur beseitigt, bei der die Ansicht von »Experten« die Argumente von Richtern ersetzten. Unter Berufung auf soziales und psychologisches Verständnis wurde ein Behandlungssystem des richtigen Umgangs *(treatment)* an die Stelle der bloßen Verurteilung gesetzt[69].

Ursprünglich waren die Argumente für den Kinderschutz moralischen und religiösen Charakters. Um 1910 jedoch wurde zunehmend häufiger die Wissenschaft bemüht, um die Kontrolle und Beschränkung der Kinder und Jugendlichen zu rechtfertigen. Der Sozialdarwinismus hatte die Gebildeten auf die Gefahren der körperlichen und seelischen Degeneration aufmerksam gemacht, und so trat man im Namen des Überlebens des Volkes für zwangsweisen Sport und militärische Übungen ein. Für *Eugen Sandow,* der für eine Zeitung des englischen Kinderschutzbundes schrieb, »schärft wissenschaftlich gelenkte Körperertüchtigung den Verstand und entwickelt wertvolle moralische Qualitäten. Eine hervorragende Körperkonstitution ist äußerst selten mit einem lasterhaften Charakter gekoppelt; es sind die Taugenichtse, die Schwächlinge, die Faulenzer, die der Fluch der Schule und im späteren Leben die Mißratenen sind«[70]. Die medizinische Literatur jener Tage war voll derartiger Verhaltenslehren, die verkündeten, »Körper und Geist sind so eng miteinander verwoben, daß die Pflege des einen die Pflege des anderen mit einschließt«[71]. Von nun an sollte also der nationale und der individuelle Charakter als eine Funktion von gesunden Genen, anständigen Mahlzeiten und häufigem kaltem Baden gesehen werden. Auf seine physiologischen und neurologischen Grundlagen zurückgeführt, war das Jugendalter offenbar eine zu wichtige Angelegenheit, als daß man sie hätte den Eltern oder den Jugendlichen selbst überlassen können. »Allgemein gesagt: je länger Kinder in der Schule sind und je länger sie dem Einfluß ihres Elternhauses entzogen werden, um so mehr können Fremde sich an sie heranmachen«, schrieb Dr. *Eric Pritchard.* »In meinen Augen ist es eine äußerst bedeutsame Tatsache, daß die jüngsten Statistiken zeigen, daß die durchschnittliche Erfolgsquote größer und die Versagerquote in unseren ›Industrie‹- und Besserungsanstalten kleiner ist als in unseren gewöhnlichen Grundschulen. Das heißt, daß die organisierte und straffe Disziplin unserer ›Industrieanstalten‹ achtbare Bürger aus der Sorte von Kindern machen kann, die in ihrem eigenen Elternhaus unerziehbar oder sogar asozial sind«[72].

Nirgendwo sonst als im Umgang mit der Sexualität Jugendlicher war deutlicher sichtbar, daß das wissenschaftliche Urteil den gesunden Menschenverstand ersetzt hatte. Über die Sexualität hatten sich die Kinderretter zwar schon immer Sorgen gemacht, aber nie zuvor hatte man dieses Problem unter einer so deterministischen Perspektive gesehen. Masturbation – oder wie die Viktorianer es gern nannten: »Selbst-Mißbrauch« – hatte seit dem Ende des 18. Jahrhundert immer mehr Angst ausgelöst[73]. Ärzte und Moralprediger (sie waren oft identisch) hatten ihr die fürchterlichsten Folgeerscheinungen angehängt; alles – von der Impotenz bis zur Epilepsie, von Melancholie zu suizidalen Depressionen – stand oben an auf der Liste der Symptome der gemeinhin so genannten »Krankheit der Onanie«. *Dr. Henry Maudsley,* ein führender englischer Arzt, konnte 1867 schreiben, die Masturbation »fördert eine bestimmte, äußerst unangenehme Form des Wahnsinns, die durch starke Selbstempfindungen und Einbildungen gekennzeichnet ist«. Bis zum Jahre 1895 jedoch hatte *Dr. Maudsley* seine Ansichten bemerkenswert geändert, was eine wesentliche Änderung in der medizinischen und moralischen Auffassung anzeigte. Ein direktes Ursache-Wirkungs-Verhältnis konnte man nicht länger behaupten; dafür wurde beides nun die Wirkung von etwas, was er »Jugendwahnsinn« *(adolescent insanity)* nannte. Von nun an wurden sowohl Melancholie als auch Masturbation diagnostiziert als von dem »Prozeß des Jugendalters, nicht von einem speziellen Laster« verursacht[74]. So war am Ende der Grad der Reife, nicht der Grad der Moralität die Ursache des Problems.

Es sollte jedoch noch einige Zeit dauern, ehe Masturbation und andere sexuelle »Vergehen« gänzlich aus den Fängen des moralischen Getues befreit werden würden. Ärzte wie *Maudsley* nannten sie noch immer ein »Laster«; und auch die aufgeklärtesten Sexualpädagogen der Zeit, einschließlich *G. Stanley Hall* und *Havelock Ellis,* brachen nicht völlig mit der viktorianischen Vorstellung, daß die Sünden der Kindheit die Ursachen der Verderbtheit im Erwachsenenalter seien[75]. Vielmehr subsumierten sie das alte Ursache-Wirkungs-Verhältnis unter eine neue, noch deterministischere psychologische Theorie, indem sie argumentierten, der Verlauf einer Persönlichkeitsentwicklung im Jugendalter habe notwendig Folgen für die charakterliche Ausprägung des Erwachsenen. Diese Verschiebung hatte sowohl etwas Beruhigendes als auch etwas Beängstigendes: Beruhigend war es für diese »aufgeklärte« Generation von Erwachsenen, daß sie das altmodische Strafverhalten gegenüber der Sexualität bedauerlich finden konnten, ohne ihre Reputation als Mittelschichtangehörige aufgeben zu müssen, indem sie für tatsächliche Veränderungen im Sexualverhalten eintraten. Beängstigend war es für die Jugendlichen, denen man die Last der Disziplinierung nun auflud und die jetzt die Verantwortung dafür trugen, ein Gleichgewicht herzustellen zwischen dem, was ungenau als die »natürlichen Instinkte« der Jugend definiert wurde, und den ebenfalls unklaren Folgen von Schwäche gegenüber der eigenen Sexualität[76]. Es ist also nicht weiter verwunderlich, daß die Jugendlichen selbst unter dem neuen »Gesetz der Natur« größere Persönlichkeitsverwirrung und Ängstlichkeit zeigten, als unter der früheren Herrschaft der unumstößlichen Moral.

5. Schutz und Kontrolle der Jugend

In England hatte man die Arbeit mit der nichtschulpflichtigen Jugend (vierzehn Jahre und älter im Jahre 1918) traditionellerweise den freien Trägern überlassen. Dieses Erbe, das der Liberalismus des 19. Jahrhunderts hinterlassen hatte, wurde 1916 durch die Schaffung des behördlichen »*Juvenile Organization Commitee*« (Organisationskomitee für Jugendfragen) geändert: Es hatte die Aufgabe, auf freiwilliger Basis die ganze öffentliche und private Jugendarbeit zu unterstützen und zu koordinieren[77]. Die Reform war durch steigende Jugendkriminalitätsraten während des Ersten Weltkriegs angeregt worden, und es war klar, daß der Staat seine Kontrollmöglichkeiten gern weiter ausgedehnt hätte, als die Umstände es erlaubten[78]. Finanzielle Schwierigkeiten verhinderten, daß der »*Education Act*« von 1921 den Schulabgängern weitere Bildungspflichten auferlegte, und aufgrund der Finanzlage blieben die meisten örtlichen Organisationskomitees für Jugendfragen in den zwanziger und dreißiger Jahren schwach. Eine Erhebung unter Schulabgängern in den 1930er Jahren zeigte, daß nur dreißig bis vierzig Prozent irgendwelchen Kontakt zu Jugendorganisationen hatten; und der Untersuchungsausschuß für arbeitslose Jugendliche und für körperliche Ertüchtigung legte Berichte vor, die jenen weitere Argumente lieferten, die verschärfte Kontrollen wollten[79]. Es dauerte jedoch noch bis zu Ausbruch des Zweiten Weltkriegs, bis die englische Regierung etwas mehr Druck dahinter setzte. Im November 1939 wurde ein »*National Youth Commitee*« geschaffen, das mehr Befugnisse und größere finanzielle Mittel hatte als die früheren Organisationskomitees. Der »*Education Act*» von 1944, der die weiterführende Schulbildung allen zugänglich machte und das Schulabgangsalter auf fünfzehn Jahre anhob, stärkte den Zugriff des Jugenddienstes, indem er die Zusammenarbeit der Schulen mit seinen Komitees verbindlich machte und indem es Ausbildungsmöglichkeiten für hauptberufliche Erzieher in der Jugendarbeit bereitstellte. Aber man vertraute weiterhin auf die freien Träger, und für die restlichen 1940er und 1950er Jahre quälte sich der englische Jugenddienst zwischen der Gleichgültigkeit der Öffentlichkeit und den Sparmaßnahmen der Regierung hindurch[80]. Die Angebote für die englische Jugend wurden weiterhin zu achtzig bis neunzig Prozent von privater Hand bereitgestellt, und ein Kommissionsbericht aus dem Jahre 1960 stellte fest, daß nur einer von drei Jugendlichen zwischen Vierzehn und Achtzehn Mitglied in einer anerkannten Organisation gewesen war[81]. In dieser Zeit aber bemerkten die Erzieher in der Jugendarbeit allmählich, daß Zwang weder in ihrem eigenen noch im Interesse der Jugendlichen war. Veränderte Konzepte der Jugendarbeit spiegelten auch eine sich verändernde Einschätzung des Jugendalters selbst wider, und so kam eine Epoche der englischen Sozialgeschichte an ihr Ende.

Ein intensiveres Eingreifen des Staates in die gesellschaftlichen Verhältnisse in Deutschland zeugte von einer politischen und wirtschaftlichen Entwicklung, die durch ein höheres Maß an sozialen Konflikten gekennzeichnet ist. Die englische Mittelschicht mußte sich nicht mit einer so militanten Arbeiterbewegung auseinandersetzen wie die deutsche, und darin liegt einer der Hauptgründe dafür, daß letztere schärfere

Um 1930: In diesem Erholungslager wurden 3000 Kinder verköstigt

Kontrollen über den jugendlichen Teil der Bevölkerung unterstützte. Einen Präzedenzfall für Jugendpflege und Jugendfürsorge stellten die verschiedenen Unterhaltsgesetze für Lehrlinge dar, Reste aus der Sozialpolitik der absoluten Monarchie. Diese versah man nun mit neuen, anderen Zwecken, als den preußischen Schuljungen 1878 verboten wurde, in Kneipen zu gehen; das betraf die Unterdrükkung der halbgeheimen »Verbindungen«, die über Jahrhunderte einen Teil schulischen Lebens ausgemacht hatten. Die Begründungen für Gesundheit und Anstand, die zu jener Zeit gegeben wurden, verbargen eine tieferliegende Angst; denn es war klar, daß die sozialen und sogar politischen Ergebnisse der unkontrollierten Machenschaften der gebildeten deutschen Jugend die herrschende Klasse beunruhigten. Keine geringere Authorität als der preußische Innenminister *Friedrich Graf zu Eulenburg* beklagte, daß die Verbindungen eine Gefahr darstellten, »nicht bloß einfach für die Studenten und deren Zukunft, sondern durchaus auch für das Familienleben und für den Status ihrer Klasse«[82]. Die Angst nahm jedoch mit der Verabschiedung restriktiver Maßnahmen auch nicht ab, und 1899 war es so weit, daß die Regierung neue umfassendere Zwangsmaßnahmen erwog, die diesmal alle Jugendlichen erfassen sollten, Arbeiter wie Studenten. Offensichtlich blieb die Kontrolle erfolglos, solange das Verbot nicht für alle galt, ein Mangel in der ursprünglichen Gesetzgebung, auf den die örtliche Polizei aufmerksam gemacht hatte, die mit der Durchsetzung des Erlasses von 1878 große Schwierigkeiten hatte[83].

Eine solche Ausweitung kam jedoch erst 1915; unterdessen hatten Schul- und Universitätsbehörden neue Ursachen entdeckt, sich Sorgen zu machen. In Göttingen hatte die Polizei im Jahre 1904 ein scharfes Auge auf studentische Aktivitäten auf dem linken Flügel[84]. Was die Mittelschicht der Stadt anging, so gründete sie den »*Nationalliberalen Jugendverein*«, eine antisozialistische Organisation, die darauf aus war, Unterstützung für vaterländische Ziele zu sammeln[85]. In Deutschland waren politische Jugendorganisationen verboten, aber trotz dieser Beschränkung fanden die Sozialisten wie auch die Konservativen Wege, die Jugend zu erreichen. Die ersteren arbeiteten über die reguläre Sozialdemokratische Partei, während letztere alle Arten von Sportvereinen und vaterländischen Organisationen als Instrumente der Indoktrination einsetzen. Die Anstrengungen der Konservativen wurden durch das preußische Vereinsgesetz von 1911 erheblich erleichtert, das die lokalen Behörden ermächtigte, alle nichtsubversiven Jugendorganisationen durch die Bereitstellung von Geldern und sonstigen Hilfsmitteln zu unterstützen. Unter dieser Regelung konnten Gruppen wie der militärische »*Jungdeutschlandbund*« gewaltig anwachsen, und schon vor 1914 hatten Verbände wie der Göttinger »*Kriegsverein*« mit intensiven vormilitärischen Ausbildungsprogrammen begonnen[86]. 1914 hatte nur schätzungsweise ein Sechstel der Berliner Jugend mit irgendeiner anerkannten Jugendorganisation Kontakt, mit Kriegsbeginn aber stärkten ausgedehnte Mobilisierungskräfte die deutschen Jugendbehörden, in dem sie ihnen das Recht einräumten, vormilitärische Übungen zur Pflicht zu machen und auf diese Weise den konservativen Organisationen noch mehr Ansehen zu verleihen[87].

Ironischerweise nahmen die Rechtsbeschränkungen, die die Jugend erfuhr, eben in jenem Zeitpunkt zu, an dem die Kriegsverhältnisse ihr eine Freiheit und einen Status verschafften, wie sie das vor 1914 nicht gekannt hatte. Während des Krieges verkehrte sich die Tendenz der Vorkriegsjahre, Jugendliche von den gut bezahlten Stellen in der Industrie auszuschließen, zeitweise in ihr Gegenteil: die Waffengattungen, die im Wettbewerb um die meisten Freiwilligenmeldungen lagen, boten ihren Jugendkompanien die verbotenen Früchte von Wein, Weib und Gesang. Und da die Väter, Lehrer und älteren Brüder an der Front waren, genossen sowohl weiblichen als auch die männlichen Jugendlichen beispiellose Freiheiten und verbesserte Verdienstmöglichkeiten. Natürlich, dieser neue Status brachte die Jugendlichen in Konflikte mit den Stellen, die für Schutz und Fürsorge für die heranwachsende Generation zuständig waren. Die Reaktion ließ auch nicht lange auf sich warten, und 1915 gab es in Schulen und auf Regierungsebene eine ausgedehnte Kampagne, um die »Seuche jugendlichen Verbrechens und Fehlverhaltens« zu zügeln. Im Oktober desselben Jahres wurde der Verkauf von Alkohol und Tabak an Jugendliche unter Siebzehn (später auf Sechzehn gesenkt) verboten und unter drakonische Strafe gestellt. Kinos, Tanzlokale und sogar Eisdielen wurden zum Sperrgebiet erklärt; Ausgehverbot wurde verhängt, das Herumschlendern untersagt und der Verkauf einer gewissen Sorte von Groschenheften verboten. Ebenso wurden Richtsätze für die Nettolöhne der unter Achtzehnjährigen erlassen, begegneten aber einem so starken Widerstand seitens der Eltern in der Arbeiterklasse, daß sie bald wieder abgeschafft wurden. Das

1914: Kriegsfreiwillige Studenten, junge Arbeiter, Angestellte und Schüler...

Verbot jedoch, das gegen Jugendversammlungen erlassen worden war, erstreckte sich sogar auf die Gerichtssäle und die Orte, an denen Kommunalpolitik betrieben wurde, um von Gesetzes wegen die Jugendlichen vom politischen und sozialen Leben fernzuhalten[88].

Die Wirksamkeit dieser Erlasse scheint begrenzt gewesen zu sein; die Arbeiterjugendlichen scheinen allen außer den repressivsten Maßnahmen entschlüpft zu sein, und sogar Schulbuben fanden das Leben um einiges freier. Das aber verstärkte nur die bevorstehende Hysterie, die sich in Kreisen der Mittelschicht ankündigte, wo die Angst vor Kriminalität und Entartung der Jugend am Ende des Krieges noch immer ungeschwächt bestand. 1918 wurde ein neues Element der Furcht – die demokratische Revolution – dem großen Reservoir von Angst hinzugefügt. Neue politische Freiheiten schienen die alte Ordnung bis in ihre Grundfesten zu erschüttern, mit dem Ergebnis, daß anstelle einer Lockerung der Kontrollen alle Anstrengungen unternommen wurden, um sie noch zu verschärfen. Die Elite der Fürsorger leistete entscheidenden Widerstand gegen jeden Versuch, ihre in Kriegszeiten erworbene Macht abzubauen, und die Regierungen der Weimarer Republik waren mit neuer, sie unterstützender Gesetzgebung schnell bei der Hand. Überzeugt davon, daß die Demokratie eher mehr als weniger Disziplin erfordere, ordneten die Kultus- und Sozialministerien die Neugestaltung der örtlichen Jugendbehörden mit dem Ziel an, die staatliche Kontrolle über die freiwilligen Jugendorganisationen auszudehnen[89].

Die kurze Revolutionszeit von 1918/19 hatte einen ganzen Strauß von neuen

... wenige Monate später auf dem Schlachtfeld

politischen Jugendorganisationen hervorgebracht, von links wie von rechts. Schon im Dezember 1918 machten sich die Jugendbehörden daran, diese Organisationen politisch zu entschärfen, indem sie sie aufforderten, ihre Unterschiede abzubauen und sich in gemeinsamer Anstrengung um die Bedürfnisse der jüngeren Generation zu kümmern. Indem sie mit keiner Silbe etwas von Verantwortung gegenüber der neugeschaffenen Weimarer Demokratie erwähnten, faßten die Fürsorger in der Jugendarbeit ihre Mission in unmißverständlich konservative Worte: »Die Aufgabe der Jugendbehörden besteht darin, daß sie zusammenarbeiten in der Heranbildung einer glücklichen, körperlich gesunden, moralisch starken Jugend, erfüllt vom Sinn für die Gemeinschaft und von Liebe für die Heimat und das Vaterland«[90].
Da sich die Jugendbehörden selbst der Entpolitisierung verschrieben, stellten sie sich entschieden, wenngleich ohne es zu wissen, auf die Seite der konservativen Kräfte, die darauf aus waren, den sozialen und politischen *status quo* aufrechtzuerhalten. In Göttingen gingen Fürsorger in der Jugendarbeit der Polizei bereitwillig zur Hand, wenn es darum ging, die kommunistische Jugend aus allen öffentlichen Einrichtungen fernzuhalten. Während der gesamten 1920er Jahre verhielten sie sich mit schöner Stetigkeit jedoch tolerant, wenn es um Jugendgruppen vom rechten Flügel ging, mit Ausnahme der Nazis, deren Umtriebe den preußischen Behörden zu radikal vorkamen[91]. In der Wahl ihrer geselligen Unternehmungen wie auch in ihrer politischen Orientierung verrieten die Fürsorgeorganisationen einen ausgesprochen mittelschichtbestimmenden Charakter. Ihr Vorbild war eine etwas abgewandelte

Form des Vorkriegs-»*Wandervogel*«, nur wurde jetzt weniger Nachdruck auf die Freiheit individueller Entfaltung gelegt. Wie in der früheren Bewegung wurde auch jetzt Geschlechtertrennung bevorzugt. Volkstanz wurde seines Gruppencharakters wegen gepflegt, und man arbeitete eifrig gegen frühreife Pärchenbildung unter den jungen Leuten[92]. In dem Maße, wie nun die ältere religiöse Atmosphäre in der deutschen Jugendarbeit durch einen etwas offeneren, herzlicheren Geist ersetzt wurde, stiegen auch die Mitgliederzahlen an. Die Beitrittszahlen zu Jugendorganisationen verdreifachten sich in Göttingen von 1921 bis 1930, und obgleich wir keine Statistik über die soziale Zusammensetzung der Mitgliedschaft haben, so scheint doch die große Mehrheit aus der Mittelschicht, der unteren Mittelschicht und den obersten Rängen der Arbeiterschicht gekommen zu sein. Letztere neigten jedoch dazu, sich an Organisationen zu halten, die von den Innungen, Gewerkschaften oder von den Arbeiterparteien getragen wurden. Wie in England kam auch hier nur eine kleine Minderheit, meist die Gelernten, aus Arbeiterkreisen, die sich gern mit den Jugendorganisationen einließen, die nach dem Modell »des Jugendlichen« strukturiert waren[93].

Die Schulen hatten ebenfalls keinen Erfolg, den Bedürfnissen der neuen Demokratie nach politischem Engagement und sozialer Gleichheit nachzukommen. Im Jahre 1922 erließ das preußische Ministerium für Unterricht und Kultus ein Verbot gegen das Tragen politischer Abzeichen, ein Vorgang, der stellvertretend für die ministeriellen Bemühungen steht, alle staatsbürgerlichen Belange aus der Schule herauszuhalten. Den Lehrern wurde gesagt, ihre Verantwortung bestünde eher in der Vorbereitung ihrer Schüler auf zukünftige politische Entscheidungen als in aktuellen politischen Stellungnahmen, eine Verpflichtung, die von dem überwiegend konservativen Berufsstand begrüßt wurde. Und sie waren nur zu glücklich, die Parteiabzeichen durch Schülermützen ersetzen zu können, die für jede Schule anders waren. Sport, Schülerzeitung und andere außerschulische Tätigkeiten wurden als Alternative zu politischen und sozialen Aktivitäten, welche die Schulbehörden für gefährlich hielten, immer zahlreicher[94]. Was in dem Sinne fortschrittlich war, daß es eine engere Zusammenarbeit zwischen Schülern, Eltern und Lehrern forderte, hatte auch seine konservativen Seiten, wo die Zuständigkeit der Schule auf Gebiete ausgedehnt wurde, die früher außerhalb der schulischen Maßregelungen gelegen hatten. Je strikter die Schule ihre Verpflichtung zu erfüllen versuchte, einen neutralen »Gemeinsinn« hervorzubringen, um so mehr wurde sie eine von der Gesellschaft abgehobene und autoritäre Institution, die die Unreife ihrer Insassen verstärkte, während sie sie gleichzeitig von der Arbeiterjugend absonderte. Um die Mitte der zwanziger Jahre war es soweit, daß deutsche Schüler und Schülerinnen von Regelungen eingeschränkt waren, die eine ungenehmigte Teilnahme sogar an Tanzstunden untersagte. Vergehen gegen eine Vorschrift konnte den Verweis von der Schule und den Verlust weiterer sozialer Aufstiegsmöglichkeiten bedeuten. Mittelschichteltern, deren Töchter das Oberlyzeum besuchten, stimmten aus Angst vor den Auswirkungen eines radikalen Feminismus bei ihren Mädchen bereitwillig einem Schulgesetz zu, das den Lehrern die Anrede »Sie« in der Klasse verbot[95]; so groß war

die Angst, die die standesbewußte untere Mittelschicht in den 20er Jahren packte, und das verstärkte die Forderung nach Konformität.
Die Machtübernahme der Nazis im Jahre 1933 drohte den Status der Jugend durch die Politisierung jeden Lebensbereichs der Deutschen von Grund auf zu revidieren. Alle Jugendorganisationen wurden verboten, ausgenommen jene, die von der Partei selbst getragen wurden. Sogar der Stundenplan in den Schulen war von den Aktivitäten der »*Hitlerjugend*« und vom »*Bund Deutscher Mädel*« durchsetzt; und die Lehrer sahen sich mit militanten Jugendgruppenführern konfrontiert, von denen ihnen einige das Leben schwer machten. Aber der neugewonnene Stand und die neue Freiheit der Jugend lebten nicht lange. Es zeigte sich, daß die zu eilig zusammengestellten Einheiten der »*Hitlerjugend*« nur zu bereitwillig auf verschiedene Formen abweichenden Verhaltens zurückgriffen, darunter Diebstahl und Körperverletzung[96]. Die totale Erfassung hatte in die Jugendaktivitäten Elemente aus der Bevölkerung, vor allem aus unteren Schichten, gebracht, die niemals zuvor daran teilgehabt hatten. Sie brachten ein Benehmen und Verhaltensweisen mit, die nicht so leicht mit dem Konzept jugendlichen Gehorsams – auch ein Element des Nationalsozialismus – zu vereinbaren waren. Infolgedessen wurden viele proletarische Gruppenführer entfernt, und die ganze Organisation nahm unter der Führung *Baldur von Schirachs* die Aura bürgerlicher Achtbarkeit an. Die Unterordnung unter die Jugendnorm der Mittelschicht bedeutete, daß die Jugendorganisationen der Nazis die aktive Gefolgstreue vieler, wenn nicht der Mehrheit der Arbeiterjugendlichen verloren. Selbst in den ersten Jahren des Dritten Reiches war der Widerstand der sogenannten »wilden Gruppen«, der sich in kriminellen Handlungen äußerte, eine der Hauptsorgen der Behörden. Nachdem der Krieg ausgebrochen und die Jugend weniger Gegenstand unmittelbarer Kontrolle war, erlangte das Problem epidemische Ausmaße[97].
Welche Unabhängigkeiten man den Jugendlichen ließ, hing eher von der Wirtschaftspolitik der Vollbeschäftigung im Dritten Reich ab, als von der offiziellen Politik der Jugendorganisationen. Die Rauch-, Trink- und Vergnügungsverbote blieben während der ganzen 1930er Jahre wirksam und wurden während des Zweiten Weltkriegs

Hitlerjugend

Jungmädelbund

weiter verschärft. Die Methode, der Jugendkriminalität anstatt mit juristischen mit therapeutischen Maßnahmen zu begegnen, die schon vor 1914 eingeführt worden war, wurden nun in Deutschland ebenso wie England weiterverfolgt. Kinder, die man als genetisch minderwertig beurteilte, mußten mit Sterilisierung rechnen, dem letzten Mittel vorbeugender Sozialkontrolle[98]. Offenkundig zunehmende Abwesenheit vom Arbeitsplatz und steigende Kriminalität bei jungen Arbeitern löste bei den Fürsorgern der Nazi-Zeit den gleichen Verdruß aus wie bei ihren englischen Kollegen, mit dem Ergebnis, daß die Nazis noch nach Kriegsausbruch, als die Nachfrage nach Arbeitskraft und Qualifikation noch schneller anstieg, ihren Jugendpflegern erklärten, »die Anrede per ›Du‹ soll die Jungen daran erinnern, daß sie keinen Grund haben, sich als voll Erwachsene zu betrachten«[99].

6. Zur Soziologie der Sozialarbeit

Wer waren nun eigentlich die »Kinderretter«, die hinter der Schutzgesetzgebung der Periode von 1900 bis 1950 standen? An deren Ende ist die Jugendarbeit zwar professionalisiert worden, bis zu Beginn des Zweiten Weltkriegs aber wurde sie noch immer in erster Linie von den freiwilligen Bemühungen der Männer und Frauen aus der Ober- und Mittelschicht getragen; am deutlichsten traten dabei Pfarrer, Lehrer und Offiziere hervor, mancherorts spielten auch Ärzte eine bedeutende Rolle. Ihr Engagement für die Jugendlichen verriet eine gewisse Sorge sowohl um die Struktur der Gesellschaft als auch um die Besitzstandswahrung der besitzenden und gebildeten Klassen. Für Männer in dieser Gruppe schien Führerschaft nichts weiter als die Fortsetzung der Rolle, die sie in der Wirtschaft und in der gesellschaftlichen Hierarchie hatten. Für die Frauen dieser Herkunft, die in wachsender Zahl den Kinderschutz zu ihrem persönlichen Kreuzzug, ja zum alleinigen Lebenszweck machten, war die Jugendarbeit jedoch so etwas wie eine soziale Neubestimmung. Zwar hatte es auch zuvor weibliche Kinderretter gegeben, aber sie waren immer im Hintergrund geblieben, aus derselben Angst heraus, die auch *Mary Carpenter* gehabt hatte: sie würden »ihr Geschlecht verlieren«, wenn sie zu unternehmungslustig an öffentlichen Angelegenheiten teilnehmen würden, die zuvor ausschließlich Männersache gewesen waren[100]. Um 1900 änderte sich das, und sowohl in England als auch in Deutschland waren Interessenverbände wie die »*National Society for the Prevention of Cruelty of Children*« und die »*Pestalozzi-Stiftung*« vorwiegend von Frauen getragene Organisationen. Die »*Mothers' Union*« in England und der »*Verein der Freundinnen junger Mädchen*« in Deutschland legten besonderen Wert darauf, die einzigartige Verantwortung der Frau für die Kinderpflege und ihre naturgegebene Rolle als Beschützerin der Jugend hervorzuheben. Der Eintritt von Frauen in die öffentlichen Angelegenheiten mag die Konservativen irritiert haben, aber sie konnten gegen eine Bewegung kaum etwas einwenden, die eine scharfe Trennung zwischen männlichen und weiblichen Rollen aufrechterhielt und die keine Neuverteilung der Macht unter den Geschlechtern in sich trug. Was *Anthony Platt* für die Amerikaner herausstellte, galt für die Engländer und die Deutschen genauso: Daß Frauen mit

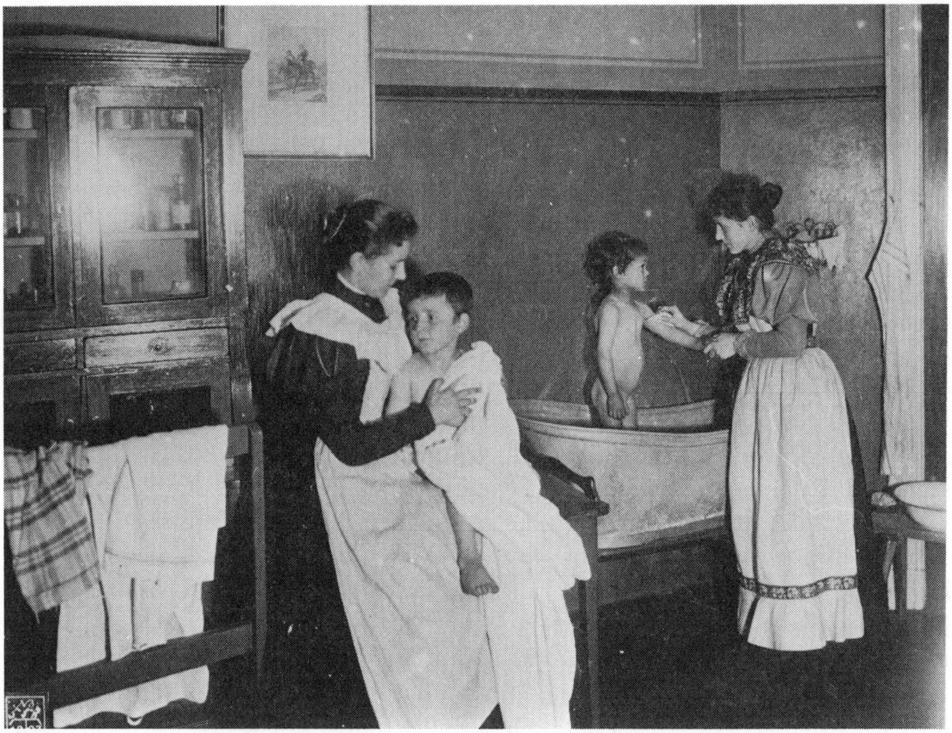

Frauen in der Sozialarbeit: Pestalozzi-Fröbel-Haus in Berlin (1897)

einbezogen wurden, »war weniger ein Bruch mit der Vergangenheit, als vielmehr eine Verstärkung des Glaubens an die traditionellen Verhältnisse«[101]. Weil dies eine »unpolitische« und in ihrer sozialen Ausrichtung eine hervorragende bürgerliche Betätigung war, stellte sie keine Herausforderung der Vorherrschaft des Mannes dar, wie das beim radikalen Feminismus oder der Suffragetten-Bewegung der Fall gewesen war. In Oxford zum Beispiel waren Frauen in den verschiedenen Vereinen zum Schutze der Moral, die um die Jahrhundertwende aufkamen, von großer Bedeutung. Dort konnten sie dem Aufruf folgen, den Pfarrer *Warden* von »*Keble College*« verkündet hatte: »die guten Seiten der moralischen Kraft in der öffentlichen Meinung zu organisieren und zu stärken«, besonders im Hinblick auf Kinder, gerade weil das so gut mit der herkömmlichen Mutterrolle zusammenpaßte. Die Frauen aus der Mittelschicht, die nun durch Geburtenbeschränkung von den Belastungen der Kinderaufzucht befreit waren, fand in der Karriere eines »moralischen Kreuzritters« einen Platz in der Gesellschaft, der zugleich verantwortungsvoll und angesehen war. Es versteht sich von selbst, daß Frauen aus den tieferen Regionen der sozialen Schichtung, die noch immer mit dem »Segen« hoher Geburtenzahlen belastet waren, die eifrigen Besuche der höhergestellten weiblichen Kinderretter nicht weniger lästig fanden als die Einmischung der männlichen Fürsorger wie zum Beispiel der Schulaufsichtsbeamten oder Gesundheitsinspektoren[102].

Wenn die Angehörigen gehobener Berufe aus der Mittelschicht und deren Frauen den »Generalstab« im Kampf gegen die Entartung der Jugend stellten, so kam das »Fußvolk« aus der neuen unteren Mittelschicht, vor allem aus jenen Gruppen, deren Mitglieder wir als »*White-collar*«-Leute zu bezeichnen pflegen. Für sie waren Jugendverbände ein Weg, ihre soziale Trennung von der Mittelschicht zu überwinden. Gruppen wie die »*Boy Scouts*« und der »*Wandervogel*« dienten zusammen mit den Sportvereinen und den Heeresreservisten dazu, die beiden sozialen Schichten über das gemeinsame Anliegen des »Patriotismus« zusammenzubringen. Das galt vor allem für die Volksschullehrer, deren Status sich seit der Jahrhundertwende zwar langsam verbessert hatte, deren Anerkennung aber noch so lange unsicher blieb, bis sie neue Formen bürgerlichen Engagements zu zeigen begannen[103]. Zusammen mit ehemaligen Soldaten, von denen viele einen Platz im zivilen Leben als Turnlehrer fanden, stellten sie auf der örtlichen Ebene einen starken Anteil an Führern bei den »*Scouts*« und den »*Boys' Brigades*«. In Göttingen zum Beispiel arbeiteten Volksschullehrer eng mit verschiedenen Jugendgruppen der Stadt zusammen. Unter den Eifrigsten war *Franz Henkel,* der nicht nur Führer beim »*Wandervogel*« und im Sportverein war, sondern auch im konservativen »*Kriegsverein*«. Um die Zeit des Ersten Weltkriegs waren Lehrer in England wie in Deutschland höchst repräsentativ für einen Patriotismus geworden, der zu jener Zeit einen wesentlichen Bestandteil der Kinderrettungsbewegung bildete. Als die Lehrer von Oxford im Jahre 1916 verkündeten, daß »die Bestimmung dessen, ob es England nach dem Krieg besser oder schlechter geht, von den Lehrern und von all' jenen abhängen wird, die ihnen in welcher Funktion auch immer helfen«, benutzten sie eine Sprache, die mit der der deutschen Jugendpfleger fast identisch war[104].

Des weiteren ist es interessant, darüber nachzudenken, was der Untergang der früheren unteren Mittelschicht, die von kleinen Handwerkern und Händlern gebildet worden war, mit dem Aufstieg der Jugendverbände zu tun hat. Wir wissen, daß in Oxford der alte Handwerkerstand große Sorge um die junge Generation an den Tag gelegt hatte. Die Handwerksverbände der Stadt waren es, die angesichts der Jugendkriminalität aggressiv Stellung bezogen, indem sie von der Polizei und von der Schule forderten, sie sollten härter durchgreifen[105]. Die Furcht, ihre Söhne und Töchter könnten sich mit der weniger ehrbaren Jugend der Stadt zusammentun, hat damit offenbar eine ganze Menge zu tun; und in der Tat: Auch in Deutschland waren diejenigen Gruppen, die sich auf der Schwelle zwischen der Mittelschicht und dem Proletariat befanden, oft auch die aktivsten bei der neuen Jugendarbeit. *Franz Henkel* war erst in der ersten Generation vom Handwerkerstatus entfernt[106]. Und der katholische Gesellenverein Göttingen, der 1884 als eine Organisation für Lehrlinge begonnen hatte, war in den 1920er Jahren schließlich ein Jungmännerverein für Mitglieder der »*White-collar-*«Klasse, ein Wandel, der die weitreichenden Veränderungen deutlich macht, die innerhalb der Gruppen der unteren Mittelschicht im frühen zwanzigsten Jahrhundert auftraten[107].

Es ist bezeichnend, daß die neue »*White-collar*«-Klasse genau in der Zeit aufkam, wo die Gesellschaft ihre neue Einstellung gegenüber der Jugend entfaltete. Der Weg für den sozialen Aufstieg dieser Gruppe war nicht mehr in der altehrwürdigen Stufenleiter der Gewerbetreibenden und der privaten Unternehmerschaft zu suchen, sondern in der *Bildung*, zuerst am Gymnasium, später auch an der Universität. Also ist es kein Wunder, daß sich so viele Befürchtungen, die sich auf die Jahre zwischen Vierzehn und Achtzehn richteten, in den Organisationen und Verbänden niederschlugen, die von den Angehörigen dieser Klasse beherrscht und geführt wurden. Disziplin, hinausgeschobene Befriedigung von Konsumwünschen und Angepaßtheit: das waren die Schlüssel für ihren Erfolg in den schwierigen Jahren der Inflation während der zwanziger Jahre, in der Weltwirtschaftskrise und dann wieder in der Zeit der Entbehrung nach dem Zweiten Weltkrieg. Ihre Angst, das normalerweise den Angehörigen der Mittelschicht gewährte Ansehen zu gewinnen und zu bewahren, wurde in Schulen und Jugendorganisationen über zwei verschiedene Kanäle institutionalisiert. Der erste waren die Schullehrer und die Sozialarbeiter selbst, von denen viele aus der unteren Mittelschicht kamen, und nun eifrig »bürgerliche« Normen erfüllten, um dadurch ihren Status zu festigen. Der andere Weg wurde über die Eltern eingeschlagen, die versuchten, ihre Söhne und Töchter auf die sozialen und psychischen Anforderungen des Jugendalters hinzutrimmen, um ihnen einen Fortschritt auf der Leiter des Erfolgs zu garantieren. Erziehung und Bildung waren, wie die meist aus der unteren Mittelschicht stammenden Schüler der »*Oxford High School*« es auffaßten, »das einzige Mittel, durch welches wir uns von den Unwissenden, Armen ... und Unfähigen unterscheiden können«[108]. Die gesellschaftlichen Forderungen der Schule einschließlich der Abhängigkeit und des Verlustes an staatsbürgerlichem Status, die auch ein Teil des Jugendalters bildeten, waren der Preis, den die zu zahlen bereit waren, um den Grundstock für ihre Überlegenheit gegenüber der Arbeiterklasse zu bilden.

In einer Zeit, in der dann sogar kleinere Städte wie Oxford und Göttingen ihren Kleinstadtcharakter verloren, waren die Trennungslinien, die Besitz oder Geburt gezogen hatten, nicht mehr so offensichtlich wie früher. Es wurde etwas einfacher, die Abzeichen eines höheren Standes zu erwerben, einfach durch die äußere Erscheinung – Kleidung, Sprache oder Benehmen –, um zu den höheren Schichten der Gesellschaft zu gehören, weil die eigene Herkunft nun unbekannt war. Zeitgenossen stellten fest, daß die sichtbaren Trennungslinien zwischen den sozialen Schichten, die einst unter Kindern so ausgeprägt waren, sich rasch verwischten. »Schlips und Kragen sind heute fast ebenso üblich, wie die Lumpen es noch vor wenigen Jahren waren«, schrieb *E.J. Urwick* im Jahre 1904. »Das barfüßige Lumpenkind aus der gängigen Phantasie gibt es nur noch als Aushängeschild für die Aufrufe wohlmeinender Menschenfreunde, aber es ist keine allgemeine Erscheinung mehr in den Straßen«[109].

Aber der Abbau dieser Schranke bedeutete das Aufrichten einer anderen an ihrer Stelle. Die Mittelschicht und die untere Mittelschicht machten nun den Abstand zwischen ihren Kindern und den Kinder der Armen durch Schuluniformen kenntlich, die sich in den 1920er Jahren wachsender Beliebtheit erfreuten. Den Eltern der Jugend in der *High School* von Oxford, die sich um die gesellschaftliche Anerkennung der Schule Sorgen machten, erklärte der Rektor[110]: »Manchmal sagt man mir, die

Jungen an der Stadtschule seien ziemlich stark gemischt. Das ist vollkommen richtig, und ich sehe mich durch nichts veranlaßt, in irgendeiner Weise auf eine Aufnahmeregulierung gegenüber irgendeiner sozialen Gruppe zuzugehen. Letztes Jahr war unser bester Primaner der Sohn eines Landarbeiters, er hat jedermann Achtung und Zuneigung abgefordert. Eine Uniform wird den Jungen helfen, die Unterschiede ihrer sozialen Stellung zu vergessen und in einem Verhältnis von freundschaftlicher Gleichheit zu leben.«
Es gab nach wie vor die Trennungslinie zwischen den sozialen Schichten, aber sie wurden entlang neuer Grenzen, die von der Schule und von außerschulischen Veranstaltungen bestimmt wurden, neu gezogen. Die Uniform, die Schule, der Club – das waren die neuen Statussymbole des »Zeitalters der Jugend«.

7. »Jugend« als »abweichendes Verhalten«, »Delinquenz« als universelles Prinzip

Wir haben jene sozialen Kräfte kurz beschrieben, die die Norm des Jugendalters »demokratisiert« haben. Es wird nicht überraschen, daß es dieselben Gruppen waren, die mithalfen, ein anderes soziales Stereotyp des zwanzigsten Jahrhunderts zu schaffen: das Bild des aggressiven, asozialen, jugendlichen Kriminellen. Wenn der »Modell-Jugendliche« in der Phase innerer und äußerer Spannung für alles stand, was »rein« und »beständig« war, so verkörperte der jugendliche Kriminelle alles, wovor man sich fürchten und was man ablehnen mußte, und genau das machte ihn zu einem unverzichtbaren Teil der sozialen Welt der Kinderretter. Das heißt nicht, daß sie die Jugendkriminalität erfanden; denn die war schon während des ganzen 19. Jahrhunderts Gegenstand der Besorgnis gewesen. Aber die kriminellen Kinder aus der Zeit von *Dickens* wurden viel eher mit einer sozialen Schicht als mit einer Altersgruppe in Verbindung gebracht. Man sprach von ihnen als von den »kleinen, zurückgebliebenen Männern«, deren Pech es gewesen war, daß sie den mildernden Einfluß einer echten Kindheit und Jugendzeit entbehrt hatten. Um 1890 war es jedoch so weit, daß man Kriminalität nicht mehr als Attribut der Frühreife, sondern der Unreife betrachtete. Das Jugendalter selbst wurde als Ursache von Kriminalität identifiziert, und mithin wurden alle Kinder, ungeachtet ihrer sozialen Herkunft, für kriminalitätsanfällig gehalten, wenn man sie nicht sorgsam schützte.
Die Zeit war von den Ideen des biologischen Determinismus tief beeindruckt, und jene, die von dem italienischen Kriminologen *Lombroso* beeinflußt waren, waren sicher, daß sich der »kriminelle Typ« schon zu einem sehr frühen Zeitpunkt feststellen ließ. Sogar Theoretiker, die nicht der Idee einer ererbten Disposition zur Kriminalität anhingen, wurden nun auf die Wege aufmerksam, vermittels derer die Natur (im Gegensatz zur Umwelt) das Verhalten formt; und selbst die Engländer, die immer eher zur Umwelt-Erklärung von Kriminalität tendiert hatten, fingen jetzt auch an, das Vorhandensein einiger ererbter Züge zu betonen[111]. Ihre behutsam ausgewogene Ansicht brachte *William Douglas Morrison* zum Ausdruck, der 1896 schrieb: »Das Ergebnis der jüngsten Forschung gipfelt in dem Schluß, daß die Menschen mit einer

bestimmten Richtung des Temperaments und des Charakters auf die Welt kommen, die sich immer in einer bestimmten Form manifestieren wird, ganz gleich, welche Art von Erziehungsprozeß der Einzelne durchlaufen muß. Die endgültige Gestalt aber, welche die ererbten Charakteristika annehmen werden, sind hauptsächlich von der Beschaffenheit der sozialen Verhältnisse abhängig, in welchen die menschliche Entwicklung vor sich geht«[112]. Anzeichen von Kriminalität wie auch Anzeichen sexueller Perversion konnten, wenn man sie früh genug erkannte, behandelt und sogar geheilt werden; das aber erforderte unablässige Wachsamkeit und die totale Kontrolle der betreffenden Altersgruppe, wenn nicht sogar Zwangsmaßnahmen, die *Morrison* und seine Zeitgenossen zu ergreifen bereit waren.

Erst in den 1890er Jahren wurde die Frage der Jugendkriminalität verallgemeinert als Problem »abweichenden Verhaltens« der Jugend, ein Problem, das jetzt nicht mehr nur diejenigen betraf, die die Generation von *Mary Carpenter* die »gefährlichen und verdammten Klassen« genannt hatte, sondern die *ganze* Jugend, ungeachtet ihrer sozialen Herkunft. Als *Canon Horsley* 1894 sein Buch »*Juvenile Crime*« veröffentlichte, schätzte er seinen Gegenstand als »die große soziale Frage der Zeit« ein, ein Schluß, der von der »*Howarth Association*« durch die Veröffentlichung der Ergebnisse ihrer Umfrage zum selben Thema, herausgegeben im Jahre 1898, unterstützt wurde. Natürlich hätten nicht alle Zeitgenossen einer Analyse zugestimmt, die die Probleme von Armut und Krieg hinter die des Randalierens und Onanierens zurückstellte, in den Augen der Mittelschichtangehörigen jedoch hatte die Bedrohung, die von sämtlichen Formen des abweichenden Verhaltens ausging, Vorrang. Jugendliches Fehlverhalten wurde nicht mehr aus der quälenden Armut heraus erklärt, sondern als eine Folge des steigenden Überflusses und der zunehmenden Freizeit betrachtet. »Die meisten Vergehen, die Jugendliche sich in diesem Land zuschulden kommen lassen, entspringen der Habgier, fast alle sind Eigentumsdelikte«, schrieb *Morrison;* dabei war es aber eher die Gelegenheit, welche Diebe machte, wirkliche Not stand nicht hinter dem Verbrechen. »Die stärkste Versuchung für einen normalen Jugendlichen ist der Impuls zu stehlen; in den Städten wird dieser Impuls in jeder Straße durch die endlosen Reihen von Geschäften und Warenhäusern geweckt, die alle Arten von Waren in den kaum geschützten Auslagen anbieten«[113].

Noch eine Generation früher war der »normale Jugendliche« der ehrliche, anständige Jugendliche gewesen, das genaue Gegenteil des kriminellen Typs, den man früher immer nur mit den Söhnen und Töchtern aus den unteren Schichten in Zusammenhang gebracht hatte. Jetzt waren die Behörden bereit einzuräumen, daß sich die Kinder der Reichen genauso abweichend verhalten können wie die der Armen, so daß die Modelle vom »normalen« und vom »abweichenden« Jugendlichen nicht mehr mit verschiedenen sozialen Schichten gekoppelt waren, vielmehr als die beiden widersprüchlichen Erscheinungsformen ein und derselben Altersgruppe insgesamt betrachtet wurden.

Von nun an wurde *jeder* Jugendliche als potentieller Verbrecher betrachtet, ein Konzept, das besser in ein »demokratisches« Zeitalter paßte. *Morrison* schrieb, daß

»die Unfähigkeit, sich an eine soziale Umgebung zu gewöhnen, schon zu einem sehr frühen Zeitpunkt im Leben in Form des Schuleschwänzens, Vagabundierens und als Angewohnheit des Umherstreifens zeigt – kurz, in einer Disposition, sich auf den Nomadenstand der Zivilisation zurückzubegeben. Je größer die Anforderungen sind, die eine Gesellschaft an das Kind stellt, wie die Forderung unseres gegenwärtigen Jahrhunderts nach regelmäßigem Besuch einer Grundschule, um so deutlicher tritt der Umfang dieses Wandertriebs zutage«[114]. Der »kleine Stadtstreicher«, früher gleichgestellt mit der unterentwickelten Moral einer bestimmten sozialen Schicht, wurde jetzt als das Produkt einer emotionalen Unterentwicklung der Altersgruppe der Jugendlichen angesehen, ohne Rücksicht auf die soziale Herkunft. Soziale und wirtschaftliche Faktoren wurden zwar nicht gänzlich außer Acht gelassen, aber sie galten jetzt nicht mehr als die Hauptursachen des abweichenden Verhaltens. Dies bestand in dem besonderen Charakter des Jugendalters als solchem, als eines Lebensabschnittes, dessen Kontrolle und Führung äußerst problematisch war, da er das zukünftige Leben des Individuums bestimmte. Für die Autoren, die über diesen Gegenstand schrieben, lag die Bedrohung der Gesellschaft, die von dieser riesigen Konzentration halbgezähmter Wilder ausging, auf der Hand: »Es vergeht keine Stunde, ohne daß sie (die Jugend) nicht erwartungsvoll zitterte, kein Augenblick, der wenn er erst vergangen ist, für die zu leistende Arbeit unwiederbringlich verloren ist, so daß der nächste Schlag auf kaltes Eisen niedergeht«[115].

Keine der klassisch viktorianischen Umwelterklärungen für Jugendkriminalität war in der Literatur der 1890er Jahre gänzlich in Mißkredit geraten, aber es bestand die Neigung, den moralischen Voluntarismus der früheren Zeit durch einen neuen psychologischen Determinismus zu ersetzen. Fünfzig Jahre zuvor, zu *Dickens'* Zeiten, hatte man den verderblichen Einfluß der Erwachsenen für die Jugendkriminalität verantwortlich gemacht. In den 1890er Jahren war es dann das Verhalten des Kindes, von dem man annahm, es bestimme die Erwachsenenkriminalität. Der einflußreiche Kinderpsychologe *G. Stanley Hall* schrieb im Jahre 1904, daß »Kriminelle so etwas wie zu groß gewordene Kinder sind«, während es einige Jahrzehnte zuvor noch üblich gewesen war, genau umgekehrt die durchtriebenen Kerle als Miniaturerwachsene zu beschreiben[116]. Im Zuge sich wandelnder Auffassungen von den Ursachen der Kriminalität wurden alle Formen jugendlichen Verhaltens in ihren Auswirkungen auf das Erwachsenenverhalten hin geprüft, und selbst den unschuldigsten Unternehmungen wurden im voraus die schrecklichsten Konsequenzen untergeschoben. Für *Hall* galt es als bewiesen, daß »Halbkriminalität für gesunde Jungen normal sei«, und er fügte hinzu, daß nur die rechte Methode in Führung und Schutz garantiere, daß sie aus dem verhängnisvollsten aller Lebensalter fortschreiten könnten zu dem geraden und schmalen Pfad des rechten Lebens[117].

Um das Jahr 1914 schien das Problem größer und bedrohlicher geworden zu sein, als irgendeiner der früheren Reformer sich vorgestellt hatte. Jetzt sah es so aus, als müßten die früheren Ziele von Bestrafung und Reform durch soziale Prophylaxe und Kontrolle ergänzt werden. In dem Maße, wie nun die alte juristische Unterscheidung zwischen »Kriminellen« und »Nichtkriminellen« verschwand, wurde sie durch die

Unterscheidung zwischen delinquenten und nichtdelinquenten Alterstufen der Kinder ersetzt. Um die Mitte des 19. Jahrunderts hatte man Kriminalität als eine moralische Krankheit angesehen; im frühen 20. Jahrhundert hatte sich diese Ansicht in ihr Gegenteil verkehrt, und man ging davon aus, daß unmoralisches und asoziales Verhalten als Verbrechen zu behandeln sei. Das neue System des Jugendrechts spiegelte den Wandel wider, im Zuge dessen sich die Strafverfolgung durch die Polizei und die Gerichte ausgeweitet hatte, so daß nun Verhaltensweisen miterfaßt wurden, die früher außerhalb der Reichweite des Gesetzes gelegen hatten. Zugleich näherte sich die Definition von Delinquenz wieder dem alten Verbrechensbegriff an, so daß dem Kind vor Gericht nicht mehr der Schutz eines angemessenen Verfahrens gewährt wurde. Hier haben wir ein schlagendes Beispiel für die »Kriminalisierung« von Verhaltensbereichen, die zuvor in den Bereich persönlichen Beliebens gehört hatten; und zur gleichen Zeit wurde Bestrafung durch Behandlung ersetzt, so daß ältere Formen des Strafvollzugs nicht mehr anwendbar waren. Nachdem man einmal akzeptiert hatte, daß jeder Junge und jedes Mädchen unabhängig von der sozialen Schicht ein wenig von einem Stadtstreicher in sich trug, wurden die neuen Maßnahmen selbstverständlich. *Sir Leon Radzinowicz* zitiert, wie ein Zeitgenosse den Wandel sah: »Die klassische Schule empfahl dem Menschen, die Rechte zu studieren – die positivistische Schule empfiehlt dem Recht, den Menschen zu studieren«[118].
Es wird also weiter nicht überraschen, daß die zunehmende Forderung nach Präventivmaßnahmen vor allem auch für den Anstieg der festgestellten Delinquenzfälle verantwortlich war. Ebensowenig wird die Tatsache überraschen, daß gerade die Kinder der Armen am ehesten die »asozialen« Züge trugen, welche die Mittelschichtaufseher so störend fanden. Die Schulbesuchspflicht führte zu einem ausgedehnten Kampf zwischen den Armen und den örtlichen Behörden. Nach einem von Arbeiterunruhen bewegten Sommer verließen im September 1911 die Jugendlichen in Hull und in anderen Industriestädten die Schule mit der Forderung »Weniger Stunden, kein Stock mehr!«. Streikposten wurden eingerichtet, Streikbrecher verprügelt und Privatbesitz zerstört, bis die Behörden die Kinder in die Schulen zurückbringen konnten. Die Agitation der erwachsenen Arbeiter war Vorbild für diese Jugendlichen gewesen, und ihr Streik, wie erfolglos er auch gewesen sein mag, hätte nicht ohne die wenigstens passive Zustimmung der Eltern, besonders der Väter, beginnen können. *Dr. Ormerod,* der amtliche Schularzt von Oxford, mußte feststellen, daß die Eltern jede Art der Einmischung in die Angelegenheiten ihrer Kinder übelnahmen. Eine Mutter sagte ihm, sie sei froh, daß ihre Tochter nächstens die Schule verlassen werde, weil »sie dann Vierzehn sein wird, und Sie keine Gelegenheit mehr haben werden, mich zu belästigen«[119].
Wenn die Kinderretter die Absicht hatten, den Unterprivilegierten Lebensart beizubringen, so hatten die Slum-Bewohner ihrerseits eine Lektion zu erteilen. Ein Geistlicher, der in den 1880er Jahren im Oxford »*Men's and Lad's Institut*« zu tun hatte, erinnerte sich: »Die Jungs waren gute Kerle, aber sie betrachteten das Institut als eine Möglichkeit für permanenten Streit zwischen Stadt und Universität, und natürlich versuchten sie sofort, an jenen ihre Kraft zu erproben, die gekommen waren,

um sie zu zivilisieren und zu belehren. Kurse wurden angefangen, mußten aber oft vorzeitig abgebrochen werden; die Kursteilnehmer drehten die Gasbeleuchtung ab, stachen ihre Lehrer mit Nadeln und zerschlugen die Einrichtung«[120]. In den Anfangszeiten des Clubs, den Studenten des »*Balliol College*« in der Obdachlosensiedlung St. Ebbe in Oxford gegründet hatten, bewies sich noch einmal die Unvereinbarkeit der väterlichen Bevormundung mit den Bedürfnissen der Jungen aus der Arbeiterklasse. Von der Gründung des Clubs im Jahre 1907 an hatten seine Träger eine ordentliche Portion Radau zu ertragen, sogar körperliche Bedrohung durch die Jungen, denen der Club eigentlich dienen sollte[121]. »Es forderte das ganze Geschick des jeweiligen Diensthabenden, eine einigermaßen erträgliche Disziplin herzustellen. Der Hauptgegenstand von Diskussionen war, soweit ich mich dessen entsinnen kann, welche Jungs gefeuert werden können. Vielleicht waren unsere Beschlüsse von der Kenntnis beeinflußt, daß, wer immer auch rausgeschmissen wird, er es uns möglicherweise zurückzahlte, indem er während des Gebets von draußen einen Stein ins Fenster warf.« Ein anderer Gründer faßte im Rückblick auf die Gründertage die Soziologie aller Clubs und der *Settlement*-Bewegung sehr hübsch zusammen[122]: »Es gab damals einen viel tieferen sozialen Graben als heute zwischen den Studenten und den Jungen aus der Stadt. Die ›Fatzkes‹ oder die feinen Herren vom College machten den Eindruck, als führten sie ein Leben in Luxus und Faulheit ... Mit dem politischen Bewußtsein war es noch nicht weit her. Hie und da fing ein nachdenklicher Junge an, sich zu wundern, aber den meisten kam die Sozialordnung von vor 1914 sowohl gottgegeben als auch ewig fortdauernd vor.«

8. Kriminalisierung der Jugend »*per definitionem*«

Wenn Uneigennützigkeit auf Widerstand stößt, so löst das allzu oft Verbitterung aus. Es war daher kein Zufall, daß sich diejenigen, die sich am meisten für die Jugend engagiert hatten, ganz besonders zugunsten von Zwangsmaßnahmen aussprachen, als der Unmut über das ungezogene Verhalten der Jugend in den frühen 1890er Jahren in aggressive Feindschaft umschlug. In den letzten Jahrzehnten des 19. Jahrhunderts beklagten sich die Bürger von Oxford hartnäckig über das flegelhafte Verhalten beim alljährlichen *St. Giles*-Markt[123]. Die Geistlichen sorgten sich sehr um die Sonntagsruhe, und sie drängten die Polizei dazu, zur Morgen- und zur Abendandacht die Straßen freizuhalten[124]. Spiel, öffentliche Werbung der Prostituierten und selbst ein so unschuldiger Zeitvertreib wie das Nacktbaden gerieten unter Beschuß, alles im Namen des Schutzes der heranwachsenden Generation[125]. Dieselbe Art von Schnüffelei finden wir in Göttingen einige Jahre später, wo die Schulmeister eine Kampagne gegen den jüngsten Angriff auf die Anständigkeit der Jugend führten: gegen die neu eröffneten Lichtspieltheater[126]. Es ist interessant festzuhalten, daß selbst die Polizei in den meisten Unterhaltungsmöglichkeiten wenig ausmachen konnte, das man als ungesetzlich oder unmoralisch hätte auslegen können[127]. Das hielt jedoch die verschiedenen Kinderrettungs- und Kinderschutzorganisationen nicht davon ab, Druck auf staatliche und städtische Beamte auszuüben, um ihre spezielle

Auffassung von Moral durchzusetzen, und um 1914 war es dann so weit, daß Verordnungen und Vorschriften den Bewegungsspielraum der Kinder beschnitten und begrenzten. Nunmehr war die Polizei schneller dabei, ein »streunendes« Kind »aufzugreifen«, und Eltern waren eher bereit, ihre Kinder zu Vorbeugung und Schutz vor Gericht zu bringen[128].

Die Kriminalitätsstatistiken scheinen diese Achtsamkeit zu rechtfertigen; denn die Zahl der Jugendlichen, die für die verschiedensten Vergehen in allen europäischen Ländern vor Gericht kamen, nahm zu. Wenn man jedoch die Verbrechen, um derentwillen die unter Neunzehnjährigen festgenommen wurden, genauer ansieht, dann zeigt sich, daß es möglicherweise eher die Ausweitung der Definition von »Delinquenz« und weniger eine größere Bereitschaft zum Verbrechen war, die die Zahlen ansteigen ließ. Ein Überblick über die Berichte des Oxforder Polizeigerichts von 1870 bis 1914 weist einen steilen Anstieg in den Zahlen der angeklagten Jugendlichen aus; die Anklage erfolgte jedoch nicht notwendig für jene Vergehen (einschließlich Diebstahl und Gewalt gegen Personen), die früher unter die Definition von »Jugendkriminalität« gefallen wären (siehe Graphik 6).

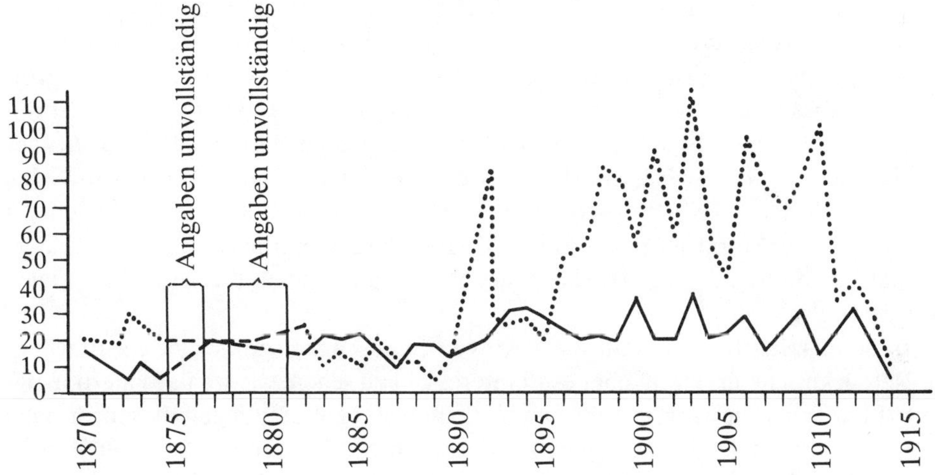

Graphik 6: Jugendlichen-Kriminalstatistik Oxford 1870–1914

Zwar hatte der Eindruck, die anklagbaren Verbrechen wie Diebstahl hätten zugenommen, eine gewisse Grundlage; aber wenn auch die Zahl der jugendlichen Diebe nach 1890 ständig zunahm, so ist es doch zweifelhaft, ob dies allein für die Ängste verantwortlich gemacht werden kann, die schließlich strengere und umfassendere Gesetzesverschärfungen hervorbrachten. Meist war das Diebesgut wenig wert – Obst, Spielzeug und Zigaretten, gewiß allermeist für den persönlichen Gebrauch bestimmt. Es gibt kaum Beweise für organisiertes Verbrechertum oder für Kinderbanden, die auf Diebstahl aus waren, wie es sie an manchen Orten früher im 19. Jahrhundert gegeben hatte. Die Vergehen nämlich, die man den Jugendlichen anlastete, waren sehr oft aus den traditionellen Formen jugendlichen Gemeinschaftslebens entsprungen oder sie standen mit ihnen in Verbindung: Straßenspiele, Spiele um Geld und andere *Peer-group*-Aktivitäten. Bis 1910 hatten die Eingesperrten meist Gruppen von zweien oder mehreren angehört, aber es scheint so, als seien dies eher informelle Grüppchen als streng geführte Banden gewesen[129].

Dies scheint nun darauf hinzuweisen, daß die das Gesetz verschärfenden Instanzen, unterstützt von gewissen Kreisen der Bevölkerung, fortgesetzt darum bemüht waren, jene Verhaltensmuster neu als »kriminell« zu definieren, die herkömmlicherweise in der Gemeinschaft geduldet worden waren. Sie wurden zunehmend für jene Art von sozialem Verhalten sensibilisiert – einschließlich Betragen, Erscheinungsform und Wesensart –, die man in früheren Jahrzehnten vielleicht als eine Provokation betrachtet hätte, nicht aber als eine Gefahr für Recht und Ordnung. Bis zu einem gewissen Grad war dies das Ergebnis der Lebensbedingungen im städtisch-industriellen Zeitalter. Das Ansteigen des Verkehrs, zunächst von Pferdefuhrwerken, dann von Motorfahrzeugen, forderte eine Straßenordnung, die zu ruhigeren Zeiten unnötig gewesen war. Grobheiten und Raufereien waren vielleicht im Zeitalter großer Schaufensterscheiben und feiner Landschaftsgärtnerei in den Vorgärten gefährlicher; die Gerichtsakten und die Polizeiprotokolle jedoch zeigen, daß strengere Ausführungsbestimmungen nicht nur auf die Klagen wütender Geschäftsleute und ängstlicher Hausbesitzer zurückzuführen waren, sondern auf das Drängen der Lehrer, Pfarrer und Kinderhilfsorganisationen, die von sich gern glaubten, sie schützten eher die Jugend (vor sich selbst natürlich) als das Eigentum anderer. Wie bei so vielen Gruppen, die den Anspruch erheben, die »uneigennützige« Rolle derer zu spielen, die die öffentliche Moral aufrechterhalten, waren ihre Unternehmungen von einem Unmut, ja von Feindschaft gegenüber jenen gekennzeichnet, die sie zu beschützen gedachten[130].

Im frühen 19. Jahrhundert hätte diese Art von Feindseligkeit gewiß eine entsprechende Retourkutsche erfahren, aber es ist interessant zu sehen, wie wenig Widerborstigkeit offenbar wirklich vorlag, selbst im Verhalten jener älteren Jugendlichen, die man wegen Beamtenbeleidigung gegenüber Polizisten oder wegen vorsätzlicher Zerstörung von Eigentum vor Gericht gestellt hatte. Wie auch heute noch gab es die sogenannten »aufsässigen« oder »antisozialen« Delikte eher bei den älteren Jugendlichen (die Vierzehn- bis Achtzehnjährigen), während Diebstahl weitgehend den unteren Altersgruppen vorbehalten blieb. Aus den Polizeiberichten wird jedoch einigermaßen klar, daß die Handlungen, die dann als Ordnungswidrigkeiten angeklagt wurden, damals wie heute hauptsächlich die harmlose Behauptung der Unabhängigkeit seitens der arbeitenden männlichen Jugendlichen waren, die sich darum bemühten, die männliche Tapferkeit, wie sie in ihren Reihen hoch angesehen war, bei den jungen Männern unter Beweis zu stellen. Es gibt kaum Beweise dafür, daß es kriminelle, in aggressiven Banden organisierte Subkulturen gegeben hat, die sich selbst in fortdauernde Opposition zu den herrschenden Werten der Gesellschaft gesetzt hätten. Für eine solche Form der Gegnerschaft müßten wir zu den ritualisierten Formen der Feindschaft zurückgehen, die um die Feiertags-Schlägereien und um die »Stadt gegen Universität«-Kämpfe organisiert waren, ein Phänomen, das um das Jahr 1900 bereits verschwand[131].

Im 19. Jahrhundert nahm man die massive Feindschaft zwischen Kindern aus verschiedenen sozialen Schichten als selbstverständlich hin. Ein Mann aus Oxford – der sich an die blutige Nacht von 1867 erinnern konnte, als mit Schlagstöcken bewaffnete Studenten auf eine Menge von Oxforder Männern und Jungen losgelassen wurden, die nach billigerem Brot schrien – wußte noch, daß solche »Massenkeilereien« oft tagelang dauerten: »Freilich, wo es diese Ungleichheit gab, da spielte auch eine ganze Menge Emotionen zwischen den Besitzenden und den Habenichtsen eine Rolle«[132]. Bis zum Ende des Jahrhunderts machten sich die Herren von der Universität einen Spaß daraus, ihre Fäuste an den Burschen vom Ort zu erproben, nicht bloß in jenen Nächten, in denen Kämpfe zwischen der Stadt und der Universität üblich waren, sondern bei jeder passenden Gelegenheit[133]. Nach altem Brauch wurden diese Gewalttätigkeiten hinterher wieder mit gleicher Münze heimgezahlt. *Margaret Fletcher,* die in Nord-Oxford in den 1860er und 1870er Jahren aufwuchs, erzählte später von der Gefahr, die es für ein Mittelschichtkind bedeutete, durch die ärmeren Wohngegenden der Stadt zu gehen. »Während sie (die Kinder aus der Wohngegend) ganz aufgeregt herumsprangen und mit dem Finger zeigten, schrien sie mit solcher Verachtung und mit solchem Haß ›Junker‹, daß es klang wie ›An die Laterne!‹. ›Proleten‹ rief das Opfer zurück, wenn es atemlos um seine Sicherheit rannte«[134].

Miss *Fletcher* fand es tröstlich, daß sich im 20. Jahrhundert dann die Kinder aus der Oberstadt und die Kinder aus der Unterstadt zunehmend ein Klassenzimmer teilten; aber obwohl die Loyalität in der Schule möglicherweise so manche offenere Manifestation des Klassengegensatzes abgewendet haben mag, war die Veränderung doch eher auf den Niedergang älterer Kollektivnormen innerhalb der Arbeiterklasse selbst zurückzuführen. Ironischerweise wurden die beängstigenden Seiten der Kriminalität zu einem Zeitpunkt erfunden, an dem der jugendliche Ausdruck von Gemeinsamkeit, die Bande, augenscheinlich bereits am Verschwinden war. Die Banden, die fast das ganze 19. Jahrhundert hindurch die Straßen vieler Arbeiterviertel beherrscht hatten, scheinen sich nach 1900 immer weiter aufgelöst zu haben, bis sie in den 1960er Jahren zu nicht vielmehr als zu unverbindlichen, eher defensiven als offensiven Cliquen geworden waren[135]. Entgegen all dem Gerede von gewalttätigen Banden in den 1950er Jahren waren eng geschlossene Feindgruppierungen in Europa selten. Selbst in der Nacht des Aufruhrs von 6. November 1959, als zwischen zwei- und viertausend Jugendliche in Oxford auf die Straße gingen, konnte der Polizeichef nur eine einzige Gruppe von zwanzig bis dreißig Jungs festmachen, die er für die systematische Zerstörung von Schaufensterscheiben verantwortlich machen konnte[136]. Nach 1910 verlor sich die frühere Gewohnheit, Verbrechen in Gruppen zu begehen. Darin liegt ein weiterer Beweis dafür, daß sich das Verhalten der Jugendlichen seit dem Anfang des Jahrhunderts zunehmend individualisiert hat[137].

Soweit man es nach den Oxforder Polizei- und Gerichtsakten beurteilen kann, scheinen die Kriminalitätsformen in der Zeit von 1900 bis 1950 einigermaßen gleichgeblieben zu sein. Es gibt keine Beweise dafür, daß lose gebildete Jugendgruppierungen gegen Erwachsene feindlich gewesen wären. Wenn sie allerdings durch etwas gereizt wurden, das nach ungerechtfertigter Einmischung aussah, dann neigten sie dazu, auf eine Art und Weise zurückzuschlagen, die oft von den Behörden als antisoziales Verhalten ausgelegt wurde. Die Berichte von Schulaufsichts- und Schulgesundheitsbeamten, von der Polizei und von anderen Erwachsenen, die wahrscheinlich mit den Kindern der Armen in Kontakt kamen, schildern breit die Entrüstung, sowohl der Arbeiterjugendlichen als auch von deren Eltern in Fällen, in denen jene ihre Rechte geschmälert sahen[138]. Aber diese Art des Widerstandes ist nicht so sehr ein Zeichen für soziale Entfremdung, sondern vielmehr Ausdruck des einfachen Wunsches, alleine gelassen zu werden – ein Zeichen der allgemeinen Privatheit, die schon früher die Mittelschichten erfaßt hatte, an den arbeitenden Armen nun aber auch nicht spurlos vorüberging, als sich ihre Lebensverhältnisse ganz allmählich denen der höheren Schichten annäherten[139].

Die Demonstration des Klassenhasses wie z.B. die Kämpfe zwischen Stadt und Universität anläßlich der »*Guy Fawkes' Night*« wurden nun auch gegen Ende des Jahrhunderts viel seltener. Während Studenten oder andere Jugendliche aus der Mittelschicht den alten Festkalender zugunsten einer neuen Feiertagsfolge von Waffenstillstandsfeiern und anderen gesetzlichen Feiertagen aufgegeben hatten, wurden Traditionen wie der 1. Mai nun von Leuten aufgenommen, die *Thomas Plowman* beschrieb als »liderliche, schmutzige Jungen, die ›Nun will der Lenz uns grüßen‹ grölen und uns mit dem Gescharre ihrer Füße auf unseren Türschwellen begrüßen«[140]. So sehr jedoch die Spiele und Rituale der Armen jemanden wie *Plowman* auch aufgeregt haben mögen, es gibt keine Beweise für die Existenz einer kriminellen Subkultur, die fortwährend mit der ehrbaren Gesellschaft auf Kriegsfuß gestanden hätte. Kein Zweifel: Manches von der Gewalttätigkeit des *Misrule*, das schließlich aus seinen traditionellen Formen befreit worden war, pflegte nun ohne Sinn und Zweck hervorzubrechen. Aber mag sich das Verhalten des modernen Delinquenten auch durch die Behauptung männlicher Kühnheit und durch eine Mißachtung jeglicher Routine auszeichnen, so darf doch nicht vergessen werden, daß dies die zeitgemäßen Wege waren, innerhalb der Unterschichtkultur aufzuwachsen, wo noch immer großer Wert auf frühe Reife und Unabhängigkeit gelegt wurde. Die meisten auf diese Weise ausgeführten Gewalttaten betrafen das Binnenleben der Gleichaltrigengruppe, und so berichten die Polizeitagebücher deswegen dann davon, wenn sich die Behörden in die inneren Angelegenheiten der Jugendlichen einmischten[141].

9. »Klassenjustiz« für Jugendliche

Es gibt keine verläßliche Statistik zur sozialen Schichtung jugendlicher Rechtsbrecher für die Zeit von 1890 bis 1914, aber es ist stark anzunehmen, daß damals wie heute die Aufgegriffenen fast immer aus der Arbeiterklasse stammten[142]. Die Jugend der Mittelschicht entkam »dem langen Arm des Gesetzes« nicht deshalb, weil sie einer weniger strengen Autorität unterworfen gewesen wäre, sondern weil sie unter der

Kontrolle von Schule und Universität stand[143]. Die sich verschärfenden Vorschriften der Hochschulen bedeuteten, daß sie einer anderen Art von patriarchalischer Aufsicht unterlagen, welche sie teilweise vom bürgerlichen Recht ausnahm. Die Jugendlichen, die mit größter Wahrscheinlichkeit vor Gericht gestellt wurden, waren solche, die außer der Arbeit keine institutionelle Rückbindung hatten. Mit anderen Worten: Je unabhängiger die Jugendlichen waren, um so mehr waren sie für ihr eigenes Verhalten verantwortlich, um so größer war dann aber auch die Wahrscheinlichkeit, daß die Gesellschaft sie mit dem Stigma des tatsächlichen oder potentiellen Verbrechertums behaftete. In der Tat: Die Gebräuche in den auf das Erwachsensein zentrierten Arbeiterfamilien trug zu dieser Verwundbarkeit bei, da sie in den Augen der Mittelschicht ihren Kindern die angemessene Fürsorge und den rechten Schutz vorenthielten, indem sie ihre Kinder so früh in die Welt hinausschickten. Da die Mittelschicht die Art und Weise, in der die Arbeiterklasse ihre Kinder aufzog, nicht verstand, ja nicht einmal duldete, betrachteten die selbsternannten Wächter der jungen Generation das »depravierte« Kind als den potentiellen Verbrecher.

Das war natürlich die Art einer sich selbst erfüllenden Vorhersage, die das abweichende Verhalten hervorbringt, das sie zu verabscheuen vorgibt, und das in Wahrheit doch hervorgebracht wird, damit die darauf gegründeten Ideologien und Institutionen aufrechterhalten werden können. Der Versuch, Moral in Gesetze zu fassen und die Unabhängigkeit der Arbeiterjugend zu beschränken, zog natürlich Auseinandersetzungen zwischen den Behörden und der Jugend nach sich, die sich als Beweis dafür heranziehen ließen, daß letzteren die Neigung zum asozialen Verhalten eigen ist[144]. Die Söhne und Töchter der Armen paßten sich längst nicht so gut wie die Mittelschichtjugendlichen dem Modell des Jugendalters an, das Schulen und Jugendorganisationen ihnen anboten. Ohne bestreiten zu wollen, daß viel böswilliges und gewalttätiges Verhalten die jüngeren Mitglieder der Arbeiterklasse kennzeichnete (genauso wie die Angehörigen der Mittelschicht), zeigt ein Überblick über historische und zeitgenössische Quellen, daß das Verhalten der Jugendlichen gegenüber ihren Eltern wenig von der aggressiven Stimmung aufweist, die ihm oft angehängt wird. Studien zum intergenerativen Verhalten, die seit 1950 durchgeführt werden, haben schlüssig bewiesen, daß wo es die Feindschaft gibt, sie weitgehend von den Erwachsenen selbst ausgeht: besonders von den Bewährungshelfern, Schulmeistern und anderen Angehörigen der Mittelschicht, die zu Wächtern der Jugend bestellt sind. *Musgrove* z. B. fand heraus, daß die Kinderretter aus der Mittelschicht weit eher als andere ein negatives Bild der Jungen zwischen Vierzehn und Achtzehn hatten, auch dann, wenn die Jugendlichen nur eine unbedeutende oder gar keine Feindschaft gegen sie richteten[145].

10. Zur Ideologie des Konzepts »Jugend«

Es scheint daher so zu sein, als hätten die Bilder vom »harmlosen Jugendlichen« und vom »räuberischen Verbrecher« die meiste Zeit während des Jahrhunderts in einem dialektischen Verhältnis zueinander gestanden. Beide stammen sie aus derselben

Epoche; beide waren sie Projektionen der Hoffnungen und Befürchtungen der europäischen Mittelschichten, die gegen das fortdauernde Anbranden sozialer und politischer Veränderungen um ihr Überleben kämpften. Die Vorstellung von einem Leben, das frei sein würde von all den Sorgen und Verantwortlichkeiten einer durcheinandergebrachten Zivilisation, war ihr Erlösungstraum, die Vision der verwahrlosten Jugend ihr immer wiederkehrender Alptraum. Um diesen Traum am Leben zu erhalten, preßten sie der Jugend eine Anpassung und eine Abhängigkeit auf, die sich für einen bedeutenden Teil der Bevölkerung als inakzeptabel herausstellte. Anstatt die Unabhängigkeit und die Normenabweichung der Armen als Ergebnis ihrer ökonomischen Lage zu betrachten, bliesen sie lieber ihre eigenen Ängste künstlich auf, indem sie die legitimen Traditionen der Jugend als strafbare Vergehen behandelten.

Edgar Z. Friedenberg hat festgestellt, daß seit 1914 die alte Übereinstimmung von Reife und persönlicher Autonomie immer weiter zerbröckelte, bis sie an dem Punkt angelangt war, an dem nonkonformistisches Verhalten automatisch als Bedrohung für die Gesellschaft behandelt wurde. Dem Straffälligen, der diese Unabhängigkeit verkörpert, begegnet man mit zunehmendem Argwohn und steigender Furcht. »Wenn die Lebensverhältnisse sich so ändern, daß sie für eigenverantwortliches Verhalten weniger Spielraum bieten, wird die Autonomie selbst entweder verdächtigt oder sie muß neu bestimmt werden als eine Art überlegter Einpassung in die Anforderungen des Gruppenlebens. Wo das ältere Ideal der Reife noch fortbestand, wurde es Ursprung von Auseinandersetzung und Anomie, die jene, die noch in diesem Sinne leben wollten, zusätzlich mit Selbstzweifeln belastete. Die Zeit der Reife selbst wurde also eine Quelle für Ängste, von denen wieder freizukommen die Erwachsenen nach Auswegen suchen mußten«[146].

Der Jugendkult, von dem keine westliche Gesellschaft im zwanzigsten Jahrhundert verschont geblieben ist, war in erster Linie das Ergebnis dieses historischen Prozesses. Die Kinderretter verstanden sich als Befreier der Jugend und durch die Jugend als Befreier der Gesellschaft von den Zwängen der hochorganisierten industriellen Zivilisation. Die Erfüllung ihrer hohen Ziele wurde aber durch ihre eigene Unfähigkeit vereitelt, sich als Erwachsene aus den engen Schranken des Klassenbewußtseins zu befreien. Sie führten sich selbst in die Irre durch die Auffassung, das Problem des Jugendalters sei in erster Linie ein psychologisches und wurzele eher in der Natur des Kindes als in der Natur der Gesellschaft. Sie merkten auch nicht, daß ihre eigene ambivalente Haltung gegenüber der Jugend im wesentlichen das Ergebnis sozialer und kultureller Widersprüche war, von Widersprüchen, die in allen europäischen Staaten bis zum Ende des Zweiten Weltkriegs sehr deutlich erhalten bleiben sollten, bis nämlich ein gewisses Maß an Überfluß einem größeren Teil der Bevölkerung zugänglich sein würde. Erst als die auffälligsten Ungleichheiten in der Gesellschaft langsam geringer wurden, verschwand auch diese Ambivalenz allmählich, so daß damit die Epoche des Jugendalters selbst in ihre Endphase treten sollte.

Fünftes Kapitel
Das Zeitalter der Jugend geht zu Ende – Jugend in den 1950er und 1960er Jahren

Das Ideal des Jugendalters, an dessen Vervollkommnung Generationen von Schulmeistern und Jugendpflegern gearbeitet hatten, schien in den stillen 1950er Jahren erreicht; dennoch, auch jetzt gab es Erwachsene, die von ihrem eigenen Geschöpf beunruhigt waren. Die Vorstellung von einem Lebensabschnitt, der von den Verantwortungen des Erwachsenseins befreit war, wurde zu leicht von den aufsässigeren Mitgliedern der jüngeren Generation verzerrt und in das beängstigende Bild vom Rebellen, der für nichts kämpft, verzerrt. Und wenn die steigende Jugendkriminalitätsrate nicht ausreichte, damit man sich weitere Gedanken machen konnte, so blieb da noch immer die Erkenntnis, daß selbst die gutartigen Züge des Jugendalters – einschließlich der politischen Apathie und der sozialen Anpassung – andere wohlbekannte Schwächen der Erwachsenengesellschaft widerspiegelten. Daß zwischen dem Modell »Jugendalter« und der Organisation der Erwachsenenwelt Ähnlichkeiten bestanden, wurde sowohl von europäischen als auch amerikanischen Beobachtern hervorgehoben. Zur selben Zeit, als *Edgar Z. Friedenberg* die Amerikaner warnte, »der *homo sapiens* mache einen grundlegenden Gestaltwandel durch«, schrieben *Frank Musgrove* und *Hans Heinrich Muchow* entmutigende Berichte über den Persönlichkeitsverlust sowohl bei der deutschen als auch bei der englischen Jugend[1].

Ironischerweise war der Pessimismus am Vorabend jenes Jahrzehnts am stärksten, in welchem sowohl die amerikanische als auch die deutsche Jugend ein Gesicht zeigen sollte, das ihren Eltern so ganz und gar verändert erschien. Die Erneuerung der politischen Umtriebigkeit und des sozialen Engagements während der 1960er Jahre schien die lange Ära des Jugendalters schlagartig zu beenden. In einigen Ländern wurde das Wahlalter herabgesetzt, wurden die Mauern zwischen Schule und Gesellschaft eingerissen, und überall forderte die Jugend die Rechte und Pflichten der Erwachsenen, die ihnen bisher vorenthalten worden waren. Die Wiederkehr des studentischen Radikalismus und des Boheme, begleitet von einem offensichtlichen Anwachsen verschiedener Formen sexueller Experimente, schien in der Tat die Richtung der letzten fünfzig Jahre umzukehren und einiges von der sozialen und politischen Unabhängigkeit der Jugend zurückzugewinnen, die ein Charakteristikum des 19. Jahrhunderts gewesen war. Hinter diesen Bewegungen lagen soziale Veränderungen, die den Status jener Jugendlichen umformten, deren Lebenszyklus am genauesten das Konzept des »Jugendalters« widerspiegelte: es waren die Jugendlichen aus den oberen und mittleren Schichten. Der politische und kulturelle Radikalismus war der äußere Ausdruck ihrer Suche nach neuen Formen, um den

Open-air-Konzert

Anforderungen eines sich ändernden Lebenszyklus zu genügen. Die 1960er Jahre waren deshalb für sie eine Zeit der Neueinschätzung alten Brauchtums und des Experimentierens mit Neuem.
Auch bei der Jugend der Arbeiterklasse gab es ganz offensichtlich Veränderungen, wenngleich sie nicht so auffallend waren, mochte dies auch nur daher kommen, daß die Norm der Abhängigkeit und Passivität des Jugendalters in diese soziale Gruppe nie so tief eingedrungen war. Die Zunahme krimineller Handlungen, die viele Beobachter wahrzunehmen meinten, war nicht so sehr die Folge der Ablehnung früheren Jugendbrauchtums, sondern eher die Fortsetzung ungebrochener Verhal-

tensmuster, die ein wenig von den neuen Lebensgewohnheiten der Nachkriegszeit umgemodelt wurden. Trotzdem begann auch in dieser Gesellschaftsschicht eindeutig eine neue Phase der Sozialgeschichte der Jugend. Um die Tendenzen zu verstehen, die sich in der Arbeiterklasse zeigten und weshalb diese von denen der höheren sozialen Schichten so verschieden waren, ist ein Blick auf die sich verändernden demographischen und ökonomischen Bedingungen der Zeit nach dem Zweiten Weltkrieg nötig.

1. Verändertes Sexualverhalten

Die Neigung zur Familienbegrenzung, die bereits vor Beginn des Jahrhunderts festgestellt worden war, hatte sich weiterentwickelt; und wenn es auch einen leichten Anstieg der durchschnittlichen Familiengröße in den 1950er Jahren gab, so war er doch so unbedeutend, daß er das vorherrschende Bild der kleineren Familien und der sorgfältigeren Beachtung der Zukunft der Kinder nicht stören konnte. Es schien, als sei das Ideal der Familie mit zwei Kindern bis in die untersten Gesellschaftsschichten durchgesickert, obgleich die Verhütung der Fruchtbarkeit auf den alleruntersten Stufen der sozialen Rangordnung noch seltener war. Die Geburtenkontrolle hatte alle Gesellschaftsschichten erreicht, sie hatte an der Spitze begonnen und setzte sich nun mit dem fortschreitenden Jahrhundert immer weiter nach unten durch. Die wirtschaftlichen Bedingungen änderten sich ebenfalls; nach und nach beseitigte der Nachkriegsüberfluß die elementarste Not, die noch in den 1930er Jahren vorherrschend gewesen war. Viele Beobachter glaubten, es lasse sich für die 1950er Jahre eine Konvergenz der schichtspezifischen Werte feststellen. Es schien, als habe der steigende Lebensstandard der Arbeiterklasse eine Haltung gegenüber ihren Kindern hervorgebracht, die sie stärker zur Mittelschicht tendieren ließ, während das Bürgertum auf seine Art eher auf eine Jugendkonzeption zuging, die der Unabhängigkeit und Frühreife nahekam, wie man sie früher nur mit den Arbeiterkindern in Zusammenhang gebracht hatte[2].

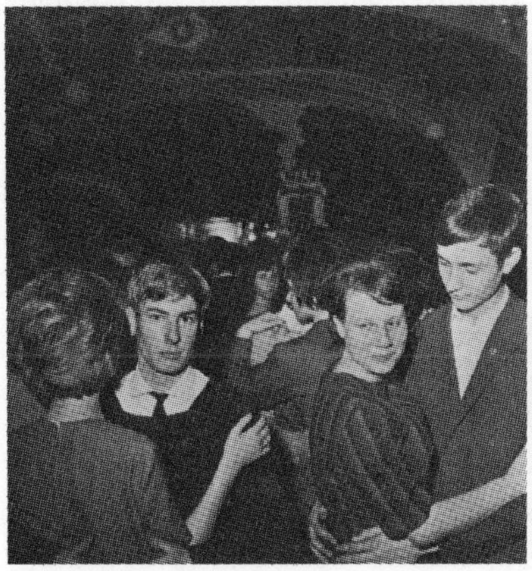

Im Jugendcafé (1961)

Die Mittel- und Oberschichtfamilien erlebten in den Jahren seit etwa 1950 den endgültigen Niedergang des Patriarchats[3]. Ein Zeichen für die größere Freiheit der Jugendlichen war das endgültige Verschwinden der Anstandsdamen; und in den 1960er Jahren zeigten die Eltern deutlich die Neigung, der Gruppe der Altersgleichen weitaus mehr Vertrauen zu schenken und weniger Erwachsenenaufsicht für ihre Söhne und Töchter zu fordern[4]. Freiheiten, die bisher der Jugend im Studentenalter vorbehalten gewesen waren, gingen nun rasch in die Verfügung derjenigen Jugendlichen über, die – mit mehr Taschengeld und größerer Bewegungsfreiheit durch das Auto – etwas von der Autonomie zurückgewannen, die sie ein Jahrhundert zuvor verloren hatten. Obwohl das Grundmuster des Mittelschichtverhaltens noch immer dazu tendierte, diese Altersgruppe von der Arbeitswelt abgesondert zu halten, so war dies nun nicht mehr automatisch mit dem Ausschluß vom gesellschaftlichen und sexuellen Leben gekoppelt. Selbst in England, wo die Internate die Hochburgen der getrennt-geschlechtlichen Erziehung blieben, gab es doch auch Bemühungen um mehr Koedukation von Jungen und Mädchen. Überall verschwanden im Zuge der Einführung differenzierter Typen weiterführender Schulbildung die Mauern zwischen Schule und Welt.

Die Dreizehn- bis Neunzehnjährigen dieser sozialen Schicht brachen aus ihrer sozialen Isolation aus, und dies war nirgendwo deutlicher zu sehen als in ihrem Sexualverhalten. *Michael Schofield* und *Hans Heinrich Muchow* haben für England beziehungsweise Deutschland gezeigt, daß sich die Verhaltensmuster bei Brautwerbung und Heirat in der Mittelschicht und in den Schichten der Arbeiter einander annäherten. Auf allen Ebenen der Gesellschaft hatte die Entwicklung des Pubertätsalters bei den Jungen und des Eintritts der ersten Regel bei den Mädchen in der Vergangenheit in jedem Jahrzehnt um vier Monate früher eingesetzt und zu einem beispiellosen Stand körperlicher Frühreife geführt. Männliche Jugendliche, die um 1900 mit 23 Jahren erwachsen waren, hatten nun die volle Reife mit 17 Jahren erreicht[5]. In beiden Ländern machten die männlichen und die weiblichen Angehörigen der Arbeiterklasse erste sexuelle Erfahrungen etwas früher als ihre Zeitgenossen in der Mittelschicht, aber dieser Unterschied in der Reife zeichnete sich viel weniger ab als früher. Das Wissen um die Sexualität war bei beiden Gruppen schon lange vor der Pubertät weit verbreitet, und in der Mittelschichtjugend gab es das Trauma des sexuellen Erwachens, das bei ihr noch fünfzig Jahre zuvor so weit verbreitet gewesen war, nur noch selten[6]. Dank des besseren und weiter verbreiteten Zugangs zur Unterstützung durch die Gruppe der Altersgleichen verlor der Eintritt in die sexuelle Reife seinen vereinsamenden und verwirrenden Charakter[7].

Die biologischen Fakten waren nicht die einzigen Determinanten dieser Veränderung; denn es hat den Anschein, als seien Schulen, Kirchen und Ärzte gegenüber der Sexualität der Jugendlichen etwas toleranter geworden, wie streng moralisierend ihre Ansichten über diesen Gegenstand auch sein mochten. Auch heute noch ist die überlieferte Angst deutlich sichtbar; der Nachdruck liegt aber heute ebenso auf der Vermeidung der unerwünschten sozialen Folgen früher sexueller Erfahrung wie auf der Verurteilung des Sachverhalts selbst. Schrieb ein aufgeweckter Schüler: »Ehe wir die Schule verließen, sagte uns der Pfarrer, wir sollten es *nicht* tun; der Arzt sagte uns, *wie* wir es nicht tun sollten; und der Direktor sagte uns, *wo* wir es nicht tun sollten«[8]. Wie dem auch sei: Die englische Arbeiterjugend fing mit Dreizehn oder Vierzehn an, im Beisein von Freunden Freundschaften einzugehen, und die Mittelschichtjugend begann damit wenig später. *Schofield* fand heraus, daß die Jugendlichen der Mittelschicht den tatsächlichen Geschlechtsverkehr hinausschoben und sich länger mit *»petting«* begnügten; aber auch hier sind die Unterschiede nicht mehr so gravierend wie früher. Bei beiden sozialen Gruppen ist der Vorgang des Hineinwachsens in die Sexualität stark von romantischen Vorstellungen durchsetzt, nach denen Intimitäten nur zulässig sind, wenn auch Gefühle mitsprechen. Untersuchungen zeigen, daß ernstzunehmende Freundschaften mit *einem* Partner in allen Schichten um das siebzehnte, achtzehnte Lebensjahr einsetzen und daß zu diesem Zeitpunkt ein Drittel der männlichen und ein Viertel der weiblichen Jugend bereits den Geschlechtsverkehr selbst ausprobiert hat[9]. In allen Gruppierungen ist häufiger Partnerwechsel verhältnismäßig selten. Ehe sie miteinander intim werden, haben sich die Partner schon eine gewisse Zeit gekannt, und sie haben ein starkes Gefühl der Verantwortung füreinander, da die große Mehrheit in einer sexuellen Beziehung das Vorspiel zur Heirat sieht[10].

Die romantische Regel »Erlaubt ist, was aus Liebe geschieht« zeigt sich auch im allgemeinen Rückgang des Besuchs von Männern bei Prostituierten seit dem Ersten Weltkrieg. Auch der Brauch, daß ältere Menschen jüngeren die Sexualität beibringen, besteht nicht länger (falls er je bestanden hat), und es sieht so aus – falls Statistiken über das Heiratsalter von Paaren irgend etwas aussagen –, daß junge Leute jetzt ihre intimen Beziehungen innerhalb ihrer Altersgruppe suchen. Selbst in der Mittel- und Oberschicht, wo Altersunterschiede früher häufig waren, scheint sich die informelle Gruppe der Altersgleichen darauf einzuspielen, als zentrale Institution für Begegnung, für das Ermutigen und sogar Überwachen der Beziehungen zwischen Jungen und Mädchen im Alter von etwa dreizehn bis neunzehn Jahren zu fungieren[11]. Wie *Geoffrey Gorer* hervorhob, hat sich besonders in der Mittelschicht das moralische Verhalten selbst wenig, die Instanz der moralischen Autorität jedoch grundlegend gewandelt[12]: »Frühere Generationen haben geglaubt, Damen brauchten Hilfe bei der Bewachung ihrer Unschuld; die letzten beiden Generationen haben die Verantwortung an die jungen Leute selbst weitergegeben ... Heute laden wir den jungen Mädchen einen größeren Packen Verantwortung auf, als sie jemals in der Vergangenheit für ihr eigenes Sexualverhalten haben tragen müssen.«

Ein Grund für das Nachlassen der Kontrolle durch Mittelschichteltern liegt in der Tatsache, daß die Trennung der sozialen Gruppen nach Wohngegend und Schule garantiert, daß in der Gruppe der Altersgleichen nur Angehörige derselben Schicht sind. Die Klassenschranken sind unter den Jugendlichen noch so stark, daß eine Begegnung zwischen Leuten von sehr unterschiedlicher sozialer Herkunft oder Bildung äußerst unwahrscheinlich ist. So hat also die Kontrolle der Jugend durch die Jugend in den letzten beiden Dekaden zur Trennung sozialer Schichten beigetragen, ein Umstand, der sich in der Tatsache widerspiegelt, daß bei dreiundachtzig Prozent

der Eheschließungen in England die Partner entweder aus der gleichen sozialen Schicht stammen oder den gleichen akademischen Abschluß haben[13]. Was das Werbungsverhalten der Jugend aus der Mittelschicht anlangt, so hat es sich dem der Jugend in der Arbeiterklasse angenähert, ohne allerdings den Graben zwischen den beiden sozialen Gruppierungen selbst zu überbrücken.
Auch das Heiratslater ist seit dem Ende des Zweiten Weltkriegs beträchtlich abgesunken. 1931 waren nur 7% der englischen Männer im Alter zwischen 15 und 24 Jahren verheiratet. 1951 waren es bereits 12,5% und 1957 waren es 14,9%. Für Frauen derselben Altersgruppe lauten die Prozentzahlen für dieselben Jahre 14%, 27,2% und 30,5%[14]. Die Wiederentdeckung der Heirat im Jugendalter ist insofern bezeichnend, als sie in die Richtung größerer Autonomie weist. Am deutlichsten zeichnete sich dies in der Mittelschicht ab, wo die Norm gesellschaftlichen Anerkanntseins das Durchschnittsheiratsalter noch bis in unser Jahrhundert hinein sehr hoch gehalten hatte[15]. Während es noch immer zutrifft, daß junge Leute, die einer höheren Ausbildung anstreben, die Heirat weiter hinausschieben als jene, die nicht studieren, scheint es doch eine Annäherung der Bewertung der Heirat in den verschiedenen Schichten zu geben, die mit einer die ganze Gesellschaft umfassenden Neudefinition der Eheschließung Hand in Hand geht. Die Verbreitung wirksamer Verhütungsmittel in allen sozialen Gruppen bedeutete, daß sexueller Verkehr – ob innerhalb oder außerhalb der Ehe – nicht mehr notwendigerweise Kinder zu bekommen bedeutete. »Die Ehe ist in einem beträchtlichen Ausmaß bei einem großen Teil der Bevölkerung die Lebensform geworden, den gemeinsamen Hausstand zu gründen, wobei die Familiengröße nicht zwangsläufig durch das Hinzukommen von Kindern ansteigen muß«, schreibt *David Marsh*[16]. Heirat und Erbschaft sind sogar bei den besitzenden Schichten voneinander unabhängig geworden, und die Anstellungsmöglichkeiten für junge Männer und Frauen in den gehobenen Berufen haben sich seit 1945 so weit verbessert, daß die Mittelschichtangehörigen früher heiraten können, ohne ihren Status zu gefährden, wobei sie das Kinderkriegen auf einen späteren Zeitpunkt in ihrem Leben verschieben, wenn sie meinen, sie könnten es sich leisten. Diese folgerichtige Ausweitung der Mittelschicht-Grundformen von Familienplanung ist des weiteren durch den Umstand begünstigt worden, daß viele Frauen auch nach der Heirat ihren Berufsweg fortsetzen wollen. Während die Emanzipationsbewegung einige Frauen dazu ermuntert hat, die Ehe hinauszuschieben oder sie ganz abzulehnen, hat sich dies alles in allem in Hinblick auf den Status der Jugend dahingehend ausgewirkt, daß die Unabhängigkeit der jungen Leute von der Autorität und Kontrolle ihrer Eltern größer wurde, wodurch sie in eine mit Jugendlichen aus der Arbeiterklasse vergleichbare Lage kamen.
Kurz: Beide Begrenzungen des Mittelschichtbegriffs »Jugendalter« sind durch Veränderungen aufgeweicht worden, die mit Sexualität und Heirat zu tun haben. Die Linie, die früher den Oberschüler klar vom Volksschüler getrennt hatte, ist zum einen durch frühere sexuelle Reife verwischt worden, und zum anderen durch die Tatsache, daß nun viele Jugendliche irgend einer Art von Weiterbildung nachgehen, so daß die Umrisse der einst exklusiven Gruppen von Jugendlichen aus Oberschulen nicht mehr

so klar bestimmbar sind wie früher. Am andern Ende des Jugendalters ist die einst klare Trennung zwischen schulischer und studentischer Jugend ebenfalls zusammengebrochen, aus Gründen, die weiter unten noch zu besprechen sind. Tatsächlich verliert das Jugendalter, während es noch immer in medizinischen Texten und psychologischen Führern rekonstruiert wird, innerhalb der Klasse, zu der es früher unverbrüchlich gehört hatte, den Status eines selbständigen Lebensabschnitts.

2. Jugend in der Klassengesellschaft

Was die Arbeiterklasse angeht, so hat die Zeit nach dem Zweiten Weltkrieg Veränderungen hervorgebracht, die mit dem neuen Niveau der Überflußgesellschaft einhergingen und die manche Familientraditionen verstärkten und manche Neueinstellungen nötig machten. Ein Vergleich der Zusammensetzung eines Haushalts in Preston in den 1850er Jahren und in Swansea von 1960 zeigt, wie sich der ökonomische und demographische Wandel auf die Bevölkerung insgesamt ausgewirkt hat (siehe Tabelle 7).

Tabelle 7: Anteil von Verwandten, Mietern und Hausangestellten (einschließlich Lehrlinge) an der Haushaltsgröße (in Prozent)
(Zahl aus *Anderson* 1971, S. 81)

		Verwandte	Mieter	Hausangestellte
Swansea	1960	10–13	<3	<3
Preston	1851	23	23	10

Der Rückgang von Hausangestellten zeigt natürlich das Verschwinden von Lehrlingen, die im Hause wohnten. Es gibt auch keine Schlafstellengänger mehr, weil Arbeiter sich jetzt ein Haus oder eine eigene Wohnung leisten können. Im Kreise der Verwandten, die in diesen Haushalten zusammenlebten, hat es in der Kategorie »elternlose Kinder« ein beträchtliches Absinken der Prozentzahlen gegeben, weil sowohl sinkende Sterblichkeitsraten die Zahl der Waisen, die früher bei Verwandten untergebracht waren, verringert haben als auch der Brauch so gut wie verschwunden ist, daß junge Leute vom Land kommen, um mit ihren Familien in der Stadt zu wohnen. Obgleich alte Leute noch immer häufig bei ihren verheirateten Kindern leben, ist der Haushalt der Arbeiterfamilie weitgehend auf den Kreis der Kernfamilie zusammengeschrumpft.
Dies sind Veränderungen, die letztlich die Ausdehnung niedriger Sterblichkeit und niedriger Fruchtbarkeit auf die untersten Ränge der Gesellschaft widerspiegeln. Der Wohlfahrtsstaat des 20. Jahrhunderts läßt es Eltern weniger notwendig erscheinen, sich auf ihre Kinder im Sinne einer Langzeitversicherung zu verlassen; auch haben zugleich höhere Löhne den Wert der Kinder als Kapital in Zeiten wirtschaftlicher Engpässe verringert. Die Norm der Familie mit zwei Kindern ist zwar mancher

Arbeiterfamilie noch immer fremd, im allgemeinen aber ist eine veränderte Haltung gegenüber der Familienplanung nicht zu übersehen. Ein Mr. *Florence* sagte bei einer Londoner Umfrage zu den Interviewern[17]: »Vor fünfzig Jahren war es anders. Sie hatten mehr Kinder, als sie sich leisten konnten. Die Kneipen hatten den ganzen Tag geöffnet, wenn ich das richtig sehe. Der Mann gab sein ganzes Geld in der Kneipe aus, kam heim und mißbrauchte seine Frau. In jenen Tagen gab es keine Geburtenkontrolle, ich weiß, aber selbst damals gab es Mittel und Wege, keine Kinder zu haben, wenn man keine wollte. Und wenn sich die Frau beklagte, hieß es, sag ihr: halt die Klappe, und mach ihr noch ein Kind, und damit basta.«

Die verhältnismäßig neue Neigung in den untersten Rängen der Arbeiterklasse, Familienplanung zu betreiben, zeigt, wie Mr. *Florence* zu verstehen gibt, ein neues Verhältnis zwischen Mann und Frau. Was ersteren angeht, so befaßt er sich jetzt mehr mit seinen häuslichen Pflichten, einschließlich derjenigen, seiner Frau einiges bei der Belastungen der Kinderpflege abzunehmen. Dieser neue Partnerschaftsstil ist zum Teil eine Funktion des neuen Überflusses, ebenso die Neigung, alle Kinder ohne Rücksicht auf die Geburtenfolge gleich zu behandeln. Die Tage, in denen »es die Jüngeren in jeder Hinsicht besser hatten«, sind für alle, bis auf die ärmsten Familien, Vergangenheit[18]. Die Ältesten werden nicht mehr gezwungen, zur Arbeit zu gehen und auf diese Weise der Chancen einer weiterführenden Ausbildung beraubt zu werden. Familienuntersuchungen in der englischen Arbeiterklasse zeigen, daß Eltern sich in den vergangen zwei Jahrzehnten zunehmend mit der Planung der Zukunftschancen jedes einzelnen Kindes befaßt haben. Wie jene, die sozial über ihnen stehen, fangen sie an, sich wegen der Erziehung und Bildung ihrer Kinder Sorgen zu machen, was sich an dem entschiedenen Wunsch zeigt, die Kinder mögen in der Schule gut vorankommen[19]. Außerdem sorgen sie sich darum, daß die Kinder im Laufe ihrer Entwicklung richtig versorgt werden, nicht nur mit den elementaren Lebensnotwendigkeiten wie Kleider und Nahrung, sondern auch – was einst als Luxus betrachtet worden war – mit Unterhaltung und Reisen.

Familien, die auf die Einkünfte ihrer Kinder angewiesen sind, kommen jetzt verhältnismäßig selten vor, wenn man auch noch immer von den arbeitenden Kindern, die zu Hause leben, erwartet, daß sie einen Teil ihres Verdienstes an die Familienkasse abgeben, um ihr Zimmer und ihr Essen zu bezahlen. Daß man bis zur Heirat zu Hause bleibt, ist fast allgemein üblich, da es jetzt ja auch Dank kleinerer Familien mehr Platz in den Wohnungen gibt. Tatsächlich lebten 1959 neunzig Prozent der englischen Kinder noch zwei Jahre nach Schulabschluß zu Hause[20]. Es ist nicht überraschend festzustellen, daß Arbeiter jetzt in Vororte übersiedeln, sich dort in geräumigerer Umgebung befinden und die Freizeit zunehmend im Kreis der Familie verbringen, wie das früher den Bessergestellten vorbehalten gewesen war[21]. Wenn Eltern und Kinder auch eine ganze Menge Freizeit zusammenverbringen, so genießt die Jugend doch große Freiheit, zu kommen und zu gehen, wann sie will. Die Eltern in der Arbeiterklasse scheinen noch immer bezüglich des Nachtausgangs weniger Beschränkungen aufzuerlegen wie die in der Mittelschicht, obgleich auch sie eine strenge Unterscheidung machen zwischen »anständigem« und »flegelhaftem« Verhalten ihrer Kinder. An den Normen der Mittelschicht gemessen, scheinen sie *zu* großzügig zu sein; mißt man sie aber an ihren eigenen Maßstäben von »Richtig« oder »Falsch«, so sind sie verhältnismäßig streng, und sie bläuen ihren Kindern ein, sich aus Schwierigkeiten herauszuhalten[22].

All das scheint auf eine Annäherung der sozialen Schichten in ihrem Verhalten der Jugend gegenüber hinzuweisen; es bleiben aber erhebliche Unterschiede bestehen, die man nicht übersehen darf. Die Eltern in der Arbeiterklasse erwarten weiterhin von ihren Kindern, daß diese schon in jüngeren Jahren zur Arbeit gehen; und ihre Einstellung gegenüber ausgedehnterem Schulbesuch und gegenüber der damit zusammenhängenden Abhängigkeit bleibt sehr verschieden von der der Mittelschicht. *John Goldthorpe* und seine Mitarbeiter kamen zu dem Schluß, daß die Angehörigen der Arbeiterklasse die Schule weiterhin in erster Linie als Vermittlerin von Fertigkeiten betrachten, anders als die Mittelschicht, für die sie eine Quelle für den sozialen Status oder für soziale Kontrolle ist[23]: »Die Sorge der Eltern, daß sie (die Kinder) in der Schule nur ja gut vorankommen, ist auf Leistung beschränkt, soweit sie in die Wertvorstellungen und den Lebensstil der Arbeiterklasse hineinpaßt – so z. B., daß einer im Handwerk Fuß fassen oder eine dauerhafte Anstellung erlangen soll. Die Erwartungen reichen nicht bis zu einem Bildungsniveau oder bis zu Beschäftigungsmöglichkeiten, die zur Folge haben könnten, daß die Kinder ihre Eltern oder Gemeinden in geographischer oder sozialer Hinsicht verlassen müssen.«

Die Einstellung der Eltern ist ein wichtiges Moment im Verhalten der Arbeiterjugend, die Schule früh zu verlassen, obgleich man ihr Einkommen zu Hause nicht braucht und der Staat eine höhere Ausbildung bezahlt. Arbeiterfamilien sowohl in England als auch in Deutschland legen größeren Wert auf eine technische Ausbildung und betrachten eine Schulbildung, die zum Universitätsbesuch führt, entweder als weniger wertvoll oder schlicht als ein unrealistisches Ziel. Trotz der augenscheinlichen Chancenverbesserung, die der Staat durch die Ausbildungsfinanzierung anbietet, bleibt der Verdacht bestehen – ein begründeter Verdacht –, daß höhere Schulbildung zu einer kulturellen Abspaltung von der Familie selbst führt und somit zum »Verlust« eines Sohnes oder einer Tochter[24]. Daraus resultiert die Neigung vieler Eltern in der Arbeiterschicht, die Arbeit als das Gegenstück zur Schule zu unterstützen. Das entschiedene Bestreben, die Familie zusammenzuhalten, das sich auch in der Neigung der erwachsenen Kinder zeigt, sich räumlich nahe bei den Eltern niederzulassen, wird noch durch andere für die Arbeiterklasse typische Institutionen unterstützt, die sich in den Gruppen der Altersgleichen am deutlichsten zeigen. Der Druck, der auf die Jungen aus der Arbeiterklasse von den eigenen Altersgenossen ausgeübt wird, mit der Gruppe zu gehen und die Schule zu verlassen, spiegelt sich in den Beobachtungen eines Londoner Jungen wider[25]: »Die Jungs, die nicht zum Gymnasium gingen, hatten nichts besonderes gegen dich, weil sie nicht auch dorthin gingen. Die große Veränderung aber konntest du feststellen, sobald sie im Alter von fünfzehn Jahren die Schule verließen. Du hast noch einmal eine ganze Reihe von Jährchen zu machen, und sie fingen an, zur Arbeit zu gehen – von dem Augenblick an war alles anders. Sie gingen zur Arbeit, sie machten ihren Weg in der Welt, du warst noch immer auf der Schule, und sie dachten an dich als an eine Form niedrigeren Lebens. Sie hielten dich fast für einen weibischen Weichling.«

Der Solidaritätsdruck, der vom Familienbewußtsein und von der Gruppe gegen individuelle Mobilität ausging, beruhte zum Teil auf einer realistischen Einschätzung der Schwierigkeiten, die man bei dem Versuch zu bewältigen hat, in einer Gesellschaft emporzukommen, die noch immer so strikt nach den Gesichtspunkten von Reichtum, Kultur und Einfluß in Schichten eingeteilt ist. Die Probleme beim Aufstieg in gehobene Berufe ohne die Unterstützung durch ein Familienvermögen oder gute Beziehungen sind in England wie in Deutschland noch immer sehr deutlich ausgeprägt, trotz des Zuwachses an kostenloser Ausbildung seit 1945[26]. In Deutschland kommen fünf Prozent der Studenten aus der Arbeiterklasse, in England beträgt ihr Anteil fünfundzwanzig Prozent, aber auch das weist noch immer auf erhebliche Ungleichheiten hin. Im Bewußtsein all dessen ist der Wunsch, die kollektiven Werte von Familie, Nachbarschaft und Klasse aufrechtzuerhalten, dafür verantwortlich, daß Unterschiede im Lebenszyklus der Arbeiter- und Mittelschicht weiter fortbestehen. Da sie weniger karriere- und statusorientiert ist, empört sich die Arbeiterjugend viel eher gegen das einengende Schulwesen und bequemt sich nicht so rasch dazu, die verzögerte Bedürfnisbefriedigung zu akzeptieren, wie das ihre Altersgenossen in der Mittelschicht tun. Ihr Ideal ist eine gut bezahlte Dauerstellung, die es ihnen früh erlaubt, in den Erwachsenenstatus einzutreten. Dem entspricht, daß sie zu geringerer Loyalität gegenüber Institutionen wie der Schule neigt, sich mehr den Leuten aus den eigenen Reihen widmet, speziell der Gruppe der Altersgleichen. Vor allem männliche Jugendliche finden dort das Zusammensein befriedigender als in Clubs oder in organisierten Freizeitangeboten; und wo die Geschlechtertrennung durch die Arbeitsteilung noch verstärkt wird, bleibt die Gruppe der Altersgleichen die Grundeinheit geselligen Lebens für Männer, selbst wenn sie verheiratet sind[27]. Üblicherweise aber erfreut sich diese Gruppe der Loyalität ihrer Mitglieder kaum über das achtzehnte oder neunzehnte Lebensjahr hinaus; dann nämlich sind sie schon eifrig dabei, sich um Freundinnen zu kümmern. Die Gruppe der Altersgleichen ist also eine der Haupteinrichtungen für die Jahre zwischen dreizehn und achtzehn, wo der Junge eindeutig kein Kind mehr und doch noch nicht ganz in die Erwachsenenwelt der Arbeit oder der Ehe eingetreten ist.

Die Aktivitäten solcher Gruppierungen von Altersgleichen sind nicht als solche gegen Institutionen der Erwachsenen gerichtet, aber auf ihrer Suche nach Unternehmensmöglichkeiten für die schul- oder arbeitsfreie Zeit geraten die Gruppenmitglieder oft in Konflikt mit diesen Institutionen. Aus diesen und aus anderen Gründen ist die Verbindung von Jugendbrauchtum und Altersgleichengruppe bei den städtischen Arbeiterjugendlichen in den letzten Jahrzehnten höchst lebendig geblieben. Die Unterschiede im Freizeitverhalten zwischen der Mittelschicht- und der Arbeiterjugend zeigen die Ungleichheit der sozialen und ökonomischen Chancen und die Ungleichheit im Zugang zu höherer Bildung und zu den wünschenswerten gehobenen Berufen. Solange diese Trennung fortbesteht, ist es sehr unwahrscheinlich, daß die Gruppe der Altersgleichen als gesellschaftliche Institution in ihrer Unterstützungsfunktion kollektiver und privater Ziele angefochten wird. Im Gegenteil: Ihre Bedeutung könnte eher noch steigen, da die herkömmlichen Berührungspunkte zwischen den arbeitenden Menschen z. B. am Arbeitsplatz zunehmend entpersönlicht werden oder für jene, die noch zur Schule gehen, unerreichbar sind. Kurz, die Entwicklungen der vergangenen zwei Jahrzehnte haben die Bedeutung der Gruppe der Altersgleichen nicht verringert, sondern tatsächlich vergrößert.

Man sollte jedoch nicht übersehen, daß die Gruppierungen der Altersgleichen in Europa klein und lose strukturiert bleiben, ohne die Autorität und Hierarchie amerikanischer Banden *(»gangs«)*. Die Jungen in den Gruppierungen dort sind gewöhnlich in kollektive Vergehen der einen oder andern Art verwickelt, meist unbedeutende Delikte. Sie bestehen hauptsächlich zu geselligen Zwecken, und meist passiert es auf der Suche nach Unterhaltung, daß sie sich daneben benehmen, wenn sie unterwegs sind, um ihren Spaß zu haben[28]. Der Trend in der Jugendkriminalität ist fast derselbe wie der, den wir im vorhergehenden Kapitel besprochen haben, wobei die alten, auf Territorien beruhenden Banden nun eher mobilen Gruppen Platz machen. Motorräder und Autos sind dabei ein bestimmendes Moment, Teil des allgemeinen Wohlstandes, der auch die Gruppen der Altersgleichen ermuntert hat, ihre kollektive Energie neuen Interessengebieten zuzuwenden. In Liverpool z. B. fingen in den 1960er Jahren kriegerische Banden an, Musik zu machen; dabei brachten sie eine Form von Solidarität hervor, die jetzt mit der »Beatle-Manie« zusammengehört. Unglücklicherweise blieben die Jungen, die kein Geld für Instrumente oder modische Kleidung hatten, von dieser Entwicklung ausgeschlossen. Sie verblieben in der aggressiven Haltung der alten Obdachlosengruppen, während die Glücklicheren unter ihren Altersgenossen sich schöpferischen Beschäftigungen zuwandten[29].

Jüngste Untersuchungen zeigen, daß die Unterscheidung zwischen »anständigen« und »Gassenjungen« sich etwas nivelliert hat, aber weder in England noch in Deutschland gänzlich verschwunden ist. Große Familien, die oft auch noch ein geringes Einkommen und eine dürftige Behausung haben, werden weiterhin in beiden Ländern als die Brutstätten der Kriminalität betrachtet, und von hier aus entwickeln sich, was nicht überraschen wird, kriminelle Karrieren angeblich am häufigsten. In einer Analyse der gegenwärtigen Ursachen von Jugendkriminalität (in den USA), die genauso gut auf jedes frühere Jahrhundert passen würde, hat *D. J. West* geschrieben: »Aus der uns vertrauten Ansammlung sozialer Nachteile (Arbeiterklasse, Armut, überfüllte Wohnungen, neu zugezogen, irisch-römisch-katholisch, schlechter Einfluß aus der Nachbarschaft, dürftige Schule, unvollständige bzw. große Familie) scheint es unnütz, einen als den vorrangigen Faktor in der Entwicklung der Jugendkriminalität zu isolieren«[30]. So kommt es, daß trotz des Ansteigens von Wohlstand und Lebenschancen eine relative Ungleichheit nicht nur zwischen gehobenen und niedrigen sozialen Schichten, sondern auch innerhalb der Arbeiterklasse selbst noch immer stark ausgeprägt bleibt. Obgleich jugendliche Wiederholungstäter innerhalb der gesamten Altersgruppe nur eine kleine Minderheit darstellen, bleibt ihre Existenz eine Herausforderung an die Optimisten, welche die vergangenen zwei Jahrzehnte als die Ära der Gleichheit unter der Jugend Europas betrachteten.

Die Beatles-Manie

3. Wandlungen der Jugendarbeit

Die Lebenszyklen sind einander nähergekommen, nicht jedoch so weit, daß ein allgemeingültiges »Bild« für das Knaben- oder für das Mädchenalter dabei entstanden wäre. In der Tat hat in der offiziellen Jugendpolitik die Vorstellung von einem einzigen Modell von »dem« Jugendlichen – ein Konzept, an dem in früheren Jahrzehnten so krampfhaft festgehalten worden war – größerer Vielfalt Platz gemacht. Nirgends ist das deutlicher als in den bürgerlichen Jugendorganisationen; und um die Mitte der 1960er Jahre waren sogar die englischen »*Scouts*« bereit, das »*boy*« als Zugeständnis an die neuen Zeiten von ihrer Fahne abzunehmen. Eine offizielle Studie, ausgelöst durch sinkende Mitgliederzahlen, rechtfertigte diese Änderung mit der Begründung, daß »der ältere Junge oder Jugendliche sehr darauf erpicht ist, daß man ihn als Erwachsenen betrachtet und daß man sich bemüht, alles zu vermeiden, was dazu führen könnte, daß er in eine Altersgruppe eingeteilt wird, die niedriger ist als die, zu der er wirklich gehört«[31]. Sinkende Zahlen brachten auch die »*Church Lads' Brigade*« dazu, ihren Status als am »Drill« orientierte reine Knabenorganisation neu zu überdenken. »Es wäre unrealistisch, im herrschenden moralischen und sozialen Klima zu erwarten, daß sie damit viele Jungen anlocken kann«, schlossen die Führer der »*Brigade*«[32]. Auch in Deutschland kamen Ende der 50er Jahre die altmodischen Jugendgruppen in Schwierigkeiten, weniger mit den unter Vierzehnjährigen, als vielmehr mit den Vierzehn- bis Achtzehnjährigen, wie sich mit Hilfe einer Untersuchung der »*Oxford Scouts*« erläutern läßt (Tabelle 8).

Tabelle 8: Mitgliedschaft bei den Oxford Scouts, 1946–1966

Jahr	Cub Scouts 8–11	Scouts 12–14	Scouts 15–20	Total Cubs and Scouts
1946	516	701	294	1521
1956	714	696	164	1712
1966	764	653	131	1548

Die Zählung der »*Oxford Scout Association*« für die Jahre von 1920 bis 1966 ist mir durch Mr. *W.J. Willis* von Oxford zugänglich gemacht worden. Die Zahlenwerte wurden aggregiert.

Wenn es keine Jung-Mitgliedschaft gegeben hätte *(cub scouts)*, dann wäre die Organisation in weit größere Schwierigkeiten gekommen, als es ohnehin der Fall war. Bei den Organisationen für Mädchen zeigte sich, daß es noch schwieriger war, die Mitglieder, die vierzehn Jahre oder älter waren, zu halten. Darin liegt ein Grund dafür, daß das Jugendkomitee der Stadt Oxford schon 1950 beschloß, man würde dem Arbeitermädchen am besten gerecht, »wenn man es nicht so sehr als Mitglied der Jugendgruppe, vielmehr als eine junge Erwachsene behandelte«[33]. Die ganze Einstellung gegenüber den Jugendgruppen änderte sich, als die Kirchen allmählich aufhörten, ihre Einrichtungen als Möglichkeit für Mitgliederwerbung zu betrachten und als die alte Ablehnung der gemischtgeschlechtlichen Organisationen abklang[34]. Informellere, offenere Konzepte erprobte man damit, daß die europäischen Jugendpfleger anfingen, sich eher dem Verhalten der Jugendlichen anzupassen, als darauf zu bestehen, daß die Jugendlichen sich ihren Normen unterwarfen. Im Jahre 1960 war das Jugendkomitee der Stadt Oxford bereit, gemischte Gruppen zu empfehlen, »selbst wenn diese zugegebenermaßen schwieriger zu leiten sind«. Darin zeigte es seine Bemühung, sich auf seine Weise anzupassen, worin sich ein grundlegender Wandel weg von den institutionellen Zwängen vergangener Jahrzehnte anzeigte[35].

Die alte Furcht vor unbeaufsichtigten Unternehmungen verschwand, und nun kennzeichnete eine eher gelockerte Atmosphäre die meisten Jugendgruppen.

Dennoch war zwischen der alten und der jungen Generation von Jugendpflegern eine gewisse Spannung offensichtlich, wie man in den Herausgebermitteilungen eines Oxforder Jugendblattes nachlesen kann[36]: »Obgleich viele Jugendgruppenleiter die ›Oberschul‹-Tugenden der Loyalität, der Initiative und des Verantwortungsbewußtseins lehren, ermuntern wenige die Mitglieder ihrer Organisation, selbständig zu denken. Wir fürchten so sehr, daß die Jungen oder Mädchen auf den ›nostalgischen Trip zurück zu den *Teddy-Boys* gehen‹, promiskuitiv oder kommunistisch werden, daß wir oft unbewußt versuchen, ihnen unsere Wertmaßstäbe überzustülpen, damit sie in unsere Gesellschaft passen und also keine Veränderung anstreben. Einige von uns agieren daher mit missionarischem Eifer, andere pauken den Jugendlichen selbstgezimmerte Glaubensvorstellungen ein, während wir alle eine vollkommen willkürliche Doktrin sexueller Moral predigen, als sei es das unveräußerliche göttliche Gesetz ... Viele haben noch immer das Gefühl, als müsse das Kino irgendwie sündig sein und als sei das Fernsehen die Wurzel aller Übel. Das Alte jedoch verspricht Sicherheit, und der Volkstanz nach alter Art wird in vielen Jugendgruppen gefördert, während der *Jive*, vielleicht der wahre Volkstanz der Gegenwart, oft verboten ist, weil er modern und daher gefährlich ist.«

Die Jugend stand an einem Wendepunkt, und obgleich es viele Widerstände gegen die Veränderungen gab, wandelte sich die Meinung der Mittelschicht doch eindeutig in Richtung einer größeren Toleranz gegenüber verschiedenen Lebenszyklen. »Wir bedauern, daß man sich daran gewöhnt hat, den Jugendlichen oder Heranwachsenden als Einzelperson mit einem bestimmten Problem auszusondern«, stellte das Jugendkomitee der Stadt Oxford im Jahresbericht 1960 fest; »Menschen jeden Alters haben Probleme, und die Jugendhilfe ist nur ein Aspekt der kommunalen Vorsorge im Hinblick auf die Wohlfahrt des Gemeinwesens«[37]. Engagement in kommunalen Angelegenheiten wurde jetzt gefördert, obwohl man es noch immer mit großer Unruhe betrachtete, wenn die Jugend mit Politik in Berührung kam. Die Jugendbehörden im Westdeutschland der Nachkriegszeit hatten sich offiziell der Vorbereitung junger Menschen auf die Beteiligung an der Demokratie verschrieben, aber – wie ihr englisches Gegenstück – behutsam jegliche Berührung mit Parteipolitik vermieden[38]. Offensichtlich teilten diejenigen Jugendlichen, die sich dazu hatten gewinnen lassen, Führer in offiziellen Organisationen zu werden, auch die Befürchtungen der Erwachsenen; denn als man im Jahre 1964 das Thema »Wahlalter Achtzehn« auf einem nationalen Treffen der englischen Jugendgremien diskutierte, wurde es von einer beträchtlichen Mehrheit niedergestimmt. Ein Mädchen, das gegen die Resolution sprach, gab die Stimmung der Versammelten wieder, als sie sich darüber beklagte, die um sich greifende Beatle-Manie zeige ja, daß die Jugend »dieser Ehre absolut unwürdig sei«[39].

Die Beatle-Manie war usprünglich eine Erscheinung der Arbeiterjugend, und die Verachtung, die viele Mitglieder von bürgerlichen Jugendorganisationen gegen Rockmusik und -tanz hegten, spiegelte das unter der Oberfläche fortbestehende Klassenbewußtsein ihrer Gruppenleiter wider. Während die Schichtunterschiede innerhalb der Jugendorganisationen offensichtlich blieben, wurden nun die Schranken rasch abgebaut, die früher die erwachsenen Gruppenleiter von den Jugendlichen getrennt hatten – ein Trend, der sich darin zeigte, daß man sich nun in vielen Vereinen mit dem Vornamen anredete[40]. Die schleichende Stimmung von Angst und Feindschaft, die früher mal bestanden hatte, verschwand offenbar, vor allem weil Jugendarbeit mehr denn je eine professionelle Angelegenheit geworden war.

Die Position der Mittelschichten, vor allem die der »*White-collar*«-Gruppen, hatte sich in der Nachkriegszeit gefestigt. Pensionsansprüche und Dauerstellungen schützten leitende Beamte, Lehrer und Angestellte im öffentlichen Dienst vor den Unsicherheiten, die diese Gruppe während der ersten Jahrzehnte unseres Jahrhunderts geplagt hatten[41]. Das Schwächerwerden der militanten Arbeiterbewegung in den Ländern Westeuropas trug ebenfalls zur Beruhigung ihrer Gemüter bei; und als die Spannungen des Kalten Krieges nachließen, erschien die Notwendigkeit nicht mehr so dringend, den jungen Leuten die Werte des Patriotismus zu indoktrinieren. Da sie nun über mehr finanzielle Mittel und mehr Freizeit verfügten als je zuvor, begann diejenige Gruppe, aus der einst der Nachwuchs für die Fürsorgerelite gekommen war, sich in eine an den eigenen Bedürfnissen orientierte Existenz zurückzuziehen. Ende der 1950er Jahre hatten die Jugendorganisationen der Mittelschicht Schwierigkeiten, die Freiwilligen zu werben, die früher zu ihrer Verfügung gestanden hatten[42]. Die Tatsache, daß der Anteil der arbeitenden Frauen seit 1945 beträchtlich zugenommen hat, mag auch das Verschwinden weiblicher Freiwilliger erklären; aber aus welchem Grund auch immer: Die Mittelschicht war dabei, die Jugendarbeit den Profis zu überlassen, eine Veränderung, die am Ende die ganze Kinderrettungsbewegung umformen mußte[43].

Selbst in Organisationen, die noch immer auf freiwillige Mitarbeit bauten, zeigten sich diese Veränderungen. Eine Erhebung unter englischen *Scout*-Führern, die 1966 durchgeführt wurde, zeigte, daß zweiundachtzig Prozent selbst *Scouts* gewesen waren. Die wesentliche Begründung, die sie für ihre freiwillige Mitarbeit angaben, lautete auf ein Gefühl der Verpflichtung gegenüber der Organisation, nicht auf moralischen und vaterländischen Eifer, der eine frühere Generation getrieben hat. Obgleich zwei Drittel von ihnen der Mittelschicht angehörte und die meisten ziemlich häufig zur Kirche gingen, fehlte ihnen sehr deutlich der missionarische Impuls, und sie waren sichtlich mehr am Fortbestand einer Organisation, die sich den Vergnügungen widmete, interessiert und weniger an einer Arbeit als Sozialisationsagenten[44]. Auch in Deutschland waren die Ziele von einst in Mißkredit geraten, so daß nun viele fürchteten, die Jugendarbeit könnte an einem Zuviel an Verwaltung und einem Zuwenig an Idealismus leiden[45]. Hier war klar, daß sich die Ideologie sowie die Rolle der Fürsorger grundlegend geändert hatte, was zum Teil auf das Konto der neuen und toleranteren Beziehungen zwischen den Generationen geht, die um 1960 in Erscheinung traten.

Rüpelhaftes, destruktives Verhalten war noch genauso ein Problem wie früher. In der Tat stieg während der 1950er Jahre sogar die öffentliche Besorgnis bezüglich der »Mittelschichtkriminalität«, bei der die Vergehen der Jugend »aus gutem Hause« plötzlich denen der weniger Begüterten an Ausmaß und Zerstörungswut zu entsprechen schienen. Die Reaktion der Erwachsenen schien dennoch weniger empört und strafend zu sein; denn jetzt war weniger Statusangst im Spiel, die der Grund der früheren Spannung zwischen den Jugendpflegern und den ihnen Anvertrauten gewesen war. Eine größere Bereitschaft, älteren Jugendlichen den Status von Erwachsenen zuzubilligen, zeugt von einer wichtigen Veränderung in der Selbsteinschätzung der Jugendfürsorger selbst, von denen es jetzt wesentlich weniger Freiwillige, dafür mehr speziell für ihren Beruf ausgebildete gab. »Gib einen Rat erst, wenn du gefragt wirst, und nicht vorher« war die Haltung des neuen Typs von Jugendarbeitern; »laß dich nicht schockieren und sei nicht von vornherein kritisch; vor allem: nimm die jungen Leute, wie sie sind, und behandle sie als Gleichgestellte«[46].

4. Neues Jugendrecht und Jugendrebellion

Die Befreiung der Jugend aus ihrem früheren Zustand der Abhängigkeit verlief parallel zur Wiedergewinnung eines gewissen Maßes an staatsbürgerlicher Gleichberechtigung. Zum Teil war der Militärdienst dafür verantwortlich, der von den Männern in der Ära des Kalten Krieges gefordert wurde. Den Pflichten müssen in einer demokratischen Gesellschaft am Ende auch Rechte gegenüberstehen; und um die Mitte der 1960er Jahre sprach man deshalb davon, den Zugang zu politischen und bürgerlichen Rechten jenen zu öffnen, die im wehrdienstpflichtigen Alter sind. Die Einführung des Wahlrechts für Achtzehnjährige, die in England 1969 und in Deutschland 1970 erfolgte, war wie geschaffen dafür, in ihrem Schlepptau die Abschaffung verschiedener Beschränkungen bezüglich des Alkoholgenusses und des Besuchs öffentlicher Unterhaltungsveranstaltungen Jugendlicher nach sich zu ziehen. Obgleich es noch zu früh ist, um sagen zu können, ob die Beschränkungen, denen jüngere Altersgruppen unterliegen, im Laufe des kommenden Jahrzehnts fortschreitend abgebaut werden, scheint es doch eindeutig, daß die jungen Laute heute sich ihrer bürgerlichen Rechte eher bewußt sind als noch vor zwei Jahrzehnten[47].
Die Stellung des modernen Jugendlichen ist zugleich von Vorrechten wie auch von Vorenthaltungen geprägt gewesen. Es konnte nicht ausbleiben, daß diese Widersprüche in der gegenwärtigen Zeit des Wandels von allen Standpunkten aus ins Kreuzfreuer der Kritik geraten würden. Und nirgendwo war das deutlicher zu sehen, als im Bereich des die Jugendlichen betreffenden Rechts- und Strafsystems.
In Europa wie in Amerika ist das Jugendgerichtskonzept grundlegend in Frage gestellt worden: sowohl von jenen, die glauben, seine Aufgabe solle den Wohlfahrtseinrichtungen übertragen werden, als auch von solchen, die glaubten, es böte dem vor Gericht gestellten Kind zu wenig Schutz. In England wurde in einem 1965 vorgelegten »Weißbuch« der Regierung gefordert, man solle die Jugendgerichte durch Familienbeiräte ersetzen, ausgehend von Modellen, die es in skandinavischen Ländern bereits gab[48]. In Deutschland diskutierte man ähnliche Vorschläge, wobei die Meinungen etwa auf der gleichen Linie lagen wie in England und Amerika[49]. Auf der einen Seite glauben manche, daß die Gerichte gegenwärtig trotz ihres weitreichenden Ermessens-

spielraums noch immer das Kind »kriminalisieren« und damit den Prozeß der Rehabilitierung verhindern. Die entgegengesetzte Meinung wird sowohl von den Moralpredigern vertreten, die sich jeglichem Versuch widersetzen, herkömmliche Konzepte der Bestrafung wiedereinzuführen, als auch von den bürgerlichen Liberalen, die meinen, daß selbst wenn das Rechtsfindungsverfahren gelegentlich etwas »unsensibel« ablaufe, so garantiere es doch den Schutz des Rechtes als solchen, was Wohlfahrtseinrichtungen nicht tun würden. Letztere vertreten des weiteren die Ansicht, daß das Jugendgericht dahingehend reformiert werden solle, daß Minderjährige dieselben Zivilrechte haben sollen wie Erwachsene, die vor Gericht kommen; das würde die Gerechtigkeit auf Seiten der Richter stärken und das bürgerliche Verantwortungsbewußtsein auf Seiten der Jugendlichen[50]. Diese Auffassung wurde vom Obersten Gerichtshof der Vereinigten Staaten vertreten, der 1967 verfügte: »Die Tatsache, daß man ein Junge ist, rechtfertigt noch lange kein ›Känguruhgericht‹ (ein von Vorurteilen gelenktes Schnellgericht, A. m. d. Ü.)«[51]. Doch selbst in den Vereinigten Staaten, wo die Bemühungen, Minderjährigen ihre bürgerlichen Rechte zurückzugeben, am weitesten fortgeschritten sind, ist die weitere Entwicklung noch weitgehend unklar.

Die Reform des Jugendrechts wird tiefgreifende Auswirkungen auf die Behandlung der Jugendlichen in Erziehungsheimen, Ausbildungs- und Pflegestätten sowie anderen Einrichtungen haben, denen sie jetzt anvertraut sind. Die Entwicklung der letzten zwanzig Jahre ging dahin, die Erziehungsmöglichkeiten eher in der Gemeinde zu suchen, als den Rechtsbrecher in ein weit entferntes Gefängnis oder in ein Erziehungsheim zu schicken. In England lautete das Urteil für fünfundachtzig Prozent derjenigen, denen man den Prozeß machte, dahingehend, daß sie ihre Familien oder Wohngegenden nicht zu verlassen brauchen[52]. Überall gewannen die Familie und die Gemeinde etwas von dem Status zurück, den sie an die sogenannten »therapeutischen« Maßnahmen zu Beginn des Jahrhunderts verloren hatten; denn die erwiesenermaßen wirkungslosen Rehabilitationsversuche dieser »totalen Institutionen« hatten Experimente mit neuen »offenen« Einrichtungen hervorgebracht, die so angelegt waren, daß die Jugendlichen innerhalb ihrer vertrauten Umgebung den normalen Zugang zur Schule, zum Beruf, zu Freunden haben konnten[53]. Jüngere Kinder werden selbst in diese kommunalen Zentren selten überstellt, vielmehr sobald als irgend möglich an ihre Eltern oder ihre Pflegefamilie zurückgegeben. Bei der Behandlung der über Sechzehnjährigen hat sich die Einrichtung der Bewährungsfrist zunehmend durchgesetzt, ein Trend, der sich auch im Umgang mit erwachsenen Rechtsbrechern abzeichnet.

Der Rückgang – und in einigen Fällen die tatsächliche Schließung – der älteren Jugendheime zeigt die allgemeine Aufhebung der Aussonderung der Jugend, wie sie sich während der letzten zwanzig Jahre durchgesetzt hatte. Das ist besonders im Hinblick auf die Schulen deutlich geworden, die nur mit der größten Mühe die Isoliertheit der Schulkultur aufrechterhalten konnten. Koedukation hat sich auf der schulischen wie auch auf Hochschulebene ausgebreitet; Studentenparlamente haben angefangen, sich eher mit realen als mit fiktiven Themen zu befassen. Und es hat eine anwachsende Bürgerrechtsaktivität unter Schülern und Studenten gegeben, die zur gleichen Zeit ablief wie die Bemühungen um soziale und rassische Integration, die den Eliteeinrichtungen (in den USA) während der letzten zwanzig Jahre aufgezwungen worden ist.

Das Element mit der größten Schubkraft in diesem Wandel war vielleicht, was *Michael Young* den »Aufstieg der Meritokratie« (die Herrschaft des Leistungsprinzips) genannt hat, das seiner Natur nach zwar ein Elitephänomen war, aber die traditionelle Alterseinteilung nachhaltig beeinflußt hat. Eine englische Untersuchung aus der Mitte der 1960er Jahre zeigt, daß die Lerngeschwindigkeit innerhalb einer Generation um vierundzwanzig Prozent zugenommen hat[54]. Und zum Teil ist nun aufgrund dieses erneuten Nachdrucks, der auf Frühreife gelegt wird, das Konzept der verlängerten Jugend zunehmend unter Beschuß geraten. In dem Maß, in dem die schulische Erziehung nun eher technisch orientiert war und hohe Anforderungen stellte, verloren die Erziehungsfunktionen, die man ihr ehedem zugeschrieben hatte, ihre Bedeutung. Um das Jahr 1960 reagierten sogar die weltabgeschiedenen Internate in England auf zunehmende Konkurrenz im Blick auf den Universitätszugang, indem sie Korrekturen am Bild vom vollendeten *gentleman* vornahmen. Das »Lernen« ersetzte die sogenannte »Charakterbildung« der außerschulischen Unternehmungen in so hohem Maß, daß es jenen, die der *»boys will be boys«*-Tradition anhingen, angst und bange wurde. »Ich bin nicht bereit, an dieser Schule Jungen zu dulden, die es zulassen, daß ihre Vorbereitung auf den Eintritt in die Universität ihren Pflichten als Vertrauensschüler und im Sport abträglich ist. Sie sind hier, damit sie lernen, wie man ein ausgewogenes und verantwortungsbewußtes Leben führt, nicht damit sie für einen Universitätseintritt um jeden Preis zum Pauken angehalten werden«, war die Antwort eines konservativen Direktors auf die Entwicklungen im höheren Schulwesen[55].

Die meisten verantwortungsbewußten Erzieher waren jedoch eher bereit, die Veränderung hinzunehmen; denn wenigstens die Hälfte der Schulrektoren, die *Jan Weinberg* befragt hat, gab an, daß das Verhältnis zwischen der geschlossenen Schulgemeinde und der weiteren Umwelt draußen das schwierigste Problem sei, vor dem sie stünden[56]. Es war unumgänglich, jetzt das enge väterliche Verhältnis zwischen Lehrer und Schüler an Schulen und Hochschulen im Zuge von Spezialisierung und Berufsorientierung zu ändern, indem der Begriff des *»in loco parentis«* (in Stellvertretung der Eltern) in Frage gestellt wurde, mit dem sich so lange die weltabgeschiedene Führung der Schulen hatte rechtfertigen lassen. Auch in den Tagesschulen verursachten die Anforderungen des Lehrplans eine Neueinschätzung der Lage. Da der soziale Aufstieg nun direkter als je zuvor von der Leistung abhing, konnte man nicht länger zulassen, daß Sport- und Jugendorganisationen »die Schularbeit in einem solchen Maß beeinträchtigten, daß sie diese Chancen gefährdeten«[57]. Natürlich ließ sich dasselbe Argument auch dazu benutzen, um das Fernhalten der Jugend von den Vergnügungen der Erwachsenenwelt zu begründen. In den 1960er Jahren wirkte es sich aber eher *für* als *gegen* die Alterstrennung aus, wenigstens in den Kreisen, in denen die akademische Leistung selbst am meisten galt, in der Mittelschicht nämlich.

Parallel zu der akademischen Revolution erfolgten ökonomische Veränderungen, die dahin wirkten, daß die jungen Leute enger in die Welt der Arbeit einbezogen werden. Obgleich viel über die Qualität einzelner Beschäftigungsmöglichkeiten diskutiert wurde, die sich in der Nachkriegswirtschaft der Jugend boten, gibt es kaum Zweifel, was Vollbeschäftigung für sie bedeutete: vielfältigere Auswahl und mehr Sicherheit. Das Problem der »*boy labor*«, wie es seit Anfang des Jahrhunderts bestanden hatte, verschwand fast ganz, da nun eine wachsende Zahl von arbeitenden Jugendlichen in Ausbildungsgänge eintrat, die zu besseren Anstellungen und höheren Löhnen führten. »Das Gefühl, daß man bei der Arbeit gefragt ist, ist vielleicht wichtiger als irgendeine andere Veränderung, die im tatsächlichen Arbeitsablauf geleistet wurde, und das verstärkt zweifellos das Gefühl der Wichtigkeit und Unabhängigkeit bei den Jugendlichen«, berichtete eine englische Untersuchung von 1960[58]. Natürlich verbesserten sich die Aussichten in den oberen und mittleren Rängen der technisch orientierten Berufe schneller als die ganz unten. So blieb eine Ungleichheit zurück, von der manche Beobachter glaubten, sie führe schließlich zum Aufstand der »Verlierer« gegen das unerreichbare Leistungsniveau der bürgerlichen Gesellschaft[59]. Trotzdem schien die Aufwärtsbewegung in den 1960er Jahren in Richtung größerer Zufriedenheit mit der Beschäftigung zu führen und zu allgemeiner Zufriedenheit unter der großen Mehrheit der arbeitenden Jugendlichen, wobei jene, die weiter unten auf der wirtschaftlichen Leiter standen, mehr mitbekamen als jene an der Spitze[60]. Hierin drückte sich zum Teil der allgemeine Wohlstand jugendlicher Arbeiter aus, deren Bruttolöhne sich von 1938 bis 1960 vervierfacht hatten. Untersuchungen zeigen, daß die Ausgaben der Jugendlichen in dieser Zeit um hundert Prozent anstiegen, damit stieg der Anteil dieser Altersgruppen am gesamten Verbrauchermarkt auf etwa fünf Prozent[61].

Der Überfluß wirkte sich jedoch auf widersprüchliche Weise aus. Er ermunterte die Jugendlichen, in wirtschaftlicher Hinsicht mit dem Erwachsenenstatus zu wetteifern, während es gleichzeitig für die Erwachsenen einträglich wurde, eigens Moden und Vergnügungsangebote zu produzieren, um die unteren Altersgruppen anzusprechen. Einige Beobachter glaubten, sie könnten hier die Ausbeutung der Jugend im Interesse des Profits entdecken, und es gab welche, die die neue Konsumwelle als eine Ablenkung der jugendlichen Kräfte von wertvolleren Aufgaben kritisierten. Es gibt jedoch keine Beweise dafür, daß die Jugend so vom Putz der sogenannten »Jugendkultur« in Anspruch genommen ist, daß sie dies von anderen, wesentlicheren sozialen und politischen Interessen abhalten könnte. Bis jetzt gibt es noch keine Gegenkulturen, die sich selbst unabhängig von den Institutionen und Wertvorstellungen der Erwachsenen halten können; und da die Erwachsenen so gründlich an der Mode und der Musik der Jugend teilhaben, scheint auch dies die Generationen eher zusammenzubringen, als sie zu trennen[62].

Nirgends, weder in Europa noch in Amerika, gibt es viele Belege für eine tiefe Kluft zwischen den Generationen, trotz der Studenten- und Arbeitererhebungen der 1960er und 1970er Jahre. Untersuchungen über die »jungen Rebellen« zeigen, daß trotz eines gewissen Maßes an Eltern-Kind-Spannungen der Hauptstoß jugendlicher

Studentendemonstration mit Rudi Dutschke (1968)

Unzufriedenheit nicht gegen die Familie gerichtet ist, sondern nach draußen, gegen soziale, politische und akademische Institutionen, die nur indirekt mit der älteren Generation als solcher identifiziert werden können. Es ist wahrscheinlicher, daß sich die jungen Leute und ihre Eltern über grundlegende politische und soziale Sachverhalte einig sind, als daß ihre Meinungen auseinandergehen. Spannungen entstehen eher über der Frage nach den *Mitteln* als über der nach den *Zielen*, worin eher der normale Fortgang des historischen Wandels zum Ausdruck kommt als irgendwelche familiäre Zerrissenheit oder tiefe Feindschaft zwischen Gruppen, die nur auf unterschiedlicher Alterszugehörigkeit beruhen. In vielen Situationen ist zur Zeit die Konfrontation zwischen Jung und Alt tatsächlich ein Konflikt zwischen Leuten unterschiedlicher Klassenzugehörigkeit – Studenten gegen Polizisten, junge Arbeiter gegen Angestellte. Deshalb müssen wir vorsichtig sein und dürfen diese Vorfälle nicht als Beweise für einen tiefen Riß zwischen den Generationen mißverstehen[63].

5. Das Phänomen der »Post-Adolezenz«: Mündigkeit ohne wirtschaftliche Grundlage

Die politischen und sozialen Bewegungen, die in den 1960er Jahren junge Leute anzogen, verdeutlichten eine allgemeine Tendenz, der Jugend in der Erwachsenenwelt einen Platz einzuräumen und sie zur Übernahme von Rollen und Wahrnehmungen von Belangen anzuregen, die ein fortgeschrittenes Maß an Autonomie und Reife

»Gemeinsam sind wir stark«

fordern. Das trifft nicht nur im Hinblick auf die französischen Jungarbeiter zu, die im Jahre 1968 ihre älteren Kollegen zum Streik antrieben, sondern auch für die Mittelschichtstudenten, die während dieser Zeit aktiv an den politischen Bewegungen teilnahmen. Selbst Studenten, die ihre Unzufriedenheit im Ausflippen zum Ausdruck brachten und sich den verschiedensten apolitischen subkulturellen Strömungen anschlossen, zeigten eine Reife, die unter den voraufgegangenen Generationen von Mittelschichtangehörigen seltener war. Die Sekten, Kommunen und *Bohemiens* der vergangen zwei Jahrzehnte rufen viele der Grundformen ihrer Vorläufer aus dem 19. Jahrundert wach. Einige haben die autoritäre Familie fortgesetzt, indem sie sich selbst »Kinder« nannten und sich den Ersatz-»Vätern« und Ersatz-»Müttern« unterwarfen. Masochismus und Sadismus, die an vergangene Zeitalter erinnerten, haben weiterhin die Aufmerksamkeit der Presse und des Fernsehens auf sich gezogen. Aber während es möglich ist, wie *Lewis S. Feuer* gezeigt hat, ödipale Themen, in denen das frühe 19. Jahrhundert anklingt, in der heutigen Studentenbewegung wiederzufinden, sollte dies nicht die relative Reife der zeitgenössischen Suchenden verwischen, die gewöhnlich für kurze Phasen in der einen oder anderen politischen oder gegenkulturellen Richtung unserer Tage mitmachten[64]. Man muß bedenken, daß die äußerst autoritäre Haltung der Kommunenbewegung des frühen 19. Jahrhunderts fast ganz verschwunden ist und daß darüber hinaus diese jungen Leute mit ihrer Sexualität viel besser zurechtzukommen scheinen und weit weniger mit den Fragen von »Weiblichkeit« oder »Männlichkeit« beschäftigt sind, von denen sich die meisten schon zu Anfang der

Pubertät gelöst haben. Das ständige Beharren auf der Devise »Folge deinem eigenen Weg!« führt nicht zum Traum eines permanenten Utopia, und die Lebenserwartungen der meisten Kommunen und Sekten ist, an den Maßstäben der 19. Jahrhunderts gemessen, verhältnismäßig niedrig. Andererseits akzeptiert man ihren experimentellen Charakter ganz selbstverständlich, und die Jugend setzt ihn im Dienste ihrer Persönlichkeitsentwicklung ein, indem sie sich den kollektiven Ansprüchen nur eben *so weit* unterwerfen, daß es ihr schon stark entwickeltes Gefühl für Autonomie, Privatheit und Selbststeuerung nicht beeinträchtigt. Selbst in den Zeiten, in denen sie gegen die bürgerliche Gesellschaft revoltierten, fuhren die Kommunarden in ihrem entschiedenen Beharren auf Individualität fort, bürgerliche Werte zu verkörpern[65].
Dies ist nur ein weiteres Zeichen für das Veralten des »Jugendalters«; denn die Söhne und Töchter der Mittelschicht treten nun zu einem Zeitpunkt ihres Lebens in die soziale und sexuelle Reife ein, der noch vor einer Generation undenkbar gewesen wäre. »Emanzipation ohne Pathos« hat *Hans Heinrich Muchow* dies genannt, ein Stadium des Lebens, das nicht mehr mit emotionalen und sexuellen »Irrungen und Wirrungen« beladen ist. Bis zum fünfzehnten oder sechzehnten Lebensjahr hat die Jugend der Mittelschicht eine psychische Stabilität entwickelt, die bei dieser Altersgruppe in früheren Zeiten selten war. Da sie die Aufgabe der persönlichen Entwicklung bereits hinter sich hat, wenn sie in die letzten Schulklassen oder in die ersten Semester an der Universität kommt, ist sie jetzt fähig, es mit sozialen und politischen Fragen aufzunehmen, die ihre Vorgänger frohen Herzens der Autorität der Erwachsenen überlassenhatten. Daraus resultierte die Tendenz, daß der Radikalismus wie auch der Bohemianismus der letzten Jahrzehnte Gruppen erfaßten, deren Mitglieder jünger waren als jemals zuvor. Die althergebrachte Trennung zwischen dem angepaßten Schuljungen und dem radikalen Universitätsstudenten kann nicht mehr aufrecht erhalten werden, da die älteren Jugendlichen sich aus der »nachmodernen« Jugend aussondern lassen, wie *Kenneth Keniston* sie genannt hat[66].
»Wie es der industriellen Gesellschaft gelungen ist, einer großen Zahl von Kindern eine längere Jugendzeit zu verschaffen, so machte die nachindustrielle Gesellschaft allmählich eine nach-jugendliche Phase der Jugend möglich«, schreibt er [67] (siehe Graphik 7).
Die Vorreiter an dieser neuen gesellschaftlichen Front sind natürlich die privilegierten Kinder der Gebildeten und Wohlhabenden, die dank ihrer akademischen Leistungen den Aufschub ihrer vollen ökonomischen Unabhängigkeit bis zur Mitte, ja sogar bis in ihre späten zwanziger Jahre hinziehen können, weil sie nach der Hochschulausbildung eine weitere Ausbildung machen. Dadurch, daß sie bereits ein »Gefühl für *innere Identität* entwickelt haben, haben sie die Fähigkeit *zu arbeiten, zu lieben* und *zu spielen* bewiesen«, lange bevor sie in den Studentenstatus eintreten, und damit sind sie im Gegensatz zu früheren Generationen, deren Eintritt in die Welt der Arbeit ebenfalls unendlich lang hinausgezögert worden war, bereits in jeder Hinsicht voll erwachsen – ausgenommen in ökonomischer Hinsicht, aber sexuell, intellektuell und politisch[68]. Sie bleiben nur in dem Sinne »jung«, daß sie als Studenten noch nicht in die Disziplin einer Arbeitswelt gezwungen werden, und daher haben sie

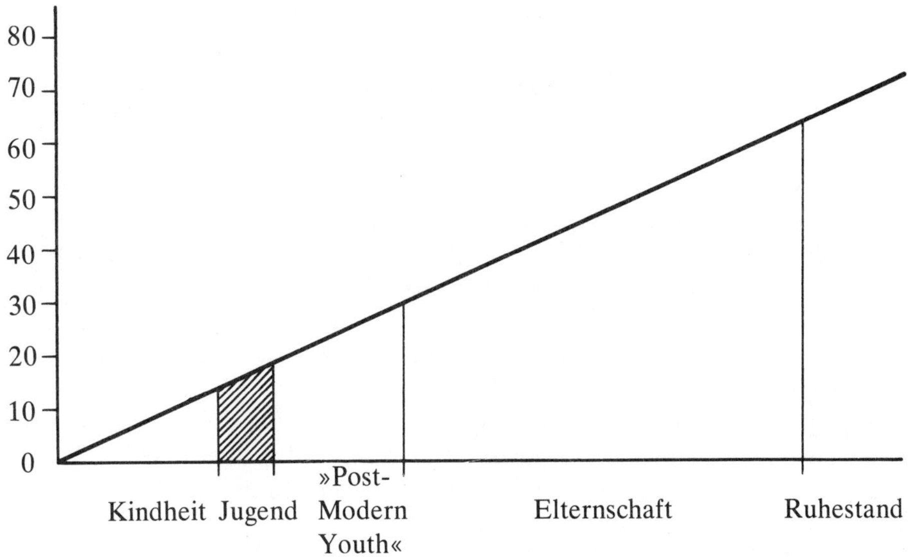

Graphik 7: Lebensphasen in der nachindustriellen Gesellschaft

reichlichere Gelegenheit für soziale Experimente und politische Umtriebe, die ihre Generation von den voraufgegangenen unterscheidet.

6. Zwei Jugendkulturen: die bürgerliche und die Arbeiterjugend

Da sie der Gruppe angehörten, die von jener langen Ära des »Jugendalters« vor den 1960er Jahren am stärksten betroffen war, ist es nicht erstaunlich, daß die Jugendlichen aus der Mittelschicht auch diejenigen waren, die am tiefsten in dem Prozeß steckten, der die Bedingungen von Abhängigkeit und Anpassung, die Charakteristika der früheren Periode, geändert hatte. Sie hatten in den vordersten Linien des Radikalismus der »Neuen Linken« und der gegenkulturellen Aktivitäten der gegenwärtigen Jahrzehnte gestanden, Bewegungen der Befreiung und des Protestes, die wenig sichtbare Anziehungskraft auf die Arbeiterjugend derselben Altersgruppe ausgestrahlt hatte. Wenn die Söhne und Töchter aus der Arbeiterklasse hier weniger beteiligt waren, dann kommt es wenigstens zum Teil daher, daß sie schon längst im Besitz derjenigen Autonomie und Reife gewesen waren, für welche diese Bewegungen sich stark gemacht hatten. Sie neigten eher dazu, abseits von den radikaleren Formen der Mittelschicht-Emanzipation (wie der Lebensformen des Boheme und des Feminismus) zu bleiben oder ihnen feindlich gegenüberzustehen; denn ihre Lebensperspektive war, obgleich sie mit der der bürgerlichen Jugend zusammenzufallen schien, vom Ursprung wie von der Richtung her völlig anders.

Obgleich es einige Beweise für eine Annäherung im Lebenszyklus und im Lebensstil der verschiedenen Schichten während der letzten beiden Jahrzehnte gibt, ist es noch zu früh festzustellen, ob die traditionellen Unterschiede zwischen den Jugendkulturen wirklich kleiner werden. Die Ausbildungschancen haben die Kluft zu einem gewissen Grade verkleinert, aber die Verlängerung der Ausbildungsdauer und die von ihr bewirkten neuen Formen der »post-modernen« Jugend bleiben in ihrer Konstellation und in ihrer Eigenart in erster Linie mittelschichtorientiert. Man kann wohl mit Sicherheit vorhersagen, daß solange es soziale und ökonomische Unterschiede geben wird, auch die ausgesprochenen Unterschiede in den Jugendkulturen verschiedener sozialer Schichten fortbestehen werden wie bisher. Die Jugend der Mittelschicht und die Jugend der Arbeiterklasse werden ihre Geschichte weiterhin auf verschiedenen Wegen fortsetzen, die von den schreienden Unterschieden im Status, in der Kultur und in ihren wirtschaftlichen Möglichkeiten, die alle westlichen Kulturen charakterisieren, stark beeinflußt sein wird. Darin liegt der Schlüssel für die Erkenntnis der Ursprünge und der treibenden Kräfte, die hinter den verschiedenen Formen von Jugendbrauchtum liegen, die wir über die letzten beiden Jahrhunderte hinweg verfolgt haben; darin liegen aber auch die Anhaltspunkte für die Zukunft dieser Formen in der zweiten Hälfte des 20. Jahrhunderts.

Nachwort zur deutschen Ausgabe

I.

Das vorliegende Buch ist das Ergebnis einer bestimmten geschichtlichen Situation und Erfahrung: des Jahres 1968. Das Jahr 1968 war voller dramatischer Umwälzungen, und die besondere Rolle der Jugend bei den Ereignissen in Südostasien, in Europa und in den Vereinigten Staaten sollte – obwohl mir das damals natürlich noch nicht klar war – auf vielfältige Art und Weise künftig mein Leben und meine Arbeit bestimmen.

Im Herbst 1969 trat ich einen einjährigen Forschungsaufenthalt in Oxford (England) an, wo ich – in Fortführung meiner früheren Studien über die Rolle der Intellektuellen bei den europäischen Revolutionen von 1848 – Generationenkonflikte unter den Gebildeten in Deutschland untersuchen wollte. Nach und nach sah ich jedoch das Generationenproblem in neuem Licht. Nachdem ich jugendeigenes Brauchtum bei der gebildeten Mittelschicht gefunden hatte, suchte ich im Laufe des Jahres 1969/70 auch bei anderen Bevölkerungsgruppen danach, unter anderem bei Bauern und städtischen Arbeitern. Ich arbeitete mich in die englische und deutsche Sozialgeschichte ein, so daß ich im Sommer 1970, als ich von England aus über Göttingen in die Vereinigten Staaten zurückkehrte, umfangreiches Material über die Geschichte der jungen Leute nicht nur zu Zeiten gesellschaftlicher Umwälzungen, sondern auch im normalen Alltagsleben zusammengetragen hatte.

Viele meiner Nachforschungen waren freilich unsystematisch, von keiner theoretischen Fragestellung oder Perspektive geleitet. Während der 1950er und frühen 1960er Jahre war nämlich die historische Ausbildung in den USA handfest empirisch und im wesentlichen an der politischen Geschichte orientiert, ganz im Gegensatz zu den Sozialwissenschaften, bei denen theoretische Studien im Vordergrund standen. Meine Unkenntnis soziologischer Theorien erwies sich letztlich aber als Vorteil; denn da es kaum brauchbare Modelle für jene Art von Sozialgeschichte gab, an die ich mich nun heranwagte, war ich bei der Bewältigung der Aufgabe, die ich mir vorgenommen hatte, ziemlich vorsichtig und unvoreingenommen. In den USA hatte die Sozialgeschichte ihre große Aufwärtsentwicklung noch nicht begonnen. Die Erforschung gesellschaftlicher Gruppen blieb größtenteils der Soziologie überlassen, der vorherrschenden amerikanischen Gesellschaftswissenschaft nach dem Zweiten Weltkrieg. In England begann die Sozialgeschichte nach und nach Aufmerksamkeit auf sich zu ziehen, meist jedoch am Rande des akademischen Betriebs wie im *History Workshop*, der damals in Oxford entstand. Es gab auch noch andere Ansätze, besonders in den Seminaren von *Edward Thompson, Asa Briggs* und *Eric Hobsbawm;* langsam begann sich die Geschichte der Gesellschaft als eigenes Forschungsfeld aus ihrer langen Bindung an die Wirtschaftsgeschichte zu lösen. – Die politische Geschichte der Jugend war zwar in Deutschland schon Bestandteil der Geschichtsschreibung

geworden, aber auch hier etablierte sich die *Sozial*geschichte gerade erst als eigenständige Disziplin. Für mich war die Situation jedenfalls diese: die Bibliothekare und Archivare sowohl in England als auch in Deutschland reagierten auf meine speziellen Fragen zwar freundlich, aber mit vollkommenem Unverständnis.
Daher war es für mich nach meiner Rückkehr an die Princeton University ein besonders glücklicher Umstand, daß ich im *Institute für Advanced Study* an einer Diskussionsrunde teilnehmen konnte, der auch *Charles Tilly* und *Edward Shorter* angehörten. In diesem Kreis versuchte ich zum ersten Mal, eine grobe Skizze von meinen Überlegungen zu einer Geschichte der jungen Leute zu entwickeln. *Tilly* und *Shorter* schlugen vor, ich solle meine Arbeit in der von ihnen und dem Verlag Academic Press gerade initiierten Reihe »*Studies in Social Continuity*« veröffentlichen, und damit begann die ernsthafte Arbeit an der vorliegenden »Geschichte der Jugend«.
Während der fünf Jahre, in denen das Buch entstand, und seit seinem Erscheinen hat sich eine auffällige Veränderung in der amerikanischen und europäischen Geschichtsschreibung vollzogen. Als ich mit meinen Studien begann, gab es kaum Arbeiten in meiner eigenen Disziplin – der Geschichtswissenschaft –, an denen ich mich hätte orientieren können. Heute ist die Sozialgeschichte, wie sie mir damals vorschwebte, auf breiter Front durchgesetzt: Sie ist Bestandteil der akademischen Ausbildung, getragen von zahlreichen Zeitschriften, gefördert durch Tagungen und Institutionen. Das vorliegende Buch kann im Zusammenhang mit jener Bewegung gesehen werden, die diesen Durchbruch der Sozialgeschichte bewirkte. Einige Notizen zur Entstehungsgeschichte der »Geschichte der Jugend« mögen also sowohl eine hilfreiche Einführung in deren Gegenstand bieten als auch die Entwicklung der Geschichtsforschung der letzten zehn Jahre und deren mögliche künftige Weiterentwicklung beleuchten.

II.

Vor zehn Jahren mußte mich der Versuch, meinen Gegenstand – die Geschichte der jungen Leute – zu konzipieren und zu verstehen, ganz unvermeidlich auf jene Wissenschaften führen, die ein offensichtliches Monopol auf die Erforschung des Gegenstandes „Jugend" hatten. Weil die Geschichtswissenschaft kaum Vorarbeiten und Modelle zu bieten hatte, erschienen die Soziologie, die Psychologie und die Anthropologie mit ihrer Fülle empirischer Studien und theoretischer Konstrukte umso naheliegender. Von ihnen erwies sich schließlich die Soziologie als die attraktivste. Die Anthropologie beschäftigt sich (in der Regel) mit wenig gegliederten Gesellschaften, deren Erfahrungshorizont sich zudem völlig von demjenigen europäischer Klassengesellschaften unterscheidet. Die Psychologie konnte mit ihrer Betonung des Individuums meinen Zwecken ebenfalls nicht dienen. Im Unterschied zur Anthropologie und zur Psychologie hatte die amerikanische Nachkriegssoziologie jedoch eine umfassende Theorie des Sozialen Wandels formuliert, die sehr gut meinen Interessen zu entsprechen schien. Dieser theoretische Rahmen, heute allgemein als

Modernisierungstheorie bekannt, war das Ergebnis der Zurückweisung des Marxismus durch die amerikanische Soziologie und seine Ersetzung durch eine nicht-revolutionäre Entwicklungsperspektive, die der Position Amerikas als dem herausragenden Verteidiger des gesellschaftlichen und politischen *status quo* der Nachkriegszeit am ehesten zu entsprechen schien.

Ein Jahrzehnt später ist leichter zu sehen, daß – ungeachtet ihrer wissenschaftlichen Ansprüche – die Modernisierungstheorie eine Rationalisierung und Rechtfertigung der westlichen kapitalistischen Gesellschaftsordnung darstellt, sowohl als Reflex wie auch als Beitrag zu den ideologischen Auseinandersetzungen des Kalten Krieges. Damals jedoch bot die Modernisierungstheorie eine differenzierte, anspruchsvolle und Gültigkeit beanspruchende Theorie des Sozialen Wandels an, mit der die Sozialgeschichte der Jugend in Übereinstimmung gebracht werden konnte. Wurde Modernisierung definiert als Wandel von der (traditionalen) vorindustriellen zur (modernen) industriellen Gesellschaft, so mußte sie wohl eine ganze Reihe unausweichlicher Entwicklungen beinhalten; und eine von ihnen war die *Formierung einer eigenen Jugendkultur*. Man argumentierte, daß im Laufe des Modernisierungsprozesses durch die Trennung von Wohn- und Arbeitsplatz, durch das Aufkommen neuer Formen der Muße und der Freizeit, und durch die Ausbreitung der Schulpflicht und des allgemeinen Militärdienstes die Jungen ausnahmslos von der Welt der Erwachsenen getrennt wurden, so daß eine allgemeine Jugendkultur entstehen mußte, die alle jungen Leute ohne Rücksicht auf Geschlecht und Zugehörigkeit zu einer sozialen Schicht bzw. Klasse umfaßte. Innerhalb der strukturfunktionalistischen Annahmen, mit denen die Modernisierungstheorie arbeitete, spielte diese Jugendkultur, selbst wenn sie im Streit mit den Normen der Erwachsenen lag, eine wichtige Rolle: Spannungen zwischen den Generationen spiegelten den „normalen" Vorgang sozialen Wandels wieder und beförderten ihn. „Unnormal" waren in dieser Sichtweise von Wohlstandsgesellschaften Klassengegensätze. Die Modernisierungstheorie, die sie nicht erklären konnte, ignorierte sie ganz einfach. Dasselbe galt für Unterschiede zwischen Männern und Frauen, denen ebenfalls nur geringe Aufmerksamkeit galt.

Kurzum: Für die strukturfunktionalistische Modernisierungstheorie stand die Rolle der Jugend in der modernen Gesellschaft fest. Abweichendes Verhalten, sei es in Formen politischer Rebellion oder sei es als Jugendkriminalität, war eindeutig »dysfunktional« in einer ansonsten intakten und gesunden Wohlstandsgesellschaft. »Abweichendes Verhalten« wurde ein großes Arbeitsgebiet innerhalb der Soziologie, aber die Ausarbeitung dieser Theorie führte nur immer wieder zur Bestätigung der vorherrschenden Auffassung einer allgemeinen und durchweg von der Passivität der Jugendlichen gekennzeichneten Jugendkultur. Es kam den Soziologen nicht in den Sinn, daß unangepaßtes Verhalten kulturelle Vielfalt anzeigen könnte. Ihre Vorstellung von der Gesellschaft als einer fest gefügten sozialen Gesamtstruktur schloß eine solche Möglichkeit von vornherein aus.

Diese strukturfunktionalistische Soziologie wurde bereits kritisiert, als ich mich mit ihr auseinanderzusetzen begann. Welch eine Provokation die These von der klassenlosen Gesellschaft darstellte, wurde in dem Maße deutlicher, wie die innergesellschaftlichen Konflikte in den späten 1960er Jahren stärker hervortraten. Entgegen ihrer Behauptung, eine Theorie des Sozialen Wandels zu sein, bot die Modernisierungstheorie für die in dieser Zeit entstehende Vielfalt an Subkulturen rebellischer Jugend keine andere Erklärung an als die des »abweichenden Verhaltens«. Sie hatte besondere Schwierigkeiten, radikale Studenten, *Hippies, Provos, Mods* und *Black Panters* unter den einen Hut der von ihr erfundenen einheitlichen Jugendkultur zu bringen. Die Unterschiede und Abgrenzungen der Klassen, Volksgruppen und Rassen waren unübersehbar geworden; und die Frauenbewegung hob ihrerseits die auf der Geschlechtlichkeit beruhenden Unterschiede hervor. Während die Diskussion über »die Jugend« in den 1960er und 1970er Jahren noch weitgehend mit den in Mißkredit geratenen Ausdrücken wie »Jugendkultur« und »Generationenkonflikt« geführt wurde, war der ideologische Charakter solcher Auffassungen immer deutlicher geworden. Entscheidend jedoch für den schließlichen Verfall der strukturfunktionalistischen Annahmen der Modernisierungstheorie war die Weigerung der Jungen, sich gemäß der Rollentheorie zu verhalten, auf der diese Soziologie im Kern beruhte. Soziologen hatten offensichtlich die prägende Kraft von Institutionen wie der Schule bei weitem überschätzt; denn nun wurde deutlich, daß die Jungen imstande waren, ihre eigenen Kulturformem hervorzubringen.

III.

Es war ein glücklicher Zufall, daß ich meine Studien in diesem verwirrenden, aber kreativen Moment begann. Wenn die marxistische Position in den Vereinigten Staaten eine stärkere Tradition gehabt hätte, würde die Betrachtung der westlichen Gesellschaft als einer Klassengesellschaft vielleicht keine erneute und verstärkte Beachtung verlangt haben. Jedoch konnten auch zeitgenössische marxistische Studien weder zur Geschichte der Altersgruppen noch zu der von Mann und Frau viel betragen. Deshalb verdanke ich die Entdeckung der Vielfalt und der Eigenständigkeit von Jugendkulturen weit mehr den Zeitereignissen, die ich erlebte, als irgendeiner Theorie. Elemente der Modernisierungstheorie finden sich zwar im vorliegenden Buch noch immer, aber das historische Material, das so grandios für sich selbst spricht und gegen alle soziologische Theorie so widerborstig ist, spiegelt nirgends das Modell einer widerspruchsfreien Gesellschaft. Anstelle einer Geschichte der jungen Leute, die allmählich auf eine gemeinsame Norm einschwenkten, fand ich das Gegenteil: Eine relativ einheitliche Kultur der männlichen Jugend hatte in vielen ländlichen Gemeinden und sogar in manchen städtischen Nachbarschaften im 17. und 18. Jahrhundert bestanden, sich aber in der nachfolgenden Industriellen Revolution in eine Reihe klassen- und schichtenspezifischer Kulturformen aufgelöst. Trotz der gewaltigen Konformitätszwänge, die seit dem Ende des 19. Jahrhunderts von den Institutionen des Staates und der Gesellschaft ausgeübt wurden, hatte die Jugend der Anpassung an die bürgerlichen Normen widerstanden. Die »Entdeckung des Jugendalters« und ihre heftige Förderung durch Reformer und Sozialwissenschaftler der Mittelschicht hatte nicht bewirken können, daß eine einheitliche, klassenübergreifende Jugendkultur entstand. Sowohl Geschlechts- als auch Klassen- und ethnische Unterschiede bestanden weiterhin, obwohl ihnen von den führenden sozialwissenschaftlichen Theoretikern der Nachkriegszeit keine Aufmerksamkeit geschenkt wurde.

Eine Vielfalt von jugendlichen Subkulturen existierte nicht nur einfach so, sondern blühte, und zwar nicht als bewußtlose Reaktion auf die herrschenden sozialen Normen, sondern als kreative und aktive Form der Selbstdarstellung ihrer Mitglieder. Dies galt nicht nur für die *Bohème* der Mittelschicht und für studentische Gruppen, die man bis ins 18. Jahrhundert zurückverfolgen kann, sondern auch für Banden und örtliche Gruppen, die innerhalb der arbeitenden Bevölkerung sogar eine noch längere Tradition haben. Die Vorstellung von einer einheitlichen Jugendkultur schrieb Institutionen wie der Schule eine viel zu große Assimilationskraft zu und verneinte die Fähigkeit der Jungen, unabhängig und selbständig zu denken und zu handeln. Ich war besonders davon beeindruckt, wie die Jugend sich in Gegenwart und Vergangenheit weigerte, diejenigen Rollen zu übernehmen, die ihnen von ihren Lehrern und den Soziologen zugewiesen wurden. Die Erkenntnis, daß die Jugend ihre eigene Geschichte macht, wurde nach und nach die These dieses Buches. Ich bin daher anderer Auffassung als die strukturfunktionalistische Soziologie und als der extreme ökonomistische Vulgär-Marxismus, weil erstere die Existenz von sozialen Klassen negiert und weil letzterer die Rolle des Bewußtseins bei der Bildung sozialer Beziehungen ignoriert.

Die Betrachtungsweise der Jugend als eines aktiven Agenten ihrer eigenen Geschichte verdankt dem Buch von *Edward Thompson »Making of the English Working Class«* sehr viel. *Thompson* zeigt, daß die Formierung der Klassen ein bewußter Prozeß war, der ohne das aktive Mitwirken derjenigen, die die betreffende soziale Klasse bilden, undenkbar ist. Ich habe *Thompsons* Vorstellung des *»making«* sozialer Klassen direkt auf die Geschichte der Jugendkulturen übertragen. Klassen und Jugendkulturen sind darin vergleichbar, daß sie zwar das Ergebnis ökonomischer und sozialer Auseinandersetzungen sind, aber nicht allein aus den materiellen Lebensbedingungen abgeleitet werden können. Die Angehörigen einer bestimmten sozialen Klasse und der jugendlichen Subkultur innerhalb dieser Klasse orientieren sich und handeln auf der Grundlage ihrer jeweiligen überkommenen kulturellen Normen. Diese Normen vermitteln ihnen Erfahrungen und stellen die Werkzeuge bereit, mit denen sie sich eine Orientierung zurechtzimmern, die ihren Bedürfnissen und Hoffnungen entspricht. Wir sollten daher nicht von der Vielfalt klassen- und schichtenspezifischer Kulturen innerhalb einer bestimmten Gesellschaft, ja sogar in einer bestimmten Region, überrascht sein. Und dementsprechend sollten wir erwarten, daß die Jugendkulturen je nach den sozialen Klassen, Nationen und Volksgruppen variieren.

Im vorliegenden Buch benutze ich den Ausdruck »Jugendbrauchtum« *(traditions of youth),* um die verschiedenen Jugendkulturen zu bezeichnen, die sich im Laufe der Zeit herausgebildet haben. Ich bin nicht der Auffassung, Tradition sei statisch oder dem sozio-kulturellen Wandel nicht zugänglich. Unter »Tradition« verstehe ich

vielmehr ein Ensemble von Werten und Normen, das veränderbar ist und das den jungen Leuten erlaubt, sich in ihrer Lebenswelt zu orientieren und in ihr zu handeln. Das Jugendbrauchtum kann auch als Subkultur beschrieben werden, die sich einerseits von der entsprechenden Klassenkultur der Erwachsenen abhebt, andererseits aber mit ihnen verbunden ist. So wie sich die klassen- und schichtenspezifischen Kulturen beständig mit jedem Entwicklungsschritt einer Gesellschaft wandelten, so blieben auch die Jugendkulturen in ständiger Bewegung. Jüngere Angehörige einer sozialen Schicht erfahren die Welt anders als die älteren, aber beide Altersgruppen teilen ein gemeinsames kulturelles Erbe. Jedes Konzept eines Bruchs zwischen den Generationen, das diese grundlegende *Kontinuität* ignoriert, verfälscht die Eigenart der Jugendkulturen in der Gegenwart und in der Vergangenheit. Wie dieses Buch zeigt, sind Konflikte, die man als Generationenkonflikte zu betrachten pflegt, meist eher Bestandteil von Klassengegensätzen als Ausdruck von Auseinandersetzungen zwischen Altersgruppen *innerhalb* derselben sozialen Schicht.
Die Kontinuität der Generationen ist von jüngeren amerikanischen Studien, die das Zusammengehörigkeitsgefühl innerhalb von Familien, sozialen Klassen und innerhalb von Rassen hervorgehoben haben, bestätigt worden. Die jüngsten Untersuchungen, die vom *Centre for Contemporary Cultural Studies* der University of Birmingham in England gefördert wurden, kommen zu ähnlichen Schlußfolgerungen. Die englischen Feldstudien haben eine Vielfalt von Jugendkulturen zutage gefördert, von denen jede eindeutig einer bestimmten sozialen Klasse und oftmals sogar einer Stadt oder einem Stadtteil zugehört. Ob es sich um die »*rude boys*« – jugendliche Einwanderer aus Westindien im südlichen London – handelt oder in den heruntergekommenen Textilindustriestädten in Nordengland um die »*paki bashers*« – Jugendliche, die in den 1960er und 1970er Jahren die Einwanderer aus Pakistan verprügelten –: überall liegt die Kontinuität der Generationen auf der Hand. Es gibt natürlich auch zahllose Beweise für die Wandlungsfähigkeit der Jugend, ihre Fähigkeit, sich einen neuen Stil in Kleidung und Musik anzueignen und allen Versuchen zu widerstehen, ihnen standardisierte Konsumverhaltensweisen einzuimpfen. In den 1950er Jahren zum Beispiel ahmten in London Jungens aus der Arbeiterschicht, die im öffentlichen Dienst waren und es sich leisten konnten, den *Edwardian Style* nach, der damals in den höheren Schichten der Hauptstadt Mode war. Letztere empfanden diese Nachahmung als Statusbedrohung und steigerten die Mode ihrerseits zu einer Erscheinung, die als »*Teddy Boys*« bekannt wurde. Diese Subkultur machte schließlich verschiedene Wandlungen durch, und als die ökonomische Situation sich in den späten 1960er Jahren verschlechterte, verschwand die Nachahmung der Moden höherer Schichten, und die proletarische Jugend Londons übernahm ausdrücklich die Kleidung der Arbeiterklasse: schwere Stiefel, Hosenträger und kurz geschnittenes Haar, das sie als »*Skinheads*« kenntlich machte[1]. Die Entwicklung von den »*Teds*« zu den »*Skinheads*« zeigt für jene Zeit nicht nur das Anwachsen von Klassenunterschieden in London, sondern veranschaulicht auch im Kleinen an einem zeitgenössischen Vorgang jene geschichtlichen Entwicklungen, die über lange Zeiträume hinweg stattgefunden haben.

Die Ergebnisse der Forschergruppe in Birmingham entsprechen ganz genau meiner These; denn auch sie fand, daß die Formen von Anpassung und Protest bei den Jugendlichen mit der Klassen- und Schichtzugehörigkeit variieren. Jedoch glaube ich, daß die historische Tiefendimension dieser Unterschiede unterschätzt wurde. Obwohl es mir nicht immer möglich war, die Entstehung einzelner Jugendkulturen in allen Einzelheiten darzustellen, wie es nötig gewesen wäre, glaube ich doch, daß mein Buch einen Rahmen für eine solche historische Darstellung bietet, sei es für die *Bohème* in Paris, die Banden in Chicago oder den »*Wandervogel*« in den Vororten von Berlin. Jede Jugendgeneration ändert ihre Subkultur, um sich den Zeitumständen anzupassen, aber der überwältigende Beweis für die Kontinuität innerhalb der Klassen, des Wohn- und Lebensraums, ja sogar innerhalb der Familie legt die Vermutung nahe, daß weitere Forschungen, die sich auf kleine Bevölkerungsgruppen richten, meine Ergebnisse im Grundsatz bestätigen werden.
Die härteren wirtschaftlichen Bedingungen der 1970er Jahre haben vollends die Illusion von einer klassenlosen Wohlstandsgesellschaft in Europa und in den USA zerstört. Obwohl studentischer Radikalismus und alternative Kulturbewegungen sich ebenfalls ziemlich verflüchtigt haben, sind meine Schlußfolgerungen, die ich im letzten Kapitel dieses Buches gezogen habe, deswegen doch nicht überholt. Wenn ich auf der einen Seite die Geschwindigkeit überschätzt haben mag, mit der die Mittelschichtjugend mit der historischen Norm des Jugendalters brechen würde, so ist es auf der anderen Seite doch keine Frage, daß eine neue Phase in der Geschichte der Mittelschicht- und Arbeiterjugend begonnen hat.

IV.

Es scheint mir auf der Hand zu liegen, daß wir künftig die Gesellschaft nicht länger mehr als fugenlos integriertes System betrachten können. Sowohl die Geschichtswissenschaft als auch die Soziologie mußten inzwischen gesellschaftliche Gruppen berücksichtigen, denen man früher gar kein oder nur geringes historisches Interesse entgegengebracht hatte, die sich aber aus eigener Kraft politisch und sozial bemerkbar gemacht haben. Das neue Interesse an der Geschichte der Jugend ist lediglich Teil einer generellen Umorientierung der Geschichtsschreibung, ausgelöst von der Möglichkeit, Erfahrungen von Menschen zu verarbeiten, die früher dem Historiker verborgen geblieben sind. Daher rührt die Renaissance des Interesses an der Geschichte der Arbeitsverhältnisse in den USA und in Europa, ein Forschungsfeld, das sich derzeit von konventionellen Studien über Gewerkschaften und Arbeiter- bzw. sozialistische Parteien hinaus auf Untersuchungen des Arbeits- und Lebensalltags der Arbeiterschaft ausdehnt. Die Bearbeitung des Alltagslebens und der Volkskultur hat in den letzten zehn Jahren ebenfalls gewaltige Fortschritte gemacht. Man erkennt in ihnen jetzt die wichtigsten Bereiche der Klassen- und Schichtengegensätze. Sport, Feiern, Massenveranstaltungen, Sitten und Gebräuche, früher als banal und unwichtig abgetan, finden heute ein zunehmendes historisches Interesse. Zur gleichen Zeit hat die historische Familienforschung ihren eigentlichen Gegenstand gefunden. Angeregt durch die Arbeiten der historischen Bevölkerungsforschung, haben die Auswertungen von Gemeinde- und Bevölkerungsstatistiken mit Hilfe der maschinellen Datenverarbeitung reichhaltige Unterlagen zutage gefördert, die für die Geschichte der Familie, die eben *alle* Altersgruppen umfaßt, von großer Bedeutung sind. Es liegt auf der Hand, daß die wechselnde Zusammensetzung, Größe und Funktion der Familie weitreichende Auswirkungen auf die Lage der Jugend haben. Desgleichen bestimmen Klassen- und Schichtunterschiede die Struktur und das Normen- und Wertesystem von Familien und also auch die Ausformung von jugendlichen Subkulturen. In den letzten zehn Jahren haben quantitative Auswertungen von Heirats-, Geburten- und Sterberegistern viel zum Verständnis der Familienentwicklung in der Vergangenheit beigetragen. In der jüngsten Zeit versprechen Forschungen über das Bewußtsein und die individuellen Wertorientierungen von Familienmitgliedern noch fruchtbarere Entdeckungen. Wir beginnen erst jetzt, die Bedeutung der subjektiven und ideologischen Aspekte der Familiengeschichte und der Familienforschung angemessen einzuschätzen und zu untersuchen, wie in der Geschichte die Kultur das private und das öffentliche Verhalten der Menschen beeinflußt. In meinem vorliegenden Buch habe ich wahrscheinlich die Bedeutung der Bevölkerungsentwicklung und ökonomischer Faktoren für die Festlegung der Lebensmöglichkeiten einzelner Familienmitglieder überschätzt und die in den Familienbeziehungen enthaltenen Bewußtseinsformen unterschätzt. Heute würde ich wahrscheinlich nicht mehr ohne weiteres annehmen, daß es so etwas wie ein binnenfamiliales Verhalten gibt, das sich über Geschlechts- und Altersdifferenzen hinwegsetzt. Über die Lebensformen in der Familie wird von ihren Mitgliedern gestritten und gerangelt. Es ist nicht einfach, diese dynamischen Prozesse zu untersuchen; auf jeden Fall müssen wir es vermeiden, Familien als statische und von vornherein festgelegte Systeme zu betrachten. Wirtschaftliche Verhältnisse, rechtliche Regelungen, die Bevölkerungsentwicklung legen den Familienmitgliedern bestimmte Verpflichtungen auf, aber der Einzelne übernimmt nicht einfach passiv die ihm von der soziologischen Theorie zugedachten »Rollen«. Und deshalb sollten wir uns von strukturfunktionalistischen Konzeptionen freimachen, die doch nur unsere historische Einbildungskraft lähmen.

In gleicher Weise müssen wir andere Verhaltensbereiche, besonders den sexuellen, von der Beherrschung durch einen biologischen Determinismus befreien. Inzwischen hat die historische Erforschung von Bereichen begonnen, die früher ausschließlich Domäne der Mediziner und Psychologen gewesen waren, mit dem Ergebnis, daß heute in beträchtlichem Umfang Arbeiten über die Sexualität in historischer Perspektive vorliegen. Meine »Geschichte der Jugend« zog beträchtlichen Nutzen aus den Pionierarbeiten auf diesem Gebiet, die sich meist mit der Heterosexualität beschäftigen. Neuere Arbeiten über die Homosexualität – ein Problembereich, der notwendigerweise große Bedeutung für die Geschichte der Jugend haben muß – konnte ich nicht mehr mit einbeziehen. Der Leser wird auch das Fehlen der gesamten psychohistorischen Literatur bemerken, die in den letzten zehn Jahren erschienen ist[2]. Manches davon betrifft – in Übereinstimmung mit der *Freud*schen Tradition – die Individualpsychologie und kann daher nur mit Schwierigkeiten in die Sozialgeschichte integriert werden. Dennoch müssen methodische Brücken gebaut werden, die unser Verständnis aller Altersgruppen voranbringen werden. Wer über die Geschichte der jungen Leute arbeiten will, sollte auf diese Entwicklungen achten und sich von ihnen anregen lassen, zugleich sich aber davor hüten, die Dimension des bewußten Wollens und Handelns in ihrem Verhalten geringzuschätzen.

Nichts jedoch hat in den letzten zehn Jahren größere Auswirkungen auf die Sozialgeschichte gehabt als der spektakuläre Aufschwung der Studien zur Lage der Frau. Die Erforschung der Lebensumstände von Frauen – ein Ergebnis der weltweiten Frauenbewegung – ist vielleicht die wichtigste neue Entwicklung in der amerikanischen und europäischen Geschichtsschreibung, weil sie nicht nur unsere historischen Kenntnisse erweitert, sondern weil sie vor allem unsere Sichtweise bei einer Fülle von Fragen – einschließlich derjenigen der Altersgruppenbeziehungen – gründlich ändert. Als ich das vorliegende Buch schrieb, hatte ich von diesen Entwicklungen nur eine ganz blasse Ahnung, was sich daran zeigt, daß mein Buch gänzlich aus der Sicht des Mannes geschrieben worden ist. Der Leser sollte davor gewarnt sein, die Geschichte der männlichen Jugend auch als diejenige der weiblichen zu verallgemeinern. Denn damit würde man nicht nur die Geschichte der Frau verdrehen, sondern zugleich durch die Fortführung des Mythos von eingeschlechtlichen Jugendkulturen auch einen Beitrag zur Verfälschung der Geschichte des Mannes leisten.

Die weibliche Jugend muß von einem eigenen Standpunkt aus dargestellt werden. Dadurch würde zugleich die Geschichte beider Geschlechter in ein helleres Licht gerückt werden. Jedoch sollte die Geschichte der männlichen und der weiblichen Jugend nicht getrennt untersucht werden. Historisch gesehen waren es ja gerade ihre *Beziehungen,* welche die gesellschaftliche Definition von Männlichkeit und Weiblichkeit bestimmten. Künftige Forschungen müssen dieses Wechselverhältnis in Rechnung stellen, besonders auch deswegen, weil es sich schichten- und klassenspezifisch ausprägt.

Frauen haben sich von allen Gruppen am entschiedensten ihrer Geschichte versichert und sich den Historikern in Erinnerung gebracht. Sie waren jedoch nicht die einzigen; in vielen europäischen Ländern werden heute sehr intensiv orts- und landesgeschichtliche Studien betrieben, an denen sich oft auch Angehörige der Gemeinden selbst beteiligen. In manchen Fällen wurde dies vom Interesse der professionellen Historiker gefördert, die die Erinnerungen älterer Menschen aufzeichnen wollten. Oft waren jedoch auch Projekte zur Erfassung der mündlichen Überlieferung *(oral history)* ein Ergebnis von Bürgeraktionen, die die einfachen Leute anregten, ihre Sicht der Vergangenheit zu artikulieren. Solange die bevölkerungsgeschichtlichen, ökonomischen und politischen Aspekte der Geschichte der Jugend im nationalen und vielleicht einmal sogar im internationalen Rahmen noch nicht erarbeitet sind, bleibt diese Lokalgeschichte von großer Bedeutung. Sie ergänzt und belebt auch manchmal die Forschung der Arbeitsgruppen wie dem *Birmingham Centre for Contemporary Cultural Studies,* der *Oral History Society* der Essex University und dem *History Workshop* in Oxford, um einige Beispiele in England zu nennen.

Wir müßten mehr über die Zusammenhänge des Jugendlebens mit bestimmten Produktionsformen wissen; auch dies kann am besten durch ortsgeschichtliche Forschungen erreicht werden. Sind zum Beispiel Jugendkulturen in Bergbaugebieten, wo die Arbeitsorganisation durch strikte Geschlechtertrennung charakterisiert ist, verschieden von jenen in Handelsstädten, wo Jungen und Mädchen gemeinsam arbeiten? Ebenso müßten Studien über die örtlichen und ethnischen Variationen der Volkskultur ganz besonders aufschlußreich sein; denn wir sollten vielmehr über die Kultur der Erwachsenen wissen, bevor wir das Verhalten ihrer Kinder interpretieren. Mein Buch hätte auch von der detaillierten Analyse eines größeren Spektrums von Städten profitiert. Die Wahl von zwei Universitätsstädten, Oxford und Göttingen, für intensivere Forschungen war durch die Verschiedenheit der Subkulturen an beiden Orten gerechtfertigt. Aber natürlich wären weitere lokale Studien unter der Perspektive von Dauer und Wandel im Verhalten der Jugendlichen höchst wünschenswert.

V.

Die historische Rekonstruktion von Erwachsenen- und Jugendkulturen ist natürlich ein anspruchsvolles Unternehmen, besonders dann, wenn die schriftlichen Quellen, mit denen der Historiker normalerweise arbeitet, nicht zur Verfügung stehen. Die Erforschung von bäuerlichen und proletarischen Kulturen erfordert die Beschaffung von Materialien, die eher für die Kulturanthropologie kennzeichnend sind: mündliche Überlieferungen, Lieder, Sprichwörter, Kleidung, Trachten, Tänze und alle Arten ritualisierten Verhaltens. Künftige Historiker des Jugendlebens werden gut daran tun, den Methoden von *Matti Sarmela* zu folgen, dessen meisterhafte Benutzung volkskundlichen Materials bei der Rekonstruktion der frühen Geschichte finnischer Jugendkulturen vorbildlich gezeigt hat, was auf diesem Gebiet erreicht werden kann[3]. Man kann nur hoffen, daß die Auswertung der volkskundlichen Sammlungen anderer Länder in ähnlicher Weise ertragreich sein wird. Zugleich sollten die Historiker die großen Möglichkeiten nicht vernachlässigen, die die Ton- und Bilddokumentationen der jüngsten Zeit bieten. Zu oft werden diese Dinge entgegen ihrem Wert für historische Forschung dem Antiquitätenhändler oder dem Journalisten überlassen. Durch eine phantasievolle Nutzung neuer Quellen kann viel erreicht werden. Jedoch muß daran erinnert werden, daß in den vergangenen zehn Jahren nicht allein die beharrliche empirische Arbeit die große Verbreitung und Vertiefung historischer Studien bewirkt hat. Zu der inzwischen eingetretenen umwälzenden Veränderung in der Geschichtsforschung kam es erst, als die Historiker ihre Gegenstände in neuer Perspektive betrachten und neue Fragen stellen mußten, deren Beantwortung neue Methoden erforderte. Bis in die späten 1960er Jahre erlaubte es die Geschichtswissenschaft der Soziologie, die Jugendforschung einzig und allein ahistorisch zu betreiben. Erst als die Jugend *selbst* an den künstlichen Grenzen dieser Arbeitsteilung rüttelte, erkannten die Historiker ihre Chance und ihre Verantwortung, Gruppen zu untersuchen, die zuvor außerhalb des Gesichtskreises ihrer Disziplin gelegen hatten.

Erst als die Jungen, die Armen und die Frauen ihren Anspruch geltend machten, ihre eigene Geschichte deutlich und öffentlich selbst darzustellen, begann die tatsächliche große Ausdehnung der Sozialgeschichte. Die Ausarbeitung meiner »Geschichte der Jugend« war eine Antwort auf diesen grundlegenden Perspektivenwechsel. In der Rückschau ist es mir heute klarer, als es damals sein konnte, wie viel mein Buch diesem einzigartigen geschichtlichen Augenblick der späten 1960er Jahre verdankt. Die Veränderungen in den historischen Wissenschaften sind noch ganz und gar nicht abgeschlossen. Die gegenwärtige Weltwirtschaftskrise wird ähnlich bedeutsame Perspektivenverschiebungen herbeiführen. Es ist noch zu früh vorherzusagen, welche Richtung die historische Forschung in den nächsten zehn Jahren nehmen wird, aber man wird nicht fehlgehen in der Annahme, daß ihre Entdeckungen nicht weniger wichtig als die der letzten zehn Jahre sein werden. Wenn der Historiker aufmerksam das Zeitgeschehen verfolgt und unablässig die herkömmlichen Annahmen und Voraussetzungen der Geschichtswissenschaft und ihrer Nachbardisziplinen überprüft, hat er alle Aussicht, die Reichweite und Bedeutung seiner Einsichten zu erweitern. Auf diese Weise mag die Geschichtsschreibung sogar ihre alte kulturelle Bedeutung wiedergewinnen, die sie durch die von ihr selbst vorgenommene Ausschließung von großen Bereichen der menschlichen Kultur eingebüßt hat. Die Geschichtswissenschaft sollte nicht zu wenig anstreben, um ihrer selbst und der menschlichen Kultur willen.

Gotts Island, Maine
Im Juli 1979

J.R.G.

Anmerkungen

Anmerkungen zur Einleitung

1 Zu vier neueren Werken zur Geschichte der amerikanischen Jugend, die ebenfalls in diese Kategorie fallen, vgl. *Gillis, Youth and History* (1973).
2 *Matza* 1961.
3 Ein Beispiel für die Psycho-Historie der Jugend, eine Dimension, welche die vorliegende Studie ausschließt, wird bei *Keniston* (1971) diskutiert.
4 Die meisten sozialwissenschaftlichen Untersuchungen folgen im wesentlichen ahistorischen Ansätzen. Mögen sie auch für eine strukturfunktionalistische Analyse der Jugend unter bestimmten Gesichtspunkten und für bestimmte historische Zeiten tauglich sein, so vernachlässigen sie doch fast ganz die Dynamik von Kontinuität und Wandel (z. B. *Eisenstadt, From Generation to Generation,* 1966; *Parsons; Kingsley Davis; Gottlieb*).

Anmerkungen zu Kapitel 1

1 *Ariès,* S. 25–29; *Arensberg/Kimball,* S. 55.
2 *Ariès,* S. 29.
3 Ebd., S. 26.
4 *Ariès,* S. 76–99; *Hole* 1949, S. 97, 116, 122.
5 *Wikman,* S. 20–22; *Hornstein,* S. 118 ff.
6 *Hajnal,* S. 101–146.
7 *Herlihy,* S. 1339; *Gilbert,* S. 7–32.
8 Siehe die Abbildung »*Ages of Man*« (1733) gegenüber Seite 1 der Originalausgabe.
9 *Stone* 1972, S. 53; *Ariès,* S. 225.
10 *Ariès,* Kapitel 4; zum vorindustriellen Amerika vgl. *Kett.*
11 *Hunt,* S. 180–186. Zur Kinderaufzucht in Amerika für jene Zeit vgl. *Demos* 1970, Kapitel 9.
12 *Tanner,* S, 928–930; *Laslett* 1971; *Muchow* 1962, S. 83–85; *Hajnal,* S. 128.
13 *Tanner,* S. 929; *Hunt,* S. 181 Anm. 10.
14 *Ariès,* S. 21.
15 *Tanner,* S. 928.
16 »*Eine Erzählung oder eher ein wahrer Bericht über das englische Eiland ... um das Jahr 1500*«, von einem Italiener, zitiert nach *MacFarlane,* S. 206; vgl. auch *Tranter,* S. 276 f.
17 *Ariès,* S. 26 f.
18 *John Dod* und *Robert Cleaver: Godly Forme of Household Government,* zitiert nach *Schochet,* S. 415; für Deutschland vgl. *Brunner,* S. 37–44.
19 *Hunt,* S. 180.
20 *Ariès,* S. 252–266.
21 Zitiert nach *Stone* 1972, S. 18.
22 *Demos,* S. 74.
23 *Laslett* 1965, S. 103–105; *Hollingsworth,* S. 66–70; *Chambers,* Kapitel 4.
24 *Charles Tilly,* S. 119.
25 Die Arbeit von *Wrigley,* zitiert nach *Charles Tilly,* S. 119 f.
26 *Laslett* 1965, S. 103; *Chambers,* S. 67 ff.; *Moller,* S. 252.
27 *Marsh,* S. 22-26.
28 *Musgrove* 1965, S. 64.
29 *Hunt,* S. 185.
30 *Thirsk,* S. 361; *Blum.*
31 *Hunt,* S. 58.
32 *Habakkuk,* S. 24–28.
33 Zitiert nach *Thirsk,* S. 363.
34 *Goodwin,* S. 91 f., 104 ff.
35 *Stone* 1966, S. 41.
36 Die Zahl der Kinder pro geschlossener Ehe schwankte den ökonomischen und demographischen Bedingungen entsprechend beträchtlich. Um die Verluste auszugleichen, mochte in der auf eine Hungersnot folgenden Zeit die Zahl der Kinder größer sein. Die hier mitgeteilten Kinderzahlen gelten daher für »normale« Zeiten mit einem Niedrigststand der Sterblichkeit. Zur Diskussion der schwierigen Frage nach der Gesamtzahl der Familienmitglieder siehe *Chambers,* S. 67–73.
37 *Berkner,* S. 398–401.
38 *Berkner, S. 414.*
39 *MacFarlane,* S. 206–209; *Tranter,* S. 275 ff.
40 *MacFarlane,* S. 209.
41 *Stone* 1972, S. 55 f.
42 Zitiert nach *MacFarlane,* S. 210; zu Wanderungsbewegungen vgl. *Chambers,* Kapitel 2.

43 *Klöden*, Bd. 1, S. 215ff.
44 *Stone* 1966, S. 30–32; *Wrigley* 1967, S. 47ff.
45 *Berkner*, S. 411.
46 *Wrigley* 1967, S. 49.
47 *Stone* 1966, S. 20f., 31.
48 *John Budden*, zitiert bei *Schochet*, S. 419; *Stone* 1966, S. 46ff.; auch *Hill*, S. 151–153, 296.
49 *Hollingsworth*, S. 11.
50 Ebd., S. 20–22.
51 *Stone* 1966, S. 37f.; *Stone* 1960, S. 187f.
52 *Thirsk*, S. 367–371; *Hill*, S. 117f.
53 Aus einer Kolonisationsbeschreibung von 1572, zitiert nach *Thirsk*, S. 368.
54 *Pinchbeck/Hewitt*, S. 96–98; über Lehrverhältnisse in Deutschland vgl. *Walker*, Kapitel 3.
55 *Pinchbeck/Hewitt*, S. 94f.
56 *Brinsleys »Ludus Literarius: or, the Grammar Schoole«*, zitiert in *MacFarlane*, S. 207.
57 Eine Beobachtung, die M. und R.L. *Edgeworth* in »*Practical Education*« (1789) machten, zitiert nach *Musgrove* 1965, S. 48.
58 *Stone* 1969, S. 95.
59 »*The Countrymens Catechisme: or, A Helpe for Householders*« (1655), zitiert bei *Schochet*, S. 431.
60 *Pinchbeck/Hewitt*, S. 233; für ähnliche Vorschriften in Deutschland vgl. *Dorwart*, S. 45–50.
61 Zu den Aufnahmeriten der Gesellenverbände vgl. *Stadelmann/Fischer*, S. 67–76; *Coornaert*, S. 152–171.
62 *Natalie Davis* 1966, S. 53.
63 *Coonaert*, S. 225–230.
64 *Pantin*, S. 5–8.
65 *Mack*, S. 31–34, 38–42.
66 *Waas*, S. 15–18.
67 *Waas*, S. 19; *Ariès*, S. 241-252.
68 *Ong*, S. 115f.
69 Ebd., S. 122.
70 *Welsford*, S. 204–212.
71 Zitiert nach *Welsford*, S. 218.
72 *Welsford*, S. 194f.
73 *Porter*, S. 238–285.
74 *Hobsbawm/Rudé*, S. 38f.
75 *Stubbs' »The Anatomie of Abuses«* (1583), zitiert bei *Barber*, S. 27f.
76 *Wikman*, S. 40ff.; *Hornstein*, S. 119f.; *Natalie Davis* 1971, S. 51–57.
77 *Wikman*, S. 363–370.
78 *Hornstein*, S. 120.
79 *Spamer*, S. 215–221; *Porter*, S. 97–146; *Natalie Davis* 1971, S- 41–49.
80 *Hornstein*, S. 120.
81 *Wikman*, S. 367–372; *Spamer*, S. 170–175, 202–204; *Myrdal*, S. 42–45.
82 *Natalie Davis* 1971, S. 53f.; *Wikman*, S. 363–365, 371f.
83 *Hole* 1940, S. 16, 24; *Porter*, S. 111f.; *Natalie Davis* 1971, S. 53f.; *E.P. Thompson* 1972, S. 285–312.
84 Beschreibungen bei *E.P. Thompson* 1972, S. 287f.
85 Zur Teilnahme von Jugendgruppen an Hochzeitszeremonien vgl. *Spamer*, S. 176–186; *Hole* 1940, S. 21–23.
86 *E.P. Thompson* 1972, S. 295f.
87 *Wikman*, S. 359.
88 Vgl. *Gluckman*, S. 39ff.
89 Zitiert nach *E.P. Thompson* 1958, S. 406.
90 *Natalie Davis* 1971, S. 65f.; *E.P. Thompson* 1972, S. 296–302.
91 *Natalie Davis* 1966, S. 51–55.
92 Ebd., S. 69.
93 *E.P. Thompson* 1972, S. 305–308.
94 *E.P. Thompson* 1971, S. 103.
95 Über die Ursachen wachsender Zahlen unehelicher Kinder vgl. *Shorter*, S. 329–345.
96 *Natalie Davis* 1971, S. 66–69.
97 Vgl. *Welsford*, S. 207–218.
98 *T.S. Graves; Jones*, S. 29f., 140ff., 155f., 174, 200, 210.
99 *Mayhew* 1864, S. 25, 426.
100 *Mingay*, S. 250; auch *Manning*, S. 312, 317, 319; *Hole* 1949, S. 56; *Brailsford*, S. 207ff.
101 *Porter*, S. 8f.

Anmerkungen zu Kapitel 2

1 *Eisenstadt, Modernization*, S. 26–31; auch *Eisenstadt, From Generation to Generation.*
2 *Fourier*, S. 282.
3 *de Sauvigny*, s. 238–240.
4 *Mazzini*, zitiert nach *Moller*, S. 241.
5 *Lefebvre*, S. 49–55, 80ff.
6 *Marx/Engels.*
7 *Mills*, S. 3.
8 *Moller*, S. 250.
9 *Morley*, S. 7.
10 *Wrigley* 1969, S. 164–171.
11 *Anna Weber*, S. 343, 361.
12 *Hollingsworth*, S. 66–70.
13 *Morley*, S. 7.

14 *Banks* 1954, S. 194f.
15 *Morley*, S. 15.
16 *Wrigley* 1969, S. 186f.
17 *Fourier*, S. 282.
18 *Thirsk*, S. 376; zu einer ähnlichen Auseinandersetzung in Frankreich vgl. *de Sauvigny*, S. 384ff.
19 Zu diesen Veränderungen vgl. *Slicher van Bath*, S. 195–208; *Hobsbawm/Rudé*, Kapitel 1–2; *Wolfram Fischer*, S. 415-435.
20 Zitiert nach *Redford*, S. 77.
21 *Redford*, S. 83.
22 *Mingay*, S. 241.
23 *M. Anderson, Family Structure*, S. 81–83.
24 Zitiert ebd., S. 82.
25 *Musgrove* 1965, S. 78f.
26 *Hobsbawm/Rudé*, S. 42–43; *Hammond/Hammond*, S. 204; *Redford*, Kapitel 4–5.
27 *Hobsbawm/Rudé*, S. 62.
28 Ebd., S. 211.
29 *Williams*, Kapitel 7–8; *E.P. Thompson* 1972, S. 305–309; *E.P. Thompson* 1958, S. 418–429.
30 *Braun*, vor allem Kapitel 2; ein allgemeiner Überblick zur Entwicklung der Heimindustrie bei *Charles Tilly* und *Richard Tilly*.
31 Zitiert nach *Braun*, S. 68.
32 Ebd., S. 68.
33 Ebd., S. 69–71.
34 Ebd., S. 66.
35 Ebd., S. 121.
36 Ebd., S. 120–127, 148–154.
37 Ebd., S. 85.
38 Ebd., S. 80–89.
39 Zitiert nach *E.P. Thompson* 1958, S. 291.
40 *M. Anderson, Familiy Structure*, S. 121f.
41 Zitiert nach *E.P. Thompson* 1958, S. 308.
42 *George*, S. 277.
43 Ebd., S. 230ff.
44 Zitiert ebd., S. 278.
45 Ebd., S. 230.
46 Zitiert ebd., S. 277.
47 Zitiert ebd., S. 280.
48 Zitiert ebd., S. 282. Ähnliche Trends im Lehrlingswesen in Deutschland werden bei *Stadelmann/Fischer* beschrieben, S. 76–114.
49 Zitiert nach *E.N. Anderson* et al., S. 108.
50 Ebd., S. 116.
51 *Schieder*, S. 93–110.
52 *de Sauvigny*, S. 251–254.
53 *Hobsbawm, Tramping Artisan*, S. 34–45; für Frankreich siehe *de Sauvigny*, S. 206f.
54 Zitiert nach *Chevalier*, S. 427.
55 *Coonaert*, S. 71f.
56 *Schieder*, S. 39–44, 82–92.
57 Zu den persönlichen Erfahrungen eines jungen Druckergesellen vgl. *Born*, S. 27–33, 42–46; auch *Stadelmann/Fischer*, S. 216–223; *Schieder*, S. 14–44.
58 *Walker*, S. 365.
59 *Born*, S. 29.
60 *Kinkel* zitiert nach *Noyes*, S. 26.
61 Zahlen aus *Pinkney*, S. 257.
62 *Richard Tilly*, S. 31.
63 *Pinkney*, S. 256.
64 *Richard Tilly*, S. 32.
65 *Hobsbawm* 1965, S. 162; *Noyes*, Kapitel 8; *Coonaert*, S. 280–282.
66 *Anna Weber*, S. 280f.; *Redford*, besonders Kapitel 1.
67 Zitiert nach *Chevalier*, S. 430.
68 *Hobsbawm, Tramping Artisan*, S. 46f.
69 *Peter Gaskell*, zitiert nach *Perking* 1969, S. 150.
70 *Smelser*, S. 189.
71 Zitiert nach *Smelser*, S. 190.
72 Zitiert nach *Musgrove* 1965, S. 68f.
73 *Smelser*, S. 199–201.
74 *M. Anderson, Familiy Structure*, S. 115–119.
75 *Anna Weber*, S. 318–329; *Banks* 1968, S. 218–285; *Wrigley* 1969, Kapitel 5.
76 Dazu vgl. *Wolfram Fischer*, S. 423–435.
77 Zitiert nach *Redford*, S. 136.
78 Ebd., S. 186.
79 Zitiert nach *E.P. Thompson* 1958, S. 307.
80 *M. Anderson, Familiy Structure*, S. 101–106; zu ähnlichen Feststellungen vgl. *Lees*, S. 359–385.
81 *M. Anderson, Familiy Structure*, S. 112–123, 148–159.
82 Ebd., S. 55–67, 143–146.
83 Zitiert nach ebd., S. 124.
84 Zitiert nach *Musgrove* 1965, S. 68.
85 *M. Anderson, Familiy Structure*, S. 126–132.
86 Ebd., S. 131.
87 Zum Armutszyklus ebd., S. 76.
88 Zitiert nach ebd., S. 76.
89 Ebd., S. 75f.
90 *Mayhew* 1861, S. 470.
91 *Montague*, S. 244.
92 *Russell* 1913, S. 43.
93 *Montague*, S. 234–254; *Urwick*, Conclusion, S. 300–308; *Russell* 1913, S. 115; *Rowntree* 1931, S. 470. Zur Stadtjugend in Deutschland im 18./19. Jahrhundert vgl. *Möller*, S. 55ff.; *Harrison*, S. 238ff. Gleiche Bräuche gibt es noch in Wales, vgl. *Frankenberg*, S. 62f.
94 Zitiert nach *Tobias*, S. 165.
95 *Tobias*, S. 161–163; *Bongert*, S. 49–90. Zur Prostitution vgl. *Henriques*, S. 97–125; *Bloch*, S. 315–335.
96 *Bray* 1904, S. 8–32; *Montague*, S. 239ff.

97 *Porter,* S. 19. Meine eigene Durchsicht verschiedener Grundschultagebücher brachte ebenfalls geringen Schulbesuch an traditionellen Feiertagen wie dem 1. Mai oder dem *Guy Fawkes Day* und bei Stadtfesten oder Jahrmärkten. Zur Wirkung der Jahrmärkte vgl. *Alexander,* S. 26.
98 *Urwick, Conclusion,* S. 298, 310.
99 *Montague,* S. 243; *Hewitt,* S. 38–40, 81–84.
100 *Urwick, Conclusion,* S. 310.
101 Zitiert nach *M. Anderson, Familiy Structure,* S. 104.
102 *N. Davis* 1971, S. 75.
103 »*Reports of Riot*«; auch »*Gown and Town Rows*«, S. 380f.; *Plowman,* S. 215–220.
104 Für einen solchen Fall in Oxford vgl. Handschriftl. Quellen, Abt. D, St. Frideswide's, 26. September und 2. Oktober 1889. Für London vgl. *Booth,* S. 206–230; *Rubinstein,* S. 61, 85f.
105 Zitiert nach *Rubinstein,* S. 60.
106 *Banks* 1954, S. 195.
107 *Archers* Malerei und andere rührselige Gegenstände viktorianischer Empfindsamkeit sind enthalten in *Morley* (Abbildungen Nr. 1,3, 4, 6).
108 *Musgrove* 1965, S. 63f.; *Ariès,* S. 365–407.
109 *Ariès,* S. 404.
110 *Banks* 1954, besonders Kapitel 10.
111 *Ariès,* S. 396–399.
112 *Crozier,* S. 32–35.
113 *Hans,* S. 28f. und Kapitel 9; *Crozier,* S. 18–23; *Musgrove* 1965, S. 37–46. Für die Entwicklung in Deutschland vgl. *Stephen,* S. 64–72.
114 Amtl. Veröff.: *Parliamentary Papers* V, S. 135.
115 Zitiert nach *Reader,* S. 120.
116 Vgl. »Altersstruktur der gehobenen Berufe in Preston«, in: *M. Anderson, Family Structure,* S. 27.
117 Angaben nach *Banks* 1954, S. 173–196.
118 *Gillis* 1971, S. 49–53.
119 *Parliamentary Papers* I, S. 18.
120 Zitiert nach *Banks* 1954, S. 195.
121 *Reader,* S. 119.
122 *Schwartz,* Bd. 1, S. 67–71.
123 Ebd., S. 107.
124 Zitiert nach *Schwartz,* Bd. 2, S. 95.
125 *Musgrove* 1965, S. 48f.
126 Zitiert nach *Hans,* S. 182.
127 Amtl. Veröff.: *Parliamentary Papers* I, S. 17.
128 End., I, S. 15.
129 Ebd., I, S. 543.
130 Ebd., I, S. 44.
131 Ebd., V, S. 50.
132 *Banks* 1954, S. 194.
133 Zitiert nach *Musgrove* 1965, S. 65.
134 *Brunschwig,* S. 177–179, 266–269.
135 Zitiert nach *Holborn,* S. 328; *Hornstein,* S. 170ff.
136 *Muchow* 1962, S. 29–56.
137 *Hornstein,* S. 149–164.
138 *Muchow* 1962, S. 90–92.
139 *F. L. M. Thompson,* S. 70–75.
140 Zitiert nach *Thirsk,* S. 377.
141 *O'Boyle,* S. 477; *Gillis* 1971, S. 66.
142 *O'Boyle,* S. 489.
143 *Gillis* 1971, S. 43.
144 *Stone* 1972, S. 51–54. Zu den Universitätsstatistiken in Deutschland vgl. *Zorn,* S. 321–339.
145 *Born,* S. 6–9.
146 Zitiert nach *O'Boyle,* S, 489.
147 *Friedenthal,* S. 30f.
148 Zu den Ursprüngen der Freimaurerei in England vgl. *Knoop/Jones,* auch *J. M. Roberts,* S. 17–25.
149 *Knoop/Jones,* S. 315.
150 *J. M. Roberts,* S. 56.
151 *Schulze/ Ssymank,* S. 161ff.; *Muchow* 1962, S. 47–52.
152 Für Frankreich vgl. *Viatte,* S. 33–37, 104–139; *Brunschwig,* S. 217–269; *Epstein,* S. 94–97.
153 *Darnton,* S. 81–115.
154 *Brunschwig,* S. 217–220.
155 *Friedenthal,* S. 66–68.
156 *Epstein,* S. 109.
157 *Eliade,* S. 123f., 132f.
158 Zitiert nach *Epstein,* S. 97.
159 *Holborn,* S. 140.
160 *Vann,* S. 641f. Für Amerika vgl. *Greven,* S. 119–134.
161 *Gollin,* S. 68–83.
162 *Friedenthal,* S. 65.
163 *Holborn,* S. 135.
164 *Walsh,* S. 140, 148.
165 *Hall,* Bd. 2, S. 281f., 287.
166 *Gaustad,* S. 32.
167 *E. P. Thompson* liefert eine brilliante Diskussion der vielfältigen Kräfte, die an Bekehrungen in der Arbeiterklasse beteiligt waren (1958, S. 365–374).
168 *Hobsbawm* 1965, S. 141.
169 *Darnton,* S. 112f.
170 Ebd., S. 94.
171 *Ozouf,* S. 573f.
172 *Lefebvre,* S. 47–55; *Mathiez,* S. 81ff.
173 *Eisenstein,* S. 74ff.
174 *J. M. Roberts,* S. 283–286.
175 *Schulze/Ssymank,* S. 69, 216–224; *Wentzcke,* S. 72–85.
176 *Wentzcke,* S. 94f., 211ff.

177 *Wentzcke,* S. 160–165; *Feuer,* S. 63f.
178 *Manuel,* S. 149–194; *Talmon,* Kapitel 1; *Charlton.*
179 *Manuel,* S. 192.
180 Zur patriarchalischen Haltung der Führer in verschiedenen Studentenbewegungen vgl. *Feuer,* S. 22; zu *John Humphrey Noyes,* »Vater« der utopischen »*Oneida*-Kommune«, vgl. *Carden,* Kapitel 1–2.
181 *Fourier,* S. 280.
182 Ebd., S. 326.
183 *de Musset,* S. 344.
184 *de Sauvigny,* S. 238ff.; *Mazoyer.*
185 *de Sauvigny,* S. 243–245; *Ariès,* S. 398f.
186 Zitiert nach *Graña,* S. 23.
187 *Trollope,* S. 31.
188 Ebd., S. 124.
189 Diese Themen werden bei *Schenk* diskutiert, S. 6, 125–151; *Hobsbawm* 1962, S. 306–323; *Parry,* S. 12ff.
190 Zitiert nach *Graña,* S. 77.
191 Ebd., S. 79f.
192 *Pelles,* S. 97, 144.
193 Zitiert ebd., S. 114.
194 *Schenk,* S. 27.
195 Zitiert nach *Pelles,* S. 114.
196 Ebd., S. 85.
197 Zum Hintergrund des Kontaktes, den es zwischen dem »Jungen Deutschland« und den Gesellen in der 1830er und 1840er Jahren gab, vgl. *Schieder,* S. 30ff.
198 *Noyes,* S. 127f.

Anmerkungen zu Kapitel 3

1 In Oxford ersetzte 1854 der Nikolaus den *Guy.* Zwei Jahre später wurden jenen Haushalten die Fenster eingeworfen, wenn sie sie nicht zur Feier des Sieges illuminierten (*Plowman,* S. 48, 88). Andere Beispiele für den konservativen Gebrauch von traditionellen Jugendritualen sind enthalten in *E. P. Thompson* 1972, S. 308f.
2 Zitiert nach *Newsome,* S. 224; *Plowman,* S. 30–32.
3 *Plowman* beschrieb den Angriff der Studenten gegen die Brot Aufständischen wie folgt: »Ich werde niemals ihren geschwinden und freudigen Ansturm vergessen. Im Geiste kühnster Erbauung, mit einem ekstatischen Schrei fielen sie mit unerschütterlicher Bestimmtheit über den Mob her, der sich ihnen entgegenstellte und mähten ihn nieder, als sei er Gras. In der Erinnerung höre ich noch das Aufschlagen der Knüppel auf den Köpfen der entmutigten Störenfriede, durchmischt von den Schreien der Verwundeten« (S. 220).
4 Zur *Mafeking Night* und deren Folgen vgl. *Price,* S. 132-176.
5 Handschriftl. Quellen, Abt. B, *Manning Collection, Scrapbooks and notes,* MS Top Oxon d 199, S. 192–193.
6 Handschriftl. Quellen, Abt. B, *Manning Collection, Scrapbooks and notes,* MS Top Oxon d 199, S. 119; *Manning,* S. 307–309.
7 Handschriftl. Quellen, Abt. B, *Manning Collection, Scrapbooks and notes,* MS Top Oxon d 199, S. 166, 186–188, 258; *Manning,* S. 309–315.
8 Die Rolle von *Manning* ist in der *Bodleian Library* dokumentiert, MS Top Oxon d 200. Vgl. auch *Beerbohm.*
9 *Banks* 1954, Kapitel 10–12.
10 Zitiert nach ebd., S. 163.
11 *Acton,* S. 213.
12 *Crozier,* S. 33–42; *Zorn,* S. 329–334; *Ringer,* Kapitel 1–2.
13 Amtl. Veröff.: *Parliamentary Papers* IV, S. 744–745.
14 *Musgrove* 1965, S. 46ff.; *Musgrove* 1960, S. 377–404. Für Deutschland vgl. *Roessler,* Kapitel 5.
15 Zitiert nach *Banks* 1954, S. 191.
16 Amtl. Veröff.: *Parliamentary Papers* V, S. 487.
17 *Muchow* 1959, S. 54.
18 *Parliamentary Papers* I, S. 45.
19 Ebd., I, S. 43.
20 Ebd., I, S. 89.
21 Zur Alterseinteilung vgl. *Ariès,* Kapitel 4.
22 Zitiert nach *Musgrove* 1965, S. 55.
23 *Darton,* S. 293; *Turner* 1957, S. 66–72; *Avery,* S. 139–148.
24 *Darton,* S. 314.
25 *Parliamentary Papers* I, S. 17.
26 Zitiert nach *Newsome,* S. 9f.
27 Ebd., S. 7.
28 *Newsome,* S. 2; *Bamford,* S. 19–26, 49–53; *Mack,* S. 194–200.
29 Zitiert nach *Newsome,* S. 51.
30 Zitiert nach *Musgrove* 1965, S. 55.
31 *Parliamentary Papers* XX, S. 44.
32 Ebd., IV, S. 44.

33 *Weinberg*, S. 37f.; *R. Wilkinson*, S. 8–26.
34 *Weinberg*, S. 34–52; *R. Wilkonson*, S. 29–32; *Bamford*, S. 80–82; *Wakeford*, Kapitel 1.
35 *Wiese*, S. 48.
36 *Goffman*, S. XIII.
37 *Wiese*, S. 23–32; *Waas*, S. 87–89; *Pross*, S. 87–89; *Muchow* 1959, S. 14–16; *Bamford*, S. 80–83; *Newsome*, S. 81ff; *Weinberg*, S. 45f.
38 *E. Weber*, S. 74f.
39 Zitiert ebd., S. 90.
40 *Waas*, S. 98ff.
41 Zitiert nach *Newsome*, S. 211.
42 Zitiert ebd., S. 227.
43 *Thomas*, S. 196–201, 215f.; *Cominos*, S. 243–246; *Harrison*.
44 *Kingsley* zitiert nach *Newsome*, S. 210.
45 *Max Weber*, S. 387f.
46 Zitiert nach *Newsome*, S. 227.
47 Handschriftl. Quellen, Abt. B, *Mins. Oxford Clerical Assn.*, 5. Mai 1879, MS Top Oxon e 38.
48 *Blackwell*, S. 68.
49 *Acton*, S. 30.
50 *Acton*, S. 47; Zahlen zum Heiratsalter aus *Banks* 1954, S. 48.
51 *R. Graves*, S. 19; *Cominos*, S. 226–228
52 *R. Graves*, S. 19; für Deutschland vgl. *Muchow* 1959, S. 52f.
53 *R. Graves*, S. 36; *Muchow* 1959, S. 36–40.
54 *Acton*, S. 16. Zum Anwachsen der Furcht vor der Masturbation im frühen 19. Jahrhundert vgl. *Spitz*, S. 490–527.
55 *Acton*, S. 16.
56 Ebd., S. 51.
57 *Spender*, S. 235; siehe auch *Carter*, S. 209–234.
58 *R. Graves*, S. 45.
59 *R. Wilkinson*, S. 29–37, 54–63.
60 *Hughes*, S. 305–307.
61 *Newsome*, S. 238.
62 Zitiert nach *Fishman*, S. 176.
63 *Fishman*, S. 180–185; *Pross*, S. 44ff.
64 *Hall*, Bd. 1. S. XIV.
65 *Lowndes*, S. 78–90; *Halsey* 1972, S. 163; für Deutschland *Samuel/Thomas*, S. 36–54.
66 Zitiert nach *Banks* 1954, S. 193.
67 *Musgrove* 1959, S. 169–178; *Perkin* 1961, S. 320–329.
68 *Hobsbawm* 1964, S. 284f.
69 *Bray* 1904, S. 11.
70 *Rowntree* 1914, S. 109.
71 *Butler*, S. 53.
72 *Rubinstein*, S. 8–10.
73 Zitiert ebd., S. 12.
74 *Russell* 1905, S. 12.
75 *Paterson*, S. 16.
76 *Freeman*, S. 130; *Butler*, S. 167–181.
77 *Dingle*, S. 23.
78 *Simon*, S. 48–59.
79 *Freemann*, S. 22–34; *Rowntree* 1914, S. 103ff; *Meachem*, S. 1343–1364.
80 *Cloete*, S. 102–135; *Bray* 1911; *Tawney*.
81 *Butler*, S. 52.
82 *Paterson*, S. 72; *Rowntree* 1914, S. 152–172.
83 *Butler*, S. 53.
84 *Cloete*, S. 106.
85 *Bowley/Burnett-Hurts*, S. 111.
86 *Paterson*, S. 15.
87 *Rowntree* 1914, S. 441–445.
88 Zitiert nach *Rubinstein*, S. 62.
89 *Bray* 1911, S. 153.
90 *Rowntree* 1914, S. 105.
91 *Cloete*, S. 108; *Butler*, S. 65.
92 *Butler*, S. 54.
93 *Bray* 1911, S. 114–118. In Oxford begannen um die vierzig Prozent der männlichen Schulabgänger von 1910–1911 eine qualifizierte Ausbildung; *Butler*, S. 53.
94 *Bray* 1913, S. 58.
95 *Freeman*, S. 54f.
96 *Hynes*, S. 22f.
97 *Freeman*, S. 108.
98 *Bray* 1913, S. 61.
99 *Bray* 1911, S. 118.
100 *Stedman-Jones*.
101 *Rowntree* 1914, S. 368f.; *Rowntree* 1931, S. 478.
102 *Russell* 1905, S. 54; *Paterson*, S. 98ff.; *Turner* 1954, S. 175–190.
103 *Russell* 1905, S. 17; *Bray* 1904, S. 23–26.
104 Zitiert nach *Simon*, S. 65.
105 *Dingle*, S. 22.
106 *Urwick, Introduction*, S. XII.
107 *Rowntree* 1914, S. 174.
108 *Paterson*, S. 137.
109 *Freeman*, S. 94.

Anmerkungen zu Kapitel 4

1 *Hall*, Bd. 1, S. XIV; *Key;* auch *Demos/Demos*, S. 632–638.
2 *Lowndes*, Kapitel 6; *Glass*, S. 392.
3 Zahlen bei *Glass*, S. 398.
4 *Kotschnig*, S. 13, 57; *Samuel/Thomas*, Kapitel 3, 8.
5 *Laslett* 1965, S. 206.
6 *Rowntree* 1931, S. 156.

7 *Marsh*, S. 63; *Bechtel*, S. 324–330.
8 *Wrigley 1969, S. 186f.*
9 *Musgrove* 1965, S. 81–87.
10 *Musgrove* 1965, S. 80; *Goode*, S. 40–45.
11 Zitate aus *Stone* 1969, S. 71, 95.
12 *Hill* zitiert nach *Carlebach*, S. 61.
13 Siehe *Carlebach*, Kapitel 3.
14 Nützliche Überblicke der internationalen Trends bezüglich der Behandlung jugendlicher Krimineller sind in *Robert Mennels* Arbeit enthalten, Kapitel 4, 6; vgl. auch *Hawes*.
15 *Hope*, S. 302.
16 *Russell* 1905, S. 54.
17 Zur *Settlement*-Bewegung siehe *Eagar*, S. 184–225; *Simon*, S. 69–71, 78–85.
18 *Freudenthal*, S. 309–314.
19 Vgl. Amtliche Veröff.: *Report of Oxford Working Men's and Lad's Institute*, 1893–1894 und 1898.
20 *Eagar*, S. 149. Zu ähnlichen Ängsten der Geistlichen von Oxford; vgl. Handschriftl. Quellen, Abt. B, *Mins. Oxford Clerical Assn.*, 11. November 1878, MS Top Oxon e 36.
21 *Urwick, Conclusion*, S. 318.
22 *Freudenthal*, S. 311. Zum kulturellen und sozialen Hintergrund zu dieser von Angst und Pessimismus geprägten Stimmung vgl. *Stern; Mosse; Dangerfield; Hynes*, Kapitel 2.
23 Zum häufiger werdenden Gebrauch der medizinischen Ausdrücke vgl. *Platt*, S. 35; *Morrison*, S. 38–40; *Bray* 1907; *Hall*, Bd. 1, S. XIV/XVIII.
24 *Russell* 1913, S. 55.
25 *Kitchen*, S. 136–142.
26 Zitiert nach *Lowndes*, S. 72.
27 Vgl. Amtl. Veröff.: *Oxford and Dist. Boy Scout's Chron.*
28 Handschriftl. Quellen, Abt. B, *Mins. General Committee, Report of Scouts Friends Central Committee;* auch *Pross*, S. 163; *Laqueur*, Kapitel 8.
29 Handschriftl. Quellen, Abt. G, *Mins. Oxford Subcommittee*, Juni 1919, EE 1/18.
30 *Lowndes*, S. 3–17; Kapitel 2.
31 *Pross*, S. 160–162.
32 Bemerkungen, die Mrs. *A. L. Smith* bei der Eröffnung des *Keith Rae House* machte. 19. November 1921. Handschriftl. Quellen, Abt. I, *Balliol Papers*.
33 Handschriftl. Quellen, Abt. I, *Balliol log book*, 17. Januar 1910.
34 *Paul*, S. 21.
35 Zitiert nach *Simon*, S. 65.
36 *Price*, S. 172–176; *Hynes*, S. 17–32.
37 *Springhall*, S. 125–158; auch *P. Wilkinson*, S. 7–23.
38 *Springhall*, S. 136.
39 Ebd., S. 135; *P. Wilkinson*, S. 14. In Oxford waren die *Scouts* eng mit der *National Service League* verbunden. Siehe Handschriftl. Quellen, Abt. B, *Mins. General Committee*, 2. September 1909, Dep. d 50. Weitere Belege für die Aktivitäten der N. S. L. unter jungen Leuten, besonders an Schulen, siehe Handschriftl. Quellen, Abt. B, *Mins. Oxford Branch* N. S. L., 19. Juni 1908, MS Top Oxon e 228.
40 *Springhall*, S. 153–155.
41 *Springhall*, S. 138f.; auch *Paul*, S. 36.
42 *Hiscock*, S. 4.
43 Jugendgruppen der Arbeiterklasse in der Vorkriegszeit umfaßten: *Socialist Sunday Schools* (gegründet 1909), *Junior Cooperative Clubs* (1895) und die *Girl's Friendly Society* (1875). *Ernest Westlakes Order of Woodcraft Chivalry* wurde 1915 gegründet, *John Hargraves Kibbo Kift Kindred* 1920 und *Leslie Pauls Woodcraft Folk* 1925. Vgl. *Paul*, S. 31–48; *P. Wilkinson*, S. 19ff.
44 *Paul*, S. 60.
45 *Paul*, S. 48; *Beard*, Appendix; Amtl. Veröff.: *Disinherited Youth*, S. 106–118.
46 *Pross*, S. 469–482; *Laqueur*, S. 66–73.
47 *Laqueur*, besonders Kapitel 2 und 3.
48 Ebd., S. 25–31, 56–65.
49 *Muchow* 1959, S. 27–70; zur Widerspiegelung dieses Sachverhaltes in der Literatur siehe *Hicks*, S. 105–115.
50 Siehe oben S. 126f.
51 *F. Fischer; Rabe*, S. 109f.; *Lütkens*.
52 Zur Führerschaft siehe *Jantzen;* auch *Freudenthal*, S. 297–305.
53 *Pross*, S. 75–99; *Laqueur*, S. 25–31; *Seidelmann*, Kapitel 2.
54 Interessante Diskussionen zu Homosexualität bei *Laqueur*, S. 56–65; *Muchow* 1959, S. 30–32; *Mosse*, S. 176f.
55 *Pross*, S. 129.
56 *Muchow* 1959, S. 44f.; *Mosse*, S. 171–175; *Stern*, S. 266–274.
57 *Kitchen*, S. 139–142; *Rabe*, S. 110–114; *Laqueur*, S. 57f.
58 *Laqueur*, S. 32–38, 41–49; *Pross*, S. 157.
59 *Pross*, S. 162.
60 *Pross*, S. 163; *Laqueur*, S. 73.
61 *Gillis* 1973, S. 256f.
62 »Der Wandervogel«, Heft 9–10, 1914.
63 Reichhaltiges Material bieten die unveröffentlichen Notizbücher von *Frank Fischer*, vgl. Handschriftl. Quellen, Abt. A.
64 *Waite*, S. 207ff.
65 *Laqueur*, S. 50–55. Für die Entwicklung der Göttinger Jugendorganisationen vgl. die Be-

richte der Jugendpfleger (vgl. unten Amtliche Veröffentlichungen und Berichte).
66 Amtl. Veröff.: *Report of Oxford and County Branch*, 1914.
67 *Boss*, S. 15; *Musgrove* 1960, S. 182f.; für Deutschland vgl. *Muchow* 1959, S. 18f.
68 *Boss*, S. 19–35.
69 *Platt*, S. 142f.; *Simonsohn*, S. 19f.
70 Vgl. Quellen, Zeitungen und Periodika: »*National Health*« 1 (9) (1909), S. 81.
71 »*National Health*« 2 (15) (1910), S. 34.
72 »*National Health*« 4 (37) (1912), S. 249.
73 *Spitz*, S. 499ff.; *Hare*, S. 1–25.
74 *Comfort* 1969, S. 76f.
75 *Hall*, Bd. 1, S. 434, 439; *Ellis*, S. 20f., 382; *E. Carpenter*, S. 102–120; *Bloch*, S. 690. Die allgemeine Diskussion der Auseinandersetzung um Sexualität in England bei *Hynes*, Kapitel 5.
76 Siehe *Cominos*, S. 241f. Typisch für diese Verhütungs-Literatur war *Edward B. Kirks* »*A Talk with Boys About Themselves*«, ein Buch, das zwei Bilderserien zu den Geschlechtsorganen anbot, eine, die etwas deutlicher, die andere, die weniger deutlich war, so daß Eltern die erste herausreißen konnten, wenn sie es ihren Söhnen als nicht zuträglich erachteten. Weitere solche Literatur bei *Blackwell; Lyttelton* 1892 und 1900. In der deutschen Literatur vgl. *Spitz*, S. 500.
77 *Brew*, S. 89.
78 *Beard*, S. 139–149; *Mannheim*, S. 122.
79 Handschriftl. Quellen, Abt. J, *Cole Papers*, »Bericht über die Wirkung des Krieges auf Jugendorganisationen in Oxford,« bearbeitet von *E. Gili*, im September 1941, als Teil einer Sozialuntersuchung von Oxford. Auch Amtl. Veröff.: *City of Oxford Youth Committee*, 1941, zeigt, daß fünfzig Prozent der Vierzehn- bis Zwanzigjährigen mit irgendeiner Organisation zu tun hatten, vierzehn Prozent mehr als 1938/39. Vgl. *Report of Oxford Council*, sowie Handschriftl. Quellen, Abt. J, *Cole Papers*, »*Voluntary Services in Oxford*«, bearbeitet von *C. Craven* 1842; *E. Eric Roberts;* Amtliche Veröff.: »*Disinherited Youth*«, S. 114ff.; *Brew*, S. 96.
80 *Brew*, S. 92–95.
81 Amtl. Veröff.: *Youth Service in England and Wales*, S. 8–12.
82 Handschriftl. Quellen, Abt. C, Polizei-Direktion, Besuch der Wirtschaften durch Schüler, Erlaß von Innenminister *Eulenburg*, 1882 Juni, Fach 52, No. 8.
83 Ebd.
84 Handschriftl. Quellen, Abt. C, Polizei-Direktion, Sozialdemokratische Bewegungen unter den hiesigen Studierenden, 1904–1905, Fach 161, No. 16.
85 Handschriftl. Quellen, Abt. C, Polizei-Direktion, Nationalliberaler Jugend-Verein Göttingen, 1904–1921, Fach 161, No. 20.
86 *Pross*, S. 163; *Laqueur*, S. 72; *Kitchen*, S. 129–138.
87 Handschriftl. Quellen, Abt. C, Oberlyzeum, Jugendpflege, Kriegszeit und Aufgaben der Jugendpflege, Dezember 1914, E. 17; Jahresbericht des Ortsausschusses; und Berichte der Jugendpfleger, 11. Dezember 1915.
88 Handschriftl. Quellen, Abt. C, Polizei-Direktion, Verordnungen betreffend jugendliche Personen, 1915–1944, Fach 59, No. 12. Besonders die Befehle der Heeresleitung, 30. Oktober 1915; Ministerium für Handel und Industrie, 29. Februar 1916. Weitere Beweise für die Restriktionen in Kriegszeiten in Handschriftl. Quellen, Abt. C, Felix-Klein-Gymnasium, Militärische Vorbereitung der Jugend, 1914–1918, 16 E. 3; und *Brieke*.
89 Handschriftl. Quellen, Abt. C, Oberlyzeum, Fürsorge für schulentlassene Jugend, Grundlegende Erlasse betreffend Förderung der Jugendpflege in Preußen, 1920, E. 17.
90 Handschriftl. Quellen, Abt. C, Oberlyzeum, Fürsorge für schulentlassene Jugend, Erlasse vom 17. Dezember 1918 und 22. November 1919, E. 17.
91 Diese Zusammenhänge lassen sich erschließen aus Amtl. Veröff.: Berichte der Jugendpfleger, 1915–1930; Handschriftl. Quellen, Abt. C, Polizei-Direktion, Die kommunistische Jugendabteilung, 1921–1932, Fach 155, No. 4; und »Jung-Stahlhelm« und »Jungdeutscher Orden«, Fach 153, No. 20 und No. 27. Auch *Laqueur*, Kapitel 16.
92 Amtl. Veröff.: Bericht der Jugendpfleger, 1925.
93 Ebd. 1930. Zum Anwachsen der Arbeiterorganisationen siehe *Pross*, S. 87–89, 265–279.
94 *Baustedt*, S. 17f.
95 Die Entwicklung der Verordnungen und Erlasse läßt sich entnehmen aus: Handschriftl. Quellen, Abt. C, Oberlyzeum, Allgemeines über Fragen der Schulzucht, 1912–1929, E. 7. Diskussion in Handschriftl. Quellen, Abt. C, Oberlyzeum, Protokoll des Elternbeirats, 17. Oktober 1924, A 14 A. Andere Diskussionen betreffen die Sperrstunde für Schüler, Tanzverbot, Tanzstunden, Alkoholgenuß usw.
96 Handschriftl. Quellen, Abt. C, Polizei-Direktion, Verordnung betreffend jugendliche Personen, Bericht an den Oberpräsidenten, 9. März 1935, Fach 59, No. 12. Der Bericht

stellt fest, daß die »Unterführer der Hitler-Jugend unreif und nicht fähig sind, die Rolle des Jugendführers oder -ausbilders zu übernehmen.« Eine hervorragende Erörterung des Widerstands der Arbeiterjugend gegen die staatliche Organisation gibt *Horn*, S. 30–38.

97 *Pross*, S. 425–433; im November 1939 wurde den Mädchen unter Sechzehn und den Männern unter Achtzehn das Tanzen in der Öffentlichkeit verboten. Im Fortgang des Krieges wurden die Vorschriften für die Jugend weiter verschärft, mit wenig sichtbarem Erfolg allerdings. Handschiftl. Quellen, Abt. C, Polizei-Direktion, Polizeiverordnung vom 9. März 1940, Fach 59, No. 12. Vgl. auch *Schoenbaum*, S. 291 ff.

98 Ironischerweise war diese Schreckenspolitik zum Teil Ausfluß eines fortschrittlicheren Anstoßes in Richtung auf sexuelle Befreiung und Kinderschutz. *Ellen Key*, eine Sozialisitin, hat zu Beginn des Jahrhunderts geschrieben: »Diese neue Ethilk (freie Liebe) wird das andere, normale Zusammenleben von Mann und Frau nicht amoralisch nennen, jenes ausgenommen, welches kranke Nachkommen hervorbringt. Die zehn Gebote in dieser Sache werden nicht von Religionsstiftern gesetzt werden, sondern von Wissenschaftlern.« (S. 14)

99 Handschriftl. Quellen, Abt. C, Polizei-Direktion, Bericht vom Hitler-Jugend-Treffen, 10. Dezember 1941, Fach 59, No. 12.

100 *J. Estlin Carpenter*, S. 158.

101 *Platt*, S. 98. Zur Philosophie der *Mothers' Union* vgl. Amtl. Veröff.: *Mothers' Union Report, Fourth Report.* Zu verschiedenen deutschen Gruppen ebd.: Jahresbericht des Ortsauschusses; und Handschriftl. Quellen, Abt. C, Soz. Fürsorge, Bericht an den Bürgermeister, III M 23.

102 *Report of Oxford Vigilance Assn.* Vgl. auch Handschriftl. Quellen, Abt. B, *Mins. Oxford Clerical Assn.*, 9. Mai 1882, MS Top Oxon e 85; und *Inglis*, S. 195–199.

103 *C. F. G. Masterman* nannte sie die »*suburbans*« (Vorstadtbewohner) und schrieb: »Vor allem den jungen Männern der Vorort-Gesellschaft wirft man vor, sie beschäftigten sich in kindischer Weise mit Ersatzsport und trivialen Vergnügungen« (S. 91).

104 Handschriftl. Quellen, Abt. A, *Franz Henkel*, persönl.-Nachl.; Handschriftl. Quellen, Abt. B, *Mins. Church of England*, 15. Februar 1916. MS Top Oxon e 238.

105 *Butler*, S. 47.

106 Handschriftl. Quellen, Abt. A, *Franz Henkel*, persönl.-Nachl.

107 Handschriftl. Quellen, Abt. C, Polizei-Direktion, Katholischer Gesellenverein, 1884–1934, Fach 61, Nr. 4.

108 *Oxford High School Magazine* 9 (1) (Juni 1911).

109 *Urwick, Introduction*, S. XI; ähnliche Kommentare bei Sherwood, S. 42–45.

110 Handschriftl. Quellen, Abt. D, *Min. Book of Board of Governors, Headmasters Report* vom Oktober 1928.

111 *Radzinowicz*, S. 52–56; auch *Platt*, S. 18–36.

112 *Morrison*, S. 121.

113 *Horsley*, S. 9; *Russell* 1913, S. 45–55; *Juvenile Offenders*, S. 189; *Morrison*, S. 28.

114 *Morrison*, S. 58.

115 *Horsley*, S. 9.

116 *Hall*, Bd. 1, S. 338.

117 Ebd., S. 360, 404.

118 Zitiert nach *Radzinowicz*, S. 56.

119 So zitiert im *Oxford School Annual Report* 1911. Eine faszinierende Studie über die Streiks enthält die Arbeit von *Marson*.

120 *Report from Oxford Working Men's and Lads' Institute*, 1893–1894 und 1898.

121 *Bailey*, S. 10. Auch Handschriftl. Quellen, Abt. J, *Balliol log book*, Mai 1907. Mit Erlaubnis des *Dean Willis Bund, Balliol College, Oxford.*

122 *Bailey*, S. 9.

123 Handschriftl. Quellen, Abt. G, *Mins. Watch Committee, Report of Subcommittee on St. Giles's Fair*, 14. Dezember 1893, HH 1/6.

124 Handschriftl. Quellen, Abt. 6, *Mins. Watch Committee*, 9. Oktober 1891, HH 1/6.

125 Handschriftl. Quellen, Abt. G, *Mins. Watch Committee, Police Report* vom 1. November 1894, HH 1/7; *Agreement with University Proctors in 1891*, HH 1/6.

126 Handschriftl. Quellen, Abt. C, Übersicht über den Besuch der Kinematographen-Theater durch Schulkinder, 1913, Lfd. 24.

127 Handschriftl. Quellen, Abt. G, *Mins Watch Committee, Inspectors Report*, 15. Dezember 1893, HH 1/6.

128 Amtl. Veröff.: *City of Oxford Constable's Report*, 1900–1914.

129 Zur umfassenden Diskussion des Charakters von Delinquenz vgl. *Gillis* 1975.

130 Diesen Ansatz verdanke ich der Diskussion von *Joseph Gusfield* über die Standespolitik (1963, Kapitel 4, 7); vgl. auch Platt, S. 4–9, 77.

131 *Gillis* 1975.

132 *Sherwood*, S. 48.

133 *Plowman*, S. 218–226.

134 *M. Fletcher*, S. 48.
135 *Willmott*, Kapitel 2; *Neidhardt* 1970, S. 77.
136 Handschriftl. Quellen, Abt. G, *Mins. Watch Committee, Soecial Report of Chief Constable*, 3. Dezember 1959, HH 1/32.
137 Zum allgemeinen Niedergang des Bandenwesens vgl. *Gillis* 1975. Ein besonderer Fall war die Veränderung des Verhaltens der Massen auf dem *St. Giles*-Markt; vgl. *Alexander*, S. 34–37; *Mays* 1965, S. 28–30.
138 *Matza* 1964, S. 195; *Willmott*, S. 153–158.
139 Zur Privatisierung in der Arbeiterklasse vgl. *Goldthorpe* et al., Kapitel 4; für Oxford vgl. *Mogey* und für Deutschland *Neidhardt* 1970, S. 84.
140 *Plowman*, S. 86; zu veränderten Verhaltensabläufen bei Studentenraufereien vgl. *Porter*, S. 289–291. Ich habe die Polizeiberichte von Oxford für die Jahre 1920–1960 durchgesehen, und ich kann nichts entdecken, was mit der Gewalttätigkeit der Stadt-gegen-Universität-Kämpfe aus dem 19. Jahrhundert vergleichbar wäre. Nach 1900 waren die *Guy Fawkes Nights* meist durch kleinere Randalierszenen gekennzeichnet. Vgl. Handschriftl. Quellen, Abt. G, *Mins. Watch Committee*, HH 1/17-32.
141 *Willmott*, S. 162–167.
142 Zum Problem der nichtregistrierten Vergehen vgl. *West;* auch *Mays* 1967, S. 20–66.
143 Reichliche Belege für den besonderen Status der Studenten enthalten die *Proctors' Manuals*, in Handschriftl. Quellen, Abt. H. Ich bin Mr. *Trevor Aston*, dem Universitätsarchivar, für die Erlaubnis zur Einsichtnahme zu Dank verpflichtet.
144 Vgl. *Horn*, S. 30–40; *Gillis* 1975.
145 Zur Feindseligkeit der Erwachsenen gegen die Jugend siehe *Musgrove* 1965, S. 97–103; *Eppel/Eppel*, S. 243–263; *Friedenberg*, Kapitel 6.
146 *Friedenberg*, S. 284f.

Anmerkungen zu Kapitel 5

1 *Friedenberg*, S. 204; auch *Muchow*, S. 107–123; *Musgrove* 1965, Einleitung; *Schelsky; Marwick*, S. 51; *Zweig*.
2 *Marsh*, S. 51; *R. Fletcher*, S. 115.
3 Zur Diskussion dieses Trends im Blick auf ganz Europa vgl. *Goode*, S. 17–30, 66–70.
4 *Goode*, S. 31–35; *Turner* 1954, S. 69.
5 *Schofield*, S. 27; *Comfort* 1966, S. 100f.
6 *Schofield*, S. 44; *Muchow* 1959, S. 86–95.
7 *Muchow* 1959, S. 92; *Goode*, S. 31–33; *Mays* 1965, S. 114–124.
8 Zitiert nach *Schofield*, S. 87.
9 *Schofield*, S. 33; *Willmott*, S. 54–58. Für einen Überblick der verfügbaren internationalen Statistiken vgl. *Broderick*, Kapitel 8–9.
10 *Schofield*, S. 75; *Neidhardt* 1970, S. 85.
11 *Goode*, S. 40.
12 Zitiert nach *R. Fletcher*, S. 160; vgl. *Gorer*, Kapitel 8.
13 *R. Fletcher*, S. 111.
14 *R. Fletcher*, S. 111; *Musgrove* 1965, S. 80f.
15 *Goode*, S. 41–49; *Mays* 1965, S. 130–138.
16 *Marsh*, S. 35.
17 Zitiert nach *Willmott/Young*, S. 20.
18 *Willmott/Young*, S. 180–185.
19 *Goldthorpe* et al., S. 139–133; zur Haltung deutscher Arbeiterfamilien gegenüber Bildung vgl. *Neidhardt* 1966, S. 64–67.
20 *Lowndes*, S. 301.
21 *Mogey*, S. 57ff., 70–75; *Neidhardt* 1966, S. 68f.
22 *Goldthorpe* et al., S. 143; *Mogey*, S. 70ff.; *Willmott*, S. 158–161.
23 *Goldthorpe* et al., S. 119.
24 Zu den Problemen der Schüler-Stipendien und des sozialen Aufstiegs im allgemeinen vgl. *Hoggart*, Kapitel 7–10.
25 Zitiert nach *Willmott*, S. 95.
26 Zu den internationalen Zahlen vgl. *Edding*, S. 382–391; *Neidhardt* 1970, S. 38ff.; *Marsh*, S. 218f.
27 In Kohlengruben-Gemeinden blieben die Gruppen der Altersgleichen weiterhin extrem stark, vgl. *Dennis* et al., S. 221–227. Zu den weniger formellen Straßengruppierungen vgl. *Mogey*, S. 54ff.
28 Vgl. *Willmott*, Kapitel 2; *Mays* 1965, S. 27f.
29 *West*, S. 94f.; *Neidhardt* 1970, S. 27f.
30 *West*, S. 74.
31 Amtl. Veröff.: *Chief Scout's Report*, S. 14.
32 *Springhall*, S. 143.
33 Handschriftl. Quellen, Abt. E, *Youth Committee, Min. Book*, 1950.
34 *Brew*, S. 118f. Im Gegensatz dazu zeigte eine Untersuchung der Jugend von Oxford von 1943 geringes Interesse und sogar ein gewisses Maß an Feindschaft gegenüber gemischten Gruppen. Handschriftl. Quellen, Abt. I, *Cole Papers, Oxford File of the Social Reconstruction Survey*, »*Voluntary Services in Oxford*«, bearbeitet von *C. Craven*.

35 »*Survey of Youth Services in Oxford*«, ein Memorandum, das mir von Mr. *F. S. Freen* zur Verfügung gestellt wurde, ein Vorläufer des *Oxford Youth Service*.
36 Zitat aus der Zeitung »*Contact*«, Juli 1957.
37 »*Survey of Youth Services in Oxford*«. Der Bericht des Komitees zum Mündigkeitsalter teilt mit, daß sich die englische Jugend selbst mit Siebzehn für erwachsen hielt; *Wilson*, S. 72.
38 *Pross*, S. 455; *Laqueur*, S. 216–227.
39 Zitiert nach »*Contact*«, Mai 1964. Zur allgemeinen Tendenz in Richtung Konservatismus vgl. *Musgrove* 1965, S. 19–23; *Marwick*, S. 50f.; *Abrams/Little*, S. 95–110.
40 *Brew*, S. 129.
41 Zum Ansteigen des Lehrerstatus' vgl. *Tropp; Baron/Tropp*, S. 545–554; für Deutschland vgl. *Samuel/Thomas*, Kapitel 4.
42 *Green*, S. 11; auch Amtl. Veröff.: *Youth Service in England and Wales*, S. 1–7.
43 *Marsh*, S. 134f.
44 Amtl. Veröff.: *Chief Scout's Report*, S. 279–284.
45 *Pross*, S. 459.
46 Zitiert nach »*Contact*«, September 1968.
47 »*Militance in Highschools*«; *Wildermann/Kaase; Wilson*, Kapitel 6, 15; *Altbach/Lipset*, S. 35–95.
48 *Boos*, S. 86–89.
49 *Simonsohn*, S. 23–28; *Platt*, Kapitel 6; *Grünhut*.
50 *Boss*, S. 89–93.
51 *Platt*, S. 161.
52 *Boss*, S. 54.
53 *West*, S. 267–285; *Schaffstein*, S. 248–265.
54 *Lowndes*, S. 313.
55 *Weinberg*, S. 183. Über die deutschen Schulen in dieser Zeit vgl. *Neidhardt* 1970, S. 34–37, 41–43; *Dahrendorf*, S. 312–329.
56 *Weinberg*, S. 188.
57 Kommentar des Rektors, zitiert aus der Zeitschrift »*Contact*« Juli 1961; auch *Weinberg*, S. 190f. Zum Druck auf das Universitätsniveau vgl. *Halsey*.
58 Amtl. Veröff.: *Youth Service in England and Wales*, S. 24; *Neidhardt* 1970, S. 50; *Musgrove* 1965, S. 82–85.
59 *Youth Service in England and Wales*, S. 26f.; *Willmott*, S. 165; *Fyvel;* eine allgemeine Untersuchung bei *Bordua*.
60 *Musgrove* 1965, S. 17–19; *Neidhardt* 1970, S. 55.
61 *Youth Service in England and Wales*, S. 23; *Musgrove* 1965, S. 84; *Neidhardt* 1970, S. 55.
62 *Neidhardt* 1970, S. 64, 87–88, 91–93; *Willmott*, S. 155, 179f.; *Schwartz/Marten*, S. 458.
63 Zum Mythos von der Kluft zwischen den Generationen vgl. *Musgrove* 1965, S. 80f.; *Neidhardt* 1966, S. 31–39, 44–50; *Goode*, S. 79–81; *Baumert*, S. 1–14; *Himmelweit*, S. 179–190; *Metraux*, S. 204–228; *Adelson; Abrams*, S. 175–190.
64 *Feuer*, Kapitel 1, 8–9. Im Gegensatz dazu vgl. *Keniston* 1968. Es sind jene Jugendlichen, die überhaupt an keiner Bewegung beteiligt waren, deren Jugendalter einschließlich Abhängigkeit und sexuelle Unreife sich am längsten hinzog (*Keniston* 1960). Leider gibt es keine vergleichbaren Studien zu diesem Thema für die europäische Jugend.
65 Die historische Gegenüberstellung der amerikanischen Kommunen beruht auf der Arbeit von *Kanter*.
66 *Muchow* 1959, S. 49; *Neidhardt* 1970, S. 84f., 89–94; *Schofield*, S. 234f. Dies spiegelt sich in der psychologischen Literatur zum Jugendalter wider, worin von Mal zu Mal weniger Nachdruck auf die Krisenhaftigkeit dieses Alters gelegt wird; *Muuss*, S. 49–55, 177–185.
67 *Keniston* 1968, S. 264.
68 Ebd., S. 260. Gleiche soziale Grundlagen fanden sich diesbezüglich auch in Deutschland und in England, vgl. *Neidhardt* 1970, S. 78–84; *Crouch*.

Anmerkungen zum Nachwort

1 Ich beziehe mich hier auf zwei Veröffentlichungen des *Centre for Contemporary Cultural Studies* der *University of Birmingham: Stuart Hall/Tony Jefferson* (Eds.): Resistance through Rituals: Youth Subcultures in Post-war Britain. London: Hutchison 1976; *Geoff Mungham/Geoff Pearson* (Eds.): Working Class Youth Culture. London: Routledge & Kegan Paul 1976.
2 Über diese Literatur gibt dem deutschen Leser der Literaturbericht von *Dirk Blasius* einen ausgezeichneten Überblick: Psychohistorie und Sozialgeschichte, in: Archiv für Sozialgeschichte XVII (1977), S. 383–403.
3 *Matti Sarmela:* Reciprocity Systems of the Rural Society in the Finnisch-Karelian Cultural Area, with Special Reference to the Social Intercourse of the Youth. Erscheinen als Nr. 207 der »Folklore Fellows Communications«, Helsinki 1969.

Quellen- und Literaturverzeichnis

Quellen

I. Handschriftliche Quellen und Archivalien

A. Archiv der deutschen Jugendbewegung. Burg Ludwigstein/Witzenhausen.

Frank Fischer, unveröffentlichte Notizbücher.
Franz Henkel, persönlicher Nachlaß.

B. Bodleian Library, Department of Western MSS. Oxford University.

Manning Collection on Folklore. MS Top Oxon d 190–191, 199–200.
Minutes of Church of England Association of Managers and Teachers. 1873–1918. MS Top Oxon e 236.
Minutes of the General Committee of the Oxford Boy Scouts Association. Dep. 50–60.
Minutes of the Oxford Branch of the National Service League. 1908–1915. MS Top Oxon e 227, 228.
Minutes of the Oxford Clerical Association. 1851–1895. MS Top Oxon e 22–39, 84–87.
Oxford Police Records. 1829–1869. MS Top Oxon b 129–162.
Oxford University Boy Scout Club. 1919–1942. MS Top Oxon d 328/1,2.

C. Stadtarchiv Göttingen.

Felix-Klein-Gymnasium.
Jugendamt.
Oberlyzeum.
Polizei-Direktion.
Soziale Fürsorge.

D. Oxford City Library, Manuscript Collection.

Minute Book of the Board of Governors, Oxford High School. 1878–1932.
Oxford School Board Attendance Committee. 1879–1909.
Oxford School Board Minute Books. 1879–1903.
St. Frideswide's Boys National School Log Books. 1872–1956.

E. Oxford Education Department, departmental files.

City of Oxford Education Committee Minute Books. 1903–1963.
City of Oxford School Attendance Subcommittee. 1910–1960.
Youth Committee General Purposes Subcommittee. 1946–1960.

F. Oxford Court House, Police Court Records.

Oxford Police Court Records. 1870–1930.

G. Oxford Town Hall Muniments.

Minutes of the Oxford Subcommittee on Infant Welfare. EE 1/18.
Minutes of the Watch and Ward Committee. 1836–1966. HH 1/1–32.

H. Oxford University Archives.

Proctors' Manuals. WPY 7 (18–21); und WPY 7 (3–6).

II. Private Sammlungen

Balliol Boys' Club, papers and log books. Im Besitz von Dr. Willis Bund, Dean of Balliol College, Oxford.
G.D.H. Cole Papers. Nuffield College Library, Oxford.
Oxford Scout Association, membership census for 1920–1966. Im Besitz von Mr. W.J.Willis, Oxford.
St. Barnabas School, log books. Im Besitz von Headmaster of St. Barnabas School.
Young Men's Christian Association, Oxford Branch records. Im Besitz von Mr. DelNevo, Secretary.

III. Amtliche Veröffentlichungen und Berichte

Berichte der Jugendpfleger Göttingen. 1914–1930. Stadtbücherei Göttingen.
The Chief Scout's Advance Party Report, London, 1966. Bodleian Library.
City of Oxford Chief Constable's Annual Report. 1897–1960. Oxford City Library.

City of Oxford Youth Committee Report. 1941, 1944, 1966. Oxford City Library.

Disinherited Youth: A Report on the 18+ Age Group, Edinburgh, 1943. Bodleian Library.

Jahresbericht des Ortsausschusses für weibliche Jugendpflege. Göttingen 1914–1918. Stadtbücherei Göttingen.

Mothers' Union Journal. 1893–1896. Oxford City Library.

Mothers' Union Report, Oxford Branch. 1891–1910. Oxford City Library.

Oxford and District Boy Scouts' Chronicle. I, November 1909. Oxford City Library.

Oxford School Board Annual Report. 1873–1927. Oxford City Library.

Parliamentary Papers XX–XXI (1864): Report of Her Majesty's Commissioners Appointed to Inquire into Revenue and Management of Certain Colleges and Schools.

Parliamentary Papers I–V (1868): Schools Inquiry Commission.

Report of the Committee on the Age of Majority, 1967. Bodleian Library.

Report of the Oxford and County Branch of the National Society for the Prevention of Cruelty to Children. 1899–1919. Headquarters Library.

Report of the Oxford Council of Social Service. 1938–1939. Oxford City Library.

Report of the Oxford Vigilance Association, 1888. Oxford City Library.

Report of the Oxford Working Men's and Lads' Institute. 1884–1915. Oxford City Library.

The Youth Service in England and Wales. Report of the Committee Appointed by the Minister of Education. London 1960. Bodleian Library.

IV. Zeitungen und Zeitschriften

Contact: City of Oxford Community Center and Youth Services Newspaper. 1956–1969. Oxford City Library.

National Health. 1908–1924.

Oxford High School Magazine. 1903–1970. Oxford City Library.

Der Wandervogel. Zeitschrift des Bundes für Jugendwanderungen. 1909–1914. Burg Ludwigstein.

Literatur

Abrams, Philip: Rites de Passage: The Conflict of Generations in Industrial Society. In: Journal of Contemporary History 5 (1970), S. 175–190.

Abrams, Philip/Little, Alan: The Young Voter in British Politics. In: British Journal of Sociology 14 (1962), S. 95–110.

Acton, William: Functions and Disorders of the Reproductive Organs in Childhood, Youth, Adult Age, and in Advanced Life. London [6]1875.

Adelson, Joseph: What Generation Gap? In: New York Times Magazine, 12. Januar 1970.

Alexander, Sally: St. Gile's Fair, 1830–1914. Popular Culture and the Industrial Revolution in 19th Century Oxford. Oxford 1969.

Altbach, Philip/Lipset, Seymour M. (Eds.): Students in Revolt. Boston 1969.

Anderson, Eugene N., et al. (Eds.): Europe in the Nineteenth Century; a Documentary Analysis of Chance and Conflict. Vol. 1. Indianapolis 1961.

Anderson, Michael: Household Structure and the Industrial Revolution; Mid-Nineteenth Century Preston in Comparative Perspective. In: Peter Laslett (Ed.): Household and Family in Past Time. Cambridge 1972, S. 215–235.

Anderson, Michael: Family, Household and the Industrial Revolution. In: Michael Anderson (Ed.): Sociology of the Family. London 1971, S. 78–98.

Anderson, Michael: Family Structure in Nineteenth Century Lancashire. Cambridge 1972.

Arensberg, Conrad M./Kimball, Solon T.: Family and Community in Ireland. Cambridge, Mass. [2]1968.

Ariès, Philippe: Centuries of Childhood; a Social History of Family Life. New York 1965. [Französische Originalausgabe unter dem Titel: L'enfant et la vie familiale sous l'Ancien Régime. Paris [2]1973; deutsch übersetzt unter dem Titel: Geschichte der Kindheit. München 1975.]

Avery, Gillian E.: Nineteenth Century Children: Heroes and Heroines in English Children's Stories, 1780–1900. London 1965.

Bailey, Cyril: A Short History of the Balliol Boys' Club. Oxford 1950.

Bamford, T.W.: Rise of the Public Schools: a Study of Boy's Public Boarding Schools in England and Wales from 1837 to the Present Day. London 1967.

Banks, Joseph A.: Population Change and the Victorian City. In: Victorian Studies 11 (1968), S. 280–294.

Banks, Joseph A.: Prosperity and Parenthood; a Study of Family Planning among the Victorian Middle Classes. London 1954.

Barber, Cesar L.: Shakespeare's Festive Comedy: a Study of Dramatic Form and Its Relation to Social Custom. Princeton 1959.

Baron, George/Tropp, Asher: Teachers in England and America. In: A.H. Halsey et al. (Eds.): Education, Economy and Society. A Reader in the Sociology of Education. New York 1961.

Baumert, Gerhard: Einige Beobachtungen zur Wandlung der Familienstellung des Kindes in Deutschland. In: Nels Anderson (Hrsg.): Recherches sur la famille. Vol. 2. Göttingen 1957, S. 1–14.

Baustädt, Karl: Festschrift zum 60jährigen Bestehen der Felix-Klein Oberschule zu Göttingen. Göttingen 1950.

Beard, P.F.: Voluntary Youth Organizations. In: Nuffield College Social Reconstruction Survey. London 1945.

Bechtel, Heinrich: Wirtschafts- und Sozialgeschichte Deutschlands. Wirtschaftsstile und Lebensformen von der Vorzeit bis zur Gegenwart. München 1967.

Beerbohm, Max: A Morris for May Day. In: Harper's Monthly Magazine, Oktober 1907.

Berkner, Lutz K.: The Stem Family and the Developmental Cycle of the Peasant Household: An Eighteenth Century Austrian Example. In: American Historical Review 77 (1972), S. 398–418.

Blackwell, Elizabeth: Counsel to Parents on the Moral Education of their Children in Relation to Sex. London [2]1879.

Bloch, Iwan: The Sexual Life of Our Time in Its Relation to Modern Civilization. London 1908.

Blum, Jerome: The Internal Structure and Polity of the European Village Community from the Fifteenth to the Nineteenth Century. In: Journal of Modern History 47 (1971), S. 541–576.

Bongert, Yvonne: Délinquance juvénile et responsabilité pénale du mineur au XVIIIe siècle. In: Crimes et criminalité en France sous l'Ancien Régime. Paris 1971.

Booth, Charles: Life and Labour of the People in London. Vol. 3. London 1902.

Bordua, David J.: Delinquent Subcultures: Sociological Interpretations of Gang Behavoir. In: Annals of the American Academy of Political and Social Science 338 (1961).

Born, Stephan: Erinnerungen eines Achtundvierzigers. Leipzig 1898.

Boss, Peter: Social Policy and the Young Delinquent. London 1967.
Bowley, Arthur L./Burnett-Hurst, A. R.: Livelihood and Poverty; a Study in the Economic Conditions of Working-Class Households in Northampton, Worrington, Stanley and Reading. London 1915.
Brailsford, Dennis: Sport and Society; Elizabeth to Anne. London/Toronto 1969.
Braun, Rudolf: Industrialisierung und Volksleben. Die Veränderung der Lebensformen in einem ländlichen Industriegebiet vor 1800 (Züricher Oberland). Teil 1. Erlenbach-Zürich/Stuttgart 1960.
Bray, Reginald Arthur: The Boy and the Family. In: Edward J. Urwick (Ed.): Studies of Boy Life in Our Cities. London 1904.
Bray, Reginald Arthur: Boy Labour and Apprenticeship. London 1911.
Bray, Reginald Arthur: The Town Child. London 1907.
Bray, Reginald Arthur: Youth and Industry. In: Muirhead, J. H./Alden, M. (Eds.): Converging Views of Social Reform; Being a Series of Lectures on the Life of the Industrial Worker. London 1913.
Brew, Mary Winifred Josephine MacAlister: Youth and Youth Groups. London ²1968.
Brieke, Ernst: Die Geschichte der Göttinger Jugendwehr. In: Göttinger Nachrichten, 20. November 1937.
Broderick, Carlfred B.: Kinder und Jugendsexualität: sexuelle Sozialisierung. Reinbek bei Hamburg 1970.
Brunner, Otto: Das »ganze Haus« und die alteuropäische »Ökonomik«. In: Ders.: Neue Wege der Sozialgeschichte. Göttingen ²1968, S. 103–127.
Brunschwig, Henri: La crise de l'état prussien à la fin du XVIIIe siècle et al genèse de la mentalité romantique. Paris 1947. [Deutsch übersetzt u. d. T.: Gesellschaft und Romantik in Preußen im 18. Jahrhundert: die Krise des preußischen Staates am Ende des 18. Jahrhunderts und die Entstehung der romantischen Mentalität. Frankfurt a. M./Berlin/Wien 1976.]
Butler, Christina Violet: Social Conditions in Oxford. London 1914.

Carden, Maren Lockwood: Oneida: Utopian Community to Modern Corporation. Baltimore 1969.
Carlebach, Julius: Caring for Children in Trouble. London 1970.
Carpenter, Edward: Love's Coming of Age; a Series of Papers on the Relations of the Sexes. London 1903.
Carpenter, Joseph Estlin: The Life and Work of Mary Carpenter. London 1879.
Carter, Lady Violet Bonham: Childhood and Education. In: Ernest Barker (Ed.): The Character of England. Oxford 1947, S. 209–234.
Chambers, Jonathan D.: Population, Economy, and Society in Pre-Industrial England. Edited with a Preface and Introduction by W. A. Armstrong. London/New York/Oxford 1972.
Charlton, Donald Geoffrey: Secular Religions in France, 1815–1870. London/New York 1963.
Chevalier, Louis: Laboring Classes and Dangerous Classes in Paris during the First Half of the Nineteenth Century. New York 1973.
Cloete, J. R.: The Boy and His Work. In: Edward J. Urwick (Ed.): Studies in Boy Life in Our Cities. London 1904.
Comfort, Alex: The Anxiety Makers: Some Curious Preoccupations of the Medical Profession. New York 1969.
Comfort, Alex: Sex in Society. London 1966.
Cominos, Peter T.: Late-Victorian Sexual Respectability and the Social System. In: International Review of Social History 8 (1963), S. 18–48, 216–250.
Coorneart, Emile: Les Compagnonnages en France, du Moyen Age à nos Jours. Paris 1966.
Crouch, Colin: The Student Revolt. London 1970.
Crozier, Dorothy: Kinship and Occupational Succession. In: Sociological Review 13 (1965), S. 15–43.

Dahrendorf, Ralf: Society and Democracy in Germany. New York 1967.
Dangerfield, George: The Strange Death of Liberal England (1910–1914). New York 1961.
Darnton, Robert: The High Enlightenment and the Low-Life Literature in Prerevolutionary France. In: Past & Present 15 (1971), No. 51, S. 81–115.
Darton, F.J. Harvey: Children's Books in England: Five Centuries of Social Life. Cambridge 1958.
Davis, Kingsley: Adolescence and the Social Structure. In: Annals of the American Academy of Political and Social Science 236 (1944), S. 31–47.
Davis, Natalie Z.: The Reason of Misrule: Youth Groups and Charivaris in Sixteenth Century France. In: Past & Present 15 (1971), No. 50, S. 41–75.
Davis, Natalie Z.: A Trade Union in Sixteenth Century France. In: Economic History Review 20 (1966), S. 48–69.
Demos, John R.: Little Commonwealth: Family Life in Plymouth Colony. New York 1970.

Demos, John R./Demos, Virginia: Adolescence in Historical Perspective. In: Journal of Marriage and the Family 31 (1969), S. 632–638.
de Musset, Alfred: Confessions of a Child of the Century. In: John B. Halsted (Ed.): Romanticism. New York 1969.
de Sauvigny, Guillaume de Bertier: The Bourbon Restoration. Philadelphia 1966.
Dennis, Norman/Henriques, Fernando/Slaughter, Clifford: Coal is Our Life. London 1965.
Dingle, Aylward Edward: A Modern Sinbad. An Autobiography. London 1933.
Dorwart, Reinhold A.: The Prussian Welfare State before 1740. Cambridge, Mass. 1971.
Eager, W. McG.: Making Men: The History of Boys' Clubs and Related Movements in Great Britain. London 1953.
Edding, Friedrich: Relativer Schulbesuch und Abschlußquoten im internationalen Vergleich. In: Ludwig von Friedeburg (Hrsg.): Jugend in der modernen Gesellschaft. Köln/Berlin 1965, S. 382–391.
Eisenstadt, Shmuel Noah: From Generation to Generation; Age Groups and Social Structure. New York 1964. [Deutsch übersetzt u.d.T.: Von Generation zu Generation. Altersgruppen und Sozialstruktur. München 1966.]
Eisenstadt, Shmuel Noah: Modernization: Protest and Change. Englewood Cliffs, N.J. 1966.
Eisenstein, Elizabeth L.: First Professional Revolutionist: Filippo Michele Buonarroti (1761–1837). A Biographical Essay. Cambridge, Mass. 1959.
Eliade, Mircea: Rites and Symbols of Initiation; the Mysteries of Birth and Rebirth. New York 1965.
Ellis, Havelock: Studies in the Psychology of Sex. Vol. 4. Philadelphia 1911.
Eppel, E.M./Eppel, M.: Connotations of Morality. In: British Journal of Sociology 12 (1962), S. 243–263.
Epstein, Klaus: The Genesis of German Conservatism. Princeton 1966.
Feuer, Lewis S.: The Conflict of Generations: The Character and Significance of Student Movements. New York 1969.
Fischer, Frank: Wandern und Schauen. Gesammelte Aufsätze. Göttingen 1918.
Fischer, Wolfram: Soziale Unterschichten im Zeitalter der Frühindustrialisierung. In: International Review of Social History 8 (1963), S. 415-435.
Fishman, Sterling: Suicide, Sex and the Discovery of the German Adolescent. In: History of Education Quarterly 10 (1970), S. 170–188.
Fletcher, Margaret: O'Call Back Yesterday. Oxford 1939.
Fletcher, Ronald: The Family and Marriage in Britain. An Analysis and Moral Assessment. London 1962.
Fourier, François Marie Charles: Harmonium Man. The Writings of Charles Fourier. Edited by Mark Poster. Garden City, N.Y. 1971.
Frankenberg, Ronald: Communities in Britain. Social Life in Town and Country. London 1966.
Freeman, Arnold: Boy Life and Labour. The Manufacture of Inefficiency. London 1914.
Freudenthal, Herbert: Vereine in Hamburg. Ein Beitrag zur Geschichte und Volkskunde der Geselligkeit. Hamburg 1968.
Friedenberg, Edgar Z.: Vanishing Adolescent. New York 1959.
Friedenthal, Richard: Goethe, His Life and Times. New York 1965. [Deutsche Originalausgabe: Goethe. Sein Leben und seine Zeit. München 1963.]
Fyvel, J. R.: The Insecure Offender. London 1963.

Gaustad, Edwin Scott: The Great Awakening in New England. Gloucester ^{2}1965.
George, M. Dorothy: London Life in the Eighteenth Century. New York 1965.
Gilbert, C.: When Did a Man in the Renaissance Grow Old? In: Studies in the Renaissance 14 (1967), S. 7–32.
Gillis, John R.: Conformity and Rebellion: Contrasting Styles of England and German Youth, 1900–1933. In: History of Education Quarterly 13 (1973), S. 249–260.
Gillis, John R.: The Evolution of Juvenile Delinquency in England, 1890–1914. In: Past & Present 19 (1975), No. 67, S. 96–126.
Gillis, John R.: The Prussian Bureaucracy in Crisis, 1840–1860: Origins of an Administrative Ethos. Stanford 1971.
Gillis, John R.: Youth in History: Progress and Prospect. In: Journal of Social History 7 (1973), S. 201–207.
Glass, David V.: Education and Social Chance in Modern England. In: A.H. Halsey et al. (Eds.): Education, Economy, and Society. A Reader in the Sociology of Education. London 1961.
Gluckman, Max: Les Rites de Passage. In: Max Gluckman (Ed.): Essays on the Ritual of Social Relations. Manchester 1963.
Goffman, Erving: Asylums. Essays on the Social Situation of Mental Patients and Other Inmates. Garden City, N.Y. 1961.
Goldthorpe, John Harry, et al.: The Affluent Worker in the Class Structure. Cambridge 1969.
Gollin, Gillian: Moravians in two Worlds; a Study of Changing Communities. New York 1967.
Goode, William J.: World Revolution and Family Patterns. New York 1970.

Goodwin, Albert (Ed.): The European Nobility in the 18th Century. Studies of the Nobilities of the Major European States in the Pre-Reform Era. New York 1967.
Gorer, Geoffrey: Exploring English Charakter. London 1955.
Gottlieb, David, et al.: The Emergence of Youth Societies: A Cross Cultural Approach. New York 1966.
Gown and Town Rows at Oxford and their Historical Significance. In: Dublin University Magazine No. 71, April 1868.
Graff, Henry: Patterns of Dependence and Child Development in a Mid-19th Century City: Sample from Boston 1860. In: History of Education Quarterly 13 (1972), S. 129–144.
Graña, César: Bohemian versus Bourgeois: French Society and the French Man of Letters in the Nineteenth Century. New York 1964.
Graves, Robert: Goodbye to All That. Garden City, N.Y. 1957.
Graves, T.S.: Some Pre-Mohock Clansmen. In: Studies in Philology 20 (1923), S. 395–421.
Green, F.S.: Youth and Community Center Services: Some Facts, Figures and Reflextions. (Vervielf. Ms.)
Greven, Philip J.: Youth, Maturity, and Religious Conversion: A Note on the Ages of Converts in Andover, Mass. 1711–1749. In: Essex Institute Historical Collections 58 (1972), S. 119–134.
Grünhut, Max: Penal Reform: A Comparative Study. Montclair, N.J. ²1972.
Gusfield, Joseph: Symbolic Crusade: Status Politics and the American Temperance Movement. Urbana, Ill. 1963.
Habakkuk, H.J.: Marriage Settlements in the Eighteenth Century. In: Transactions of the Royal Historical Society, Fourth Series, 32 (1950), S. 15–30.
Hajnal, John: European Marriage Patterns in Perspective. In: D.V. Glass/D.E.C. Eversley (Eds.): Population in History. Essays in Historical Demography. London 1965.
Hall, Granville Stanley: Adolescence: Its Psychology, and its Relations to Physiology, Anthropology, Sociology, Sex, Crime, Religion, and Education. Vol. 1. New York 1904; Vol. 2. New York ²1969.
Halsey, A.H.: The Changing Function of Universities in Advanced Industrial Societies. In: Harvard Educational Review 30 (1960), S. 119–127.
Halsey, A.H. (Ed.): Trends in British Society since 1900: A Guide to the Changing Social Structure of Britain. New York 1972.
Hammond, J.L./Hammond, Barbara: The Village Labourer, 1760–1832. A Study in the Government of England before the Reform Bill. New York 1970.
Hans, Nicholas: New Trends in Education in the Eighteenth Century. London ²1966.
Hare, E.H.: Masturbational Insanity: The History of an Ideal. In: Journal of Mental Science 108 (1962).
Harrison, Brian: Underneath the Victorians. In: Victorian Studies 10 (1967), S. 239–262.
Hawes, Joseph M.: Children in Urban Society. Juvenile Delinquency in Nineteenth-Century America. New York 1969.
Henriques, Fernando: Prostitution and Society; a Survey. Vol. 3. London 1968.
Herlihy, David: Vieillir à Florence au Quattrocento. In: Annales Économies Sociétés Civilisations 24 (1969), S. 1338–1352.
Hewitt, Margaret: Wives and Mothers in Victorian Industry. London 1958.
Hicks, William Charles Reginald: The School in English and German Fiction. London 1933.
Hill, Christopher: The World Turned Upside Down: Radical Ideas during the English Revolution. New York 1972.
Himmelweit, Hilda: Social and Class Differences in Parent-Child Relations in England. In: Nels Anderson (Hrsg.): Recherches sur la famille. Vol. 2. Göttingen 1957, S. 179–190.
Hiscock, Eric Charles: Last Boat to Folly Bridge. London 1970.
Hobsbawm, Eric John: The Age of Revolution. New York 1962.
Hobsbawm, Eric John: The Labour Aristocracy in the Nineteenth Century. In: E.J. Hobsbawm (Ed.): Labouring Men; Studies in the History of Labour. New York 1965, S. 272–315.
Hobsbawm, Eric John: The Ritual of Social Movements. In: E.J. Hobsbawm (Ed.): Primitive Rebels; Studies in Archaic Forms of Social Movement in the Nineteenth and Twentieth Centuries. New York 1965.
Hobsbawm, Eric John: The Tramping Artisan. In: E.J. Hobsbawm (Ed.): Labouring Men; Studies in the History of Labour. New York 1965.
Hobsbawm, Eric John/Rudé, George: Captain Swing. New York ²1970.
Hoggart, Richard: The Uses of Literacy. London 1957.
Holborn, Hajo: A History of Modern Germany. Vol. 2. New York 1964.
Hole, Christina: English Folklore. London 1940.
Hole, Christina: English Sports and Pastimes. London 1949.
Hollingsworth, T.H.: The Demography of the British Peerage. In: Population Studies 18 (1964), Supplement.

Hope, Arthur M.: Breaking down of Castle. In: John Howard Whitehouse (Ed.): Problems of Boy Life. London 1912.
Horn, Daniel: Youth Resistance in the Third Reich: A Social Portrait. In: Journal of Social History 7 (1973), S. 28–43.
Hornstein, Walter: Jugend in ihrer Zeit. Geschichte und Lebensformen der jungen Menschen in der europäischen Welt. Hamburg 1966.
Horsley, John: Juvenile Crime. Its Causes and Remedies: The Great Social Question of the Day. London 1894.
Hughes, Thomas: Tom Brown's School-Days. New York 1967.
Hunt, David: Parents and Children in History. Psychology of Family Life in Early Modern France. New York 1970.
Hynes, Samuel L.: The Edwardian Turn of Mind. Princeton 1968.
Inglis, Kenneth Stanley: Churches and the Working Classes in Victorian England. London 1963.
Jantzen, Walter: Die soziologische Herkunft der Führungsschicht der deutschen Jugendbewegung, 1900–1933. In: Führungsschicht und Eliteproblem. (Jahrbuch der Ranke-Gesellschaft, Bd. 3) Frankfurt/M. 1957, S. 127–135.
Jones, Louis Clark: The Clubs of the Georgian Rakes. New York 1942.
Juvenile Offenders: An Inquiry Instituted by the Howard Association. London 1889.
Kanter, Rosabeth Moss.: Commitment and Community: Communes and Utopias in Sociological Perspective. Cambridge/Mass. 1972.
Keniston, Kenneth: Psychological Development and Historical Chance. In: Journal of Interdisciplinary History 2 (1971), S. 329–345.
Keniston, Kenneth: The Uncommitted: Alienated Youth in American Society. New York 1960.
Keniston, Kenneth: Young Radicals: Notes on Committed Youth. New York 1968.
Kett, Joseph: Adolescence and Youth in Nineteenth Century America. In: Journal of Interdisciplinary History 2 (1971). S. 283–298.
Key, Ellen: The Century of the Child. London 1909. [Zuerst deutsch 1902 »Das Jahrhundert des Kindes«.]
Kirk, Edward B.: A Talk with Boys about Themselves. London 1905.
Kitchen, Martin: The German Officer Corps, 1890–1914. Oxford 1968.
Klöden, Karl Friedrich von: The Self-made Man. 2 Vols. London 1876. [Zuerst deutsch 1874 »Jugenderinnerungen«.]
Knoop, Douglas/Jones, G.P.: The Genesis of Freemasonry; an Account of the Rise and Development of Freemasonry in its Operative, Accepted and Early Speculative Phase. Manchester 1947.
Kotschnig, Walter M.: Unemployment in the Learned Professions. An International Study of Occupational and Educational Planning. London 1937.
Laqueur, Walter Z.: Young Germany: A History of the German Youth Movement. London 1962. [Dt. übers. u. d. T.: Die deutsche Jugendbewegung. Köln 1962.]
Laslett, Peter: Age of Menarche in Europe since the 18th Century. In: Journal of Interdisciplinary History 2 (1972), S. 221–236.
Laslett, Peter: The World We Have Lost. New York 1966.
Lees, Lynn: Irish Slum Communities in Nineteenth Century London. In: Thernstrom, S. A./ Sennett, R.: Nineteenth Century Cities. Essays in the New Urban History. New Haven 1969.
Lefebvre, Georges: The Thermidorians. New York 1966.
Lowndes, George A. N.: The Silent Social Revolution: An Account of the Expansion of Public Education in England and Wales, 1895–1965. London ^{2}1969.
Lütkens, Charlotte: Die deutsche Jugendbewegung. Ein soziologischer Versuch. Frankfurt 1925.
Lyttelton, Edward: Mothers and Sons, or Problems in the Home Training of Boys. London 1892.
Lyttelton, Edward: Training of the Young in Laws of Sex. London 1900.
MacFarlane, Alan: The Family Life of Ralph Josselin, a 17th Century Clergyman. An Essay in Historical Anthropology. Cambridge 1970.
Mack, Edward C.: Public Schools and British Opinion, 1780–1860. An Examination of the Relationship between Contemporary Ideas and the Evolution of an English Institution. London 1938.
Mannheim, Hermann: War and Crime. London 1941.
Manning, Percy: Some Oxfordshire Seasonal Festivals. In: Folk Lore 8 (1897).
Manuel, Frank Edward: The Prophets of Paris. New York 1962.
Marsh, David Charles: Changing Social Structure of England and Wales, 1871–1961. London 1965.
Marson, Dave: Children's Strikes in 1911. Oxford (ohne Jahr).
Marwick, Arthur: Youth in Britain, 1920–1970. In: Journal of Contemporary History 5 (1970), S. 37–51.
Marx, Karl/Engels, Friedrich: The Communist Manifesto. New York 1955. [Originalausgabe

unter dem Titel: Manifest der Kommunistischen Partei. London 1848.]
Masterman, C.F.G.: Condition of England. London 1909.
Mathiez, Albert: After Robespierre: The Thermidorian Reaction. New York 1965.
Matza, David: Position and Behavior Patterns of Youth. In: Faris, Robert E. Lee (Ed.): Handbook of Modern Sociology. Chicago 1964.
Matza, David: The Subterranean Traditions of Youth. In: Annals of the American Academy of Political and Social Science 228 (1961), S. 102–118.
Mayhew, Henry: German Life and Manners as seen in Saxony at the Present Day. Vol. 1. London 1864.
Mayhew, Henry: London Labour and the London Poor. Vol. 1. London 1861.
Mays, John Barron: Crime and the Social Structure. London 1967.
Mays, John Barron: The Young Pretenders; a Study of Teenage Culture in Contemporary Society. London 1965.
Mazoyer, L.: Catégories d'âge et groupes sociales. Les jeunes generations françaises de 1830. In: Annales d'histoire économique et sociale 10 (1938), S. 385–423.
Meachem, Standish: The Sense of an Impending Clash: English Working Class Unrest before the First World War. In: American Historical Review 77 (1972), S. 1343–1364.
Mennel, Robert: Thornes & Thistles: Juvenile Delinquents in the United States, 1825–1940. Hanover, N.H. 1973.
Metraux, Rhoda: Parents and Children: An Analysis of Contemporary German Child Care and Youth-Guidance Literature. In: Mead, Margaret/Wolfenstein, Martha (Eds.): Childhood in Contemporary Cultures. Chicago 1963.
Militance in High Schools Worries London Officials. In: New York Times, 18. Mai 1972.
Mill, John Stuart: Spirit of the Age. In: Gertrude Himmelfarb (Ed.): Essays in Politics and Culture. Garden City, N.Y. 1963.
Milson, Frederick W.: Youth in a Changing Society. London 1972.
Mingay, G.E.: English Landed Society in the Eighteenth Century. London 1963.
Mogey, John M.: Family and Neighborhood: Two Studies in Oxford. Oxford 1966.
Möller, Helmut: Die kleinbürgerliche Familie im 18. Jahrhundert. Verhalten und Gruppenkultur. Berlin 1969.
Moller, Herbert: Youth as a Force in the Modern World. In: Comparative Studies in Society and History 10 (1968), S. 237–260.
Montague, Lily H.: The Girl in the Background. In: Urwick, Edward J. (Ed.): Studies of Boy Life in our Cities. London 1904.
Morley, John: Death, Heaven, and the Victorians. Pittsburgh 1971.
Morrison, William Douglas: Juvenile Offenders. London 1896.
Mosse, George L.: The Crisis of German Ideology. Intellectual Origins of the Third Reich. New York 1964.
Muchow, Hans Heinrich: Jugend und Zeitgeist. Morphologie der Kulturpubertät. Reinbek bei Hamburg 1964.
Muchow, Hans Heinrich: Sexualreife und Sozialstruktur der Jugend. Reinbek bei Hamburg 1959.
Musgrove, Frank: The Decline of the Educative Family. In: Universities Quaterly 14 (1960), S. 377–404.
Musgrove, Frank: Middle Class Education and Employment in the Nineteenth Century: A Rejoinder. In: Economic History Review 14 (1961), S. 320–329.
Musgrove, Frank: Middle Class Families and the Schools 1780–1880. In: Sociological Review 7 (1959), S. 169–178.
Musgrove, Frank: Youth and the Social Order. London 1965.
Muuss, Rolf E.H.: Theories of Adolescence. New York [2]1968.
Myrdal, Alva: Nation and Family. The Swedish Experiment in Democratic Family and Population Policy. Cambridge, Mass. 1968.

Neidhardt, Friedhelm: Die Familie in Deutschland. Gesellschaftliche Stellung, Struktur und Funktionen. Opladen 1966.
Neidhardt, Friedhelm: Die junge Generation. Jugend und Gesellschaft in der BRD. Opladen [3]1970.
Newsome, David: Godliness and Goodlearning. Four Studies on a Victorian Ideal. London 1961.
Noyes, Paul: Organization and Revolution: Working Class Associations in the German Revolutions of 1848/49. Princeton 1966.

O'Boyle, Lenore: The Problem of an Excess of Educated Men in Western Europe, 1800–1850. In: Journal of Modern History 42 (1970), S. 471–495.
Ong, Walter J.: Latin Language Study as a Renaissance Puberty Rite. In: Ong, Walter J. (Ed.): Rhetoric Romance and Technology. Studies in the Interaction of Expression and Culture. Ithaca, N.Y. 1971.
Ozouf, Mona: Symboles et fonction des âges dans les fêtes de l'époque révolutionaire. In: Annales

historiques de la Révolution Française 202 (1970), S. 569–593.
Pantin, J.: Report of the Keeper of the Archives, 1964–65. In: University Gazette 46 (1966), Supplement No. 4, Oxford University.
Parry, Albert: Garrets and Pretenders. A History of Bohemianism in America. New York 1933.
Parsons, Talcott: Age and Sex in the Social Structure. Essays in Sociological Theory, Pure and Applied. Glencoe, Ill. 1949.
Paterson, Alexander: Across the Bridge or, Life by the South London Riverside. London ²1912.
Paul, Leslie Allen: The Republic of Children. A Handbook for Teachers of Working-Class Children. London 1938.
Pelles, Geraldine: Art, Artists and Society. Origins of a Modern Dilemma; Painting in England and France, 1750–1850. Englewood Cliffs, N.J. 1963.
Perkin, Harold James: Middle Class Education and Employment: A Critical Note. In: Economic History Review 14 (1961), S. 122–130.
Perkin, Harold James: The Origins of Modern English Society, 1780–1880. London 1969.
Pinchbeck, Ivy/Hewitt, Margaret: Children in English Society. Vol. 1. London 1970 [vol. 2. London 1973].
Pinkney, David Henry: The French Revolution of 1830. Princeton, N.J. 1972.
Platt, Anthony Michael: The Child Savers: The Invention of Delinquency. Chicago 1969.
Plowman, Thomas F.: In the Days of Victoria. Some Memories of Men and Things. London 1918.
Porter, Enid: Cambridgeshire Customs and Folklore. London 1969.
Price, Richard: An Imperial War and the British Working Class. Working-Class Attitudes and Reactions to the Boer War 1899–1902. London 1972.
Pross, Harry: Jugend, Eros, Politik. Die Geschichte der deutschen Jugendverbände. Bern/München/Wien 1964.
Rabe, Hanns-Bernd: Der Wandervogel in Osnabrück: Bild einer Jugend von 1907–1920. In: Osnabrücker Mitteilungen 70 (1961), S. 109–154.
Radzinowicz, Leon: Ideology and Crime: A Study of Crime in Its Social and Historical Context. London 1966.
Reader, William Joseph: Professional Men: The Rise of the Professional Classes in Nineteenth Century England. New York 1967.
Redford, Arthur: Labour Migration in England, 1800–1850. Manchester 1964.
Reports of the Riot of November 1867. Oxford City Library, Clipping Collection, P 942 571.
Ringer, Fritz Franz Klaus: The Decline of the German Mandarins; The German Academic Community 1890–1933. Cambridge, Mass. 1969.
Roberts, E. Eric: The Service of Youth. In: Oxford Monthly 17 (1940).
Roberts, John Morris: The Mythology of the Secret Societies. London 1972.
Roessler, Wilhelm: Die Entstehung des modernen Erziehungswesens in Deutschland. Stuttgart 1961.
Rowntree, B. Seebohm: Poverty and Progress: A Second Social Survey of York. London 1941.
Rowntree, B. Seebohm: Poverty; A Study of Town Life. London 1913.
Rubinstein, David: School Attendance in London 1870–1904: A Social History. New York 1969.
Russell, Charles Edward B.: Adolescence. In: Muirhead, J.H./Alden, M. (Eds.): Converging Views of Social Reform; Being a Series of Lectures on the Life of the Industrial Worker. London 1913.
Russell, Charles Edward B.: Manchester Boys, Sketches of Manchester Lads at Work and Play. Manchester 1905.

Samuel, Richard/Thomas, H. Hinton (Eds.): Education and Society in Modern Germany. London 1949.
Schaffstein, Friedrich: Die Bemessung der Jugendhilfe: Erfahrung und Folgerungen. In: Berthold Simonsohn (Hrsg.): Jugendkriminalität, Strafjustiz und Sozialpädagogik. Frankfurt/M. 1969, S. 248–265.
Schelsky, Helmut: Die skeptische Generation. Eine Soziologie der deutschen Jugend. Düsseldorf/Köln ²1957.
Schenk, Hans Georg: The Mind of the European Romantics; An Essay in Cultural History. New York 1969.
Schieder, Wolfgang: Anfänge der deutschen Arbeiterbewegung. Die Auslandsvereine im Jahrzehnt nach der Julirevolution von 1830. Stuttgart 1963.
Schochet, Gordon: Patriarchalism, Politics and Mass Attitudes in Stuart England. In: The Historical Journal 12 (1969), S. 413–441.
Schoenbaum, David: Hitler's Social Revolution: Class and Status in Nazi Germany, 1933–1939. Garden City, N.Y. 1967.
Schofield, Michael: The Sexual Behavior of Young People. London 1968.
Schulze, Friedrich/Ssymank, Paul: Das deutsche Studententum von den ältesten Zeiten bis zur Gegenwart. München 1932.
Schwartz, Gary/Marten, Don: The Language of Adolescence: An Anthropological Approach to

Youth Culture. In: American Journal of Sociology 72 (1967), S. 453–468.

Schwartz, Paul: Die Gelehrtenschulen Preußens unter dem Oberschulkollegium (1787–1806) und das Abiturientenexamen. Vol. 1. Berlin 1910; vol. 2. Berlin 1911.

Seidelmann, Karl: Bund und Gruppe als Lebensform deutscher Jugend. Versuch einer Erscheinungskunde des deutschen Jugendlebens in der ersten Hälfte des XX. Jahrhunderts. München 1955.

Sherwood, William Edward: Oxford Yesterday. Memoirs of Oxford Seventy Years Ago. Oxford 1927.

Shorter, Edward: Illegitimacy, Sexual Revolution and Social Chance in Modern Europe. In: Journal of Interdisciplinary History 2 (1971), S. 329–345.

Simon, Brian: Studies in the History of Education. Vol. 2: Education and the Labour Movement, 1870–1920. London 1965.

Simonsohn, Berthold: Vom Strafrecht zur Jugendhilfe. Ein geschichtlicher Überblick. In: Simonsohn, Berthold (Hrsg.): Jugendkriminalität, Strafjustiz und Sozialpädagogik. Frankfurt/Main 1969.

Slicher van Bath, Bernard Hendrik: The Agrarian History of Western Europe, a.d. 500–1840. London 1963.

Smelser, Neil Joseph: Social Change in the Industrial Revolution; an Application of Theory to the British Cotton Industry, 1770–1840. Chicago 1959.

Spamer, Adolf: Sitte und Brauch. In: Wilhelm Pessler (Hrsg.): Handbuch der deutschen Volkskunde. Bd. 2. Potsdam 1935.

Spender, Stephen: The English Adolescent. In: Harvard Education Review 18 (1948), S. 229–240.

Spitz, René A.: Authority and Masturbation. In: The Psychoanalytic Quarterly 21 (1952), S. 490–527.

Springhall, J.O.: The Boy Scouts, Class and Militarism in Relation to British Youth Movements, 1908–1930. In: International Review of Social History 17 (1972), S. 3–23.

Stadelmann, Rudolf/Fischer, Wolfram: Die Bildungswelt des deutschen Handwerkers um 1800. Studien zur Soziologie des Kleinbürgers im Zeitalter Goethes. Berlin 1955.

Stedman Jones, Gareth: Working-Class Culture und Working-Class Politics in London, 1870–1900; Notes on the Remaking of a Working Class. In: Journal of Social History 7 (1974), S. 460–508.

Stephan, G.: Die häusliche Erziehung in Deutschland während des achtzehnten Jahrhunderts. Wiesbaden 1891.

Stern, Fritz Richard: Politics of Cultural Despair. A Study in the Rise of the Germanic Ideology. Garden City, N.Y. 1965.

Stone, Lawrence: Literacy and Education in England, 1640–1900. In: Past & Present 13 (1969), No. 42, 69–139.

Stone, Lawrence: Marriage among the English Nobility in the 16th and 17th Centuries. In: Comparative Studies in Society and History 3 (1960), S. 182–206.

Stone, Lawrence: The Size and Composition of the Oxford Student Body, 1580–1910. Unveröffentlichtes Manuskript, 1972.

Stone, Lawrence: Social Mobility in England, 1500–1700. In: Past & Present 10 (1966), No. 33, S. 16–55.

Survey of Youth Services in Oxford. Unveröffentlichtes Manuskript im Besitz von F.S. Green. 1960.

Talmon, Yaakov Leib: Political Messianism: The Romantic Phase. New York 1961.

Tanner, J.M.: Sequences, Tempo and Individual Variation in the Growth and Development of Boys and Girls Aged Twelve to Sixteen. In: Daedalus Jg. 1971.

Tawney, R.H.: Economics of Boy Labour. In: John H. Whitehouse (Ed.): Problems of Boy Life. London 1912.

Thirsk, Joan: Younger Sons in the Seventeenth Century. In: History 54 (1969), S. 358–377.

Thomas, Keith: The Double Standard. In: Journal of the History of Ideas 20 (1959), S. 195–216.

Thompson, Edward P.: The Making of the English Working Class. New York 1963.

Thompson, Edward P.: The Moral Economy of the Crowd in Eighteenth Century England. In: Past & Present 15 (1971), No. 50, S. 76–136.

Thompson, Edward P.: Rough Music: Le Charivari anglais. In: Annales Économies Sociétés Civilisations 27 (1972), S. 285–312.

Thompson, Francis M.L.: English Landed Society in the Nineteenth Century. London 1963.

Tilly, Charles: Population and Pedagogy in France. In: History of Education Quaterly 13 (1973), S. 113–128.

Tilly, Charles/Tilly, Richard: Agenda of European Economic History. In: Journal of Economic History 21 (1971), S. 184–198.

Tilly, Richard: Popular Disorders in Nineteenth Century Germany: A Preliminary Survey. In: Journal of Social History 4 (1970), S. 1–40.

Tobias, John J.: Crime and Industrial Society in the Nineteenth Century. New York 1968.

Tranter, N.L.: Population and Social Structure in a Bedfordshire Parish: The Cardington List of

Inhabitants, 1782. In: Population Studies 21 (1967), S. 261–282.
Trollope, Frances: Paris and the Parisians in 1835. New York 1836, Nachdruck London 1936.
Tropp, Asher: The School Teachers. The Growth of the Teaching Profession in England and Wales from 1800 to the Present Day. London 1957.
Turner, Ernest S.: Boys Will Be Boys; the Story of Sweeny Todd (and Others). Rev. Ed. London 1957.
Turner, Ernst S.: A History of Courting. London 1954.
Urwick, Edward J.: Conclusion. In: Edward J. Urwick (Ed.): Studies of Boy Life in Our Cities. London 1904.
Urwick, Edward J.: Introduction. In: Edward J. Urwick (Ed.): Studies of Boy Life in Our Cities. London 1904.
Vann, Richard T.: Nurture and Conversion in the Early Quaker Family. In: Journal of Marriage and the Family 31 (1969), S. 639–643.
Viatte, August: Les sources occultes du romanticisme, 1770–1820. Vol. 1. Paris 1928.
Waas, Oskar: Die Pennalie: Ein Beitrag zu ihrer Geschichte. Graz 1967.
Waite, Robert G.L.: Vanguard of Nazism: The Free Corps Movement in Postwar Germany, 1918–1923. New York 1969.
Wakeford, John: The Cloistered Elite: A Sociological Analysis of the English Public Boarding School. London 1969.
Walker, Mack: German Home Towns: Community, State, and General Estate, 1648–1871. Ithaca, N.Y. 1971.
Walsh, John: Origins of the Evangelical Revival. In: Bennett, G.V./Walsh, J.D. (Eds.): Essays in Modern English Church History. New York 1966.
Weber, Adna F.: The Growth of Cities in the Nineteenth Century; a Study in Statistics. Ithaca, N.Y. [2]1963.
Weber, Eugen: Gymnastics and Sports in Fin-de-Siècle France: Opium of the Classes? In: American Historical Review 76 (1971), S. 70–98.
Weber, Max: From Max Weber: Essays in Sociology. New York 1958.
Weinberg, Ian: The English Public Schools: The Sociology of Elite Education. New York 1967.
Welsford, Enid: The Fool: His Social and Literary History. London 1935.
Wentzcke, Paul: Geschichte der deutschen Burschenschaft. Bd. 1. Vor- und Frühzeit bis zu den Karlsbader Beschlüssen. Heidelberg 1919.
West, Donald James: The Young Offender. London 1967.
Wiese, Leopold: German Letters on English Education. London 1854.
Wikman, K. Robert: Die Einleitung der Ehe. Abo 1937.
Wildemann, R./Kaase, M.: Die unruhige Generation. In: Eine Untersuchung zu Politik und Demokratie in der Bundesrepublik. 2 Bde. Mannheim 1968.
Wilkinson, Paul: English Youth Movement, 1908–1930. In: Journal of Contemporary History 4 (1969), S. 7–23.
Wilkinson, Rupert: The Prefects: British Leadership and the Public School Tradition; a Comparative Study in the Making of Rulers. London 1964.
Williams, David: The Rebecca Riots: A Study in Agrarian Discontent. Cardiff, Wales 1955.
Willmott, Peter: Adolescent Boys of East London. London 1969.
Willmott, Peter/Young, Michael D.: Family and Kinship in East London. London 1957.
Wilson, Bryan R.: Youth Culture and the Universities. London 1970.
Wrigley, Edward Anthony: Population and History. London 1969. [Deutsch übersetzt unter dem Titel: Bevölkerungsstruktur im Wandel. Methoden und Ergebnisse der Demographie. München 1969.]
Wrigley, Edward Anthony: A Simple Model of London's Importance in Changing English Society and Economy, 1650–1750. In: Past & Present 11 (1967), No. 37, S. 47–65.
Zorn, Wolfgang: Hochschule und höhere Schule in der deutschen Sozialgeschichte der Neuzeit. In: Konrad Repgen (Hrsg.): Spiegel der Geschichte. Festschrift für Max Braubach. Münster 1964.
Zweig, Ferdynand: The Student in the Age of Anxiety; a Survey of Oxford and Manchester Students. London 1963.

Verzeichnis der Graphiken und Tabellen

Graphiken

Tabellen

Bildquellen

Archiv Gerstenberg – 120; Prof. Dr. Erich Beyreuther – 91; Bildarchiv Foto Marburg – 35; Bildarchiv Preußischer Kulturbesitz – 65, 76, 87, 96, 103, 150, 156; Bilderdienst Süddeutscher Verlag – 58, 64, 84, 166, 168, 169, 171 (2), 173, 198; London Science Museum – 67; Günter Rossenbach – 207; Dr. Peter Scherer – 68; Staatsgalerie Stuttgart – 19, 40; Stadt Tübingen (Fotoarchiv Nr. 11612) – 77; Stuttgarter Jugendhaus e.V. – 188, 189 (2); Ullstein Bilderdienst – 71, 110, 111, 152, 206; Tretjakow-Galerie, Moskau (N. Jaroschenko) – 101; Verein zur Erforschung der Geschichte der sozialistischen Jugendbewegung in Frankfurt am Main e.V. – 128, 160